Rechtsschutz im Schiedsverfahrensrecht

Europäische Hochschulschriften

European University Studies

Publications Universitaires Européennes

Reihe II **Rechtswissenschaft**

Series II Law

Série II Droit

Band/Volume **5916**

Marcel C. Löhr

Rechtsschutz im Schiedsverfahrensrecht

PL ACADEMIC RESEARCH

Bibliografische Information der Deutschen Nationalbibliothek
Die Deutsche Nationalbibliothek verzeichnet diese Publikation in der Deutschen Nationalbibliografie; detaillierte bibliografische Daten sind im Internet über http://dnb.d-nb.de abrufbar.

Zugl.: Düsseldorf, Univ., Diss., 2016

D 61
ISSN 0531-7312
ISBN 978-3-631-71810-0 (Print)
E-ISBN 978-3-631-71811-7 (E-PDF)
E-ISBN 978-3-631-71812-4 (EPUB)
E-ISBN 978-3-631-71813-1 (MOBI)
DOI 10.3726/b10868

PL Academic Research ist ein Imprint der Peter Lang GmbH.
Peter Lang – Frankfurt am Main · Bern · Bruxelles · New York · Oxford · Warszawa · Wien

Diese Publikation wurde begutachtet.

www.peterlang.com

Vorwort

Dem Anfang dieser Dissertation wohnte ein Zauber inne. Dem Ende dieser Dissertation wohnt nach mehr als fünf Jahren Ernüchterung und Erleichterung inne. Gleichwohl konnte mich jederzeit der Gedanke aufbauen, dass das Schiedsverfahrensrecht ein wichtiger Mosaikstein einer sich (hoffentlich weiter) entgrenzenden Welt ist.

Die Druckfassung berücksichtigt Literatur und Rechtsprechung bis zum Herbst 2015. Die Internetverweise wurden am 15. August 2016 aktualisiert.

Für die Unterstützung während des Promotionsverfahrens möchte ich mich bei meinen Eltern sowie meiner Frau bedanken.

Gewidmet ist diese Arbeit unseren Kindern Leo Malik und Mara Lenja.

Inhaltsverzeichnis

Abkürzungen

AAA	American Arbitration Association
ABA	American Bar Association
ADR	Alternative Dispute Resolution
AEMR	Allgemeine Erklärung der Menschenrechte
AEUV	Vertrag über die Arbeitsweise der Europäischen Union
BReg.	Bundesregierung
CIETAC	China International Economic and Trade Arbitration Commission
DIAC	Dubai International Arbitration Centre
Dig.	Digesten
DIS	Deutsche Institution für Schiedsgerichtsbarkeit e.V.
EGMR	Europäischer Gerichtshof für Menschenrechte
EKMR	Europäische Kommission für Menschenrechte
EMRK	Europäische Menschenrechtskonvention
EuÜ	Europäisches Übereinkommen über die internationale Handelsschiedsgerichtsbarkeit vom 21. April 1961
EUV	Vertrag über die Europäische Union
EVÜ	Übereinkommen über das auf vertragliche Schuldverhältnisse anzuwendende Recht vom 19. Juni 1980
ICC	International Chamber of Commerce
ICSID	International Centre for Settlement of Investment Disputes
Kap.	Kapitel
KCAB	Korean Commercial Arbitration Board
LCIA	London Court of International Arbitration
NYÜ	New Yorker Übereinkommen über die Anerkennung und Vollstreckung ausländischer Schiedssprüche vom 10. Juni 1958
öBGBl.	Bundesgesetzblatt für die Republik Österreich
öZPO	Österreichische Zivilprozessordnung
Para.	Paragraph
SchiedsVfG	Gesetz zur Neuregelung des Schiedsverfahrensrechts vom 22. Dezember 1997
schwIPRG	Schweizerisches Bundesgesetz über das Internationale Privatrecht
schwHK	Schweizerische Handelskammer
schwZPO	Schweizerische Zivilprozessordnung
Sec.	Section
Sent.	Sentence
SIAC	Singapore International Arbitration Centre

Straßburger Übereinkommen	European Convention providing a Uniform Law on Arbitration vom 20. Januar 1966
UNCITRAL	United Nations Commission on International Trade Law
UNCITRAL Arbitration Rules	Unverbindliches Modell einer Schiedsordnung – Stand: 2010 (UN-Doc. A/RES/65/22)
UNCITRAL-Modellgesetz	Unverbindliches Modell eines Schiedsverfahrensgesetzes – Stand: 2006 (UN-Doc. A/RES/61/33)
UN-Doc.	United Nations Document
UNIDROIT	Institut international pour l'unification du droit
VermG	Vermögensgesetz
VIAC	Internationales Schiedsgericht der Wirtschaftskammer Österreich
WBÜ	Übereinkommen zur Beilegung von Investitionsstreitigkeiten zwischen Staaten und Angehörigen anderer Staaten vom 18. März 1965
WV	Waren-Verein der Hamburger Börse e.V.

Einleitung

„Unsere Art, Gericht zu halten, scheint Ihnen fremd und allzu munter, sehe ich. Doch, Wertgeschätzter, wir vier an diesem Tisch sind pensioniert und haben uns vom unnötigen Wust der Formeln, Protokolle, Schreibereien, Gesetze und was sonst noch für Kram unsere Gerichtssäle belastet, befreit. Wir richten ohne Rücksicht auf die lumpigen Gesetzbücher und Paragraphen.“

Der Richter in Friedrich Dürrenmatts „Die Panne“

A. Grundlegendes zur Schiedsgerichtsbarkeit

Es besteht eine jahrhundertealte Rechtsprechungstradition durch Gerichte von Religionsgemeinschaften,[1] Vereins- und Verbandsgerichte,[2] und Schiedsgerichte. Schiedsgerichtliche Formen der Streitbeilegung sind wohl Vorläufer staatlicher Gerichtsbarkeit.[3]

In der Schiedsgerichtsbarkeit werden Rechtsstreitigkeiten von Privatgerichten, bestehend aus einem oder mehreren Schiedsrichtern, entschieden.[4] Die Rechtsstreitigkeit mag privat-rechtlicher oder öffentlich-rechtlicher Art sein. Für öffentlich-rechtliche Streitigkeiten ist unter Rekurs auf §§ 168 Abs. 1 Nr. 5, 187 Abs. 1 VwGO ebenfalls ein Schiedsverfahren zuzulassen.

Diese Untersuchung wird sich allein auf privat-rechtliche Streitigkeiten konzentrieren. Die Entscheidung des Schiedsgerichts, der Schiedsspruch, steht gem. § 1055 ZPO grundsätzlich einem Urteil durch staatliche Gerichte nicht nach. Die

1 Der Schiedsgerichtsbarkeit von Religionsgemeinschaften kommt auf Grund von Art. 137 Abs. 3 WRV i.V.m. Art. 140 GG große Freiheit vom Staat zu, BGH NJW 2000, 1555 ff. (1556 f.). Gleiches gilt für Schiedsgerichte politischer Parteien, BVerfG NJW 2002, 2227 f. (2227). Insoweit ist Art. 21 Abs. 1 GG funktional äquivalent zu Art. 137 WRV. Beide Gerichtsbarkeiten werden von dieser Untersuchung ausgenommen.

2 Zur Abgrenzung von bloßem Organhandeln eines Vereins- oder Verbandsgerichts zur Schiedsgerichtsbarkeit im Sinne des zehnten Buches der ZPO siehe BGH NJW 2004, 2226 ff. (2227); OLG München NJOZ 2015, 1104.

3 *Böckstiegel*, in: ders., Arbitration in Germany, S. 3; *Kornblum*, Schiedsrichterliche Unabhängigkeit, S. 66; *Bucher*, in: Bachmann, FS Schlosser, S. 105; *Schütze*, Ausgewählte Probleme, S. 2, 21.
Zur Entwicklung der Schiedsgerichtsbarkeit seit der vorletzten Jahrhundertwende gibt *v. Mangoldt*, in: Mosler, International Disputes, S. 432 ff., einen Überblick. Ferner zur Geschichte der Handelsschiedsgerichtsbarkeit seit der Antike der Überblick bei *Born*, Arbitration, S. 21 ff.

4 *Schwab/Walter*, Schiedsgerichtsbarkeit, Kap. 1 Rn. 1.

Schiedsgerichtsbarkeit ist eine der staatlichen Rechtsprechung (weitgehend) äquivalente Rechtsschutzform.[5]

Raison d'être der Schiedsgerichtsbarkeit ist die zumindest erhofft bessere Streitbeilegung gegenüber anderen Streitbeilegungsmechanismen, insbesondere gegenüber der staatlichen Gerichtsbarkeit.[6] An dieser Stelle dargestellt werden sollen die wichtigsten Gründe für die Wahl der Schiedsgerichtsbarkeit:[7] Vor allem wird sich ein schnelles und sachkundig geführtes Verfahren erhofft, welches – anders als Verfahren vor staatlichen Gerichten (§ 169 S. 1 GVG i.V.m. § 2 EGGVG) – unter Ausschluss der Öffentlichkeit geführt werden kann. Außerdem eröffnet die Verfahrensausgestaltungsfreiheit den Schiedsparteien potentiell einen größeren Schutz ihrer Unternehmensgeheimnisse. Während im ordentlichen Prozess nur Maßnahmen zum Geheimnisschutz gegenüber der Öffentlichkeit bestehen, sind solche „gegenüber dem Prozessgegner nicht sehr ausgeprägt."[8]

In der internationalen Schiedsgerichtsbarkeit dürfte die maßgebliche Motivation dem Umstand geschuldet sein, ansonsten ein Verfahren in einem fremden und mitunter nicht-rechtsstaatlichen Rechtssystem durchlaufen zu müssen. Hinzu kommt, dass besonders Qualifizierte zum Schiedsrichter bestimmt werden können, während etwa in der VR China viele staatliche Richter keine juristische Ausbildung genossen haben[9].

Die Hauptbedeutung der Schiedsgerichtsbarkeit liegt im internationalen Handelsverkehr. Nach empirischen Untersuchungen wird, zumindest in bestimmten Branchen, in über 90%[10] aller internationalen Verträge eine Schiedsklausel vereinbart.

---

5 Siehe Begründung des Gesetzentwurfes zum SchiedsVfG der BReg., BT-Drs. 13/5274, S. 36.

6 Such references [Schiedsvereinbarungen, Anm. d. Verf.] are very advantageous to the parties; as arbitrators are more competent to the settling of complicated accounts than officers of courts of law or equity", englische Entscheidung aus dem Jahr 1788, zit. nach *Distler*, Schiedsgerichtsbarkeit und Verfassung, S. 103. Gleichwohl geht diese pauschale Behauptung zu weit und setzte sich in der Folgezeit keineswegs durch, *ders.*, a.a.O.

7 Aus der Fülle der Lit. hierzu sei der kurze Überblick von *Schwab/Walter*, Schiedsgerichtsbarkeit, Kap. 1 Rn. 8 ff. herausgegriffen. Zu Ergebnissen einer Umfrage zu Vor- und Nachteilen aus Sicht der Praxis *Ebbing*, Private Zivilgerichte, S. 51 f.

8 *Stadler*, in: Stürner, FS Leipold, S. 210.

9 Dies ist dem Verfasser aus seiner dreimonatigen Tätigkeit im Jahr 2011 bei der Gesellschaft für Internationale Zusammenarbeit (GIZ) in Peking bekannt.

10 Eine Untersuchung aus dem Jahr 2000 betreffend die Investitionsgüterindustrie ergab, dass 91,4% der Unternehmen typischerweise eine Schiedsklausel in internationalen Verträge aufnehmen; die Untersuchung darstellend *Hesse*, in: Briner, FS Böckstiegel, S. 280.
In dieser Dimension auch eine Studie der School of International Arbitration der Queen Mary University of London aus dem Jahr 2008 (International Arbitration: Corporate attitudes and practices), S. 2, 5, im Internet aufrufbar unter: http://www.arbitrationonline.org/docs/IAstudy_2008.pdf.
Ebenso *Berger*, RIW 1994, 12 (ohne Nachweise).

Es gibt aber auch Untersuchungen mit abweichenden Resultaten, die vor allem der nationalen Schiedsgerichtsbarkeit eine geringe Relevanz zusprechen.[11] Die Schiedsgerichtsbarkeit gewinnt nach Praxisberichten aus jüngster Zeit selbst in rein nationalen Auseinandersetzungen außerhalb des Handelsrechts zunehmend an Bedeutung.[12]

Insbesondere auf Grund der rasant wachsenden internationalen Wirtschaftsverflechtungen – der Umfang des internationalen Handels hat sich in den Jahren 1960 bis 2008 real mehr als verfünfzehnfacht –[13] steigt die Anzahl der Schiedsvereinbarungen und korrespondierend die Anzahl der Schiedsverfahren. Erreichten beispielsweise das Schiedsgericht der Internationalen Handelskammer (ICC) im Jahr 2000 541 Verfahrensgesuche, so waren es eine Dekade später schon 793.[14] Anders als für die institutionalisierte, liegen für die nicht-administrierte ad-hoc Schiedsgerichtsbarkeit keine validen Zahlen vor.[15] Die Bedeutung dieses Zweigs der Schiedsgerichtsbarkeit dürfte gegenüber der institutionalisierten Schiedsgerichtsbarkeit deutlich nachstehen.[16]

---

11 Siehe zu den einzelnen Untersuchungen *Lachmann*, HdB Schiedsgerichtspraxis, Rn. 95 ff.

12 Vgl. *Kröll*, NJW 2011, 1265; ders. NJW 2009, 1183.

13 Http://www.bpb.de/nachschlagen/zahlen-und-fakten/globalisierung/52543/entwicklung-des-warenhandels.

14 Http://www.iccwbo.org/court/arbitration/id5531/index.html.
Eine Übersicht der anwachsenden Fallzahlen aller untersuchter internationaler Schiedszentren gibt die von der Europäischen Kommission beauftragte Untersuchung aus dem Jahr 2010 wieder (S. 90): „Data Collection and Impact Analysis – Certain Aspects of a Possible Revision of Council Regulation No. 44/2001 on Jurisdiction and the Recognition and Enforcement of Judgments in Civil and Commercial Matters ('Brussels I')", im Internet aufrufbar unter: http://ec.europa.eu/justice/doc_centre/civil/studies/doc/study_CSES_brussels_i_final_17_12_10_en.pdf. Nach dieser Untersuchung (S. 93) beträgt übrigens der Gebührenumsatz der größten europäischen Schiedszentren geschätzt EUR 4 Mrd.

15 *Lachmann*, BRAK-Mitt. 2005, 217 schätzt die Gesamtanzahl in Deutschland auf nicht höher als 1.000. Die bedeutendste ad-hoc Schiedsgerichtsbarkeit, die allerdings hinsichtlich der Schiedsrichterbestellung teilweise administriert ist, dürfte immer noch diejenige nach den Regeln der Hamburger freundschaftlichen Arbitrage sein, die nach Schätzung auf 100 Verfahren jährlich kommt, *Korte*, SchiedsVZ 2004, 240 f.

16 In diese Richtung *Gottwald*, Internationale Schiedsgerichtsbarkeit, S. 45.
A.A. ohne Nachweise *Lachmann*, HdB Schiedsgerichtspraxis, Rn. 93, 112. Eine Untersuchung im Jahr 2000 betreffend die Investitionsgüterbranche ergab, dass nur 17,3% der Unternehmen die ad-hoc Schiedsgerichtsbarkeit wählen; siehe die Darstellung bei *Hesse*, in: Briner, FS Böckstiegel, S. 282.
Die Studie der School of International Arbitration der Queen Mary University of London aus dem Jahr 2008 (siehe oben Fn. 10), S. 4, 15 kommt zum Ergebnis, dass 86% der Schiedssprüche von der administrierten Schiedsgerichtsbarkeit erlassen wurden. Demgegenüber ergab eine internationale Untersuchung des Chartered Institute of Arbitrators aus dem Jahr 2011 (CIArb Costs of International Arbitration Survey), S. 1, 7, dass immerhin 38% die ad-hoc Schiedsgerichtsbarkeit wählen. Die Studie

Es ist absehbar, dass die Schiedsgerichtsbarkeit zumindest in naher Zukunft weiter an Bedeutung gewinnen wird.[17] Dafür ist zum Einen gewichtig, dass mehr und mehr Staaten dem New Yorker Übereinkommen über die Anerkennung und Vollstreckung ausländischer Schiedssprüche vom 10. Juni 1958 (NYÜ)[18] beitreten und nicht mehr auf bilaterale bzw. regionale Abkommen setzen.[19] Mittlerweile haben mehr als 3/4 aller Staaten der Welt das Abkommen unterzeichnet.[20] Schiedssprüche sind nach dem NYÜ in den meisten Staaten der Welt tendenziell einfacher zu vollstrecken als ausländische Urteile.[21] Zum Anderen ist für den zu erwartenden Bedeutungsgewinn maßgeblich, dass die Kommission für internationales Handelsrecht der Vereinten Nationen (UNCITRAL) Mitte der 1980er-Jahre ein nicht-verbindliches Schiedsverfahrens-Modellgesetz entworfen hat, das in eine Vielzahl von staatlichen Rechtsregimes transformiert wurde oder zumindest als Orientierungsgröße diente[22]. In die deutsche ZPO wurde es durch die große Schiedsverfahrensrechtsnovelle mit Wirkung zum 1. Januar 1998,[23] die das maßgeblich noch aus dem Jahr 1879 stammende Schiedsverfahrensrecht „entstaubte",[24] überwiegend unverändert integriert.

---

ist im Internet aufrufbar unter: http://www.ciarb.org/conferences/costs/2011/09/28/CIArb%20costs%20of%20International%20Arbitration%20Survey%202011.pdf. Im Ergebnis bleibt für diese, wie alle anderen, Untersuchungen zur Schiedsgerichtsbarkeit festzuhalten, dass die gefundenen Untersuchungsergebnisse lediglich eine Tendenz aufzeigen können.

17 Zurückhaltender *Lachmann*, HdB Schiedsgerichtspraxis, Rn. 117; BRAK-Mitt. 2005, 217.

18 Convention on the Recognition and Enforcement of Foreign Arbitral Awards. Die gebräuchliche Abkürzung UNÜ vermischt unglücklich englische (UN für United Nations) und deutsche (Ü für Übereinkommen) Sprache.

19 Zur Bedeutung des NYÜ für die internationale Schiedsgerichtsbarkeit *Kröll*, SchiedsVZ 2009, S. 40 f.

20 156 von 193 Mitgliedstaaten der Vereinten Nationen haben das NYÜ ratifiziert; Stand: August 2016. Sämtliche Konventionsstaaten der EMRK sind dem NYÜ beigetreten. Eine Liste der Vertragsstaaten kann aufgerufen werden unter: http://www.uncitral.org/uncitral/en/uncitral_texts/arbitration/NYConvention_status.html.

21 Weltweit ist eine vergleichbare Regelung für Urteile trotz Bemühungen der Haager Konferenz zum Internationalen Privatrecht nicht absehbar (der aktuelle Stand ist im Internet aufrufbar unter: http://www.hcch.net/index_en.php?act=text.display&tid=149). *Kröll*, SchiedsVZ 2009, 41 spricht in diesem Kontext von einem Scheitern.

22 Von den 65 Staaten seien herausgehoben: VR China, Indien, Russische Föderation, Mexiko und Ägypten. In anderen Staaten ist das Abkommen nur in einigen Bundesstaaten in Kraft, wie etwa in Kalifornien oder Texas (nicht aber etwa in New York) oder in New South Wales und Victoria (nicht aber etwa in Western Australia), UN-Doc. A/CN.9/751, S. 18 f.; BT-Drs. 13/5724, S. 22 f.; *Gottwald*, Internationale Schiedsgerichtsbarkeit, S. 11 ff.

23 BGBl. 1997, I, 3224.

24 BT-Drs. 13/5724, S. 22 und *BMJ*, Kommissionsbericht, S. 1.

B. Gegenstand und Gang der Untersuchung

Die wachsende Bedeutung der Schiedsgerichtsbarkeit wird wohl eine wachsende Anzahl Unzufriedener[25] mit schiedsrichterlichen Entscheidungen nach sich ziehen. In dieser Arbeit wird untersucht, ob und inwieweit vor, während und nach einem Schiedsverfahren eine Überprüfung von schiedsgerichtlichen Entscheidungen möglich ist und welches Gericht angegangen werden kann. Als schiedsgerichtliche Entscheidungsformen werden in dieser Studie nicht nur Schiedssprüche, sondern beispielsweise auch Prozessverfügungen untersucht. Die Untersuchung beschränkt sich in ihrem Hergang auf Verfahren vor Schiedsgerichten im Sinne des zehnten Buches der ZPO, die also nicht unmittelbar durch Gesetz[26] bzw. Völkervertrag[27] eingesetzt wurden.

Die Überprüfung und gegebenenfalls Annullierung von Entscheidungen ist mit dem Ziel einer rechtmäßigen Entscheidung prinzipiell legitim. Sie drängt jedoch grundsätzlich das Prinzip der Rechtssicherheit zurück. Das Vertrauen in den Bestand einer Entscheidung wird gestört. Im Schiedsverfahrensrecht kommt zu diesem Komplex ein weiteres Spannungsfeld hinzu: Überprüfen staatliche Gerichte Entscheidungen der Schiedsgerichte, wird in die Autonomie der Schiedsgerichte eingegriffen. Gleichzeitig ist fraglich, ob schiedsgerichtliche Entscheidungsfindung ohne Kontrolle durch staatliche Instanzen überhaupt legitimiert ist und inwieweit den Schiedsgerichten ein ungeregelter Freiraum zu gewähren ist.

Der Rechtsschutz wird in dieser Untersuchung jedoch nicht nur nach repressiven Instrumenten untersucht, sondern gleichsam nach präventiven, sprich nach Möglichkeiten zur Verhinderung nicht-rechtmäßiger Entscheidungen.

Zu Beginn dieser Untersuchung (1. Teil) werden die Grundzüge der Schiedsgerichtsbarkeit herausgestellt, ihre grundlegenden Prinzipien besprochen und ihr verfassungsrechtlicher Rahmen insbesondere im Hinblick auf den Rechtsschutz gegen den Schiedsrichter begutachtet. Hierdurch entsteht einer „Allgemeiner Teil" der Arbeit, auf den zur Lösung etlicher Einzelprobleme des 3. Teils rekurriert werden kann.

Im Weiteren wird der Versuch unternommen, die internen (2. Teil) und externen (3. Teil) Kontrollkapazitäten darzustellen und zu bewerten. Unter internen Kontrollkapazitäten werden die innerhalb der Schiedsgerichtsbarkeit gewährten Überprüfungsmöglichkeiten verstanden, während externe Kontrollkapazitäten die seitens der staatlichen Gerichtsbarkeit gewährten Optionen umfasst. Es wird insbesondere

25 Die maskuline Form wird hier, wie im Folgenden, allein aus Gründen der besseren Lesbarkeit gebraucht.

26 Spruchkörper die kraft Gesetzes installiert sind etwa die Schiedsstellen nach § 14 Nr. 3a Gesetz über die Pflichtversicherung für Kraftfahrzeughalter, §18a Krankenhausfinanzierungsgesetz oder das Schiedsamt nach § 89 SGB V.

27 Ein Schiedsgericht auf Grundlage des Völkerrechts ist beispielsweise das Internationale Zentrum zur Beilegung von Investitionsstreitigkeiten (ICSID) in Washington, D.C.

untersucht, ob die bestehenden Kontrollkapazitäten hinreichend sind und wie sie erforderlichenfalls besser ausgestaltet werden könnten.

Diese Tour d'Horizon ermöglicht das Aufzeigen von Zusammenhängen. Die diversen Einzelprobleme können hierdurch einer insgesamt konsistenten und harmonischen Lösung zugeführt werden.

Teil 1: Die Notwendigkeit und die Grenzen der Verfahrens- und Entscheidungskontrolle

A. Grundlegendes zum Rechtsschutz

Kommt es im Rechtsfindungsprozess zu Fehlern, ist grundsätzlich der unrechtmäßige Ist-Zustand in einen rechtmäßigen Soll-Zustand zu überführen. Mit den Worten von Abraham Lincoln: „Nothing is settled until it is settled right."[28] Zivilprozessuale Urteile sind allerdings nicht unbegrenzt angreifbar. Grundsätzlich tritt nach Ablauf der Fristen für die Einlegung ordentlicher Rechtsbehelfe die formelle Rechtskraft eines Urteils ein nach § 705 ZPO i.V.m. § 19 EGZPO. Die formelle Rechtskraft ist Voraussetzung der materiellen Rechtskraft nach § 322 ZPO und es kann mit Eintritt der formellen Rechtskraft eine Vollstreckung hierauf fußend eingeleitet werden nach § 704 1. Alt. ZPO. Die Rechtskraft kann gleichwohl durch besondere Rechtsbehelfe beseitigt werden.

Die Nichtigkeits- (§ 579 ZPO) und Restitutionsklage (§ 580 ZPO) sind in den Regelfällen zeitlich limitiert. Sie können gem. § 586 Abs. 2 S. 2 ZPO fünf Jahre nach Rechtskraft des Urteils nicht mehr erhoben werden. In den Fällen des § 568 Abs. 3 ZPO ist die Klage allerdings zeitlich unbegrenzt zulässig. Über die Wiedereinsetzung in den vorigen Stand (§§ 233 ff. ZPO) ist insbesondere die Frist für die Berufungs- (§ 517 ZPO) und Revisionseinlegung (§ 548 ZPO) zeitlich ausgedehnt, aber gem. § 234 Abs. 3 ZPO endlich. Eine Höchstfrist sieht auch die Gehörsrüge nach § 321a ZPO vor, welche ein Jahr nach Bekanntgabe der angegriffenen Entscheidung zu erheben ist. Andererseits kann zeitlich unbegrenzt die Vollstreckungsfähigkeit einem Urteil über eine Klage nach § 826 BGB genommen werden, und die Rechtskraft über eine Abänderungsklage (§ 323 ZPO) durchbrochen werden[29].

Diese „Nichtendgültigkeit" von Entscheidungen delegitimiert nicht die gerichtliche Entscheidung. Im Gegenteil: Der Legitimität, dem Eigenwert und der Akzeptanz der Entscheidung, wird schlussendlich zugetragen, wenn unrechtmäßige Entscheidungen korrigiert werden können. Außerdem sind Rechtssicherheit und materielle Gerechtigkeit nicht strikt gegenüberzustellen, da beide Institute in Beziehung zueinanderstehen. Dass sachlich „ungerechte" Entscheidungen immer ohne weiteres aufhebbar sein sollen, erscheint ebenso wenig gerecht, wie das Postulat von nie aufhebbaren Entscheidungen.[30] Ein Kontrollvorbehalt ist nicht negativ konnotiert.

---

28 Zit. nach *v. Houtte*, in: Kronke, FS Hoffmann, S. 995.

29 Wenn jedenfalls der überwiegend vertretenen sog. Billigkeitstheorie gefolgt wird, vgl. *Gottwald*, Zivilprozessrecht, § 158 Rn. 3 ff.

30 Siehe BVerfG NJW 1982, 2425 ff. (2426): „Rechtssicherheit über gehörige Verfahren herbeizuführen ist selbst eine Forderung materialer Gerechtigkeit."

„Dysfunktionale Nebeneffekte"[31], also ein Zustand, in dem Kontrolle entscheidungshemmend oder dilatorisch wirkt, sind so weit wie möglich zu minimieren. Die Kontrolloption fördert maßgeblich eine faktische Anpassung des Verhaltens der Verfahrensbeteiligten an die normierten Verfahrensmaßstäbe.[32] Kontrollen sind eine Bedingung für die zu gewährende, notwendige Freiheit. Neben diesem Aspekt darf die Kontrolle nicht zu sehr verdichtet werden. Je dichter die Kontrolle wird, desto eher wahrscheinlich wird zwar eine rechte Entscheidung. Es wird aber auch der Prozess länger und kostspieliger: „Justice delayed is justice denied"[33].

Zugleich muss auch das Vertrauen in den Bestand einer gerichtlichen Entscheidung berücksichtigt werden: Interest rei publicae, ut sit finis litium. Eine bedingungslos und ohne zeitliche Beschränkung aufhebbare Entscheidung schafft keine Rechtssicherheit und keinen Rechtsfrieden. In der Regel muss eine Entscheidung der staatlichen Gerichtsbarkeit daher unmittelbar wirken.[34]

Für den herzustellenden Ausgleich zwischen materieller Gerechtigkeit und Rechtssicherheit gibt das GG einen weiten Spielraum vor. Die Legislative kann großräumig selbst festlegen, inwieweit sie dem einen oder dem anderen verfassungsrechtlich verankerten (Art. 20 Abs. 3 GG) Prinzip mehr Gewicht geben möchte.[35] Verfassungsgemäß ist es daher auch, ungerechte Entscheidungen zum Gewinn von Rechtssicherheit hinnehmen zu müssen.[36]

Das Spannungsfeld zwischen Gerechtigkeit und Rechtssicherheit ist mithin ein jeder Gerichtsbarkeit eigenes. Inwieweit der Gesetzgeber jenes Spannungsfeld in der Schiedsgerichtsbarkeit austariert, wird im Lauf dieser Untersuchung erörtert.

B. Die Auswirkung des Wesens der Schiedsgerichtsbarkeit auf den Rechtsschutz

Neben dem jeder Gerichtsbarkeit inhärenten Spannungsfeld zwischen Gerechtigkeit und Rechtssicherheit soll nachstehend untersucht werden, inwiefern spezifisch arbitrale Charakteristika Anforderungen an den Rechtsschutz stellen.

Die Schiedsgerichtsbarkeit ist ein besonderes Rechtsfindungsverfahren, das zwar einerseits darauf ausgelegt ist, Entscheidungen zu erzeugen, deren Wirkung einem Urteil grundsätzlich gleichgestellt sind, andererseits aber die Entscheidungskompetenz im Einzelfall aus einer Vereinbarung zwischen Privatrechtssubjekten herrührt.

---

31 *Voßkuhle*, Rechtsschutz gegen den Richter, S. 278, 280.

32 *Born*, Arbitration, S. 965 sieht die Kontrollfunktion darin, "that an artifact works the way it was designed to work."

33 Der Ursprung dieser anglo-amerikanischen Parömie ist nicht eindeutig verifiziert.

34 Dies entspricht auch 26.1 UNIDROIT-Principles of Transnational Civil Procedure aus dem Jahr 2004. Mit der zutreffenden Kommentierung hierzu in P-26A gilt: "The principle of finality is essential to effective adjudication."

35 Vgl. *Huster/Rux*, in: BeckOK-GG, Art. 20 Rn. 188.

36 Vgl. schon BVerfGE 2, 403; jüngst auch BVerfG NJW 2003, 1924 ff. (1924).

Diese Besonderheit ist auch bei der Gewährung von Rechtsschutz gegen Entscheidungen des Schiedsgerichts zu berücksichtigen.

Deshalb soll zunächst das Wesen der Schiedsgerichtsbarkeit näher charakterisiert werden (I.) und hierauf aufbauend, den Auswirkungen auf den Rechtsschutz im Schiedsverfahrensrecht im Einzelnen nachgegangen werden (II.).

I. Wesen der Schiedsgerichtsbarkeit

1. Privater Charakter

Nach Rechtsprechung des BGH[37] üben die Schiedsgerichte, anders als staatliche Gerichte, keine öffentliche Gewalt aus[38]. Schiedsgerichte richten gewaltlos. Wie in den meisten Staaten[39] kommen ihnen in Deutschland keine Zwangsbefugnisse zu.

Die schiedsgerichtliche Autorität folgt aus der Parteivereinbarung.[40] Dies wird von einem kleinen Teil der Literatur anders gesehen.[41] Es wird argumentiert, dass dem Staat die Rechtsprechungstätigkeit als hoheitliche Aufgabe zukomme und er diese Rechtsprechungsaufgabe an die Schiedsgerichte delegiert habe.[42] Im deutschen Verwaltungsrecht würde dies gleichsam einer Beleihung entsprechen.[43] Diese Ansicht ist abzulehnen.

Die Argumentation setzt zu früh an. Der Staat hat nicht a priori das Rechtsprechungsmonopol inne. Dieses haben ihm die Bürger im Austausch für ihr Selbsthilferecht verliehen. Lässt der Staat den Zugriff seiner Bürger auf ihr originäres Naturrecht zu, kann deren Tätigkeit nicht staatlich respektive hoheitlich sein. Das Verhältnis der Bürger zueinander ist grundlegend anders geordnet als ihr Verhältnis zum Staat.

Ferner spricht die Ausgestaltung des Schiedsverfahrens gegen jene Auffassung. Während des Verfahrens kann das Schiedsgericht keine öffentliche Gewalt ausüben. Das staatliche Gericht kann im Rahmen seiner sitzungspolizeilichen Macht etwa Ordnungsgeld[44] oder -haft verhängen, § 178 Abs. 1 S. 1 GVG, oder Zeugen unter Androhung von Ordnungsgeld oder Ordnungshaft laden, §§ 377, 380 ZPO, wohingegen das Schiedsgericht gem. § 1050 ZPO hierzu nur das staatliche Gericht ersuchen

---

37 NJW 1976, 109 ff. (110); NJW-RR 1986, 1059 f. (1060).

38 Siehe auch zur Gegenmeinung *Münzberg*, Schranken der Parteivereinbarungen, S. 21 ff.

39 Vgl. *Gottwald*, Internationale Schiedsgerichtsbarkeit, S. 65.

40 So schon die amtliche Gesetzentwurfsbegründung zur CPO aus dem Jahr 1877, *Stegemann*, CPO, S. 496.

41 *Hellwig*, Prozessvertrag, S. 55. Siehe ferner die Darstellung bei *Solomon*, Verbindlichkeit von Schiedssprüchen, S. 296.

42 Ebd.

43 *Hellwig*, a.a.O, spricht vom Schiedsgericht als „beliehener Unternehmer“.

44 Freilich bleibt den Parteien eine entsprechende Regelung angelehnt an §§ 339 ff. BGB möglich.

kann. Auch der Schiedsspruch selbst ist trotz seiner Urteilswirkung „Privatakt“.[45] Denn es kommt ihm an sich keine willensbeugende Macht zu. Es bedarf eines staatlichen Aktes nach §§ 1060 f. ZPO, damit ein Schiedsspruch vollstreckbar ist. Und letztlich ergibt sich aus dem Dreißigsten Abschnitt des StGB (Straftaten im Amt), in dem die Strafbarkeit der Schiedsrichter umfangreich normiert ist, kein durchschlagendes Argument gegen den privaten Charakter. Im Gegenteil – lautet es doch in § 339 StGB: „Ein Richter, ein anderer Amtsträger oder [sic] ein Schiedsrichter“ (...) Das StGB geht zutreffend davon aus, dass der Schiedsrichter kein Amtsträger (§ 11 Abs. 1 Nr. 2 StGB) ist.

2. *Jurisdiktioneller Charakter*

a) Grundlagen

Obwohl die Tätigkeit der Schiedsgerichte nicht hoheitlich erfolgt, sind die Schiedsgerichte Teil der Rechtsprechung.[46] Entgegen der überkommenen[47] sog. Vertragstheorie, wonach die Schiedsgerichtsbarkeit rein materiell-rechtlich aufzufassen sei,[48] handelt es sich um „privatisierte Rechtsprechung“[49]. Für die Frage der Rechtsnatur von Schiedsvereinbarungen vollzog sich denn auch in den letzten Jahrzehnten ein

---

45 So schon *Mayer*, Rechtskraft des Schiedsspruchs, S. 47; *Jacobson*, Rechtskraft, S. 29. A.A. *Bangert*, in: Breitenmoser, FS Wildhaber, S. 54 ff.

46 BGH NJW-RR 1986, 1059 f. (1060). Tendenziell reservierter noch die amtliche Gesetzentwurfsbegründung zur CPO aus dem Jahr 1877, vgl. *Stegemann*, CPO, S. 494 (vergleichsähnliche Natur des Schiedsvertrags und Entscheidung „nach dem bürgerlichen Rechte“). Nach einem Gesetzentwurf aus dem Jahr 1931 sollte der „Urteilscharakter“ des Schiedsspruches beseitigt werden, *Gaul*, in: Berger, FS Sandrock, S. 319; *Blomeyer*, in: FS Rosenberg, S. 59; *Zieren*, Schiedsverfahren 1877–1933, S. 188 f. Andererseits schon im Jahr 1930 *Freitag*, Die Nachprüfung verbindlich erklärter Schiedssprüche durch die Gerichte, S. 5.

47 *Solomon*, Verbindlichkeit von Schiedssprüchen, S. 293 meint, dass die Schiedsgerichtsbarkeit eine auf den „Willen der Parteien gestützte Rechtsprechung“ sei. *Haas*, Anerkennung und Vollstreckung, S. 67 sieht im „Schiedswesen teils vertragliche, teils jurisdiktionelle Züge“. Ähnlich für die Schiedsvereinbarung *Gottwald*, Zivilprozessrecht, § 175 Rn. 7.

48 So etwa *Blomeyer*, in: FS Rosenberg, S. 59 ff. (59); *Nord*, Wesen von Schiedsamt und -spruch, S. 38 ff.; *Trops*, ZZP 52, 294 (Fn. 13: Schiedsspruch „ist ein Vertrag in der Form eines Urteils“). Einen Überblick über den Streitstand geben *Dütz*, Gerichtsschutz, S. 231 f.; *Haas*, Anerkennung und Vollstreckung, S. 65 f.; *Walker*, Freie Gestaltung des Verfahrens, S. 20 f. Eine umfangreiche Darstellung findet sich bei *Schlosser*, Internationale Schiedsgerichtsbarkeit, Rn. 40 ff. und *Solomon*, Verbindlichkeit von Schiedssprüchen, S. 290 ff.

49 *Schwab/Walter*, Schiedsgerichtsbarkeit, Kap. 1 Rn. 1.

Rechtsprechungswandel von einer vorrangig materiellen Auffassung[50] zu einer vorrangig prozessualen Auffassung[51].

Der Unterschied zur staatlichen Gerichtsbarkeit besteht insoweit darin, dass die Entscheidungsgewalt bei Privaten liegt. Es richtet eine Privatperson. Rechtsprechung definiert sich aber nicht über die richtende Person. Entscheidend ist vielmehr, dass der Rechtsprechungskörper kraft seiner ihm zugedachten Aufgabe gesetzlich legitimiert ist, unabhängig vom Willen der Parteien (nicht nur einer Partei) zu entscheiden. Die Parteien müssen letztlich einer Entscheidung nachkommen, selbst wenn sie nicht von ihnen gutgeheißen wird.

Kraft Gesetzes ist es de lege lata möglich, per Schiedsvereinbarung sich der staatlichen Gerichtsbarkeit zu entziehen. Diese gesetzlich eröffnete Möglichkeit legitimiert es, die Entscheidung Privater mit Wirkungen zu versehen, die ansonsten nur Entscheidungen staatlicher Richter anhaftet.

Die Schiedsgerichtsbarkeit ist denn auch nach der heutigen gesetzgeberischen Ausgestaltung legitimerweise der staatlichen Gerichtsbarkeit gegenüber überwiegend gleichwertig ausgestaltet,[52] wenn sie auch nicht gleichartig ist[53]. Auf dieser Linie ist zentral in § 1055 ZPO normiert, dass der Schiedsspruch einem rechtskräftigen Urteil unter den Parteien gleichsteht.[54] Diese Norm fungiert mithin als Scharnier zwischen der Schiedsgerichtsbarkeit und dem staatlichen Rechtssystem. Jedes Schiedsverfahren muss national bzw. supranational geerdet[55] sein.[56] Es besteht

---

50 Vgl. BGH NJW 1957, 589 f., 590; 1964, 591 ff., 592.

51 Vgl. BGH NJW 1987, 651 ff., 652.

52 Dies ist nunmehr Legion, siehe BT-Drs. 13/5274, S. 34; *BMJ*, Kommissionsbericht, S. 91 und die Darstellung bei *Hesselbart*, Schiedsgerichtsbarkeit und Grundgesetz, S. 23 ff.
Der BGH, NJW 1965, 298 ff. (299), führte paradigmatisch aus: „Das Schiedsverfahren tritt an die Stelle des gerichtlichen Verfahrens“ (...). Anzumerken ist, dass solche und andere Formulierungen, die eine Fungibilität oder Substituierung der staatlichen Gerichte durch Schiedsgerichte nahelegen, vermieden werden sollten. Sie könnten den falschen Eindruck erwecken, dass ohne staatliche Gerichte auszukommen ist. Die Ergänzungsfunktion der Schiedsgerichte sollte betont sein.

53 Ähnlich *Rehm*, Schiedsgerichtsbarkeit im Rechtssystem, Rn. 199, 202.

54 Zur wechselhaften Geschichte der Schiedsspruchwirkung *Walter*, in: Gottwald, FS Schwab, S. 545 ff. Im Vorfeld der CPO von 1877 wurde die Urteilswirkung diskutiert *Zieren*, Schiedsverfahren 1877–1933, S. 71 ff.

55 Von „rechtlicher Erdung“ spricht *Mankowski*, in: Kronke, FS Hoffmann, S. 1014.

56 Anationale Schiedssprüche sind nicht anzuerkennen. Ebenso: *McGuire*, SchiedsVZ 2011, 259; *Schmidt*, Typologie von Schiedssprüchen, S. 103 f. Zum Streitstand *Adolphsen*, in: MüKo-ZPO, Art. I NYÜ Rn. 5; *Mankowski*, in: Kronke, FS Hoffmann, S. 1014 f.; *Gottwald*, Internationale Schiedsgerichtsbarkeit, S. 103; *Heller*, Verfassungsrechtlicher Rahmen, S. 3 f.
In Frankreich dominiert hingegen die Vorstellung, dass ein Schiedsspruch an kein staatliches Rechtssystem gebunden sei, vgl. *Niggemann*, SchiedsVZ 2010, 70 f.; *Gottwald*, Internationale Schiedsgerichtsbarkeit, S. 103 f.

keine dem Schiedsspruch an sich inhärente Verbindlichkeit. Erst seine Einordnung in das staatliche Rechtssystem kann eine Bindungswirkung auslösen. Nicht der Schiedsspruch bindet, sondern der Gesetzesbefehl, der den Schiedsspruch für verbindlich erklärt.[57]

Das römische Recht stattete hingegen den Schiedsspruch nicht mit Urteilswirkungen aus. Dig. 4, 8, 27, 2 legte zwar fest: „Man muss aber das Schiedsurteil, das der Richter über den Streitgegenstand erlassen hat, befolgen, mag es gerecht oder ungerecht sein. Wer einen Schiedsvertrag [auf einen solchen Schiedsrichter] abgeschlossen hat, muß sich dies selbst zuschreiben."[58] Eine Rechtsverbindlichkeit musste jedoch über den Umweg eines gegenseitigen Strafversprechens hergestellt werden.[59] Das gleiche Problem wurde in der italienischen Kautelarpraxis durch die Figur der sog. „arbitrario/lodo irrituale/libero" umschifft.[60] Danach ermächtigen die Schiedsparteien den Schiedsrichter zu einem beiderseitig verpflichtenden Vergleich. Beiden Rechtsfiguren ist gemein, dass sie nur eine schuldrechtliche Verpflichtung begründen und keine Schiedssprüche im heutigen Sinn sind.[61] Auf Leistung aus dem Strafversprechen muss ebenso wie auf Vertragserfüllung vor einem staatlichen Gericht geklagt werden.

Mit seinem jurisdiktionellen Charakter wäre es heutzutage unvereinbar, einem Schiedsspruch keine umfassende Bindungswirkung zuzugestehen.[62] Die Schiedsgerichtsbarkeit wäre mangels effektiver Zwangsmaßnahmen funktionsuntüchtig. Mögliche Mittel der institutionalisierten Schiedsgerichte, wie „Schwarze Listen" von Unternehmen, die Schiedssprüchen nicht Folge leisten,[63] haben nur einen begrenzten faktischen Effekt.[64]

---

57 Angelehnt an die Worte *Radbruchs*, Rechtsphilosophie, S. 378, wonach Wille niemals Verpflichtung erzeugen kann: „Nicht der Vertrag bindet also, sondern das Gesetz bindet den Vertrag."

58 Ähnlich Dig. 4, 8, 19: „Was für einen Schiedsspruch der Schiedsrichter erlässt, geht, wie Labeo sagt, den Prätor nichts an, solange der Schiedsrichter entscheidet, was seiner Überzeugung entspricht." Andererseits unterstand die schiedsrichterliche Amtsführung prätorischer Aufsicht, Dig. 4, 8, 3, 1.

59 Vgl. *Lukits*, YIA, 2012, 326 ff.; *Kornblum*, Schiedsrichterliche Unabhängigkeit, S. 78; *Calavros*, in: Lindacher, FS Habscheid, S. 65 f.

60 Vgl. *Schlosser*, Internationale Schiedsgerichtsbarkeit, Rn. 27.

61 Der BGH, NJW 1982, 1224 ff. (1225) entschied, dass der „lodo irrituale" kein Schiedsspruch nach dem NYÜ ist. Zum kalifornischen Recht BayObLG SchiedsVZ 2003, 142 ff. (143).

62 Die ganz h.M. fordert von Verfassungs wegen jedenfalls einen Anspruch auf Anerkennung der Schiedssprüche, ausführlich *Rehm*, Schiedsgerichtsbarkeit im Rechtssystem, Rn. 147 ff.

63 Informiert wurden über die „Schwarzen Liste" des Waren-Vereins der Hamburger Börse e.V. (WV) nicht nur dessen Mitglieder, sondern auch Dach- und Schwesterverbände. Die Liste wird nunmehr nicht mehr öffentlich geführt.

64 Weitere Mittel in der Verbandsschiedsgerichtsbarkeit können Kredit- und Liefersperren oder Geldstrafen sein, *v. Bernuth*, Doppelkontrolle, S. 4. Detailliert *Zenske*, Schiedsgerichtsbarkeit im Handel, S. 425 ff.

b) *Zur Rechtskraftwirkung von Schiedssprüchen*

Für die weitere Untersuchung ist vor allem die exakte Bestimmung der Rechtskraftwirkung des Schiedsspruches unabdingbar. Obwohl dem Schiedsspruch wie soeben angeschnitten Urteilswirkung zukommt nach § 1055 ZPO soll nach Ansicht des BGH die Rechtskraftwirkung eines Schiedsspruches von den Parteien einvernehmlich aufgehoben werden können.[65] Konsequent bejaht der BGH insofern auch die Möglichkeit, einen Schiedsspruch unter die auflösende Bedingung stellen zu können, dass binnen einer bestimmten Frist nach seinem Erlass kein Staatsgericht angerufen wird.[66] In der Literatur ist diese Rechtsprechung teils auf Zustimmung,[67] teils auf Kritik[68] gestoßen.

Eine Relativierung der Rechtskraftwirkung ist zudem darin zu erkennen, dass die Rechtsprechung die Rechtskraftwirkung nur auf Einrede hin berücksichtigen will.[69] Auch diese Entscheidung ist Kritik ausgesetzt.[70]

---

65 BGH SchiedsVZ 2007, 160 ff. (162). Ebenso: BayObLGZ 1984, 45 ff. (48); OLG Bremen NJW 1957, 1035 f. (1036 m.w.N.).

66 BGH a.a.O.

67 Vgl. *Reichold*, in: Thomas/Putzo, ZPO, § 1055 Rn. 2; *Gottwald*, in: MüKo-ZPO, § 322 Rn. 62; *B/L/A/H*, ZPO, § 1055 Rn. 4; *Saenger*, ZPO, § 1055 Rn. 9; *Schlosser*, in: Stein/Jonas, ZPO, § 1055 Rn. 5; *Lachmann*, HdB Schiedsgerichtspraxis, Rn. 1790; *Münch*, in: MüKo-ZPO, § 1055 Rn. 28 f.; *Wilske/Markert*, in: BeckOK-ZPO, § 1055 Rn. 4; *Schütze*, in: Wieczorek, ZPO, § 1040 Rn. 6; *Wagner*, in: Böckstiegel, Beteiligung Dritter, S. 49; Vollstreckung, S. 7; *Lühmann*, Rechtskraft des Schiedsspruchs, S. 197 f.; *Jacobson*, Rechtskraft, S. 30 (wobei nach ihm die Parteien die Rechtskraft nur „auszuschalten", nicht aber zu „vernichten" vermögen); *Geimer*, in: Zöller, ZPO, § 1055 Rn. 10 (aber in Rn. 8 für amtswegige Berücksichtigung der Rechtskraft).

68 Vgl. *Schwab/Walter*, Schiedsgerichtsbarkeit, Kap. 21 Rn. 7 (aber Widerspruch zu Kap. 22 Rn. 3); *Bosch*, Rechtskraft und Rechtshängigkeit, S. 83; *Schmidt*, Typologie von Schiedssprüchen, S. 86; *Sponheimer*, Legalanerkenntnis, S. 24; *Voit*, in: Musielak, ZPO, § 1055 Rn. 6; *Uzar*, Rechtsmittel, S. 84; *Loritz*, ZZP 105, 12 f. (weil Staat Voraussetzungen für die „Richtigkeit" des Schiedsspruches getroffen habe); *Lindacher*, KTS 1966, 156 f. (öffentliches Interesse bestehe an Rechtssicherheit und Rechtsgewißheit).

69 BGH NJW 1958, 950.

70 Ebenso wie der BGH: BT-Drs. 13/5274, S. 56 f.; *Schönke*, Schiedsgerichtsverfahren, S. 200; *Thomas*, Schiedsgerichtsverfahren, S. 82; *Lühmann*, Rechtskraft des Schiedsspruchs, S. 197 f.; *Jacobson*, Rechtskraft, S. 22 f., 29 f.; *Henkel*, Rechtsbehelfe, Rn. 387; *Reichold*, in: Thomas/Putzo, ZPO, § 1055 Rn. 2; *B/L/A/H*, ZPO, § 1055 Rn. 4; *Lachmann*, HdB Schiedsgerichtspraxis, Rn. 1785; *Münch*, in: MüKo-ZPO, § 1055 Rn. 12; *Wilske/Markert*, in: BeckOK-ZPO, § 1055 Rn. 4.
A.A. *Bosch*, Rechtskraft und Rechtshängigkeit, S. 81; *Loritz*, ZZP 105, 12; *Lindacher*, KTS 1966, 157; *Mayer*, Rechtskraft des Schiedsspruchs, S. 55 f.; *Geimer*, in: Zöller, ZPO, § 1055 Rn. 8 (aber in Rn. 10 für Aufhebbarkeit der Rechtskraft); *Sponheimer*, Legalanerkenntnis, S. 23 f. (der zutreffend die praktische Unerheblichkeit des Streites andeutet, Fn. 70, da das Gericht auf die Rechtskraft erst gestoßen werden muss).

Die Begründung des BGH zu einem „bedingten Rechtskrafteintritt" und zur Aufhebbarkeit der Rechtskraftwirkung eines Schiedsspruches vermag nicht zu überzeugen. Der BGH stellt die Aufhebbarkeit der Rechtskraft unter Verweis auf eine Entscheidung des RG[71] als unstreitig dar. In dem vom BGH angeführten Urteil des RG spricht sich jenes für eine Aufhebbarkeit aus, da die Umgestaltung der schuldrechtlichen Verhältnisse den Parteien ohnehin offenstehe. Die in der Begründung des RG herangezogenen nationalsozialistischen Programmsätze,[72] die damalige Staatsdoktrin stand der Schiedsgerichtsbarkeit abneigend gegenüber, sind jedoch ebenso unrichtig, wie der Verweis auf die schuldrechtlichen Möglichkeiten der Parteien unzulänglich ist.

Die Parteien können zwar über materiell-rechtliche Vereinbarungen die Rechtslage an ihre Bedürfnisse anpassen,[73] oder den Schiedsspruch schlicht ignorieren. Diese materiell-rechtlichen Gestaltungsmöglichkeiten tragen aber nicht den Schluss, dass sie deshalb die Rechtskraft als prozessuale Wirkung aufheben können.

Soweit der BGH für seine Ansicht anführt, dass gegen seine Annahme keine Norm stünde, so kann gleichsam umgekehrt argumentiert werden. Zudem dürfte § 1055 ZPO eher gegen die BGH-Ansicht der Zulässigkeit einer „bedingten Rechtskraftwirkung" sprechen, da der Rechtskrafteintritt schlicht an den Schiedsspruchcherlass angeknüpft wird.

Darüber hinaus ist der Rechtsprechung eine gewisse Widersprüchlichkeit vorzuwerfen. Nach einer BGH-Entscheidung, die vor dem SchiedsVfG ergangen ist, sollen Zustellung und Niederlegung des Schiedsspruches im öffentlichen Interesse liegen und daher der Parteidisposition entzogen sein.[74] Wenn aber schon die Bedingungen für die Rechtskraft eines Schiedsspruchs der Parteidisposition entzogen waren, kann für den Rechtskrafteintritt selbst erst recht nichts anderes gelten.

Auch die Rechtsprechung zu Gerichtsstandsvereinbarungen ist nicht kohärent zur angeführten BGH-Ansicht. Nach dem BGH kann nach Rechtshängigkeit einer Streitsache vor einem zuständigen Gericht nachträglich eine Gerichtsstandsvereinbarung nicht zur Unzuständigkeit dieses Gerichts führen. Angeführt wird, dass dies im öffentlichen Interesse läge, „nämlich zur Vermeidung der mehrmaligen Befassung von Gerichten mit dem gleichen Rechtsstreit" (...).[75] Ebendiese Funktion soll die Rechtskraft nicht minder erfüllen.

Die der Rechtsprechung folgende Literatur stützt sich zum Teil auf die These, dass öffentliche Justizressourcen im Schiedsverfahren nicht beansprucht würden, und daher eine elementare Funktion der Rechtskraft, die Entlastung der Justiz,[76] nicht

71 RGZ 146, 262 ff., 268.
72 RGZ 266, 268 f.
73 *Voit*, in: Musielak, ZPO, § 1055 Rn. 6; *Mayer*, Rechtskraft des Schiedsspruchs, S. 30.
74 BeckRS 1979, 31115011.
75 NJW 1963, 585 f. (586).
76 *Gruber*, in: BeckOK-ZPO, § 322 Rn. 19; *Gottwald*, in: MüKo-ZPO, § 322 Rn. 3.

eintrete[77]. Es bestehen allerdings zahlreiche Unterstützungs- und Kontrollmaßnahmen staatlicher Gerichte zu Gunsten von Schiedsgerichten, auf die im Einzelnen im Laufe der Untersuchung noch einzugehen sein wird,[78] so dass nicht selten und in nicht unerheblichem Umfang ohnehin Justizressourcen für Schiedsverfahren aufgewandt werden.

Schließlich wird angeführt, da der Schiedsspruch „mittelbar" auf einer Parteivereinbarung beruhe, genieße er weniger Rechtskraft und könne folglich mittels Parteivereinbarung wieder beseitigt werden.[79] Dem kann entgegengehalten werden, dass die Frage der Zuständigkeitsbegründung für die Rechtskraft unerheblich ist. Es ist schlicht „ein großer Irrtum, anzunehmen, auch die Rechtskraft „beruhe" auf der Vereinbarung der Parteien."[80] Diese Auffassung begeht den „Kardinalfehler, daß Tatbestand und Wirkung des Schiedsspruchs gleich behandelt werden."[81] Der Entscheidung eines mittels Gerichtsstandsvereinbarung kompetenten staatlichen Gerichts wird schließlich auch keine mindere Rechtskraft zuteil. Die Parteien können, wie bei einem Urteil, die Voraussetzungen der Rechtskraft eines Schiedsspruches selbst zwar herbeiführen, aber die Rechtskraftwirkung nicht selbst setzen. Umgekehrt können sie diese nicht aufheben. Entscheidend ist, dass unter gewissen Bedingungen der privatgerichtlichen Entscheidung Rechtskraft zukommt. An deren Erhalt besteht ein erhebliches öffentliches Interesse, da mit der freien Verfügbarkeit nicht nur das Institut der Rechtskraft an sich entwertet wird, sondern vielmehr der Kern jeder Rechtsprechung marginalisiert wird: Eine Entscheidung eines Rechtsprechungskörpers ist nicht von Gefallen der Adressaten abhängig. Da der Gesetzgeber sich für eine Ausgestaltung des Schiedswesens als Gerichtsbarkeit entschieden hat, würde mit der Gegenauffassung diese Wertung missachtet. Wollen die Parteien die Oberhand behalten, stehen ihnen unverbindliche ADR-Verfahren offen.

Die Rechtsprechung zur einvernehmlichen Aufhebbarkeit von Schiedssprüchen, der Möglichkeit, die Rechtskraft eines Schiedsspruchs unter Bedingungen zu stellen, und zur Beachtlichkeit der Rechtskraft nur auf Einrede hin verlässt folglich ohne überzeugenden Grund den eingeschlagenen Weg, dass die Rechtskraft eines Schiedsspruches der eines Urteils nicht nachstehen soll. Dieser Rechtsprechung ist nicht zu folgen.

II. Auswirkung auf den Rechtsschutz

Nachstehend wird erörtert, welche Folgerungen für den Rechtsschutz zu ziehen sind unter Prämisse des obenstehend herausgearbeiteten privat-jurisdiktionellen Charakters der Schiedsgerichtsbarkeit.

---

77 So *Wagner*, in: Böckstiegel, Beteiligung Dritter, S. 49; Vollstreckung, S. 7; *Lühmann*, Rechtskraft des Schiedsspruchs, S. 190.

78 Siehe unten 1. Teil C. II. 1. b) aa); 3. Teil B. und C.

79 OLG Bremen NJW 1957, 1035 f. (1036).

80 *Mayer*, Rechtskraft des Schiedsspruchs, S. 19.

81 *Mayer*, a.a.O., S. 32.

1. Jurisdiktioneller Charakter der Schiedsgerichtsbarkeit und staatliches Kontrollerfordernis

Durch die Gleichstellung mit Urteilen wird eine Internalisierung[82] der Schiedssprüche in das staatliche Rechtssystem bewirkt. Kehrseite dieses Vorgangs ist, dass sie für den Staat die Verpflichtung auslöst, Kontrollkapazitäten bereitzustellen.

Während es noch in der amtlichen Gesetzentwurfsbegründung zur CPO aus dem Jahr 1877 nicht atypisch lautete: „Der Staat hat kein Interesse, Kontrole zu üben“[83] (...), wird heute ganz überwiegend zu Recht eine staatliche Kontrollmöglichkeit über die Schiedsgerichtsbarkeit gefordert[84]. Für den Staat erwächst aus der Internalisierung mithin ein eigenes Interesse an der Kontrolle der Schiedsgerichtsbarkeit. Im Nachstehenden werden die einzelnen öffentlichen Interessen an der Kontrolle der Schiedsgerichtsbarkeit aufgezeigt werden.

a) Ausnutzung des Schiedsverfahrens für unerlaubte Zwecke

Mit Hilfe eines unseriösen Schiedsgerichts können illegitime Ansprüche über den Schiedsspruch legalisiert werden, um den Schiedsparteien beispielsweise Steuerhinterziehung oder Geldwäsche zu erleichtern. Auch kann die große Freiheit der Verfahrensgestaltung leicht dazu missbraucht werden, dem Schiedsgericht ein fingiertes Schiedsverfahren vorzulegen. Dem gutgläubigen Schiedsgericht könnte von

---

82 *Sponheimer*, Legalanerkenntnis, S. 13 ff. spricht von einer Integration des Schiedsspruches in die Rechtsordnung als antezipiertem Legalanerkenntnis.

83 *Stegemann*, CPO, S. 492. Das Zitat bezieht sich auf die Schiedsrichterernennung, wobei der Staat seiner Aufgabe genüge, wenn er „ein in weitem Umfange gestattetes Ablehnungsrecht“ als Korrektiv gewähre. Die Regelungen im zehnten Buch (§§ 792–813 CPO) waren vom Geist des Liberalismus beseelt, was nachfolgende Zitate unterstreichen: (...) „Die Schranken zu beseitigen, welche der gedeihlichen Entfaltung des schiedsrichterlichen Instituts durch das bisher geltende Recht gezogen waren“, war das ausdrückliche Ziel, *ders.*, a.a.O, S. 489. Es sei „den Schiedsrichtern in Bezug auf das Verfahren die freieste Stellung einzuräumen“ (...), *ders.*, a.a.O., 494.

84 Stellvertretend *Geimer*, in: Schlosser, Integritätsprobleme, S. 149 ff.; *Weber*, in: Schütze, FS Geimer, S. 1447; *Hillgruber*, in: Maunz/Dürig, GG, Art. 92 Rn. 88 f.; *Loritz*, ZZP 105, 8. Ebenso auch schon *Nußbaum*, ZZP 42, 278.
Abweichend *Ramm*, ZRP 1989, 141, 143: „Die schiedsrichterliche Entscheidungsfindung bedarf nur einer einzigen Überprüfung durch ein staatliches oder [sic] nichtstaatliches Gericht.“ Begründet wird dies im Wesentlichen von ihm damit, dass staatliche und Schiedsgerichte gleichzuordnen seien. Denn die Unabhängigkeit der staatlichen Richter oder deren fachliche Qualifikation rechtfertige eine Überordnung dieser nicht. Die Unabhängigkeit würde in der Schiedsgerichtsbarkeit nur auf andere Weise hergestellt werden und die fachliche Qualifikation sei angesichts der massenhaften Juristenausbildung fraglich, jedenfalls könnte an Schiedsrichter dieselben Anforderungen gestellt werden.

beiden Schiedsparteien ein nicht bestehender Rechtsstreit vorgetäuscht werden,[85] um über den Schiedsspruch Finanzmittel aus illegalen Quellen („Schwarzgeld") in den ordentlichen Wirtschaftskreislauf zu überführen. Das „Schwarzgeld" empfangende Finanzinstitut wird bei einer Transaktion, die auf Grund eines Schiedsspruches erfolgt, in praxi kaum Verdacht schöpfen.[86] Ebenso könnte der Schiedsspruch entlastende, fingierte Steuertatbestände enthalten, mit deren Vorlage vor der zuständigen Steuerbehörde ein eindrucksvolles Indiz gesetzt wird.[87]

Dürften diese Konstellationen Entgleisungen sein,[88] scheint die Vereinbarung eines Schiedsverfahrens zur Umgehung von Formvorschriften eher praxisrelevant[89]. So kann ein Schiedsspruch mit vereinbartem Wortlaut gem. § 1053 Abs. 3 ZPO die notarielle Beurkundung substituieren. Soll etwa ein GmbH-Gesellschaftervertrag geschlossen werden, ist dessen notarielle Beurkundung nach § 2 Abs. 1 S. 1 GmbHG erforderlich. Vermeintlich findige Gesellschafter mögen trotz Interessensgleichlauf geneigt sein, ein „Schiedsverfahren" zu durchlaufen und mit einem „Schiedsvergleich" zu beenden.[90] Da sie die Vergütung des Schiedsrichters selbst festlegen können, ergeben sich gegenüber der notariellen Beurkundung Kostenvorteile.

Das insofern generierte staatliche Interesse an einer Kontrolle der Schiedsgerichtsbarkeit ist in praxi jedoch schwer umsetzbar. Die Kontrolle von Schiedssprüchen erfolgt im Rahmen eines Aufhebungsantrages ebenso wie bei einer Vollstreckbarerklärung nur nach einem sehr groben Raster und nur auf Antrag einer Partei.[91] Dieses kann kaum die soeben skizzierten Fälle der Pervertierung des Schiedsverfahrens aufdecken.[92] Denn ohne einen Interessengegensatz der Schiedsparteien wird ein Gericht oder ein Notar kaum von den erforderlichen Anhaltspunkten Kenntnis nehmen können.[93] Insofern bleibt das staatliche Bedürfnis nach einer Kontrolle unbefriedigt. De lege ferenda sind aber auch keine geeigneten und praktikablen Möglichkeiten zum Ausschluss jener Missbrauchsgefahren ersichtlich.

85 Nach OLG Düsseldorf, MDR 1977, 762 f. (762), kann das Schiedsgericht auch für einen unstreitigen Anspruch angerufen werden, um über den Schiedsspruch einen Titel zu erhalten.

86 Vgl. *Höttler*, Fingiertes Schiedsverfahren, S. 71.

87 Vgl. *Höttler*, a.a.O., S. 73 f.

88 Zu diesem Problem in der Praxis *Raeschke-Kessler/Berger*, Schiedspraxis, Rn. 113. Es ist – soweit ersichtlich – kein solcher Fall in der deutschen Rechtsprechung aufgetaucht. In einem Fall vor dem OLG München, SchiedsVZ 2011, 337 ff., hatte das Gericht über die Behauptung einer Scheinschiedsvereinbarung zu entscheiden, diese aber als unbewiesen angesehen.

89 Eine Missbrauchsgefahr insoweit sieht auch *Mönnikes*, SchiedsVfG, S. 191.

90 So der Fall des OLG München BeckRS 2005, 09932.

91 Eine amtswegige Kontrolle kann und sollte nicht stattfinden, siehe unten 3. Teil B. III. 1. b) cc).

92 Ebenso die ordre public Kontrolle „als praktisch wenig wirksam" ansehend *Schroeter*, SchiedsVZ 2006, 304.

93 *Schroeter*, a.a.O.

b) *Funktionstüchtige Schiedsgerichtsbarkeit*

Des Weiteren hat der Staat mit der Zulassung der Schiedsgerichtsbarkeit auch ein berechtigtes Interesse, dass diese funktionsfähig ist.[94] Bei einem völligen Rückzug staatlicher Kontrolle besteht nicht nur die Gefahr von willkürlich verfahrenden Schiedsrichtern, sondern würde die seriöse Schiedsgerichtsbarkeit leiden. So kam es beispielsweise in Belgien nach einem Rückzug staatlicher Kontrolle über Verfahren ohne belgische Schiedspartei[95] (Aufhebung der Aufhebungsklage) zu einem Attraktivitätsverlust der belgischen Schiedsgerichtsbarkeit, in deren Folge die Reform zurückgenommen wurde.[96] Auch das schweizerische Institut eines optionalen Anfechtungsausschlusses nach Art. 192 Abs. 1 schwIPRG wird wohl kaum gewählt.[97] Willkür in der heimischen Schiedsgerichtsbarkeit führt zu Schäden für das internationale Ansehen der nationalen Rechtskultur in toto und zu wirtschaftlichen Verlusten.[98]

c) *Schutz des Rechtsverkehrs*

Das Handeln staatlicher Organe ist vielfach an einen Schiedsspruch geknüpft. Insbesondere unter dem Gesichtspunkt, dass der Staat die Vollstreckung aus dem Schiedsspruch erst ermöglicht, ist ein staatliches Kontrollbedürfnis begründet. Wäre ein Schiedsspruch ohne weiteres vollstreckbar, würden staatliche Vollstreckungsorgane entgegen ihrer Bindung an Gesetz und Recht (Art. 20 Abs. 3 GG) vermittels der Formalisierung im Zwangsvollstreckungsrecht selbst unbillige Schiedssprüche, soweit sie nicht mit dem Aufhebungsantrag angegriffen wurden oder werden konnten, vollstrecken. Dies könnten Schiedssprüche gegen unbeteiligte Dritte ebenso sein wie Schiedssprüche, die besonders sensible gesellschaftliche Bereiche, wie etwa das Familien- oder Mietrecht, betreffen und deren Gegenstand nicht nach § 1030 ZPO schiedsfähig ist. Staatliche Organe sind keine Handlanger privater Macht.

Fraglich ist allerdings, ob sich die vorstehenden Aussagen verallgemeinern lassen, ob also jedes staatliche Tätigwerden auf Grund eines Schiedsspruches, z.B. bei

---

94 Ebenso *Sonnauer*, Kontrolle der Schiedsgerichte, S. 33 f.

95 Art. 1717 Abs. 4 Gerichtsgesetzbuch i.d.F. aus den Jahren 1985 bis 1998: „Die belgischen Gerichte können nur dann über eine Aufhebungsklage entscheiden, wenn mindestens eine der Parteien, die an dem durch den Schiedsspruch entschiedenen Streit beteiligt ist, entweder eine natürliche Person belgischer Staatsangehörigkeit oder mit Wohnsitz in Belgien ist, oder aber eine in Belgien gegründete juristische Person mit einer Niederlassung oder einem sonstigen Geschäftssitz in Belgien ist." Unter orthographischer Korrektur zitiert nach *Verbist*, in: Berger, FS Sandrock, S. 994.

96 Vgl. *Blackaby*, International Arbitration, Rn. 7.05; *Park*, in: Briner, FS Böckstiegel, S. 599 f.; *Häberlein*, Unwilligkeit, S. 258 f.; *Verbist*, in: Berger, FS Sandrock, S. 996 f. (mit Zahlennachweisen).

97 So *Nienaber*, Anerkennung und Vollstreckung, S. 291; *Solomon*, Verbindlichkeit von Schiedssprüchen, S. 479. Nach dem schweizerischen Bundesgericht ist ein Verzicht auf die Anfechtungsmöglichkeit gegen Schiedssprüche des Sportschiedsgerichts CAS nicht möglich, SchiedsVZ 2007, 330 ff. (332 f.).

98 *v. Bernuth*, Doppelkontrolle, S. 146 f.

Grundbuch- und Handelsregistereintragungen (§ 19 GBO, § 16 Abs. 1 HGB), zwingend eine Kontrolle erfordert. Stellvertretend soll die Frage für Fälle aufgeworfen werden, in denen das Registergericht zur Löschung einer Gesellschaft ersucht wird, die auf Grund eines Schiedsspruches für aufgelöst erklärt wurde. Höchst strittig ist, ob erst noch eine Vollstreckbarerklärung erforderlich ist.[99] Voranzustellen ist, dass nach dem BGH selbst an sich nicht vollstreckungsfähige Schiedssprüche (z.B. feststellender oder klageabweisender Hauptsacheausspruch) für vollstreckbar erklärt werden können.[100]

Ausgangspunkt ist, dass § 16 Abs. 1 S. 1 HGB eine „rechtskräftige oder vollstreckbare Entscheidung des Prozeßgerichts" erfordert. Im Unterschied zum staatlichen Urteil, das erst mit Ablauf der Rechtsbehelfsfristen formell und materiell rechtskräftig wird, wird ein Schiedsspruch materiell rechtskräftig schon vor Ablauf der Frist zur Erhebung des Aufhebungsantrags nach § 1059 ZPO. Insofern könnte dem Registergericht ein völlig unbilliger Schiedsspruch vorgelegt werden. Zum Einen kann aber kein staatliches Organ zu einem möglicherweise verfassungswidrigen Verhalten verpflichtet werden. Zum Anderen müssen sich staatliche Organe nicht privater Macht beugen. Staatliche Organe sind gem. Art. 1 Abs. 3, 20 Abs. 3 GG nicht ausschließlich an die Gewährung von Privatautonomie, sondern ebenso an alle anderen Grundrechte sowie an Gesetz und Recht gebunden. Anders gewendet: Das staatliche Organ ist an die Berücksichtigung der Privatautonomie zwar auch, aber eben nur unter Anderem gebunden. Es hat entgegenstrebende Belange zu berücksichtigen. Folglich muss dem staatlichen Organ ein eigener Entscheidungsspielraum eingeräumt sein. Eine Kontrolle des staatlichen Organs vor seiner Amtshandlung in Bezug auf einen Schiedsspruch ist insofern unabdingbar. Mindestmaßstab müssen die grundlegenden Wertvorstellungen der Gesellschaft (ordre public)[101] sein. Auf die angeführte Konstellation der Gesellschaftslöschung gemünzt bedeutet dies, dass neben der Vollstreckbarerklärung auch die rechtskräftige Ablehnung eines Aufhebungsantrags ausreicht. Denn das staatliche Gericht prüft in dem Aufhebungsverfahren gem. § 1059 Abs. 2 Nr. 2 lit. b ZPO von Amts wegen, ob der Schiedsspruch mit dem ordre public vereinbar ist. Letzteres kann durch ein Rechtskraftzeugnis

---

99 So, mit zweifelhafter Begründung, BayObLGZ 1984, 45 ff. (48). Vgl. ferner *Walter*, in: Gottwald, FS Schwab, S. 540 f.; *Bosch*, Rechtskraft und Rechtshängigkeit, S. 53 f.; *B/L/A/H*, ZPO, § 1055 Rn. 7; *Wilske/Markert*, in: BeckOK-ZPO, § 1055 Rn. 6. Für eine Gestaltungswirkung mit Rechtskraft *Limpert*, in: MüKo-GmbHG, § 61 Rn. 54; *Schwab/Walter*, Schiedsgerichtsbarkeit, Kap. 21 Rn. 12; *Voit*, in: Musielak, ZPO, § 1055 Rn. 11. Gegen die Notwendigkeit einer Vollstreckbarerklärung auch *Loritz*, ZZP 105, 18 f.

100 NJW-RR 2006, 995 f. (996). Dies ist ständige Rechtspr. seit dem RG, *Wagner*, in: Böckstiegel, Vollstreckung, S. 19. Zentraler Begründungsansatz ist (BGH BeckRS 1961, 31187725): „Denn die Vollstreckbarerklärung dient nicht nur dazu, die Zwangsvollstreckung zu ermöglichen; sie soll den Spruch auch gegen die Geltendmachung von Aufhebungsgründen sichern" (...).

101 Aus der Fülle der Literatur stellvertretend die Begriffsannäherung von *Harbst*, SchiedsVZ 2007, 23.

gem. § 706 Abs. 1 ZPO, das auch für Beschlüsse erteilt werden kann,[102] nachgewiesen werden. Abzulehnen ist demgegenüber eine entsprechende Anwendung von § 706 Abs. 2 S. 1 ZPO. Zwar wäre es durchaus denkbar, mit Fristablauf für die Einlegung des Aufhebungsantrages ein Rechtskraftzeugnis beantragen zu können. Dem steht allerdings entgegen, dass die Frist für den Aufhebungsantrag gem. § 1059 Abs. 3 S. 1 ZPO keine Notfrist nach § 224 Abs. 1 ZPO, sondern eine von den Parteien ausgestaltbare Frist ist.

d) *Gewährleistung demokratisch legitimierter Kontrolle über den Zivilrechtsverkehr*

Der Staat hat ein Interesse daran, dass das von ihm erlassene Sachrecht, etwa im Bereich des Verbraucher- oder Mieterrechts, zur Anwendung kommt. Der staatliche Richter ist nach Art. 20 Abs. 3, 97 Abs. 1 GG dem Gesetz unterworfen. Insofern ist gewährleistet, dass die demokratisch geschaffenen Rechtsnormen tatsächlich wirken. Ob dies für die Schiedsgerichtsbarkeit entsprechend gilt, soll nachfolgend eruiert werden.

In der Schiedsgerichtsbarkeit besteht die Möglichkeit der grundsätzlich freien Sachrechtswahl, die ein Problem für die Einflussnahme des Staates auf den Zivilrechtsverkehr darstellen könnte. Um dies prüfen zu können, wird zunächst der Grundsatz der freien Sachrechtswahl näher beschrieben.

Während der staatliche Richter nach der vorgefundenen Rechtsordnung richtet, entscheidet der Schiedsrichter demgegenüber nach dem ihm von den Parteien gegebenen Sachrecht. Die Schiedsparteien können ein Sachrecht beliebiger Provenienz vereinbaren oder das Sachrecht mehrerer Rechtsordnungen beliebig kombinieren (dépeçage). Die Schiedsparteien können ein fremdes Sachrecht sogar ohne Auslandsbezug vereinbaren.[103] Sie können sich weitergehend auf ein nicht-staatliches Sachrecht verständigen.[104] Ausgangspunkt für die Begründung dieser Ansicht ist, dass nach einhelliger Meinung mit dem Wortlaut des § 1051 Abs. 1 S. 2 ZPO die beliebige Wahl ausländischen Sachrechts (und Teilen dessen) ohne dessen Kollisionsrecht vereinbart werden kann. Grundgedanke ist hernach, den Parteien eine möglichst freie, ihnen komfortable Sachrechtswahl zu ermöglichen. Wenn nun aber an beliebige Rechtsvorschriften irgendeines Staates (z.B. eines Unrechtsstaates) angeknüpft werden kann, ist es nicht nachvollziehbar, weshalb nicht auch die Wahl

---

102 *Ulrici*, in: BeckOK-ZPO, § 706 Rn. 1; *Lackmann*, in: Musielak, ZPO, § 706 Rn. 1; *Götz*, in: MüKo-ZPO, § 706 Rn. 1.

103 So *Voit*, in: Musielak, ZPO, § 1051 Rn. 3; *Pfeiffer*, NJW 2012, 1171 f.; *Hausmann*, in: Reithmann, IPR, Rn. 6621.
A.A. *McGuire*, SchiedsVZ 2011, 264; *Handorn*, Sonderkollisionsrecht, S. 159 ff. (166).

104 Ebenso *Voit*, in: Musielak, ZPO, § 1051 Rn. 2; *Pfeiffer*, NJW 2012, 1170; *McGuire*, SchiedsVZ 2011, 265 f.; *Handorn*, Sonderkollisionsrecht, S. 96; *Heiss*, in: Oberhammer, Schiedsgerichtsbarkeit, S. 102.

von privat gesetzten Normen möglich sein soll. Dieses Verständnis dürfte zudem der Intention des Normgebers entsprechen.[105]

Es kann außerdem eine vom Sachrecht weitgehend[106] losgelöste Billigkeitsentscheidung ergehen gem. § 1051 Abs. 3 ZPO, wenngleich diese in der Praxis nur eine geringe Bedeutung haben dürfte[107].

Umstritten ist, ob diese Grundsätze auch das Kollisionsrecht erfassen, sprich ob ein Schiedsgericht an generelles Kollisionsrecht (EGBGB,[108] Rom I/II/III-VO[109]) oder nur an die lex specialis bzw. Sonderkollisionsnorm[110] des § 1051 Abs. 1 S. 1 ZPO gebunden ist.[111] Gegen eine Bindung an das generelle Kollisionsrecht spricht besonders der insoweit offene Wortlaut, der durch keinen eindeutig gegenteiligen gesetzgeberischen Willen begrenzt wird. Der Gesetzgeber ging fälschlicherweise von einer Bindung an

---

105 Art. 28 Abs. 1 S. 1 UNCITRAL-Modellgesetz, das von „rules of law" (gleich der in § 1051 ZPO verwendeten Formulierung „Rechtsvorschriften") und nicht bloß von „law" spricht, sollte die Wahl eines beliebigen Sachrechts ermöglichen. Aus den Materialien zum Modellgesetz wie zum SchiedsVfG ergibt sich zumindest, dass auf internationaler Ebene elaborierte Rechtsvorschriften, anders als generelle Rechtsprinzipien, von der Formulierung erfasst werden sollten, UN-Doc. A/CN.9/264, S. 61 f.; A/CN.9/245, S. 165; BT-Drs. 13/5274, S. 52.

106 Vgl. *Hußlein-Stich*, UNCITRAL-Modellgesetz, S. 149 f.; *Rubino-Sammartano*, International Arbitration, S. 467 ff. (469).

107 Siehe etwa die internationale Untersuchung der School of International Arbitration der Queen Mary University of London aus dem Jahr 2010 (International Arbitration Survey: Choices in International Arbitration), S. 15, im Internet aufrufbar unter: http://www.arbitrationonline.org/docs/2010_InternationalArbitrationSurveyReport.pdf, wonach 81% der Befragten diese Option noch nie gewählt haben.
Lepschy, § 1051 ZPO, S. 196 verneint bei einer solchen Entscheidung eine Schadensdeckung der Assekuranz gem. § 3 Abs. 3 Nr. 1 Allgemeine Versicherungsbedingungen für die Haftpflichtversicherung.

108 Eine Bindung an Art. 27 EGBGB a.F. verneinte schon *BMJ*, Kommissionsbericht, S. 167. Anders aber die Begründung zum Gesetzentwurf der BReg., BT-Drs. 13/5274, S. 52.

109 Verordnung (EG) Nr. 593/2008; 864/2007; 1259/2010. Art. 1 Abs. 2 lit. e Rom I-VO nimmt ausdrücklich „Schiedsvereinbarungen" vom Anwendungsbereich aus. Kritisch hierzu *Mankowski*, in: Kronke, FS Hoffmann, S. 1022 ff.

110 Für eine solche Charakterisierung *Junker*, in: Berger, FS Sandrock, S. 445; *Lepschy*, § 1051 ZPO, S. 37 ff.; *Handorn*, Sonderkollisionsrecht, S. 51.

111 Eine Bindung an EGBGB und Rom I-VO ablehnend *Renner*, Zwingendes transnationales Recht, S. 81 f.; *Jürschik*, Group of Companies-Doktrin, S. 31 f. Gegen eine Bindung an das EGBGB *Moller*, NZG 2000, 68; *Gottwald*, Zivilprozessrecht, § 179 Rn. 49. Ferner grundsätzlich gegen eine Bindung: *Pfeiffer*, NJW 2012, 1171; *Voit*, JZ 1997, 123 f.; *Heiss*, in: Oberhammer, Schiedsgerichtsbarkeit, S. 100 f.; *Handorn*, Sonderkollisionsrecht, S. 70 ff. Dafür: *Münch*, in: MüKo-ZPO, § 1051 Rn. 17 ff.; *McGuire*, SchiedsVZ 2011, 259 ff.; für eine Bindung an Art. 3 Abs. 3, 6 Abs. 2, 9 Abs. 2 Rom I-VO *Geimer*, in: Zöller, ZPO, § 1051 Rn. 3. Zum Streitstand *Wagner*, in: Gottwald, FS Schumann, S. 539 f.; *Voit*, in: Musielak, ZPO, § 1051 Rn. 3.

das EVÜ aus.[112] Gemäß Art. 1 Abs. 2 lit. d EVÜ sind aber „Schiedsvereinbarungen" ausdrücklich vom Anwendungsbereich des Übereinkommens ausgenommen. Die das EVÜ ersetzende Rom I-VO setzt dies in Art. 1 Abs. 2 lit. e fort.[113] Zudem war Leitgedanke des SchiedsVfG eine Anpassung an das UNCITRAL-Modellgesetz. Dieses sieht (Art. 28 Abs. 1) keine Rechtswahlschranken vor.[114]

aa) Ausgangsbefund: Grenzen der freien Sachrechtswahl

Selbst wenn eine Bindung an das generelle Kollisionsrecht verneint wird, und der freien Rechtswahl insofern keine Grenze gesetzt wird, so ergeben sich dennoch generell für die Rechtswahl Grenzen.

Die Schiedsrichter sind selbst ohne explizite Beauftragung durch die Schiedsparteien angehalten, zwingendes Recht[115] bzw. Eingriffsnormen[116] insoweit zu berücksichtigen, als durch deren Missachtung ein Schiedsspruch nicht verbindlich – insbesondere nicht mit Zwang durchsetzbar – wäre.[117] Dieser für die Durchsetzungsfähigkeit der schiedsgerichtlichen Entscheidung relevante normative Mindestgehalt soll hier Durchsetzungsrecht genannt werden. Dessen Berücksichtigung dürfte ganz regelmäßig, nicht aber unbedingt, auch dem Interesse der Schiedsparteien entsprechen.

Die weitgehende Bindung der Schiedsrichter an den Parteiwillen scheint gegen die Instrumentalisierung der Schiedsrichter zur Durchsetzung ordnungspolitischer

---

112 Siehe BT-Drs. 13/5274, S. 52.

113 Ob damit auch der Hauptvertrag ausgenommen werden sollte, ist umstritten, vgl. *McGuire*, SchiedsVZ 2011, 262 f.

114 Ebenso *Mönnikes*, SchiedsVfG, S. 172.

115 Zum grundsätzlichen Vorrang des zwingenden Rechts gegenüber der Privatautonomie siehe Art. 1.4 UNIDROIT-Principles of International Commercial Contracts aus dem Jahr 2010.

116 Art. 9 Abs. 1 Rom-I-VO: „Eine Eingriffsnorm ist eine zwingende Vorschrift, deren Einhaltung von einem Staat als so entscheidend für die Wahrung seines öffentlichen Interesses, insbesondere seiner politischen, sozialen oder wirtschaftlichen Organisation, angesehen wird, dass sie ungeachtet des nach Maßgabe dieser Verordnung auf den Vertrag anzuwendenden Rechts auf alle Sachverhalte anzuwenden ist, die in ihren Anwendungsbereich fallen."
Zu Typologie und Quellen von Eingriffsnormen *v. Hoffmann*, in: Böckstiegel, Acts of State and Arbitration, S. 4 ff. Zur konfliktbehafteten Anwendung *Renner*, Zwingendes transnationales Recht, S. 104 ff., 123 f. Zur Berücksichtigung ihrer Faktizität, etwa bei einem Exportverbot, wodurch die Leistungserbringung unmöglich wird *Bermann*, in: Ferrari, Conflict of Laws, S. 335; *Sachs/Niedermaier*, in: Kronke, FS Hoffmann, S. 1061; *Ungeheuer*, Eingriffsnormen, S. 187 ff.

117 Ähnlich *Thorn/Grenz*, in: Ferrari, Conflict of Laws, S. 199 ff.; *Sachs/Niedermaier*, in: Kronke, FS Hoffmann, S. 1053 f.; *Schmidt-Ahrendts/Höttler*, SchiedsVZ 2011, 271. *Raeschke-Kessler*, NJW 1988, 3046: „Kernpflicht des Schiedsrichters aus dem Schiedsvertrag ist es, alles ihm Zumutbare zu tun, um die Wirksamkeit und den Bestand des Schiedsspruchs zu sichern."

Anliegen zu sprechen.[118] Das Schiedsgericht ist ausweislich des Normwortlautes des § 1051 Abs. 4 ZPO zwingend bloß an Bestimmungen des Vertrages und an die Handelsbräuche gebunden. Allerdings sind die staatlichen materiell-rechtlichen Parameter in einem Nachverfahren von Belang. Verstößt der Schiedsspruch gegen den ordre public, kann die Entscheidung aufgehoben werden (§ 1059 Abs. 2 Nr. 2 ZPO). Auch das Exequatur ist ihm in diesem Fall zu versagen (§ 1060 Abs. 2 ZPO). Die sehenden Auges in Kauf genommene Nichtverbindlichkeit eines Schiedsspruches entspricht nicht dem Wesen der Schiedsgerichtsbarkeit. In der Schiedsvereinbarung manifestiert sich vielmehr der Parteiwille für eine verbindliche Entscheidung und gegen eine unverbindliche Entscheidung nach anderen ADR-Verfahren, wie einer Schlichtung. Diese Absicht umfasst insbesondere, dass der Regelungsgehalt der Schiedsentscheidung notfalls mit Zwang realisiert werden kann. Insofern ergibt sich die Schiedsrichteraufgabe zur Berücksichtigung von Durchsetzungsrecht aus ihrer gesetzlichen Stellung als Rechtsprechungskörper. Nur unter Mitwirkung eines Schiedsrichters können die Parteien eine rechtskräftige Entscheidung herbeiführen. Vergleichen sich die Parteien nach § 1053 Abs. 1 S. 1 ZPO ohne Antrag auf Schiedsspruchererlass zu stellen, ergeht allenfalls ein nicht materiell-rechtskräftiger Verfahrensbeendigungsbeschluss.[119] Nur wenn der Antrag auf Schiedsspruchererlass gestellt wird gem. § 1053 Abs. 1 S. 2 ZPO, ergeht nach Prüfung des Vergleichsinhaltes ein Schiedsspruch.

Mit Überantwortung der Entscheidungsgewalt auf das Schiedsgericht ist dieses in jedem Fall zu einer verbindlichen Entscheidung befugt. Die Ausgangsszenarien eines Schiedsverfahrens sind nur, dass ein grundsätzlich rechtskräftiger Schiedsspruch oder, bei bestimmten Parteiverhalten, ein nach § 1056 Abs. 2 ZPO verbindlicher Verfahrensbeendigungsbeschluss ergeht.[120]

Im Falle eines deutschen Schiedsortes kann in internationalen Streitfällen neben dem schon höchst ambivalenten deutschen ordre public, Durchsetzungsrecht jedes für den Schiedsrichter voraussehbar relevanten Vollstreckungsforums angemessen zu berücksichtigen sein.[121] Setzen die anzuwendenden Normen divergierende Rechtfolgen, sind sie insoweit unbeachtlich, als selbst ohne ihre Anwendung die Vollstreckung in einem Staat mit dort vorhandener, ausreichender Vollstreckungsmasse, gewährleistet ist.[122] Bei Nichtbeachtung ist der Schiedsrichter gegenüber der benachteiligten Partei schadensersatzpflichtig. Dies ist freilich auf Grund des auch

---

118 So *Ungeheuer*, Eingriffsnormen, S. 175.

119 Siehe unten 3. Teil B. III. 2. a).

120 Siehe unten 3. Teil B. III. 2. a).

121 Zur weitgehend auf dieser Linie liegenden Schiedspraxis *Berger*, Wirtschaftsschiedsgerichtsbarkeit, S. 487 ff. Zur ähnlichen, breiten Meinung in der Lit. *Lepschy*, § 1051 ZPO, S. 137 f.

122 Ebenso *Lepschy*, § 1051 ZPO, S. 156 f. Zur Behandlung von solchen Normkollisionen generell *Ungeheuer*, Eingriffsnormen, S. 251 ff.

Schiedsrichtern eingeräumten sog. Spruchrichterprivilegs (Richterspruchprivileg)[123] ein stumpfes Schwert.[124]

Die Parteien können die notwendige schiedsrichterliche Befassung mit dem Durchsetzungsrecht nicht abbedingen. Sollten die Schiedsparteien das Schiedsgericht explizit zur Missachtung des einschlägigen Durchsetzungsrechts aufrufen, sind die Schiedsrichter auf Grund ihrer Stellung nicht daran gebunden, zumal das Parteiverhalten widersprüchlich ist.[125] Das Schiedsgericht wird vielmehr zu prüfen haben, ob die Schiedsvereinbarung überhaupt wirksam ist. Die Invalidierung wird jedoch nur in Betracht geraten, wenn den Parteien die Nichtanwendung von Durchsetzungsrecht wichtiger ist, als überhaupt den Streit vor einem Schiedsgericht zu lösen.

In der Praxis dürfte das Durchsetzungsrecht weitgehend Beachtung erfahren.[126] Die Schiedsgerichte berücksichtigen regelmäßig nicht nur den nationalen ordre public, sondern fühlen sich ebenso an „den" transnationalen ordre public[127]

---

123 Der BGH entnimmt dies dem Schiedsrichtervertrag, NJW 1954, 1763 f. (1764). Kritisch *Häberlein*, Unwilligkeit, S. 72; *Osterthun*, Schadensfälle, S. 361 ff. (366). *Prütting*, SchiedsVZ 2011, 237 plädiert für eine analoge Anwendung des § 839 Abs. 2 BGB.

124 Deswegen diesen Ansatz der Schiedsrichterbindung an zwingende Normen ablehnend *Renner*, Zwingendes Transnationales Recht, S. 290.
Sachs/Niedermaier, in: Kronke, FS Hoffmann, S. 1054 sehen Schiedsrichter als ausreichend motiviert an, zwingendes Recht zu berücksichtigen. Neben ihrer Haftung sehen sie dafür die Gründe in der Schiedsrichtermoral und der aufzubauenden Schiedsrichterreputation.

125 Offen gelassen von BGH NJW 1959, 720 f. (721). Gleichwohl führte das Gericht aus: „Wenn auch das Schiedsgericht an eine solche, selbst gesetzeswidrige Anweisung nicht gebunden wäre, so besteht doch die Gefahr, daß das Schiedsgericht, zumal ihm nach der Schiedsgerichtsklausel keine rechtskundigen Richter anzugehören brauchen, seiner Entscheidung die gesetzwidrige Anweisung der Parteien zugrunde legt und daß damit die zwingenden gesetzlichen Vorschriften praktisch umgangen werden." Deshalb sei eine solche Schiedsklausel nichtig.
A.A. *Voit*, JZ 1997, 122. „Der Schiedsrichter ist allein den Parteien verantwortlich, und er hat keine Veranlassung, eine Rechtsordnung gegen den Willen seiner Auftraggeber durchzusetzen."

126 So beruht die „Mitsubishi-Entscheidung" des U.S. Supreme Court (GRUR Int. 1987, 617 ff.) auf der Annahme, dass das japanische Schiedsgericht zwingendes amerikanisches Kartellrecht anwenden würde, obwohl schweizerisches Vertragsstatut bestand, eben weil dies der Wille der Schiedsparteien sei, und nicht, weil das Schiedsgericht an amerikanisches Recht gebunden ist.
Mit Nachweisen aus der Schiedsgerichtspraxis *Drobnig*, in: Musielak, FS Kegel, S. 106 ff.; *v. Hoffmann*, in: Böckstiegel, Acts of State and Arbitration, S. 13 ff., *Ungeheuer*, Eingriffnormen, S. 70 ff. und umfassend zur ICC-Spruchpraxis *Renner*, Zwingendes transnationales Recht, S. 347 ff.

127 Instruktiv zum transnationalen ordre public *Renner*, Zwingendes transnationales Recht, S. 106 ff., 118 ff.

gebunden[128]. Transnationales Recht ist „all law, which regulates actions or events that transcend national frontiers“[129]. Dem transnationalen ordre public räumt die internationale Schiedsspruchpraxis Vorrang vor den national verhafteten Vorbehalten ein.[130] Er soll sogar Anwendung finden, wenn er sich gegen nationale Bestimmungen richtet und dies die Vollstreckung erschwert.[131] Das Schiedsgericht hat ihn jedenfalls unabhängig vom Parteiwillen zu berücksichtigen,[132] da die elementarsten und universal anerkannten Rechtsvorstellungen nicht abwählbar sein dürfen.

Gleichwohl kann die Berücksichtigung transnationalen bzw. Durchsetzungsrechts durch das Schiedsgericht staatliche Steuerung bzw. Kontrolle nicht entbehrlich machen.

bb) Kontrollbedürfnis zum Ausgleich von Rechtskonflikten

Ein Problem des transnationalen Rechts liegt in seiner Heterarchie. Dies soll an einem prominenten Beispiel aufgezeigt werden. Nicht selten ist in der internationalen Schiedsgerichtsbarkeit lex causae „die“ lex (treffender: ius) mercatoria[133]. Sie kann als „transnationale Rechtsordnung der Weltmärkte“[134] gekennzeichnet werden. Die lex mercatoria folgt ihrer systemimmanenten ökonomischen Bestimmung. Sie ist von ökonomischen Imperativen geformt. Gesamtgesellschaftliche oder ökologische Belange sind ihr ebenso wenig inhärent, wie die Rücksichtnahme auf schutzbedürftige Gruppen wie beispielsweise Verbraucher[135]. Auf Grund ihrer funktionalen Begrenztheit konfligiert die lex mercatoria mit anderen transnationalen Rechtsregimes im globalen „Rechtspluralismus“[136]. Es gibt im fragmentierten transnationalen

---

128 Vgl. *Horn*, SchiedsVZ 2008, 213; *Friedrich*, in: Böckstiegel, Arbitration in Germany, § 1051 Rn. 37; *Ungeheuer*, Eingriffsnormen, S. 239 ff.

129 *Philip Jessup*, zit. nach *Hanschmann*, in: Buckel, Neue Theorien des Rechts, S. 382. Instruktiv zum transnationalen Recht *Berger*, Wirtschaftsschiedsgerichtsbarkeit, S. 361 ff.

130 *Renner*, Zwingendes transnationales Recht, S. 271 f.

131 So *Kreindler*, JWI, 2003, 245 f.; *Ungeheuer*, Eingriffsnormen, S. 254.

132 Ebenso *Ungeheuer*, Eingriffsnormen, S. 250 f.

133 Hierzu allgemein *Rensmann*, Anationale Schiedssprüche, S. 99 ff.; *Juenger*, in: Löwisch, FS Rittner, S. 233 ff.; *Rubino-Sammartano*, International Arbitration, S. 438 ff. Zu einzelnen Grundsätzen der lex mercatoria *Berger*, Wirtschaftsschiedsgerichtsbarkeit, S. 374 ff. Zur Einordnung gegenüber nationalen Rechtsordnungen *Lepschy*, § 1051 ZPO, S. 24 ff. Kritisch *v. Breitenstein*, in: Berger, FS Sandrock, S. 118 ff.
Eine Entscheidung nach der lex mercatoria ist keine Billigkeits-, sondern eine Rechtsentscheidung, ebenso *Berger*, a.a.O., S. 372.

134 *Teubner*, Globale Bukowina, S. 1. Zum bestrittenen Rechtscharakter von transnationalem Recht *Renner*, Zwingendes transnationales Recht, S. 199 ff. m.w.N.

135 *Juenger*, in: Löwisch, FS Rittner, S. 240.

136 *Calliess*, in: Buckel, Neue Theorien des Rechts, S. 68.

Recht keine Normenhierarchie. Mangels Subordinationsverhältnissen entstehen nicht auflösbare Rechtskonflikte.[137] Der transnationale ordre public kann nicht Kraft normativer Anordnung Vorrang vor der lex mercatoria oder anderem transnationalen Recht beanspruchen. Selbst wenn also transnationales Recht von Schiedsrichtern berücksichtigt wird, deckt dies nicht zwingend das öffentliche Interesse an der Anwendung des demokratisch gesetzten Sachrechts ab.

cc) Erfordernis repressiver staatlicher Kontrolle

Zu dem soeben angesprochenen Problem der fehlenden Normenhierarchie gesellt sich de lege lata ein weiteres, das dem Internalisierungsmechanismus entspringt. Der Schiedsspruch wird „blindlings" in das Rechtssystem eingeordnet, indem ihm die Rechtskraft verliehen wird. Dies ist nicht zu vergleichen mit Instituten des ordentlichen Prozesses, in denen das staatliche Gericht eine Sach- und Rechtsprüfung weitgehend unterlässt, etwa bei Erlass eines Anerkenntnis- oder Verzichtsurteils. Denn die Parteien können nicht das Gericht zum Übergehen von zwingendem Recht anhalten,[138] welches von einem staatlichen, und nicht privaten, Organ geprüft wird. Bei der Einordnung des Schiedsspruches besteht hingegen kein staatlicher Torwächter. Ob das Schiedsgericht dem transnationalen ordre public bzw. dem Durchsetzungsrecht Rechnung getragen hat, ist nicht von staatlichen Instanzen verifiziert, zumal es einen Vertreter öffentlicher Interessen im Schiedsverfahren zu Recht nicht gibt.[139]

Will der Staat einen Resteinfluss auf die Sachrechtsanwendung nehmen damit nicht nur Partikularinteressen, sondern demokratisch rückgekoppelte Wertvorstellungen Bestand haben, muss er zumindest repressive Kontrollinstrumente gegen schiedsrichterliche Entscheidungen vorsehen.[140] Ohne staatliche Kontrolle würde

---

137 Ähnlich *Abegg*, in: Buckel, Neue Theorien des Rechts, S. 415 ff. und *Callies*, in: Buckel, Neue Theorien des Rechts, S. 68.

138 *Cahn*, AcP 198, 43 ff. (71).

139 Mit diesem Ansatz verträgt es sich nicht, dass schon die Schiedsvereinbarung nicht anerkannt wird. Ein staatliches Gericht wird daher höchstens eingreifen dürfen, wenn gesichert ist, dass das Schiedsgericht einschlägiges Durchsetzungsrecht nicht anwenden wird. Insoweit zu weitgehend OLG München BeckRS 2006, 07559: „Angesichts des Schutzzwecks der Eingriffsnorm reicht es vielmehr für die Annahme eines Derogationsverbots aus, wenn die nahe liegende Gefahr besteht, dass das Gericht des Drittstaats zwingendes deutsches Recht nicht zur Anwendung bringt." Kritisch zu dieser Entscheidung auch *Horn*, SchiedsVZ 2008, 217 f.

140 *Voit*, JZ 1997, 124 ist der Ansicht, dass der Staat durch die Gleichstellung des Schiedsspruches mit Urteilen keine Steuerungsmöglichkeit verliere, da die Rechtsordnung auch eine vergleichsweise Einigung der Parteien unabhängig von staatlichen Wertungen respektiere. Die Aussage ist so jedenfalls zu pauschal, da die Rechtsordnung solche Einigungen jedenfalls nicht anerkennt, wenn sie ihr erheblich zuwiderlaufen (§§ 134, 138, 242 BGB).

der Staat „die Ausübung privater sozialer Macht, ohne sie an das Gemeinwohl zu binden“[141] ermöglichen. Die Justizgewalt muss nach Art. 20 Abs. 2 S. 2 GG aber vom Volk ausgehen. Der Staat kann folglich nur ein demokratisch legitimitertes Organ zur Kontrollausübung installieren. Sachlich demokratisch legitimiert sind die Richter wegen ihrer grundsätzlichen Unterworfenheit gegenüber dem Gesetz nach Art. 97 Abs. 1 GG. Ihre personelle demokratische Legitimation ist auf eine ununterbrochene Kette von Ernennung bis Wahlakt des Bürgers zurückzuführen. Auf Grund ihrer demokratischen Einsetzung und ihrer Gesetzesbindung sind sie letztgültig legitimiert zu entscheiden, ob die Anwendung der einschlägigen Rechtsnormen im Einklang mit den grundlegenden Gemeinwohlbelangen steht. Die durch die freie Sachrechtswahl entstandene Gefahr der Ignoranz von grundlegenden Gemeinwohlbelangen und universal anerkannten Interessen[142] kann auf diese Weise gebannt werden.

dd) Zwischenergebnis

Mit der Zulassung der Schiedsgerichtsbarkeit in der heutigen Form räumt der Staat zwar weitgehend den Schiedsparteien ein, das von ihm gesetzte Sachrecht zu umgehen. Gleichwohl haben die obenstehenden Erörterungen aufgezeigt, dass der Schiedsrichter grundlegende Normen nicht unbesehen lassen darf (Durchsetzungsrecht) und dass der Staat über die richterliche Kontrolle von schiedsrichterlichen Entscheidungen ein Mindestmaß an Einfluss auf den Zivilrechtsverkehr behalten kann und muss.

2. *Grenzen staatlicher Kontrolle auf Grund des privaten Charakters der Schiedsgerichtsbarkeit*

Der jurisdiktionelle Charakter des Schiedswesens bedingt wie vorstehend ausgeführt aus verschiedenen Gründen ein öffentliches Interesse an der Kontrolle schiedsgerichtlicher Entscheidungen. Diesem öffentlichen Interesse könnten durch den privaten Charakter des Schiedswesens Grenzen gesetzt sein. Jenes Spannungsfeld wird nachstehend beleuchtet.

a) Schiedsgerichtliche Autonomie und staatliche Interferenz

Im Unterschied zu Prozessen vor staatlichen Gerichten ist das Schiedsverfahren stärker vom Parteiwillen abhängig. Die Parteien haben einen maßgeblichen Einfluss

---

141 *Kirchhof*, Private Rechtsetzung, S. 507. *Kirchhof* bezieht sich rein auf private Normsetzung. Seine Ausführungen sind aber auf die Schiedsgerichtsbarkeit als Form privater Rechtsbildung übertragbar.

142 Grundlegend zur Berücksichtigung solcher Interessen im deutschen Zivilrecht BGH NJW 1972, 1575 ff. (1576). In diese Richtung, aber nicht so weitgehend, auch BGH NJW 1961, 822 f. (823).

auf die Ausgestaltung des Verfahrens. Nach § 1042 Abs. 3 ZPO können die Parteien das Verfahren frei ausgestalten, soweit zwingende Vorschriften des zehnten Buches der ZPO nicht entgegenstehen. Die Parteien im staatlichen Zivilprozess können hingegen nur eng begrenzt Einfluss auf den Verfahrensablauf nehmen, z.B. nach §§ 224, 404 Abs. 4 ZPO. Das staatliche Gericht lenkt das Verfahren unter, im Vergleich zur Schiedsgerichtsbarkeit, engen Vorgaben. So bestimmt das Gericht beispielsweise, ob ein schriftliches Vorverfahren oder ein früher erster Termin stattfindet, §§ 275 f. ZPO. Demgegenüber liegt die Vorbereitung der Verhandlung im Schiedsverfahren in den Händen der Schiedsparteien. Selbst wenn die Parteien der deutschen Sprache nicht mächtig sind, ist im staatlichen Zivilprozess in deutscher Sprache nach § 184 S. 1 GVG zu prozessieren. Schiedsverfahren können demgegenüber in der von den Parteien gewünschten Verfahrenssprache geführt werden (§ 1045 ZPO). Eine gewisse Befreiung der zwingenden Verfahrensvorgaben im Allgemeinen besteht nur nach § 495a S. 1 ZPO für Verfahren mit einem Streitwert bis zu EUR 600 vor Amtsgerichten. In diesen Verfahren kann der Amtsrichter nach billigem Ermessen verfahren.

Aus der weitgehend freien Ausgestaltung des Schiedsverfahrens und der Entbindung vom nationalen Sachrecht ergibt sich, dass dem Schiedsverfahren eine gewisse Intangibilität zukommen muss. Die Gewährung weitgehender Freiheiten darf nicht über staatsgerichtliche Eingriffe zur Makulatur werden. Es besteht eine schiedsgerichtliche Autonomie gegenüber dem Staat. Diese ist zur Ertüchtigung der schiedsgerichtlichen Funktionsfähigkeit von größter Bedeutung.[143] Bei einer vollumfänglichen Kontrolle des Staates würde die Schiedsgerichtsbarkeit nicht ihrem Namen gerecht werden und „zur bloßen Schlichtung verkommen“[144]. Positivrechtlich manifestiert sich die gewährte Autonomie in § 1026 ZPO, der festlegt, dass die staatlichen Gerichte nur interferieren können, soweit dies im zehnten Buch der ZPO vorgesehen ist. Die arbitrale Autonomie begrenzt die staatliche Ingerenz.

b) Gewährleistung der Vertraulichkeit des Schiedsverfahrens

Staatsgerichtliche Interferenz ist vor allem wegen einer Besonderheit des Schiedsverfahrens heikel: Das staatliche Verfahren ist öffentlich – das Schiedsverfahren ist regelmäßig vertraulich.

Die Vertraulichkeit ist ein Hauptmerkmal der Schiedsgerichtsbarkeit. Während viele Schiedsordnungen Regelungen zur Vertraulichkeit vorsehen,[145] besteht zwar im

143 Vgl. *Ebbing*, Private Zivilgerichte, S. 98.

144 *Ebbing*, Private Zivilgerichte, S. 98.

145 §§ 42 f. DIS-SCHO; nicht: WV-SchO. Nachweise für internationale Schiedsinstitutionen bei *Mistelis*, AI 2005, 216.

deutschen Recht[146] keine entsprechende Normierung, wenngleich der Gesetzgeber von einem vertraulichen Verfahren ausging[147].

Selbst ohne explizite Vertraulichkeitsvereinbarung bzw. Verweis auf eine dies vorsehende Schiedsordnung haben die Parteien Vertraulichkeit über das Verfahren und die schiedsgerichtlichen Entscheidungen zu wahren, wenn sie, wie wohl regelmäßig, nicht ausdrücklich Anderweitiges vereinbart haben. Dies folgt daraus, dass mit Abschluss der Schiedsvereinbarung die Parteien konkludent von einem vertraulichen Verfahren ausgehen.[148] Die Schiedsparteien haben sich aktiv vom öffentlichen Zivilprozess abgewendet, so dass ihnen bei fehlenden gegenteiligen Anhaltspunkten ein Vertraulichkeitsinteresse zugeschrieben werden kann.[149] Diese der Schiedsvereinbarung „immanente Vertraulichkeitsvereinbarung"[150] ergibt sich,

---

146 Mit Nachweisen zu anderen Rechtsordnungen *Mistelis*, AI 2005, 215 (besonders Fn. 18); *Kahlert*, Vertraulichkeit, S. 240 ff. In Neuseeland, Art. 14 ff. Arbitration Act 1996 in der Fassung nach dem Amendment Act 2007, und Australien, Art. 23C-G International Arbitration Act 1974 in der Fassung nach dem Amendment Act 2010, bestehen umfangreiche Regelungen, wobei diese bei einer abweichenden Parteivereinbarung nicht greifen. In Norwegen (Lov om voldgift – Voldgiftsloven, V-2004-05-14-25) bestimmt § 5, dass, wenn die Parteien nichts Abweichendes vereinbart haben, keine Vertraulichkeitspflicht gilt.

147 BT-Drs. 13/5274, S. 74.

148 Nach einer internationalen Studie der School of International Arbitration der Queen Mary University of London aus dem Jahr 2010 (siehe oben Fn. 107), S. 3, 29, geht die Hälfte der Befragten davon aus, dass Vertraulichkeit zu wahren ist, selbst wenn dies nicht vereinbart wurde.
Das OLG Frankfurt, BeckRS 2011, 21515, führte aus, dass ein Verstoß gegen die vereinbarte Vertraulichkeit grundsätzlich eine Kündigungsmöglichkeit der Schiedsvereinbarung eröffnen könne. Andererseits urteilte das Gericht, BeckRS 2008, 03899, dass die Vertraulichkeit des Schiedsspruchs einer ausdrücklichen Vereinbarung bedarf.

149 Ebenso geht die Rechtspr. in England (vgl. *Blackaby*, International Arbitration, Rn. 2.149 f.; *Geiben*, Vertraulichkeit, S. 103 f., 110; *Young/Chapman*, ASA Bulletin 2009, 26, 33 ff.) und Singapur (vgl. *Young/Chapman*, ASA Bulletin 2009, 42) von einer implizierten Vertraulichkeitspflicht in der Schiedsgerichtsbarkeit aus. Anders dagegen die Rechtspr. in Schweden, vgl. *Young/Chapman*, ASA Bulletin 2009, 44 f. Berühmt geworden ist die australische Entscheidung Esso v. Plowman, [1995] HCA 19, der ein Schiedsverfahren zwischen privaten und öffentlich-rechtlichen Unternehmen zu Grunde lag, dessen Ausgang auf den Benzinpreis Auswirkungen haben konnte. Die Mehrheit im Richterkollegium des High Court of Australia (drei von fünf) entschied, dass es entgegen der englischen Auffassung keine implizierte Vertraulichkeitspflicht gäbe. Die Vertraulichkeit sei kein „essential attribute" der Schiedsgerichtsbarkeit; ebenso *Young/Chapman*, ASA Bulletin 2009, 45 f.; *König*, Präzedenzwirkung, S. 61.

150 *Schütze*, Schiedsverfahren, Rn. 411.
Gegen die Annahme einer stillschweigenden Vertraulichkeitsvereinbarung *Kahlert*, Vertraulichkeit, S. 260 ff.

anders als § 4 S. 1 MediationsG für die Mediation, nicht ausdrücklich kraft gesetzlicher Regelung. Sie kann aber letztlich auf § 169 S. 1 GVG zurückgeführt werden. Da dieser nach Art. 2 EGGVG nicht im Schiedsverfahrensrecht gilt, folgt daraus die Nichtöffentlichkeit des Verfahrens.[151] Eine Geheimhaltungspflicht auch für Vorgänge außerhalb der Verhandlung lässt sich hieraus aber nicht direkt folgern. Das Recht auf eine nicht-öffentliche Verhandlung wäre jedoch weitgehend sinnentleert, „wenn eine Partei weiterhin zu befürchten hätte, dass vertrauliche Informationen aus dem Verfahren, etwa durch eine anschließende Pressekonferenz der anderen Partei, an Dritte gelangen."[152] Außerdem kann im Zivilverfahren in der Regel die Weitergabe von Verfahrensinformationen an Außenstehende im Umkehrschluss zu § 174 Abs. 3 GVG erfolgen, wenn nicht ein gerichtlicher Geheimhaltungsbeschluss vorliegt. Vice versa folgt hieraus für das Schiedsverfahrensrecht, dass grundsätzlich keine Weitergabe von Informationen an Außenstehende erlaubt sein kann.[153]

Eine Vertraulichkeitspflicht besteht, in Anlehnung an § 4 S. 2 Nr. 3 MediationsG, nicht über offenkundige Tatsachen und solche, die nach ihrer Bedeutung keiner Geheimhaltung bedürfen. Die Vertraulichkeitspflicht tritt ansonsten nur zurück, wenn berechtigte Interessen einer Partei,[154] eines Dritten oder des Staates[155] überwiegen.

---

151 A.A. *Kahlert*, Vertraulichkeit, S. 145, der aber ebenfalls von einem nicht-öffentlichen Verfahren ausgeht, wenn in der Schiedsvereinbarung deutlich gegenteilige Anhaltspunkte fehlen (S. 147).

152 *Holder*, Vertraulichkeit, S. 103.

153 A.A. *Lachmann*, HdB Schiedsgerichtspraxis, Rn. 146. Wie hier *Holder*, Vertraulichkeit, S. 103, 125 f. Zu folgen ist auch seinen Ausführungen, dass aus § 242 BGB bzw. § 241 Abs. 2 BGB eine Geheimhaltungspflicht folge (S. 32 ff.). Diese kann allerdings auf Grund des Verbots des Vertrags zu Lasten Dritter nicht auf andere Beteiligte (wie Zeugen oder Sachverständige) erweitert werden (a.A. S. 135). Deswegen führt dieser Ansatz während des Schiedsverfahrens nicht weiter. Nur nach dem Schiedsverfahren schließt dieser Ansatz die Lücke die dadurch entsteht, dass eine verfahrensimmanente Vertraulichkeitspflicht angenommen wird.

154 So auch *Raeschke-Kessler/Berger*, Schiedspraxis, Rn. 686.
Art. 34 Abs. 5 UNCITRAL Arbitration Rules bestimmt insofern, dass ein Schiedsspruch insoweit öffentlich werden darf, als eine rechtliche Pflicht dies der Partei auferlegt, oder Rechtsschutz bzw. –verfolgung gegenüber einem Gericht hiervon abhängen. Die UNCITRAL Arbitration Rules sind ein unverbindlicher Vorschlag einer Schiedsordnung (siehe UN-Doc. A/RES/65/22).

155 Zuzustimmen ist prinzipiell der in der Entscheidung des australischen High Court, siehe oben Fn. 149, aufgestellten These, dass öffentliche Interessen einer Vertraulichkeitspflicht entgegenstehen können. Die Entscheidung betrifft jedoch die anerkannte Ausnahme, dass Verfahren mit öffentlich-rechtlichen Schiedsparteien tendenziell eher nicht-vertraulich sind, vgl. *Mistelis*, AI 2005, 219 ff. Im deutschen Recht ist in diesen Konstellationen die Abgrenzung zu einem öffentlich-rechtlichen Schiedsverfahren relevant. Ansonsten gilt, dass Dritte oder der Staat ein Recht auf Verfahrensöffentlichkeit nur haben, wenn dies vertraglich oder auf Grund eines formellen Gesetzes (etwa §§ 94 ff. StPO für die Beschlagnahme der

Ersteres ist etwa gegeben, wenn die Zugänglichmachung des Schiedsspruches gegenüber Dritten zur Rechtsschutzgewährung erforderlich ist, z.B. für das Ersuchen um Leistung aus einer Police[156]. Ein weiteres Beispiel ist die Situation bei einem Aufhebungsantrag. Trotz des grundsätzlich vertraulichen Schiedsverfahrens kann die gerichtliche Überprüfung des Schiedsspruches samt Tatbestand veröffentlicht werden, da schließlich das staatliche Gericht nicht in Verlängerung des Schiedsverfahrens, sondern als staatliches Organ tätig wird.[157]

c) Hinreichende Rechtmäßigkeitsgewähr von Schiedssprüchen

Die Schiedsparteien können das Schiedsverfahren weitgehend frei gestalten. Sollte dies in einer geringeren Gewähr der Rechtmäßigkeit von schiedsgerichtlichen Entscheidungen, insbesondere Schiedssprüchen, münden, wäre dies ein starkes Argument für eine enge staatliche Kontrolle der Schiedsgerichte. Allerdings dürfte die Rechtmäßigkeitsgewähr von Schiedssprüchen in der Gesamtschau nicht geringer sein als die von Urteilen.[158] Hinsichtlich der Sanktionsdrohung für Schiedsrichter, welche präventiv zu einer rechtmäßigen Entscheidung anhalten kann, bestehen kaum Unterschiede.[159] So können sich Schiedsrichter wie Richter einer Rechtsbeugung gem. § 339 StGB strafbar machen.

Es wird allerdings vertreten, dass die Schiedssprüche weniger Gewähr für Rechtmäßigkeit böten, weil das Schiedsgericht nicht an das Sach- und Verfahrensrecht gebunden sei, Aussagedelikte vor einem Schiedsgericht nicht strafbar seien, keine Rechtsmittelmöglichkeit bestünde und das Verfahren nicht öffentlich sei.[160] Dem ersten Argument ist zu entgegen, dass selbst eine Billigkeitsentscheidung des Schiedsgerichts nicht weniger rechtmäßig sein muss. Denn nach einwandfreier Anwendung der juristischen Logik und Argumentation realisiert sich gerade die Rechtmäßigkeitsvorstellung der Parteien. Nur der Prüfungsmaßstab, und nicht der Rechtmäßigkeitsmaßstab, ist im Schiedsverfahrensrecht konzeptionell verschoben. Diese Überlegungen gelten entsprechend für die begrenzte Bindung an das Verfahrensrecht gem. § 1042 Abs. 3 ZPO. Des Weiteren ist anzuführen, dass es in der Hand der Parteien liegt, ihre Beteiligungsrechte festzulegen. Sie könnten auch ein Verfahrensrecht vereinbaren, dass konzeptionell die Rechtmäßigkeit der Entscheidung gegenüber einem staatlichen Prozess erhöht, etwa indem es keine Präklusionsvorschriften wie § 296 ZPO vorsieht. Vereinbaren die Parteien hingegen, wie regelmäßig, ein „schlankes“,

---

Schiedsrichterakten) gewährt wird. Ebenso zu Letzterem *Holder*, Vertraulichkeit, S. 149 f.

156 Vgl. *Holder*, Vertraulichkeit, S. 150. *Geiben*, Vertraulichkeit, S. 35 ff. gibt weitere Beispiele für eine Durchbrechung der Vertraulichkeitspflicht.

157 Der englische Court of Appeal stellte dies in der Entscheidung City of Moscow v. Bankers Trust, ASA Bulletin 22/2004, 610 ff. (besonders 617) überzeugend dar.

158 A.A. *Ebbing*, Private Zivilgerichte, S. 76.

159 *Ebbing*, a.a.O., S. 69 ff.

160 Dies sind die wesentlichen Argumente von *Ebbing*, a.a.O., S. 60 ff.

effizientes Verfahrensrecht, sinkt die Rechtmäßigkeitsgewähr synchron zum sinkenden Schutzbedürfnis vor unrechtmäßigen Entscheidungen. Es wäre widersprüchlich, einer Schiedspartei dasselbe Schutzbedürfnis zuzugestehen, wenn sie zuvor freiwillig auf ein ausgiebigeres Verfahrensrecht verzichtete. Außerdem sind in einem amtsgerichtlichen Verfahren nach billigem Ermessen (§ 495a ZPO) die Verfahrensgarantien der ZPO von vergleichbarem Niveau gegenüber den zwingenden Verfahrensvorschriften für die Schiedsgerichte.

Richtig ist zwar, dass Aussagedelikte im schiedsgerichtlichen Verfahren keiner gesonderten strafrechtlichen Sanktion unterstehen. Die §§ 153 ff. StGB gelten nur vor staatlichen Gerichten.[161] Das Schiedsgericht kann aber das staatliche Gericht insoweit um Unterstützung nach § 1050 ZPO ersuchen, so dass Zeugenaussagen unter die Androhung spezifischer strafrechtlicher Sanktionierung gestellt werden können.[162] Davon abgesehen dürfte kein Zeuge nur wegen der fehlenden Strafbarkeit nach §§ 153 ff. StGB eher zu einer Falschaussage neigen, zumal eine Strafbarkeit wegen Prozessbetrugs nach §§ 263, 27 StGB, der auch in der Schiedsgerichtsbarkeit möglich ist,[163] in Betracht kommt. Die Sicherstellung einer wahrheitsgemäßen Aussage dürfte eher von der Autorität des einvernehmenden Richters und seiner individuellen Kunstfertigkeit zur Zeugenvernehmung beeinflusst sein.

Zutreffend ist letztlich, dass Schiedsverfahren unter Ausschluss der Öffentlichkeit stattfinden. Die Öffentlichkeit der Verhandlung steigert allerdings in der staatlichen Gerichtsbarkeit praktisch nicht die Rechtmäßigkeit.[164] Eine höhere Wahrscheinlichkeit einer rechtmäßigen Entscheidung in den nicht selten hochkomplexen Streitigkeiten ist durch Öffentlichkeit kaum zu erwarten, zumal wenn – wie in der internationalen Schiedsgerichtsbarkeit Usus – Englisch Gerichtssprache ist. Mag der potentielle Zugang der Öffentlichkeit bzw. des geneigten Fachpublikums „disziplinierende Wirkung auf die Entscheidungsträger“[165] entfalten, so dürfte zumindest in der institutionalisierten Schiedsgerichtsbarkeit dies durch Schiedsrichterlisten oder intraarbitrale Kontrollmöglichkeiten aufgefangen werden. Viel eher ist die Rechtmäßigkeit von Verfahren durch die Zulassung von Öffentlichkeit nicht selten

161 Wohl allgemeine Meinung; siehe exemplarisch *Kühl*, in: Lackner/ders., StGB, § 153 Rn. 3; *Wagner*, in: Böckstiegel, Vollstreckung, S. 33; *Rüßmann*, in: Bachmann, FS Schlosser, S. 789 (zu § 153 StGB).

162 Dies sieht zwar auch *Ebbing*, Private Zivilgerichte, S. 73; gleichwohl sieht er hierin einen Grund für eine niedrigere Rechtmäßigkeitsgewähr.

163 Vgl. *Schwab/Walter*, Schiedsgerichtsbarkeit, Kap. 15 Rn. 18.

164 *Luhmann*, Legitimation durch Verfahren, S. 124 meint: „Eine effektive Kontrolle und eine Steigerung der Rationalität des Entscheidungsvorgangs läßt sich von einem anwesenden Publikum ohnehin nicht erwarten.“ *Voßkuhle*, Rechtsschutz gegen den Richter, S. 291 kommt bei seiner Untersuchung zum Ergebnis, dass die „Kontrolldichte relativ gering“ sei. *Schütze*, Ausgewählte Probleme, S. 48 weist auf die Gefahr politischer Beanspruchung hin.

165 *Ebbing*, Private Zivilgerichte, S. 75.

in Gefahr, besonders, wenn öffentliche Reizthemen von den Massenmedien zur Polarisierung genutzt wurden.

Durchgreifend ist das Argument, dass keine Rechtsmittelinstanz im Schiedsverfahrensrecht vorgesehen ist. Dies sei die „Schwachstelle der Schiedsgerichtsbarkeit“[166], wenngleich gegen erstinstanzliche Urteile bei einem Streitwert bis EUR 600 eine Berufung regelmäßig ebenso unstatthaft ist (§ 511 Abs. 2 ZPO). Eine Berufung vor einem Schiedsgericht ist selten,[167] vor einem staatlichen Gericht gar nicht möglich. Der Aufhebungsantrag nach § 1059 ZPO steht hinsichtlich seines Prüfungsumfanges einer Berufung nach.[168] Insbesondere gilt das Verbot der révision au fond. Dieses für das Schiedsverfahrensrecht nicht extra normierte Verbot untersagt den staatlichen Gerichten grundsätzlich mitunter eine Tatsachenkontrolle.[169] Es ist ein Gebot der schiedsverfahrensrechtlichen Autonomie und ergibt sich aus dem begrenzten Prüfkatalog des § 1059 ZPO. Mit jeder Instanz, die eine umfassende Prüfkompetenz auch hinsichtlich der Tatsachenfeststellungen vorsieht, nimmt die Wahrscheinlichkeit zu, dass Fehler korrigiert werden und eine rechtmäßige, wenngleich spätere, Entscheidung ergeht.

Diese Nachteile der Schiedsgerichtsbarkeit können hinreichend dadurch kompensiert werden, dass die Parteien die Schiedsrichter selbst bestimmen können. Sie können einen sachnäheren und für den konkreten Rechtsstreit kompetenteren Schiedsrichter wählen.[170] Insbesondere die Sprachkompetenz des Schiedsrichters kann eine unmittelbare Beweisaufnahme z.B. bei der Zeugenvernehmung erst ermöglichen. Außerdem kommt vor allem in hochtechnischen bzw. internationalen Rechtsstreitigkeiten vielen Schiedsrichtern eine besondere Fachkompetenz zu, die selbst in Kammern für Handelssachen (§§ 93 ff. GVG) bzw. über die Einholung von Gutachten über fremdes Recht (§ 293 ZPO) nicht erreicht werden kann. Hinzu kommt, dass die Schiedsrichter tendenziell eher Entscheidungen treffen können, die der Einzelfallgerechtigkeit Rechnung tragen.[171] Sie sind, anders als die staatlichen Richter, nicht

166 Ebd.

167 Siehe unten 2. Teil D.

168 Nicht verschwiegen werden soll, dass auch die Kontrollkompetenz des Berufungsgerichts nach § 529 ZPO auf ein „Fehlerkontroll- und Fehlerbeseitigungsinstrument“, *B/L/A/H*, ZPO, § 529 Rn. 2, gestutzt wurde.

169 Gleichwohl dürfte das Verbot bei der Kontrolle der Verfahrensgrundrechte, insbesondere wenn abgelehnte Beweisanträge im Raum stehen, weit zurückgedrängt werden. Die BGH-Rechtspr. lässt bei der Geltendmachung eines ordre public-Verstoßes eine vollumfängliche Tatsachenkontrolle zu, NJW 1967, 1178 ff. (1179); a.A. z.T. die oberinstanzliche Rechtspr. und Teile der Lit., vgl. *Harbst*, SchiedsVZ 2007, 24 f. m.w.N.

170 Ähnlich *Loritz*, ZZP 105, 6. Selbst *Ebbing*, Private Zivilgerichte, S. 64 räumt ein, dass staatliche Richter und Schiedsrichter im Hinblick auf Neutralität und Qualifikation „mindestens gleichwertig“ seien, wenn eine informierte Auswahl der Schiedsrichter getroffen werde.

171 Ebenso *Ebbing*, Private Zivilgerichte, S. 76.

sklavisch an das positive Recht gebunden,[172] das wegen seiner Typisierung gewisse Ungerechtigkeiten mitunter bewusst in Kauf nehmen muss. Schiedsgerichte müssen endlich nicht der Rechtseinheit zutragen,[173] und können so die fallspezifischen Besonderheiten eher berücksichtigen.

III. Zusammenfassung zu den Auswirkungen des Wesens der Schiedsgerichtsbarkeit auf den Rechtsschutz

Summa summarum ist festzuhalten, dass ein aus verschiedenen Gründen erwachsendes öffentliches Interesse an einer Kontrolle der privat-jurisdiktionell zu charakterisierenden Schiedsgerichtsbarkeit besteht. Diese Kontrolle legitimiert erst den verbindlichen Charakter der Schiedsgerichtsbarkeit und entzieht ein Mindestmaß an Rechtsschutzgewähr der Parteidispositionsbefugnis. Wegen der schiedsgerichtlichen Autonomie, die insbesondere die verfahrensimmanente Vertraulichkeit der Schiedsgerichtsbarkeit bewahrt, darf die Kontrolle andererseits nicht zu weitgehend sein. Da Schiedssprüche einen vergleichbaren Rechtsmäßigkeitsstandard wie Urteile haben, ist zudem keine enge Kontrolle der Schiedssprüche nötig.

C. Die Auswirkung der Funktion der Schiedsgerichtsbarkeit auf den Rechtsschutz

Funktion des Zivilverfahrens ist es aus Sicht der Rechtsschutzsuchenden, dass unter Wahrung eines rechtsstaatlichen Verfahrens private Rechte rechtsförmig festgestellt werden, damit sie erforderlichenfalls zwangsweise durchgesetzt werden können.[174] Daneben dient der einstweilige Rechtsschutz der Sicherung von Rechten. Die Herstellung bzw. Bewahrung der Rechtseinheit und (nötigenfalls) Rechtsfortbildung kann als Nebenfunktion der Zivilgerichtsbarkeit bezeichnet werden. Dieser Teil der Arbeit wird der Frage nachgehen, ob die eingangs dargestellte Hauptfunktion, sowie Rechtseinheit und Rechtsfortbildung ebenfalls in der Schiedsgerichtsbarkeit relevant sind und welche Folgerungen sich für den zu gewährenden Rechtsschutz ergeben.

---

172 Auf diesen Aspekt ebenso hinweisend *Ebbing*, a.a.O.

173 Siehe unten 1. Teil C. II.

174 Ähnlich *Musielak*, in: ders., ZPO, Einleitung Rn. 5; *Gottwald*, Zivilprozessrecht, § 1 Rn. 7. *Stürner*, in: Prütting, FS Baumgärtel, S. 545 f. meint es sei h.M., dass der Individualrechtsschutz primärer Prozesszweck sei. Siehe ferner die Meinungsdarstellung bei *Rimmelspacher*, Prüfung von Amts wegen, S. 10 ff. und *Cahn*, AcP 198, 42.

I. Hauptfunktion der Schiedsgerichtsbarkeit

Das Schiedsverfahren hat dieselbe Hauptfunktion wie der staatliche Prozess.[175] Private Rechtspositionen sollen mit Bindungswirkung für und gegen die Parteien gesichert bzw. festgestellt werden, um sie nötigenfalls mit Zwang durchsetzen zu können. Folgeerscheinung dieser Funktion ist in der Staatsgerichtsbarkeit die Schaffung von Rechtsfrieden und die Bewährung des objektiven Rechts.[176] In der Schiedsgerichtsbarkeit kommt es hingegen zu keiner Bewährung der objektiven Rechtsordnung.[177] Dies liegt daran, dass die Parteien das anwendbare materielle Recht wie aufgezeigt[178] weitgehend determinieren können bzw. das Schiedsgericht zu einer Billigkeitsentscheidung ermächtigen können.

II. Rechtseinheit keine Funktion in der Schiedsgerichtsbarkeit

Neben der Richtigkeitskontrolle von Entscheidungen spricht für die Installation einer übergeordneten Instanz die hierdurch eröffnete Möglichkeit, Rechtseinheit herbeiführen zu können. In der Staatsgerichtsbarkeit kann allein zur Sicherung der Rechtseinheit ein höherrangiges Gericht mit der Kontrolle der Entscheidung des Vorgerichts befasst werden, §§ 511 Abs. 4 S. 1 Nr. 1, 522 Abs. 2 S. 1 Nr. 3, 543 Abs. 2 Nr. 2, 574 Abs. 2 Nr. 2 ZPO, § 132 Abs. 2, 3, 4 GVG. Ein Erfordernis schiedsgerichtliche Entscheidungen gleichermaßen einer Kontrolle zuführen zu können würde nur bestehen, wenn die Schaffung respektive Wahrung einer einheitlichen Rechtsanwendung in der Schiedsgerichtsbarkeit Bedeutung hätte. Dies wird im Folgenden untersucht werden.

1. Einheitliche Rechtsanwendung innerhalb der Schiedsgerichtsbarkeit

Die Herstellung bzw. Wahrung von Rechtsanwendungseinheit ist der Schiedsgerichtsbarkeit wesensfremd. In keiner der untersuchten Schiedsordnungen kann ein Rechtsbehelf zu einem Oberschiedsgericht gestützt auf diesen Aspekt eingelegt werden. Nichtsdestotrotz könnte entsprechendes vereinbart werden. Ohnehin kann

---

175 Dig. 4, 8, 1 lautet: „Der Schiedsvertrag wird nach dem Muster des ordentlichen Zivilprozesses durchgeführt und hat den Zweck, Rechtsstreitigkeiten zu beenden."

176 Vgl. *Musielak*, in: ders., ZPO, Einleitung Rn. 5; *Vollkommer*, in: Zöller, ZPO, Einleitung Rn. 39; *Gottwald*, Zivilprozessrecht, § 1 Rn. 9, 10. *Stürner*, in: Prütting, FS Baumgärtel, S. 545 f. sieht eine h.M. dafür, dass diese Aspekte nur „Folgeerscheinungen" seien. *B/L/A/H*, ZPO, Einl III Rn. 9 sehen in der Wahrheit und dem Rechtsfrieden die Grundlage des Prozesses.

177 *Höttler*, Fingiertes Schiedsverfahren, S. 6 f. hält es für „zweifelhaft", ob die Bewährung des objektiven Rechts im Schiedsverfahren Bedeutung hat.

178 Siehe oben 1. Teil B. II. 1. d).

die Rezeption von Rechtsansichten besonders respektierter Schiedsrichter zu einer faktischen Rechtseinheit führen.[179]

Die Sicherung der Schiedsspruchеinheit zwischen den Schiedsgerichten verschiedener Institutionen kann mangels fester Spruchkörper und fehlendem hierarchischen Aufbau nicht erfolgen. Ein übergeordnetes Schiedsgericht wird mitunter in der Literatur zumindest als erstrebenswert erachtet.[180] Die Institutionalisierung eines „Weltschiedsgerichts" als Eingangs- oder als Revisionsinstanz für internationale Schiedsverfahren wäre zumindest in bestimmten Bereichen des Wirtschaftsrechts prinzipiell realisierbar.[181] Denn im internationalen Wirtschaftsverkehr, in dem kulturelle und politische Differenzen verschwimmen, ist eine Einigung auf ein uniformes normatives Grundgerüst nicht fernliegend. Der internationale Wirtschaftsverkehr ist schließlich grenzübersteigende Einheitlichkeit gewohnt, wie etwa nach den Produktanforderungen der International Organization for Standardization (ISO).

2. Einheitliche Rechtsanwendung durch Staatsgerichte und Schiedsgerichte

Während staatliche Gerichte auf Grund ihrer Einordnung in einen Instanzenzug weitgehend einheitlich das Recht anwenden, sind Schiedsgerichte nicht in den staatlichen Instanzenzug eingebunden. Berufung oder Revision stehen nicht als Instrumente zur Wahrung der Rechtseinheit zur Verfügung. Fraglich ist, ob es gleichwohl zu einer einheitlichen Rechtsanwendung durch staatliche Gerichte und Schiedsgerichte kommt. Eine Anbindung der schiedsrichterlichen Entscheidungsfindung an die Entscheidungspraxis staatlicher Gerichte ist denkbar auch durch andere prozessuale Instrumente. Rechtsanfrage, konkrete Normenkontrolle und Vorabentscheidungsverfahren werden insofern als mögliche Bindungsglieder zur staatlichen Gerichtsbarkeit nachfolgend erörtert.

---

179 *Raeschke-Kessler/Berger*, Schiedspraxis, Rn. 758 meinen, dass Schiedssprüche „selbst eine gewisse faktische Präzedenzwirkung für andere Schiedsrichter" entwickeln. *Kaufmann-Kohler*, AI 2005, 362 ff., 365 ff. differenziert zwischen den Anwendungsfeldern der Schiedsgerichtsbarkeit. Während in der internationalen Handelsschiedsgerichtsbarkeit kaum Rekurs auf andere Schiedssprüche genommen werde, sei dies in der internationalen Sport- bzw. Domain-Schiedsgerichtsbarkeit üblich.

180 Dazu *Duve/Keller*, SchiedsVZ 2005, 175 f.; *Nienaber*, Anerkennung und Vollstreckung, S. 269 ff.; *Münzberg*, Schranken der Parteivereinbarung S. 59 f. Die Idee von *Rubino-Sammartano* (International Arbitration, S. 980 ff.), ein „Weltberufungsschiedsgericht" zu installieren, wird am Ende dieser Untersuchung in der Schlussbemerkung aufgegriffen.
Denkbar wäre ferner, einen einheitlichen Vollstreckungstitel für Schiedssprüche einzuführen, *Schulz*, in: Böckstiegel, Vollstreckung, S. 168 ff. Die Aufhebung eines nationalen Kontrollvorbehaltes für das Exequatur von Schiedssprüchen ist angesichts von Art. 54 WBÜ nichts Unbekanntes und von Art. 24 Abs. 1 GG gedeckt.

181 Zweifelnd hingegen *Nienaber*, Anerkennung und Vollstreckung, S. 272 m.w.N.

a) Rechtsanfrage

Die Rechtsanfrage ist der ZPO fremd. In einigen ausländischen Rechtsordnungen, etwa im englischen Schiedsverfahrensgesetz, ist sie hingegen verankert.[182] Unter einer Rechtsanfrage ist ein prozessuales Mittel zu verstehen, ein staatliches Gericht mit einer sich im Schiedsverfahren stellenden Rechtsfrage zu behelligen. In der Literatur wird die Implementierung einer solchen Möglichkeit in die ZPO teils als zweckmäßig erachtet.[183]

Ansatzpunkt für die Eröffnung einer Rechtsanfrage kann mangels Anwendbarkeit der §§ 156 ff. GVG nach § 2 EGGVG einzig § 1050 ZPO sein. Danach kann das Schiedsgericht, soweit es hierzu nicht befugt ist, ein staatliches Gericht um Hilfe bei der Beweisaufnahme oder einer sonstigen richterlichen Handlung[184] nachsuchen. Besonders weitreichend[185] ist die Regelung i.V.m. § 1025 Abs. 2 ZPO deshalb, weil selbst ausländische Schiedsgerichte direkt beim zuständigen deutschen Amtsgericht (§ 1062 Abs. 4 ZPO) Unterstützung beantragen können.

---

182 Sec. 45 para. 1 sent. 1 Arbitration Act 1996: "Unless otherwise agreed by the parties, the court may on the application of a party to arbitral proceedings (upon notice to the other parties) determine any question of law arising in the course of the proceedings which the court is satisfied substantially affects the rights of one or more of the parties."
Ähnlich auch Art. 41 (1) des malaiischen Arbitration Act 2005: „Any party may apply to the High Court to determine any question of law arising in the course of the arbitration – (a) with the consent of the arbitral tribunal; or (b) with the consent of every other party."

183 Vgl. *Sonnauer*, Kontrolle der Schiedsgerichte, S. 111 f.

184 Höchst umstritten ist, ob und inwieweit das angerufene Gericht die Schiedszuständigkeit überprüft. Die Stimmen pro und contra halten sich die Waage. Grundsätzlich dagegen z.B.: *Reichold*, in: Thomas/Putzo, ZPO, § 1050 Rn. 2; *Geimer*, in: Zöller, ZPO, § 1050 Rn. 6 (anders aber § 1029 Rn. 123); *Münch*, in: MüKo-ZPO, § 1050 Rn. 21. Grundsätzlich dafür z.B.: OLG Stuttgart NJW 1958, 1048 f.; *Voit*, in: Musielak, ZPO, § 1050 Rn. 5; *Schwab/Walter*, Schiedsgerichtsbarkeit, Kap. 17 Rn. 10; *Lachmann*, HdB Schiedsgerichtspraxis, Rn. 1634; *Steinbrück*, Unterstützung durch staatliche Gerichte, S. 419 f.
Die Frage ist für alle Unterstützungsmaßnahmen des staatlichen Gerichts identisch zu beantworten. Es findet eine Offenkundigkeitsprüfung statt, siehe unten 3. Teil B. I. 2. c) bb), cc).
Frappierend ist in diesem Zusammenhang im Übrigen die Übereinkunft der Chinese European Arbitration Centre GmbH (CEAC) mit dem LG Hamburg, deren Briefkasten die Schiedsparteien nutzen können. Das Gericht leitet die Korrespondenz an die Schiedsinstitution weiter, wovon nach Auskunft des Managing Directors der CEAC vom 9. Januar 2013 allerdings noch kein Gebrauch gemacht worden ist.

185 *Schlossers* (Stein/Jonas, ZPO, § 1050 Rn. 15) Behauptung, dass die Norm international singulär sei, haben *Steinbrück*, Unterstützung durch staatliche Gerichte, S. 386 f. und *Mankowski*, in: Kronke, FS Hoffmann, S. 1021 widerlegt.

Trotz ihres weiten Anwendungsfeldes kann die Norm nicht für die Zulassung einer Rechtsanfrage im laufenden Verfahren herhalten.[186] Grundsätzlich ist einer staatlichen Intervention während des laufenden Schiedsverfahrens reserviert zu begegnen. Es droht neben Kosten- und Zeitnachteilen insbesondere die Aufgabe der Vertraulichkeit. Insofern ist allenfalls eine konsensual initiierte Rechtsanfrage vertretbar. Im Übrigen besteht keine Veranlassung, mit öffentlichen Mitteln diesbezüglich die Schiedsgerichtsbarkeit zu unterstützen. Grundsätzlich entlastet zwar die Schiedsgerichtsbarkeit selbst bei Gewährung einer Rechtsanfrageoption die öffentlichen Gerichte und Finanzen. Diese Entlastung hat jedoch einen hohen Preis. Zum Einen bleibt die Rechtsfortbildung zurück. Schon heute mangelt es an veröffentlichten Judikaten zu vielen wirtschaftsbezogenen Rechtsfragen, etwa der Due Diligence. Und zum Anderen liegt es nicht im öffentlichen Interesse, dass der Staat sich seiner umfassenden Steuerungsfunktion für die Lösung privater Rechtsstreitigkeiten begibt.[187] Der Staat gewinnt bei einer Rechtsanfrageoption nur punktuell an Einfluss auf die Schiedsgerichtsbarkeit und es ist insbesondere nicht garantiert, dass die staatsgerichtliche Ansicht auch vom Schiedsgericht in seiner Entscheidung hinreichend beachtet wird. Entscheidend spricht vielmehr gegen die Einfügung einer Rechtsanfrage in die ZPO, dass in die originär schiedsgerichtliche Rechtsfindungsautonomie eingegriffen würde. Das Schiedsgericht, und nicht das staatliche Gericht, soll über einen Rechtsstreit verbindlich entscheiden. Eben wegen der Entbindung vom staatlichen Recht nach § 1051 Abs. 1 S. 1 ZPO wird eine Schiedsvereinbarung mitunter getroffen. Nur ein freies Schiedsgericht kann mit seinem mitunter hochtechnischen Sachverstand den Rechtsdiskurs befördern. Die gewichtigeren Argumente sprechen somit dafür, eine Rechtsanfrage im Recht der Schiedsgerichtsbarkeit nicht zuzulassen. Die Rechtsanfrage kann mithin keine Anbindung der Schiedsgerichte an die staatliche Spruchpraxis bewirken.

b) Konkrete Normenkontrolle

Schiedsgerichte sind zu einem konkreten Normenkontrollantrag vor dem BVerfG nach Art. 100 GG weder berechtigt[188] noch verpflichtet. Die Art. 92 bis 104 GG richten sich nur an staatliche Gerichte.[189] Die überwiegende Literatur will gleichwohl

186 So auch i.E. *Ebbing*, Private Zivilgerichte, S. 387. Dieser führt Effizienz-, Autonomie- und (für die staatliche Gerichtsbarkeit) Entlastungsgesichtspunkte an. *Harbst*, Staatliche Gerichte im Schiedsverfahren, S. 174 führt gegen die englische Regelung an, dass zweifelhaft sei, ob die Entscheidungsfindung des Schiedsgerichts verbessert werde und dass das Schiedsgericht dem Staatsgericht untergeordnet werde.

187 Siehe oben 1. Teil B. II. 1. d).

188 *Maunz*, in: ders./Dürig, GG, Art. 100 Rn. 28; *Morgenthaler*, in: BeckOK-GG, Art. 100 GG Rn. 5.

189 Siehe unten 1. Teil D. I. 3. a) aa).

ohne vertiefte Begründung über § 1050 ZPO letztlich eine Vorlage ermöglichen.[190] Danach könne im Rahmen der Unterstützung ein Schiedsgericht ein staatliches Gericht um eine konkrete Normenkontrolle ersuchen.

Diese Möglichkeit ist abzulehnen. Das Schiedsgericht ist anders als das staatliche Gericht nach Art. 20 Abs. 3, 97 Abs. 1 GG nicht an verfassungswidriges einfaches Recht gebunden – es kann dieses unbesehen lassen.[191] Das Schiedsgericht hat staatliches Recht nur insoweit zu berücksichtigen, als seine Nichtanwendung zu einem nicht-durchsetzungsfähigen Schiedsspruch führen würde.[192] Bestehen insoweit beim Schiedsgericht Zweifel, ob das Recht verfassungsgemäß ist, kann es diese nicht ausräumen lassen. Gewichtiger ist aber die Bewahrung der schiedsgerichtlichen Entscheidungsautonomie. Zumal die Gefahr besteht, dass die ohnehin seltenen Grenzfälle durch eine zu offenherzige Zulassung entsprechender Gesuche der Schiedsparteien durch die Schiedsgerichte zu einer Verfahrensverzögerung führen könnten. Das BVerfG würde weiter belastet werden. Eine Anrufung des BVerfG durch Private ist auf die Fälle der Verfassungsbeschwerde (Art. 93 Abs. 1 Nr. 4a GG) und der Grundrechtsverwirkung (Art. 94 Abs. 1 Nr. 5, 18 S. 2 GG) begrenzt, gerade auch, um die begrenzten Justizressourcen zu schonen.

Ferner müsste Art. 100 Abs. 1 GG anders als gängig interpretiert werden. Nach Art. 100 Abs. 1 S. 1 GG hat ein Gericht, das „ein Gesetz, auf dessen Gültigkeit es bei der Entscheidung ankommt, für verfassungswidrig" hält, „die Entscheidung des Bundesverfassungsgerichtes einzuholen." Nach dem Wortlaut müsste es bei einer Entscheidung eines staatlichen Gerichts auf die Gültigkeit der Norm ankommen. Dies wäre bei einem Normenkontrollantrag eines staatlichen Gerichts auf Betreiben eines Schiedsgerichts nicht der Fall, da dem staatlichen Gericht überhaupt kein Rechtsstreit vorliegt. Daran schließt sich die weitere Frage an, wer bestimmt, ob es auf die Gültigkeit der Norm im konkreten Rechtsstreit ankommt. Dies ist grundsätzlich das vorlegende Gericht.[193] Dem BVerfG kommt nur eine eingeschränkte Prüfkompetenz zu. Das staatliche Gericht kann im Verfahren nach § 1050 ZPO die Entscheidungserheblichkeit erst beurteilen, wenn ihm der Rechtsstreit umfassend bekannt ist[194]. Insofern reicht eine isolierte Anfrage nicht aus. Dadurch würde das Verfahren des Schiedsgerichts aber ins Licht der Öffentlichkeit gezerrt. Und letztlich müsste gem. Art. 100 GG das Verfahren ausgesetzt werden. Es käme so zu einer mitunter jahrelangen Verzögerung. Außerdem ist insofern in Rechnung zu stellen, dass das Schiedsgericht selbstinitiativ nach § 1050 ZPO vorgehen kann und hierfür

190 *B/L/A/H*, ZPO, § 1050 Rn. 1: staatliche Gerichte sollten „großzügige Hilfe" geben. I.E. ebenso *Münch*, in: MüKo-ZPO, § 1050 Rn. 2; *Lachmann*, HdB Schiedsgerichtspraxis, Rn. 1621; *Saenger*, ZPO, § 1050 Rn. 3; *Geimer*, in: Zöller, ZPO, § 1051 Rn. 18. Zweifelnd hingegen *Prütting/Schneider*, in: Prütting, ZPO, § 1050 Rn. 2.

191 Auf diesen Aspekt weist auch *Voit*, in: Musielak, ZPO, § 1050 Rn. 2 hin.

192 Siehe oben 1. Teil C. II. 1. e) bb).

193 Vgl. BVerfG NJW 1965, 343 ff. (344) m.w.N.

194 Anders als z.T. vertreten, vgl. *Schlosser*, Stein/Jonas, ZPO, § 1050 Rn. 7, müsste das Schiedsgericht umfangreich die Verfahrensakten vorlegen.

nicht die Zustimmung der Parteien braucht. Es könnte deshalb zu den mit einer Vorlage verbundenen erwähnten Nachteilen gegen den Willen der Schiedsparteien kommen. „Der schiedsgerichtliche Streitentscheidungsprozess muss" aber „unter Ausschluss der Staatsgerichte erfolgen, sofern die Parteien nicht ein Anderes bestimmt haben"[195].

Es könnte allenfalls angedacht werden, ob nicht trotzdem ein Ersuchen nach § 1050 ZPO sinnvoll ist, da anderenfalls das staatliche Gericht etwa im Rahmen eines Aufhebungsantrages ohnehin vorlageverpflichtet sein könnte.[196] Dem ist jedoch zu widersprechen. Es ist eben nicht sicher, ob es überhaupt zu einer staatlichen postarbitralen Überprüfung kommt. Womöglich vergleichen sich die Schiedsparteien noch oder der Schiedsspruchschuldner kommt seiner Pflicht aus dem Schiedsspruch nach.

Insofern besteht kein durchgreifender Grund, dem Schiedsgericht ein Vorlagerecht und korrespondierend eine Vorlagepflicht beikommen zu lassen.

c) *Vorabentscheidungsverfahren*

Im Grunde gilt gleiches für das Vorabentscheidungsverfahren vor dem Europäischen Gerichtshof. Gem. Art. 267 AEUV (ex Art. 234 EG) kann ein „Gericht eines Mitgliedstaates" den Europäischen Gerichtshof zur Auslegung der europäischen Verträge oder Auslegung bzw. Prüfung der Gültigkeit von Akten europäischer Organe anrufen. Schiedsgerichte können nach der ständigen Rechtsprechung[197] entgegen Teilen der Literatur[198] auch nach dem Vertrag von Lissabon[199] kein Vorabentscheidungsverfahren anstrengen. Schiedsgerichte sind nicht Gerichte eines Mitgliedstaates, sondern Gerichte von Privaten.[200] Wiederum hält die überwiegende Meinung den Weg über § 1050 ZPO für gangbar,[201] wobei eine Vorlagepflicht inkonsequent verneint

---

195 *Rehm*, Schiedsgerichtsbarkeit im Rechtssystem, Rn. 464.

196 So *Voit*, in: Musielak, ZPO, § 1050 Rn. 2.

197 EuGH vom 23.3.1982, 102/81; 1.6.1999, C-126/97; C 125/04. Der EuGH, Entscheidung vom 1.6.1999, C-126/97, führte insoweit nur aus, „dass Fragen nach der Auslegung von Art. 81 Abs. 1 EG durch die für die Überprüfung der Wirksamkeit von Schiedssprüchen zuständigen staatlichen Gerichten untersucht und gegebenenfalls dem Gerichtshof zur Vorabentscheidung vorgelegt werden können."

198 Zur Kritik an der Rechtspr. in der Lit. *Ruzik*, Europarecht, S. 30 f.; hingegen zustimmend *Berger*, Wirtschaftsschiedsgerichtsbarkeit, S. 315 ff.

199 Vgl. *Bergmann*, ZAR 2011, 43.

200 Vgl. *Zobel*, Schiedsgerichtsbarkeit und Gemeinschaftsrecht, S. 126 ff.; *Rehm*, Schiedsgerichtsbarkeit im Rechtssystem, Rn. 458.

201 OLG Frankfurt, Beschluss vom 10.5.2012, Az. 26 SchH 11/10; *Harbst*, Staatliche Gerichte im Schiedsverfahren, S. 122; *Zobel*, Schiedsgerichtsbarkeit und Gemeinschaftsrecht, S. 166; *Saenger*, ZPO, § 1050 Rn. 3; *Schütze*, Schiedsverfahren, Rn. 393; *Raeschke-Kessler/Berger*, Schiedspraxis, Rn. 768 (schon vor Normierung des § 1050 ZPO forderte *Raeschke-Kessler*, NJW 1988, 3036 eine „Hilfe" der Schiedsgerichte). A.A. *Rehm*, Schiedsgerichtsbarkeit im Rechtssystem, Rn. 463.

wird[202]. Neben den schon zum vergleichbaren Streitstand bezüglich der abstrakten Normenkontrolle angeführten Argumenten soll hier der Hinweis genügen, dass die Funktion der Vorabentscheidung mit der Schiedsgerichtsbarkeit inkompatibel ist. Hauptsächliche Aufgabe des Vorabentscheidungsverfahren ist es, die einheitliche Unionsrechtsanwendung sicherzustellen.[203] Der einheitlichen Rechtsanwendung durch die Schiedsgerichte kommt für das gesamte Rechtssystem aber, wie ausgeführt,[204] keine Funktion zu. Ein Unterstützungsantrag eines Schiedsgerichtes nach § 1050 ZPO ist ebenso wie zur konkreten Normenkontrolle unzulässig.

3. *Zwischenergebnis*

Zusammenfassend kann festgestellt werden, dass keine Vereinheitlichung der arbitralen Rechtsanwendung durch staatliche Gerichte mit dem Ziel der Schaffung bzw. Wahrung einer einheitlichen Rechtsprechung stattfindet.

III. Rechtsfortbildung keine Funktion der Schiedsgerichtsbarkeit

Die Untersuchung im Hinblick auf die Funktion der Schiedsgerichtsbarkeit wird abgeschlossen durch das Eingehen auf die in der staatlichen Gerichtsbarkeit bestehende Funktion der richterlichen Rechtsfortbildung.

Der Richter der staatlichen Gerichtsbarkeit ist bei seiner Rechtsfindung an das Gesetz gebunden. Andererseits eröffnet Art. 20 Abs. 3 GG (Bindung an Gesetz und [sic] Recht) dem Richter, auf Grund des Gewaltenteilungs- und Demokratieprinzips jedoch nur ausnahmsweise,[205] die Möglichkeit sich von der Gesetzesbindung zu lösen. Nur sofern das normierte Recht planwidrig Lücken aufweist, offen formuliert ist oder sich gesellschaftliche Umwälzungen seit Erlass der Norm vollzogen haben, darf der Richter rechtsfortbildend tätig werden.[206]

Es stellt sich nunmehr die Frage, ob vergleichbare Prinzipien auch für die Schiedsgerichtsbarkeit Geltung beanspruchen.

Die Möglichkeit einer Vorlage wird in den anderen Mitgliedstaaten unterschiedlich beurteilt; überwiegend wird ihr aber reserviert begegnet, vgl. *Zobel*, Schiedsgerichtsbarkeit und Gemeinschaftsrecht, S. 167 ff.

202 Vgl. *Zobel*, Schiedsgerichtsbarkeit und Gemeinschaftsrecht, S. 192 f.

203 Vgl. *Ruzik*, Europarecht, S. 29; *Reich*, EuZW 2011, 381.

204 Siehe oben 1. Teil D. II. 1. b).

205 Ständige Rechtspr.; jüngeren Datums: BVerfG 82, 6 (12); 88, 145 (166). Ebenso *Jarass*/Pieroth, GG, Art. 20 Rn. 42 f.

206 *Jarasss*/Pieroth, GG, Art. 20 Rn. 42. Aus der Kritik stellvertretend *Rennert*, NJW 1991, 17 f.

1. *Rechtsfortbildung in der Schiedsgerichtsbarkeit*

Das Schiedsgericht soll Einzelfallgerechtigkeit schaffen. Mitunter mag es ein praktisches Bedürfnis in der Schiedsgerichtsbarkeit geben, das Recht fortzuentwickeln.[207] Nicht selten ist das zur Anwendung gestellte staatliche Recht für internationale Streitfälle unzureichend. Rechtsfortbildende Ansätze können sogar zur Herstellung von Einzelfallgerechtigkeit nötig sein. Schiedsgerichte können und müssen das Recht im Einzelfall in geeigneten Fällen fortbilden, wenn dies dem Ziel einer dem Einzelfall gerecht werdenden Lösung einer Rechtsfrage entspricht.[208] Da die Spruchpraxis administrierter Schiedsgerichte konzeptionell auf Grund einer einheitlichen Verfahrensordnung (und mitunter durch eine Schiedsrichterliste) stabiler ist, als die von ad-hoc Schiedsgerichten,[209] gilt dies insbesondere für die administrierten Schiedsgerichte.

Während dem staatlichen Richter die Gesetzesbindung und das Gewaltenteilungs- und Demokratieprinzip Grenzen für die Rechtsfortbildung setzen, ist der Schiedsrichter nicht angebunden, solange er dem Durchsetzungsrecht Rechnung trägt[210].

2. *Rechtsfortbildung für das Gesamtrechtssystem*

Von der Zulässigkeit der Rechtsfortbildung innerhalb der Schiedsgerichtsbarkeit ist diejenige mit Wirkung nach außen, also auf das Gesamtrechtssystem, zu unterscheiden.[211] Die Notwendigkeit dieser Differenzierung scheint durch nachfolgende Überlegung allerdings widerlegbar. Rechtsfortbildung bedeutet nicht, dass einem Urteil eine rechtliche Bindungswirkung für andere Verfahren zukommt. Im angloamerikanischen Rechtskreis binden Präjudizien die rangniedrigeren Gerichte (stare decisis-Konzept), wobei international eine Bindungswirkung von Schiedssprüchen

---

207 *Duve/Keller,* SchiedsVZ 2005, 173 f.

208 Nach *Duve/Keller,* SchiedsVZ 2005, 173 f. gibt es in der Literatur nur wenig Rückenwind dafür, die Rechtsfortbildung als eine Aufgabe der Schiedsgerichtsbarkeit anzuerkennen. Außerdem vertrete nach ihnen die h.M. in Deutschland die Ansicht, dass die Rechtsfortbildung nicht mit dem Wesen der Schiedsgerichtsbarkeit vereinbar sei. Kritisch zur „Entwicklung“ des Rechts durch die Schiedsgerichtsbarkeit des Stapelwarenhandels jedenfalls schon *Zenske,* Schiedsgerichtsbarkeit im Handel, S. 187 f.

209 Vgl. *Schütze,* Ausgewählte Probleme, S. 104 ff. Kritisch zur Rechtsfortbildung durch ad-hoc Gerichte *Krafzik,* Hanseatische Schiedsgerichte, S. 13.

210 Siehe oben 1. Teil B. II. 1. d) aa).

211 Ohne diese Differenzierung *Sandrock,* in: Böckstiegel, Rechtsfortbildung, S. 31 ff. Er kommt nach seiner Untersuchung, ohne auf das Demokratieprinzip einzugehen, zu dem Ergebnis (S. 37): „Verfassungsrechtlich ist es völlig unbedenklich, daß private Schiedsgerichte internes deutsches materielles Recht fortbilden.“ Ebenso unkritisch *König,* Präzedenzwirkung, S. 107.

nicht anerkannt ist.[212] Einem Präjudiz kommt im deutschen Recht, von wenigen Ausnahmen wie einer Entscheidung des BVerfG abgesehen (§ 31 Abs. 1 BVerfGG), nur eine faktische Wirkung zu. Diese ergibt sich daraus, dass Gerichte selten in ihrer Entscheidung von Präjudizien, vor allem wegen der drohenden Aufhebung in der höheren Instanz, abweichen. Es besteht eine Pfadabhängigkeit.

Der Schluss, deshalb sei eine Rechtsfortbildung durch Schiedsgerichte unproblematisch, trügt. Denn im konkreten Verfahren kommt der schiedsgerichtlichen Entscheidung eine Bindungswirkung zu. Dass Schiedsgerichte nur intraarbitral, aber nicht über das konkrete Schiedsverfahren hinausgehend das Recht fortbilden können, ergibt sich auf Grund dessen aus nachfolgender Überlegung.

Die Fortentwicklung des Rechts muss den demokratisch legitimierten Richtern staatlicher Gerichte überlassen bleiben. Die demokratische Legitimation des staatlichen Richters erwächst aus seiner Gesetzesbindung und der Art seiner Bestellung. Anders als staatliche Richter werden Schiedsrichter von den Parteien bestellt. Sie sind darüber hinaus in ihrer Entscheidungsfindung frei. Die Gleichstellung der Schiedsgerichtsbarkeit mit der staatlichen Gerichtsbarkeit im zehnten Buch der ZPO reicht für eine demokratische Legitimation nicht aus. Wie auch eine Delegation der Rechtsetzung an die Exekutive durch Blanko- und Generalermächtigungen gem. Art. 80 Abs. 1 GG nicht zulässig ist, so ist eine Delegation an die Judikative auf eine vergleichbare Weise nicht zulässig. Folglich sind Schiedsrichter nicht hinreichend demokratisch legitimiert: ihre Entscheidung ergeht nicht „Im Namen des Volkes".

Der staatliche Richter darf das von Privaten geformte Recht prinzipiell nicht zu seiner Entscheidungsgrundlage erheben oder sich nur schon daran orientieren. Art. 20 Abs. 2 S. 1 GG („Alle Staatsgewalt geht vom Volke aus.") ist verletzt, wenn „Staatsgewalt" in Form der Judikative nicht mehr vom Volk ausgeht, sondern von Einzelnen. Richter dürfen ihre nötige kritische Auseinandersetzung nicht mit einem Rekurs auf eine Schiedsspruchpraxis rationalisieren. Zumal der Richter nicht sicher sein kann, ob nicht abweichende Schiedssprüche, die eben nicht publiziert wurden, ergingen. Das Problem liegt weniger in der Quantität der veröffentlichten Schiedssprüche[213] oder darin, dass, wenn eine solche erfolgt, dies in anonymisierter Form geschieht. Für die Rechtsfortbildung sind schließlich Sachverhaltsangaben weniger entscheidend als Rechtsausführungen.[214] Es liegt vielmehr darin, dass anders als in der staatlichen Gerichtsbarkeit keine Gewähr dafür besteht, dass die wegweisenden Entscheidungen veröffentlicht werden. Nach keiner der im 2. Teil

212 Vgl. *Rubino-Sammartano*, International Arbitration, S. 78 ff.

213 Siehe etwa das „Yearbook Commercial Arbitration" oder Datenbaken wie die der Association for International Arbitration, http://www.arbitration-adr.org/resources/?p=caselawresources, oder der DIS, http://www.dis-arb.de/de/47/datenbanken/uebersicht-id0.

214 Ähnlich *Zobel*, Schiedsgerichtsbarkeit und Gemeinschaftsrecht, S. 191.

dieser Untersuchung dargestellten Schiedsordnungen kann gegen den Parteiwillen der Schiedsspruch veröffentlicht werden.[215]

Die Schiedsspruchpraxis kann der Richter höchstens wie eine akademische Meinung zur Unterstreichung seiner Ansicht oder zur kritischen Auseinandersetzung mit ihr verwenden.[216] Sie können ein Erfahrungsschatz sein, aus dem staatliche Organe schöpfen können. Ein illustratives Beispiel hierfür ist, dass bis zum Jahr 1973 englische Gerichte nur ein auf englisches Pfund lautendes Zahlungsurteil erlassen konnten.[217] Als sich in der Schiedsgerichtsbarkeit die Geeignetheit zur Ausurteilung in anderen Währungen bewies, wurde dies gleichermaßen staatlichen Gerichten ermöglicht.

Insoweit kann von einer „Hinweiswirkung“[218] die Rede sein. Während der staatliche Richter eine Auseinandersetzung mit von staatlichen Gerichten anerkannt fortgebildetem Recht in einer typischen Sachverhaltskonstellation berechtigterweise

---

215 Nach der für die private Schiedsgerichtsbarkeit typischen Regelung in § 42 DIS-SchO, ist die Veröffentlichung des Schiedsspruches nur mit Zustimmung der Parteien und der DIS möglich und ist der Schiedsspruch zwingend zu anonymisieren. Nur nach vier der ansonsten untersuchten Schiedsordnungen ist eine Veröffentlichung gegen den Parteiwillen möglich. In der SchO des Internationalen Sportgerichtshofes (TAS/CAS) in Lausanne aus dem Jahr 2016 (http://www.tas-cas.org/fileadmin/user_upload/Code_2016_final__en_.pdf) lautet es in R43 S. 3: "Awards shall not be made public unless all parties agree or the Division President so decides." In § 26 der SchO der Mitteldeutschen Produktenbörse e.V. aus dem Jahr 2002 (http://www.mpb-online.com/download/schiedsgerichtsordnung.pdf) ist festgelegt: „Die Geschäftsstelle und der juristische Berater des Schiedsgerichts sind berechtigt, endgültige Schiedssprüche in neutraler Form zu veröffentlichen." Identisch hierzu ist die Schiedsgerichtsordnung für das Schiedsgericht des Vereins der Getreidehändler der Hamburger Börse e.V. aus dem Jahr 2007 (Quelle: Auskunft des Vereins auf Anfrage). Letztlich können gem. Art. VIII Abs. 9 der SchO der IHK Kassel-Marburg aus dem Jahr 1959 (im Internet aufrufbar unter: http://www.ihk-kassel.de/solva_docs/schiedsgerichtsordnung1.pdf.) Schiedssprüche bei Unkenntlichmachung der Parteien veröffentlicht werden. Dies ist jedoch in den letzten 15 Jahren nur einmal, und dann mit Einverständnis der Parteien, geschehen (Quelle: Auskunft der IHK auf Anfrage).
Für die völkervertragliche Schiedsgerichtsbarkeit ist die ICSID prominente, und im Regelungsgehalt vorbildliche Ausnahme. Zwar gilt auch dort der Grundsatz, dass der Schiedsspruch nicht ohne Parteizustimmung veröffentlicht werden darf (Art. 48 S. 1 ICSID-SchO). Nach Art. 48 Abs. 4 S. 2 ICSID-SchO sind allerdings zeitnah Auszüge zu den rechtlichen Ausführungen des Schiedsgerichts zu veröffentlichen. Des Weiteren ist das Verfahrensregister, aus dem sich die grobe Struktur des Verfahrenshergangs ergibt, öffentlich.

216 Die bei *Krafzik*, Hanseatische Schiedsgerichte, S. 57 f. wiedergegebene Entscheidung des LG Hamburg (Az. 21 O 98/66), wonach das Gericht seine Ausführungen durch entsprechende Schiedssprüche bestätigt sieht, ist daher noch unbedenklich.

217 Beispiel wiedergegeben nach *Schlosser*, in: Böckstiegel, Rechtsfortbildung, S. 6.

218 *Aden*, Handelsschiedsgerichtsbarkeit, A Kap. 1 Rn. 8.

unterlässt, darf es in der Parallelsituation nicht dazu kommen, dass eine rechtliche Begründung mit Verweis auf eine angebliche Schiedsspruchpraxis entfällt. Die demokratisch legitimierte Steuerung des Privatrechtsverkehrs wäre anderenfalls ausgeschlossen. Denn anders als die Rechtsfortbildung durch staatliche Gerichte, die der Gesetzgeber durch Normgebung im Sachrecht einhegen kann,[219] könnte der Gesetzgeber dies entsprechend für die Schiedsgerichtsbarkeit nicht. Schließlich könnten die Parteien in der Schiedsgerichtsbarkeit jede gesetzgeberische Entscheidung durch die Wahl eines anderen anzuwendenden materiellen Rechts gem. § 1051 Abs. 1 S. 1 ZPO konterkarieren. Dem Gesetzgeber verbliebe nur die Möglichkeit, der Schiedsgerichtsbarkeit Kompetenzen zu entziehen.[220] Auf Grund der Möglichkeit der Schiedsparteien, das anzuwendende Recht selbst festlegen zu können, besteht für sie im Übrigen kein Bedürfnis, einen Rechtsbehelf einlegen zu können, der eine Rechtsfortbildung eröffnet.

3. *Zwischenergebnis*

Während der Schiedsrichter im Einzelfall berechtigt und gehalten sein kann, zur Herstellung einer dem Einzelfall gerecht werdenden Lösung das Recht fortzubilden, kann eine schiedsgerichtliche Spruchpraxis nicht von Staatsgerichten als (bindende) Richtschnur übernommen werden. Von einer Rechtsfortbildungsfunktion kann in der Schiedsgerichtsbarkeit nicht die Rede sein.

IV. Zusammenfassung zu den Auswirkungen der Funktion der Schiedsgerichtsbarkeit auf den Rechtsschutz

Es kann festgestellt werden, dass Schieds- und Staatsgerichte dieselbe Hauptfunktion wahrnehmen. Es sollen subjektive Rechte rechtsförmig gesichert bzw. festgestellt werden, um nötigenfalls die zwangsweise Durchsetzung zu ermöglichen. Weiter ist zu konstatieren, dass staatlichen Gerichten nicht die Aufgabe zuwächst, für eine einheitliche Rechtsanwendung in der Schiedsgerichtsbarkeit zu sorgen.

Andererseits kommen der staatlichen Gerichtsbarkeit weitere Funktionen zu, namentlich die Rechtseinheit zu sichern und gegebenenfalls das Recht fortzubilden. Gestützt auf diese Funktionen kann im staatlichen Prozess eine höhere Instanz angerufen werden mit dem Ziel der Entscheidungskontrolle. In der Schiedsgerichtsbarkeit spielt die Rechtseinheit keine Rolle und stellt dies keinen Rechtsmittelgrund dar. Weder ein staatliches Gericht noch ein Oberschiedsgericht stellt eine einheitliche arbitrale Spruchpraxis sicher. Schließlich wurde aufgezeigt, dass auch die Rechtsfortbildung keine Bedeutung im Schiedsverfahrensrecht hat und sie ebenfalls nicht zu einer Kontrolle der schiedsgerichtlichen Entscheidung führen kann.

219 Eine Rechtsfortbildung contra legem ist unzulässig, BVerfGE 82, 6.
220 Ein Beispiel hierfür aus Saudi-Arabien findet sich bei *Schütze*, in: Gottwald, Effektivität des Rechtsschutzes, S. 197 wiedergegeben.

D. Verfassungsrechtliche und internationale Vorgaben für den Rechtsschutz

Die obenstehende Offenlegung der grundlegenden Prinzipien der Schiedsgerichtsbarkeit offenbarte Unterschiede zur Staatsgerichtsbarkeit auf Grund der arbitralen Charakteristika und Funktion, die sich auf den zu gewährenden Rechtsschutz auswirken. Der Grundlagenteil dieser Arbeit wird mit der nachfolgenden Besprechung vervollständigt, inwiefern Verfassungsrecht (I.) und internationales Recht (II. und III.) Vorgaben für die Kontrollbedürftigkeit und Kontrollfähigkeit der Schiedsgerichtsbarkeit aufstellen.

I. Vorgaben aus der Verfassung

1. *Verfassungsrechtliche Gebotenheit des Rechtsschutzes gegen den Richter*

Bevor auf die verfassungsrechtlichen Rahmenbedingungen für die Schiedsgerichtsbarkeit eingegangen wird, ist zunächst zu erörtern, welche Vorgaben die Verfassung für den Rechtsschutz gegen Entscheidungen von Staatsgerichten aufstellt.

Bis zu einer wegweisenden Entscheidung des BVerfG aus dem Jahr 2003 bestand die –international wohl nicht unübliche[221] – Auffassung, dass es keinen Rechtsschutz gegen gerichtliche Entscheidungen gebe.[222] Die Bundesverfassung garantiere anders als einige Landesverfassungen[223] keinen Instanzenzug.[224] Diese Rechtsprechung nahm in Kauf, dass trotz der bestehenden, in praxi wenig effektiven Kontrollinstitute wie Öffentlichkeit des Verfahrens, dienst- und disziplinarrechtliche Maßnahmen, zivil- und strafrechtliche Haftung,[225] eine Kontrolllücke[226] klaffte. Diese Rechtsprechung wurde durch einen (seltenen) Plenarbeschluss des BVerfG aufgegeben.[227]

In seinem Plenarbeschluss vom 30. April 2003 führte das Bundesverfassungsgericht aus, dass „im Rahmen des allgemeinen Justizgewährungsanspruchs der Rechtsweg auch zur Überprüfung einer behaupteten Verletzung des Anspruchs auf rechtliches Gehör durch ein Gericht offenstehe“[228]. Hergeleitet wird dies vom Gericht aus dem Rechtsstaatsprinzip i.V.m. Art. 103 Abs. 1 GG. Das Gericht fordert

221 Vgl. *Schwab/Gotwald*, in: Habscheid, Effektiver Rechtsschutz, S. 35.

222 *Kamper*, Anfechtbarkeit richterlicher Entscheidungen, gibt eine umfangreiche Darstellung zur Rechtspr., S. 7 ff., und zur Lit., S. 41 ff.

223 Nur für die Verwaltungsgerichtsbarkeit: Art. 74 Abs. 2 NW-Verfassung; Art. 67 Abs. 3 BW-Verfassung.

224 Stellvertretend aus der ständigen Rechtspr. BVerfGE NJW 1966, 339 (440).

225 Umfangreiche Darstellung bei *Voßkuhle*, Rechtsschutz gegen den Richter, S. 280 ff.

226 *Voßkuhle*, Rechtsschutz gegen den Richter, S. 297 kommt nach seiner Untersuchung der Kontrollinstitute zum Ergebnis, dass „Kontrolldefizite“ bestünden.

227 NJW 2003, 1924 ff. = BVerfGE 107, 395 ff.

228 NJW 2003, 1924.

nicht nur bei der Verletzung des rechtlichen Gehörs, sondern – über die Vorlagefrage hinausgehend – auch bei den anderen Verfahrensgrundrechten einen fachgerichtlichen Rechtsschutz: „Der Justizgewährungsanspruch ermöglicht Rechtsschutz auch in weiteren Fällen, in denen dies rechtsstaatlich geboten ist. So liegt es bei der erstmaligen Verletzung von Verfahrensgrundrechten durch ein Gericht."[229] Es besteht ein Rechtsschutz gegen den Richter zur Kontrolle der Verfahrensgrundrechte. Das Gericht benennt als Verfahrensgrundrechte – ausdrücklich nicht abschließend – expressis verbis das Recht auf einen gesetzlichen Richter, Art. 101 Abs. 1 GG, und das Recht auf rechtliches Gehör, Art. 103 Abs. 1 GG.

Das Recht auf den gesetzlichen Richter umfasst insbesondere, dass kein Entzug des gesetzlichen Richters erfolgt und ein grundgesetzmäßiger Richter entscheidet[230]. Das Recht auf rechtliches Gehör umfasst im Wesentlichen den Informationszugang, die Einräumung einer Gelegenheit zur Äußerung und das Recht auf Berücksichtigung des Geäußerten.[231]

Zu den weiteren zivilprozessualen Verfahrensgrundrechten zählen nach der gefestigten Rechtsprechung des BVerfG das Recht auf ein faires Verfahren als Ausfluss des Rechtsstaatsprinzips i.V.m. Art. 2 Abs. 1 GG,[232] das Willkürverbot[233] aus dem allgemeinen Gleichheitssatz bzw. dem Rechtsstaatsprinzip[234], das Recht auf einen effektiven Rechtsschutz, welches für den Bereich des Zivilprozesses in Art. 2 Abs. 1 GG i.V.m. dem Rechtsstaatsprinzip verankert ist,[235] und das Gebot der Waffengleichheit als Ausprägung der Rechtsstaatlichkeit und des allgemeinen Gleichheitssatzes[236].

---

229 A.a.O, 1926.

230 BVerfGE 82, 286, 298.

231 Jarass/*Pieroth*, GG, Art. 103 Rn. 9 ff.

232 BVerfGE 78, 123: „Der Richter muss das Verfahren so gestalten, wie die Parteien des Zivilprozesses es von ihm erwarten dürfen: Er darf sich nicht widersprüchlich verhalten" (...), „darf aus eigenen oder ihm zuzurechnenden Fehlern oder Versäumnissen keine Verfahrensnachteile ableiten" (...) „und ist allgemein zur Rücksichtnahme gegenüber den Verfahrensbeteiligten in ihrer konkreten Situation verpflichtet" (...).

233 BVerfG NJW 2005, 3346: „Objektive Willkürlichkeit und damit eine Verletzung des Art. 3 Abs. 1 GG ist gegeben, wenn die Rechtsanwendung oder das Verfahren unter keinem denkbaren rechtlichen Aspekt mehr vertretbar sind und sich daher der Schluss aufdrängt, dass sie auf sachfremden und damit willkürlichen Erwägungen beruhen."

234 *Jarass*/Pieroth, GG, Art. 20 Rn. 31c.

235 BVerfGE 88, 118, 123 f.

236 BVerfG NJW 1979, 1925 ff. (1927): Waffengleichheit ist im Zivilprozess „die verfassungsrechtlich gewährleistete Gleichwertigkeit der prozessualen Stellung der Parteien vor dem Richter, der – auch im Blick auf die grundrechtlich gesicherte Verfahrensgarantie aus Art. 103 I GG – den Prozessparteien im Rahmen der Verfahrensordnung gleichermaßen die Möglichkeit einzuräumen hat, alles für die gerichtliche Entscheidung Erhebliche vorzutragen und alle zur Abwehr des

Für die Kontrolle der Einhaltung der obenstehenden Verfahrensgrundrechte sei nach dem Plenarbeschluss ein fachgerichtlicher Rechtsschutz nötig. Diese Kontrolle stehe, anders als etwa die zivilprozessuale Berufung (§ 511 Abs. 2 Nr. 1 ZPO), streitwertunabhängig zur Verfügung. Die objektive Wichtigkeit ist abgesehen davon, dass sie kaum messbar ist, unerheblich, da die Streitigkeit „aus Sicht des Bürgers sehr bedeutsam sein kann“[237]. Das Gericht schränkte ein, dass es nicht zu einem Rechtsschutz ad infinitum kommen dürfe. Gleichwohl sei über geeignete Kontrolleinrichtungen sicherzustellen, dass zumindest einmal das rechtliche Gehör von einem Gericht ordnungsgemäß gewährt worden ist. Dabei müsse diese Kontrolle nicht zwingend durch eine höhere Instanz erfolgen. Der Mangel müsse nur „effektiv beseitigt werden können“.

Weiterhin bleibt das Gericht bei der berechtigten Auffassung, dass es verfassungsrechtlich nicht geboten sei zu kontrollieren, ob das erstinstanzliche Gericht das einschlägige Recht richtig angewendet hat. Grenze ist freilich die Verletzung von „spezifischem Verfassungsrecht“[238]. Diese Auffassung des BVerfG überzeugt. Wenn sichergestellt ist, dass dem Rechtsschutzsuchenden ein rechtsstaatlichen Grundanforderungen genügendes Verfahren vor einem staatlichen Gericht gewährt wurde, dann ist es ihm zumutbar, die Entscheidung hinnehmen zu müssen, soweit nicht „spezifisches Verfassungsrecht“ verletzt wurde. Der von der ZPO gewährte Instanzenzug ist kein verfassungsrechtliches Gebot.[239]

Weiter ist bemerkenswert, dass das BVerfG seine Feststellungen unabhängig davon traf, ob ein Einzelrichter oder ein Kollegialgericht das gesetzliche Gehör nicht beachtete. Es erscheint zunächst nicht augenfällig, dass eine Entscheidung eines Kollegialgerichtes überprüfbar sein muss. In diesem dürften richterliche Willkürentscheidungen sicher eher unterbleiben.[240] Dennoch ist dieser Auffassung des Gerichts ebenfalls zuzustimmen. Entscheidend für die Kontrolle ist, dass ein Dritter, nicht Verfahrensbeteiligter, das Verfahren überprüft. Eine „kollegiale Kontrolle“[241] bzw. „Intra-Organ-Kontrolle“[242] ist nicht ausreichend, da sie durch „befangene“ Richter ausgeübt wird.[243] Faktisch ist zu berücksichtigen, dass mit der Übertragung der Berichterstattung auf einen Richter die Gefahr einer Verantwortungsdelegation

---

gegnerischen Angriffs erforderlichen prozessualen Verteidigungsmittel selbständig geltend zu machen.“

237 BVerfG, NJW 2003, 1928; ebenso *Voßkuhle*, Rechtsschutz gegen den Richter, S. 320 ff. Für Bagatellen grundsätzlich noch keinen Instanzenzug fordernd mit Verweis auf eine angebliche Einigkeit (ohne Nachweise hierzu) *Krugmann*, ZRP 2001, 308.

238 BVerfGE 18, 85 (92 f.).

239 So ausdrücklich BVerfG NJW 2003, 1924 ff. (1924).

240 Ein prominentes Gegenbeispiel liefert der 14. Zivilsenat des OLG Naumburg im Fall Görgülü, BVerfG NJW 2005, 2685 ff. (2687).

241 *Krugmann*, ZRP 2001, 309.

242 *Voßkuhle*, Rechtsschutz gegen den Richter, S. 294.

243 A.A. *Krugmann*, ZRP 2001, 309.

einhergeht.[244] Ebenso besteht die nicht-unerhebliche Gefahr einer Nichtintervention aus Gründen der Kollegialität bzw. des Respektes der beisitzenden Richter gegenüber dem Vorsitzenden Richter. Den beisitzenden Richter kann eben auf Grund dieser Abhängigkeiten ein „Distanz- und Objektivitätsverlust“[245] beizumessen sein.

In Folge der Entscheidung des BVerfG aus dem Jahr 2003 wurden Anhörungsrügen in die jeweiligen Prozessordnungen integriert bzw. ausgebaut.[246] In die ZPO wurde § 321a (Gehörsrüge) eingefügt.

2. *Verfassungsrechtliche Zulässigkeit und Gebotenheit der Schiedsgerichtsbarkeit*

Fraglich ist, inwiefern die obenstehenden Maßstäbe auf das Schiedsverfahrensrecht zu übertragen sind. Bevor dies ausgelotet wird, soll in diesem Kapitel zunächst der verfassungsrechtliche Stellenwert der Schiedsgerichtsbarkeit bestimmt werden. Es stellt sich mithin die Frage, ob die Schiedsgerichtsbarkeit gleichsam wie die Staatsgerichtsbarkeit zulässig bzw. geboten ist.

Gegen eine private Gerichtsbarkeit durch Schiedsgerichte können folgend der BGH-Rechtsprechung keine verfassungsrechtlichen Bedenken grundsätzlicher Art bestehen,[247] insbesondere nicht aus dem Gesichtspunkt der Gewaltenteilung[248]. Zwar wurde die staatliche Zivilgerichtsbarkeit durch die weitgehende Schiedsfähigkeit von Streitgegenständen potentiell, (noch) nicht faktisch, erheblich durch die Legislative eingeschränkt. Es ist das Gleichgewicht der Gewalten untereinander zu halten. Das System der Gewaltenteilung nach Art. 20 Abs. 2 S. 2 GG (checks and balances) verliert sein nötiges Gleichgewicht, wenn eine Gewalt entmachtet wird. Nach dem BVerfG gilt: „Keine Gewalt darf der für die Erfüllung ihrer verfassungsmäßigen

244 Ähnlich *Voßkuhle*, Rechtsschutz gegen den Richter, S. 295.

245 *Voßkuhle*, Rechtsschutz gegen den Richter, S. 295.

246 BGBl. 2004, I, 3220; *Piekenbrock*, AnwBl 2/2005, 125 ff.

247 Vgl. BGHZ 65, 59, 61; *Dütz*, Gerichtsschutz, S. 230 ff.; *Schlosser*, Stein/Jonas, ZPO, vor § 1025 Rn. 3; *Prütting*, in: ders., ZPO, § 1025 Rn. 2; *Saenger*, ZPO, vor §§ 1025–1066 Rn. 7. *Schütze*, Ausgewählte Probleme, S. 1 f.; *Lachmann*, HdB Schiedsgerichtspraxis, Rn. 231 ff. (gleichwohl offen gelassen für aktuelle Ausgestaltung, Rn. 230); *Classen*, in: Starck, GG, Art. 92 Rn. 42; *Schulze-Fielitz*, in: Dreier, GG, Art. 92 Rn. 50. Verfassungsrechtliche Bedenken äußert hingegen *Detterbeck*, in: Sachs, GG, Art. 92 Rn. 28. Das Schiedsverfahrensrecht für teilweise verfassungswidrig hält *Hesselbarth*, Schiedsgerichtsbarkeit und GG; diese Auffassung ist mit den Argumenten von *Prütting*, in: Bachmann, FS Schlosser, S. 707 ff.; SchiedsVZ 2011, 236 f. abzulehnen.

248 *Hesselbarth*, Schiedsgerichtsbarkeit und GG, S. 92 hält das Problem der Gewaltenteilung angesichts der überlasteten staatlichen Gerichtsbarkeit für „theoretisch“. *Morgenthaler*, in: BeckOK-GG, Art. 92 Rn. 32 und *Schulze-Fielitz*, in: Dreier, GG, Art. 92 Rn. 51 folgern aus Art. 92 GG, dass dieser einem Rückzug des Staates „aus Kernbereichen“ der Gerichtsbarkeit Grenzen zieht. Ähnlich *Brach*, Verfassung und Schiedsgerichtsbarkeit, S. 206.

Aufgaben erforderlichen Zuständigkeiten beraubt werden (...). Der Kernbereich der verschiedenen Gewalten ist unveränderbar. Damit ist ausgeschlossen, daß eine der Gewalten die ihr von der Verfassung zugeschriebenen typischen Aufgaben preisgibt."[249] Die de lege lata vorhandenen Prüfkompetenzen der staatlichen Gerichte und die nicht-schiedsfähigen Rechtsstreitigkeiten konservieren aber derzeit eine Restkompetenz der staatlichen Gerichtsbarkeit. Ferner geht mit dem Machtverlust der Ziviljustiz kein Machtgewinn der anderen Staatsgewalten einher, sondern der „Privatgewalt" und wird die Kontrollmöglichkeit der Justiz über die anderen Staatsgewalten nicht maßgeblich berührt.

Die Schiedsgerichtsbarkeit ist die höchstrichterlich anerkannte verfahrensrechtliche Verlängerung der Privatautonomie aus Art. 2 Abs. 1 GG.[250] Entgegen Teilen der Literatur[251] ist sie aber nicht bloß Ausfluss, sondern weitergehend eine Gebotenheit der Privatautonomie. Denn der Staat schuldet seinen Bürgern als Ausgleich für sein grundsätzliches Verbot der Selbsthilfe ein effektives Instrumentarium zur Verfolgung der materiellen Rechte seiner Bürger. Der Staat muss seinen Bürgern irgendwie, „bloß" in einem rechtsstaatlichen Verfahren und effektiv[252] Rechtsschutz ermöglichen. Im Laufe dieser Untersuchung wird aufgezeigt werden, dass sich in

---

249 NJW 1973, 451 f. (451).

250 Vgl. BGHZ 144, 146 (148); *Hillgruber*, in: Maunz/Dürig, GG, Art. 92 GG, Rn. 87 f.; *Saenger*, ZPO, vor §§ 1025–1066 Rn. 7; *Sonnauer*, Kontrolle der Schiedsgerichte, S. 24; *Hesselbart*, Schiedsgerichtsbarkeit und Grundgesetz, S. 43; *Schütze*, Ausgewählte Probleme, S. 2; *Böckstiegel*, in: Geimer, FS Schütze, S. 142; *Stober*, NJW 1979, 2005; *Habscheid*, KTS 1959, 114. Zum internationalen Rekurs auf die Parteiautonomie in der Schiedsgerichtsbarkeit *Böckstiegel*, in: Geimer, FS Schütze, S. 145 ff. A.A. *Rehm*, Schiedsgerichtsbarkeit im Rechtssystem, Rn. 471 ff. *Rehms* Ansicht fußt darauf, dass nach ihm Private nicht ermächtigt sind, Recht zu setzen, sondern bloß einen entsprechenden Anspruch auf Anerkennung haben können, a.a.O., Rn. 53 ff. Richtig erkennt er, dass private Regeln staatlicher Anerkennung zur Generierung ihrer Rechtsqualität bedürfen, da die staatliche Souveränität ansonsten unterminiert wird, vgl. *Kirchhof*, Private Rechtsetzung, S. 56, 134. Ihm ist ebenso zuzugeben, dass das „Paradox vertraglicher Selbst-Validierung" auch durch Schiedsgerichte nicht gelöst wird, sondern durch diese „Externalisierung" bloß verborgen wird, *Teubner*, Globale Bukowina, S. 18, 20 f. Positivrechtlich liegt aber jedenfalls der Gedanke einer pauschalen Anerkennung (§ 1055 ZPO) der privaten Rechtsprechung zu Grunde, weil der Staat nur durch Antrieb zumindest einer Partei (§§ 1059 ff. ZPO) in den Prozess der privaten Rechtsprechung interveniert. Die durch die private Rechtsprechung faktisch entstehende apolitische Normproduktion wirft gleichwohl grundsätzliche Fragen der demokratischen Legitimität auf.

251 *Distler*, Schiedsgerichtsbarkeit und Verfassung, S. 126; *Geimer*, in: Schlosser, Integritätsprobleme, S. 117 f. (andererseits S. 195); *Heller*, Verfassungsrechtlicher Rahmen, S. 31 (für Österreich).

252 Ständige Rechtspr., stellvertretend BVerfG NJW 1976, 141; NJW 1988, 1255 f. (1255). *Loritz*, ZZP 105, 8 fordert weitergehend einen Rechtsschutz der „möglichst optimal" sei.

bestimmten Konstellationen Schiedsgerichte nicht nur besser als staatliche Gerichte eignen, sondern überhaupt erst effektiven Rechtsschutz gewährleisten.[253] Das grundsätzliche staatliche Verbot der privaten Rechtsdurchsetzung wird erst durch die Zulassung von Schiedsgerichten kompensiert, so dass eine verfassungsrechtliche Verankerung wie ausdrücklich in der früheren französischen Verfassung folgerichtig war.[254]

Die verfassungsrechtliche Zulässigkeit und Gebotenheit der Schiedsgerichtsbarkeit schließt also nicht aus, dass die vom BVerfG eingangs erläuterten Grundsätze auf das Schiedsverfahren übertragbar sind.

3. *Verfassungsrechtliche Gebotenheit des Rechtsschutzes gegen den Schiedsrichter*

a) Übertragbarkeit der Ausführungen des BVerfG auf die Schiedsgerichtsbarkeit

Neben der obenstehend erwähnten Zulässigkeit und Gebotenheit der Schiedsgerichtsbarkeit könnte eine Grundgesetzbindung der Schiedsgerichte für eine Übertragbarkeit der vom BVerfG aufgestellten Grundsätze auf das Schiedsverfahrensrecht sprechen. Wären Schiedsgerichte wie Staatsgerichte an das Grundgesetz gebunden, scheint es keinen Grund zu geben, sie von den Ausführungen des BVerfG auszunehmen.

aa) Schiedsgerichte unterliegen keiner unmittelbaren Grundgesetzbindung

Für die Schiedsgerichtsbarkeit gelten die verfassungsrechtlichen Anforderungen wie die Unabhängigkeit des Gerichts, Art. 97 GG, oder die Gewähr rechtlichen Gehörs, Art. 103 Abs. 1 GG, nicht.[255] Die Schiedsgerichte sind keine Gerichte im Sinne der Art. 92 ff. GG.[256] Hätten sie nach dem Willen des Verfassungsgebers von den Normen erfasst werden sollen, wäre ein entsprechender sprachlicher Zusatz

---

253 Siehe unten 3. Teil B. 1. d).

254 Frankreichs Verfassung von 1791 enthielt in Titre III Chapitre 5 Art. 5 expressis verbis ein Recht auf ein Schiedsverfahren. Den Revolutionären erschien die Schiedsgerichtsbarkeit zur „brüderlichen" Auseinandersetzung geeignet, *Heller*, Verfassungsrechtlicher Rahmen, S. 23. Während noch in den unmittelbar folgenden Verfassungen ähnliche schiedsfreundliche Bestimmungen enthalten waren, verschwanden entsprechende Normierungen in napoleonischer Zeit, *ders.*, a.a.O.

255 Ebenso *Geimer*, in: Schlosser, Integritätsprobleme, S. 122, 127; *Sonnauer*, Kontrolle der Schiedsgerichte, S. 39. Für Art. 97, 103 Abs. 1 GG *Distler*, Schiedsgerichtsbarkeit und Verfassung, S. 180 ff. m.N. zur Gegenansicht; für Art. 103 Abs. 1 GG: *Schulze-Fielitz*, in: Dreier, GG, Art. 103 Abs. 1 Rn. 18; *Nolte*, in: Starck, GG, Art. 103 Abs. 1 Rn. 17; *Degenhardt*, in: Sachs, GG, Art. 103 Rn. 8; *Radtke/Hagemeier*, in: BeckOK-GG, Art. 103 Rn. 3; *Brach*, Verfassung und Schiedsgerichtsbarkeit, S. 229 f.; *Sponheimer*, Legalanerkenntnis, S. 169 ff. (Darstellung des Meinungsspektrums auf S. 167 ff.).

256 Vgl. *Detterbeck*, in: Sachs, GG, Art. 92 Rn. 28; *Schmidt-Aßmann*, in: Maunz/Dürig, GG, Art. 103 Abs. 1 Rn. 49 f. Für Art. 92 GG *Brach*, Verfassung und Schiedsgerichtsbarkeit,

unumgänglich gewesen.[257] Wie ausgeführt[258] sind Schiedsgerichte nicht Teil der judikativen Gewalt. Der den IX. Abschnitt der Verfassung einleitende Art. 92 GG spricht hingegen von „rechtsprechender Gewalt". Es sprechen daher auch systematische Erwägungen dafür, dass in diesem Abschnitt allein das Bürger-Staat-Verhältnis geregelt werden sollte.

Ferner sind die Schiedsgerichte nicht an die Grundrechte gebunden.[259] Insbesondere greift ihnen gegenüber nicht das Willkürverbot, Art. 3 Abs. 1 GG, oder das Recht auf effektiven Rechtsschutz, Art. 19 Abs. 4 GG. Dies ergibt sich zwangsläufig aus der schon dargelegten Annahme, dass die Schiedsgerichte keine öffentliche Gewalt ausüben und daher nicht zu den Adressaten des Art. 1 Abs. 3 GG gehören. Die Grundrechte verpflichten Private nicht unmittelbar.[260] Eine Drittwirkung sieht die Verfassung außer in Art. 9 Abs. 3 S. 2, 20 Abs. 4 und Art. 38 Abs. 1 S. 1 i.V.m. Art. 48 Abs. 2 GG grundsätzlich nicht vor.

Dies kann auch nicht mit dem Argument in Frage gestellt werden, mit der aus § 1055 ZPO vom Gesetzgeber angeordneten Gleichstellung des Schiedsspruches mit einem gerichtlichen Urteil folge, dass der Gesetzgeber die Schiedsgerichtsbarkeit einer Grundrechtsverpflichtung aussetzen wollte. Die Schiedsgerichte sind nicht Beliehene.[261] Wenn schon der gesetzliche Richter bei seiner Entscheidung in Bezug auf Sozialpläne[262] oder Tarifverträge, denen der Gesetzgeber sogar eine normative Wirkung zuschreibt,[263] nach dem BVerfG nicht unmittelbar an Grundrechte gebunden ist,[264] so kann dies für die Schiedsrichter generell erst recht nicht gelten.

Die einfachgesetzlichen rechtsstaatlichen Verfahrensdirektiven, wie beispielsweise das rechtliche Gehör nach § 1042 Abs. 1 S. 2 ZPO, sind folglich entgegen

---

S. 131, 200 ff. Der BGH, NJW 1959, 982 ff. (982), hat entsprechend zu Vereinsgerichten entschieden.

257 Ebenso *Distler*, Schiedsgerichtsbarkeit und Verfassung, S. 185.

258 Siehe oben 1. Teil B. I. 1.

259 Vgl. *Herdegen*, in: Maunz/Dürig, GG, Art. 1 Abs. 3 Rn. 98; *Jarass*/Pieroth, GG, Art. 1 Rn. 34; *Rehm*, Schiedsgerichtsbarkeit im Rechtssystem, Rn. 445; *Distler*, Schiedsgerichtsbarkeit und Verfassung, S. 230; *Stober*, NJW 1979, 2002.
A.A. *Schwab*, in: Schilken, FS Gaul, S. 734; *Starck*, in: ders., GG, Art. 1 Rn. 247 der eine Grundrechtsbindung fordert, „weil anderenfalls der Staat die staatliche Gerichtsbarkeit nicht durch private Gerichtsbarkeit ersetzen lassen dürfte." Das Schiedsgericht substituiert aber nicht die staatliche Gerichtsbarkeit, sondern nimmt auch im Erkenntnisverfahrens elementare Komplementär- und Kontrollfunktionen vor.

260 Stellvertretend *Herdegen*, in: Maunz/Dürig, GG, Art. 1 Rn. 59.

261 Siehe oben 1. Teil C. I. 1.

262 BVerfG NJW 1987, 827 ff. (827): Sozialpläne seien „dem Bereich des privaten Rechts zuzuordnen. Sie erhalten nicht etwa dadurch, dass der Gesetzgeber ihnen normative Wirkungen zuerkannt hat" (...) „den Charakter von Akten öffentlicher Gewalt."

263 Für Sozialpläne: §§ 112 Abs. 1 S. 3, 77 Abs. 4 BetrVG; für Tarifverträge: § 4 Abs. 1, 2 TVG.

264 NJW 1987, 827 ff. (827 f.).

verbreiteter Äußerungen[265] nicht aus der Verfassung transponiertes Recht. Solche Konstruktionen sind präsumtiv vom berechtigten Wunsch geleitet, private Gerichte an rechtsstaatliche Garantien zu binden. Sie setzen hierdurch allerdings ohne dogmatisches Fundament pauschal die private der staatlichen Gerichtsbarkeit gleich. Unberührt hiervon bleibt, dass die Grundrechte den ordre public, trotz Verzichts auf eine ausdrückliche Regelung wie in §§ 1041 Abs. 1 Nr. 2, 1044 Abs. 2 Nr. 2 ZPO in der Fassung vor dem SchiedsVfG, nach dem Willen des Gesetzgebers[266] weiterhin prägen.

bb) Schiedsgerichte unterliegen einer mittelbaren Grundgesetzbindung

Die von der Literatur und Rechtsprechung mit unterschiedlicher Begründung einhellig[267] geforderte „Geltung" der Verfahrensgrundrechte für das Schiedsverfahren, ist – abseits des einfach-gesetzlichen Rekurs auf § 1042 Abs. 1 S. 2 ZPO – dogmatisch konsistent über eine mittelbare Drittwirkung zu erreichen.[268] Eine mittelbare

---

265 So etwa *Münch*, in: MüKo-ZPO, § 1042 Rn. 2.

266 BT-Drs. 13/5274, S. 59.

267 Vgl. nur zum Recht auf rechtliches Gehör BGH NJW 1983, 867 f. (867). BGHZ 31, 45: „An die Anhörungspflicht der Schiedsgerichte sind keine wesentlich geringeren Anforderungen zu stellen als an die der ordentlichen Gerichte." Gleichsam jüngst: OLG Frankfurt SchiedsVZ 2014, 154 ff. (157).
Aus der Lit. stellvertretend *Schwab/Walter*, Schiedsgerichtsbarkeit, Kap. 15 Rn. 1; für Art. 103 Abs. 1 GG *Raeschke-Kessler*, NJW 1988, 3048 f. *Schlosser*, in: Stein/Jonas, ZPO, Anhang § 1061 Rn. 83, meint, dass die Schiedsgerichte nicht Teil der öffentlichen Gewalt seien. Nichtsdestoweniger postuliert er, dass der Grundsatz des rechtlichen Gehörs gelten müsse, da eine „Privatgerichtsbarkeit" verfassungsrechtlich nur bei Gewähr eines rechtsstaatlichen Verfahrens zulässig sein könne. Ähnlich auch *Starck*, in: ders., GG, Art. 1 Rn. 247. Ebenso apodiktisch *Schwab*, in: Schilken, FS Gaul, S. 734.
Rehm, Schiedsgerichtsbarkeit im Rechtssystem, Rn. 447 f., hält dafür, dass die Schiedsrichter über den Schiedsrichtervertrag an die Grundrechte gebunden seien. Dem ist zu widersprechen: Private können untereinander nicht über die Grundrechtsbindung disponieren. Allenfalls kann, was *Rehm* vielleicht eher meint, eine Beachtung der Grundrechte einfachrechtlich insofern erforderlich sein, als dass das Schiedsgericht einen vollstreckbaren Schiedsspruch zu erlassen hat.
Sonnauer, Kontrolle der Schiedsgerichte, S. 39 begründet die Geltung aus der „gerichtsähnlichen Funktion der Schiedsgerichtsbarkeit". Ähnlich auch *Karl*, Unabhängigkeit des Schiedsrichters, S. 32: „Die mit der staatlichen Gerichtsbarkeit weitgehend vergleichbare Entscheidungsbefugnis der Schiedsgerichte setzt deshalb eine annähernd gleiche Justizförmigkeit als Korrelat voraus, aus der gewisse zwingende Pflichten des Schiedsgerichts bei dem Umgang mit grundrechtlich geschützten Rechtspositionen abzuleiten sind."

268 Dies für Art. 103 Abs. 1 GG ablehnend *Sponheimer*, Legalanerkenntnis, S. 173 f. *Heller*, Verfassungsrechtlicher Rahmen, S. 7 führt aus, dass eine Verpflichtung zur Berücksichtigung des Verfassungsrechts sich nur daraus ergeben könne, dass

Drittwirkung der Grundrechte ist grundsätzlich von der ganz h.M. anerkannt.[269] Die Verfahrensgrundrechte sind eine verfassungsrechtliche Grundentscheidung, die in der Schiedsgerichtsbarkeit Geltung haben muss. Im Rahmen der Überschneidung der Schiedsgerichtsbarkeit mit der staatlichen Gerichtsbarkeit (z.B. bei der Aufhebung von Schiedssprüchen) kann diese Geltungskraft überprüft werden. Die Schiedsgerichte werden zur Beachtung der Verfahrensgrundsätze mittelbar angehalten. Den Verfahrensgrundrechten kommt so ausreichende faktische Wirkkraft in der Schiedsgerichtsbarkeit zu.

Ergänzend ist festzuhalten, dass durch die wegen der mittelbaren Grundrechtswirkung vorgeschriebene Beachtlichkeit der verfassungsrechtlich bestimmten Verfahrensgrundsätze die Schiedsgerichtsbarkeit nicht zu sehr in ihrer Autonomie beschnitten wird. „Übertrüge man die Grundrechtsbestimmungen der Verfassung unmittelbar auf die privatrechtlichen Verhältnisse", so der Bundesgerichtshof, „so würde man in der Tat die privatrechtliche Freiheit stärker beschränken, als dies Art. 1 und Art. 2 des Grundgesetzes entspräche."[270] Bei der hier postulierten mittelbaren Grundrechtsgeltung in der Schiedsgerichtsbarkeit kann dagegen ein Ausgleich gefunden werden. Der BGH entschied, dass die Besonderheiten des Schiedsverfahrensrechts durchaus Niederschlag finden müssten.[271] So könne an das Gebot überparteilicher Rechtspflege,[272] wie auch an die Grundsätze des rechtlichen Gehörs,[273] mindere Maßstäbe im Schiedsverfahrensrecht angelegt werden. Freilich können die schiedsverfahrensrechtlichen Besonderheiten ausnahmsweise auch strengere Maßstäbe erfordern.[274]

cc) Folgerungen für den Rechtsschutz

Die Entscheidung des BVerfG vom 30. April 2003 schließt nicht explizit die Schiedsgerichtsbarkeit ein – sie nimmt sie aber auch nicht aus. Aus den allgemein gehaltenen Ausführungen des Gerichts dürfte zu folgern sein, dass nach der Verfassung jedem Rechtsschutzsuchenden streitwertunabhängig eine Kontrolle möglich sein muss daraufhin, ob die Verfahrensgrundrechte in seinem Gerichtsverfahren gleichgültig welcher Natur gewährt worden sind.[275] Untermauern lässt sich dies vor allem dadurch, dass die mittelbare Grundgesetzbindung der Schiedsgerichte diese zu Einhaltung

---

das Schiedsgericht „tunlichst einen rechtswirksamen Exekutionstitel zu schaffen" habe.

269 BVerfG NJW 1958, 257 ff. „Lüth"; stellvertretend aus der Lit. *Coing/Honsell*, in: Staudinger, BGB, Einleitung Rn. 193 ff.

270 *Coing/Honsell*, in: Staudinger, BGB, Einleitung Rn. 195.

271 NJW 1976, 109 ff. (110).

272 Ebd.

273 BGH NJW 1959, 2213 ff. (2114).

274 Ebenso *Sponheimer*, Legalanerkenntnis, S. 184 ff.

275 I.E. ebenso *Sponheimer*, Legalanerkenntnis, S. 379. Er führt aus, dass von Verfassungs wegen eine Nachprüfung des Schiedsspruches möglich sein müsse. Er stützt dies auf Art. 19 Abs. 4 GG. Dies ist verfehlt, da diese Norm nur Rechtsschutz

der Verfahrensgrundsätze anhält. Andererseits besteht kein Grund gegen eine Übertragbarkeit auf die Schiedsgerichtsbarkeit, zumal für Schiedssprüche keine höhere Gewähr der Rechtmäßigkeit gegenüber Urteilen besteht[276]. Konzeptionell droht auf Grund der weitgehenden arbitralen Verfahrensausgestaltungsbefugnis sogar eher eine Verletzung der Verfahrensgrundrechte im Schiedsverfahren als im staatlichen Gerichtsverfahren.

Eine Entscheidung resultierend aus einem nicht-rechtsstaatlichen Schiedsverfahren muss folglich anfechtbar sein. Anderenfalls ist die Forderung eines rechtsstaatlich ablaufenden Schiedsverfahrens zahnlos. Es besteht nicht nur ein verfassungsrechtlich ableitbarer Rechtsschutz vor dem Richter, sondern auch vor dem Schiedsrichter. Wieweit dieser Rechtsschutz reichen muss, sprich welche Institution schiedsgerichtliche Entscheidungen prüft und inwieweit jene die Entscheidungen prüfen kann, wird nachstehend untersucht werden.

b) Kontrollorgan für die Verfahrensgrundrechte

Fraglich ist nach der bisherigen Untersuchung, ob eine schiedsgerichtsinterne Kontrolle der Verfahrensgrundrechte ausreichend sein kann oder ob ein Anspruch auf Kontrolle vor einem staatlichen Gericht besteht.

aa) Ausgangsgericht kein geeignetes Kontrollorgan

Über den behaupteten Verstoß gegen das richterliche Gehör entscheidet in der Staatsgerichtsbarkeit im Rahmen der Gehörsrüge nach § 321a ZPO der iudex a quo, bzw. genauer, das Gericht in seiner regulären Besetzung. Es ist mehr als zweifelhaft, dass ein Richter, der rechtliches Gehör rechtsirrig versagt hat, auf eine Rüge hin kurze Zeit später seine Meinung ändert.[277] Ein Richter wird nicht leichten Herzens eine fehlerhafte Rechtsauffassung eingestehen,[278] bzw. deren Entscheidungserheblichkeit anerkennen[279]. Diese Erwägungen liegen schließlich auch § 41 Nr. 6 ZPO zu Grunde, wonach ein Richter nicht über Sachen entscheiden kann, in denen er in einem früheren Rechtszug mitgewirkt hat.

Die derzeitige Ausgestaltung der richterlichen Zuständigkeit bei der Gehörsrüge überzeugt mithin nicht.[280] Für die Schiedsgerichtsbarkeit folgt hieraus, dass das Ausgangsschiedsgericht kein geeignetes Organ für die Kontrolle der Verfahrensgrundrechte der Schiedsparteien ist.

---

gegen Akte der öffentlichen Gewalt gewährleistet, zu der, auch nach *Sponheimer*, der Schiedsspruch nicht zählt.

276 Siehe oben 1. Teil C. II. 2. c).

277 Ebenso *Voßkuhle*, NJW 2003, 2197.

278 Vgl. *Schnabl*, Anhörungsrüge, S. 211 f.; *Warga*, Verfahrensgrundrechte, S. 115.

279 Vgl. *Vollkommer*, in: Heinrich, FS Musielak, S. 631.

280 A.A. grundsätzlich *Schmidt-Aßmann*, in: Maunz-Dürig, GG, Art. 19 Abs. 4 Rn. 17a der eine förmliche „richterliche Selbstkorrektur“ genügen lässt.

bb) Kontrolle durch staatliches Gericht als Ausfluss des Justizgewährungsanspruchs

Sollte die gewählte Schiedsordnung eine streitwertunabhängige Kontrolle der Verfahrensgrundsätze durch ein Oberschiedsgericht vorsehen oder die Parteien eine solche Kontrolle vereinbart haben, scheint auf den ersten Blick viel dafür zu sprechen, eine solche Kontrolle ausreichen zu lassen. Denn es würde sich ein unbeteiligter Spruchkörper mit Aufhebungskompetenz der Sache annehmen. Die Vorgaben aus dem Beschluss des BVerfG scheinen erfüllt zu werden. Ob dies einer genaueren Betrachtung im Hinblick auf den Justizgewährungsanspruch standhält, wird nunmehr erörtert.[281]

Der Staat ist an die verfassungsrechtliche Forderung gebunden, den Bürgern wegen ihres Verzichts auf das Selbsthilferecht einen lückenlosen[282] rechtsstaatlichen Gerichtsschutz zur Verfügung zu stellen. Dies umschreibt den im Rechtsstaatsprinzip i.V.m. Art. 2 Abs. 1 GG wurzelnden sog. allgemeinen Justizgewährungsanspruch[283]. Erst dieser vermittelt der Schiedspartei ein subjektives Recht. Der allgemeine Justizgewährungsanspruch ist nicht schon mit dem bloßen Durchlaufen des (Schieds-)Verfahrens verwirklicht. Er ist vielmehr erst verwirklicht, wenn der Prozess gewissen rechtsstaatlichen Verfahrensanforderungen genügte. Es wird also nicht nur der Zugang zur Gerichtsbarkeit überhaupt, sondern ebenso die Verfahrensqualität von ihm abgesichert. Der allgemeine Justizgewährungsanspruch garantiert den Zugang zu einer rechtlichen und tatsächlichen Prüfung und Entscheidung durch einen Richter.[284] Ohne dass dies expressis verbis angeführt wird, kann mit „Richter" nur der unmittelbar grundrechtsgebundene staatliche Richter gemeint sein.

Mit Anrufung eines Oberschiedsgerichts wäre dem Justizgewährungsanspruch damit nicht genüge getan, es sei denn, die Schiedsparteien könnten auf den Justizgewährungsanspruch verzichten. Denkbar wäre dann zum einen schon ein konkludenter Verzicht auf den allgemeinen Justizgewährungsanspruch durch den bloßen Abschluss einer Schiedsvereinbarung. Zum anderen wäre es den Parteien unbenommen, durch eine gesonderte Vereinbarung diese Garantie ausdrücklich ausschließen.

Für eine Disponibilität des Justizgewährungsanspruchs könnte sprechen, dass die Parteien einen Anspruch nicht rechtsförmlich verfolgen müssen. Sie können auf

---

281 I.E. ebenso starke Zweifel äußernd *Schütze*, SchiedsVZ 2009, 242.

282 So wohl auch die überwiegende Lit., vgl. *Dütz*, Gerichtsschutz, S. 96 f. Die beiläufig vom BVerfG, NJW 1958, 2011 ff. (2013), geäußerte Ansicht, dass nicht „für jede Rechtsstreitigkeit ausnahmslos der Weg zu einem Gericht offenstehen muss" ist heute nicht mehr vertretbar. Das Gericht mag Ausnahmebereiche wie das Besatzungsrecht der jungen Bundesrepublik vor Augen gehabt haben, vgl. BVerfGE 14, 7.

283 Ständige Rechtspr., vgl. zuletzt BVerfG NZS 2008, 588 ff. (589). Dieser ist vom spezielleren Art. 19 Abs. 4 GG zu unterscheiden, was selbst von der Rechtspr. nicht immer beachtet wird, vgl. BVerfG NJW 2004, 2583 f.

284 BVerfGE 54, 277, 291.

ihren Anspruch verzichten oder ihn in eine, nicht einklagbare, Naturalobligation umwandeln. Wenn schon auf den Anspruch verzichtet werden kann, scheint es nahezuliegen, auf das Weniger, die Möglichkeit der Rechtsverfolgung, verzichten zu können. Dies überzeugt jedoch gleich aus mehreren Gründen nicht. Denn für einen Verzicht bestehen selbst im materiellen Recht Grenzen, §§ 134, 138, 242 BGB, die zwingend sind. Zwar sind die Parteien nicht in der Pflicht, ihre materiellen Rechte durchzusetzen. Sie können auch Unrecht über sich ergehen lassen. Wenn sie sich aber wehren wollen, muss ihnen Rechtsschutz gewährleistet werden. Dieser darf nicht ihrer Disposition unterfallen. Ansonsten könnten durch faktischen Druck, Täuschung oder Ähnliches Personen zu einem Rechtsschutzverzicht angehalten werden und es würden rechtsfreie Räume entstehen. Wenn die Verfassung Individualrechte unter ihren Schutz stellt, die Selbsthilfe aber grundsätzlich verboten ist (Ausnahme z.B. §§ 229 ff. BGB), ist es konsistent, dass der Rechtsschutz verfassungsrechtlich unveräußerlich ist. Anderenfalls wären die materiell-rechtlichen Garantien der Verfassung ihres Gehaltes entleert. Der allgemeine Justizgewährungsanspruch ist insofern als öffentliches Gut der Parteidisposition entzogen.[285] Es stellt sich folglich nicht die Frage nach dem „ob“, sondern inwieweit die Parteien den materiellrechtlichen Prüfauftrag des Staatsgerichts determinieren können.[286]

cc) Zwischenergebnis

Kontrollorgan für die Verfahrensgrundrechte in der Schiedsgerichtsbarkeit muss aus verfassungsrechtlichen Gründen ein staatliches Gericht sein.[287]

c) Kontrollumfang der staatlichen Gerichte

Der allgemeine Justizgewährungsanspruch fordert nicht die Eröffnung einer staatlichen Gerichtsinstanz mit einer vollumfänglichen Prüfkompetenz. Aus verfassungsrechtlicher Perspektive ist insoweit maßgebend, dass der allgemeine Justizgewährungsanspruch erloschen ist, wenn über Kontrollmechanismen gewährleistet wird, dass ein rechtsstaatliches Verfahren durchlaufen wurde – gleichviel ob in der privaten oder staatlichen Gerichtsbarkeit. Diese Funktionsteilung, dass das Erkenntnisverfahren vor dem Schiedsgericht, die Kontrolle vor staatlichen

---

285 I.E. ebenso *Dütz*, Gerichtsschutz, S. 158 f.; für eine Abdingbarkeit hingegen *Distler*, Schiedsgerichtsbarkeit und Verfassung, S. 87 ff.
Nach englischem Recht verstößt der Ausschluss der staatlichen Gerichtsbarkeit gegen die public policy, was allerdings gegenüber dem deutschen Recht auf anderen Grundannahmen basiert, vgl. *Distler*, Schiedsgerichtsbarkeit und Verfassung, S. 113 ff.

286 Ähnlich *Sonnauer*, Kontrolle der Schiedsgerichte, S. 29; *v. Bernuth*, Doppelkontrolle, S. 142; *Osterthun*, Schadensfälle, S. 24 f.; *Brach*, Verfassung und Schiedsgerichtsbarkeit, S. 168 ff.

287 I.E. ebenso *Schütze*, SchiedsVZ 2009, 247; *Bartos*, Verfahrensprinzipien, S. 20 (für fundamentale Verfahrensprinzipien).

Gerichten erfolgen kann, genügt den Anforderungen an einen verfassungsgemäßen Rechtsschutz.[288]

Ferner würde durch eine unbegrenzte Kontrolle der jurisdiktionelle Charakter der Schiedsgerichtsbarkeit degradiert. Die von der Privatautonomie gedeckte Freiheit der Schiedsgerichtsbarkeit würde insbesondere im Hinblick auf die freie Verfahrensgestaltung unterminiert, wenn postarbitral ein staatliches Gericht zur Kontrolle desselben Rechtsschutzstandards wie bei einem staatlichen Gerichtsverfahren angerufen werden könnte. Zudem ist einzustellen, dass der Legislative eine Ausgestaltungsbefugnis des Justizgewährungsanspruchs zuteil wird.[289]

Wie bereits oben ausgeführt, ist anderseits die mittelbare Drittwirkung der Grundrechte im Schiedsverfahrensrecht zu beachten. Die mittelbare Drittwirkung kann nicht zu einer völligen Preisgabe jeglicher Grundrechtsgewährung führen. Diese betrifft anders als der allgemeine Justizgewährungsanspruch mithin nicht nur die Frage, wie das Gericht zu seiner Entscheidung kam, sondern auch, wie die Entscheidung beschaffen ist. Nach dem BVerfG folgt aus der Schutzpflichtfunktion der Grundrechte die Verpflichtung staatlicher Organe, „einzelne Grundrechtsträger vor einer unverhältnismäßigen Beschränkung ihrer Grundrechte durch privatautonome Regelungen zu bewahren“[290]. Es bestehe ein aus der grundrechtlichen Schutzpflicht folgender „Mindestschutz“[291]. Diesem Maßstab entsprechend, ist von den staatlichen Gerichten lediglich ein grundrechtlicher Mindestschutz zu gewähren, der auf die Besonderheiten des Schiedsverfahrens Rücksicht nimmt. Insofern kann dem Parteiwillen mitunter mehr Raum zu gewähren sein, als den Grundrechten. Das staatliche Gericht hat lediglich den schiedsverfahrensrechtlich geformten Mindestgehalt dieser wie auch der Verfahrensgrundrechte zu sichern.

Inwiefern das Staatsgericht zur Kontrolle der Sachentscheidung berufen ist, wird im Einzelnen nachstehend erörtert werden. Die Kontrolle muss aber jedenfalls bezüglich des Anwendungsbereichs vollumfänglich sein. Sie erstreckt sich auf alle Entscheidungen des Schiedsgerichts wie Prozessverfügungen (Terminierung der

---

288 Selbst dies für nicht ausreichend erachtend *Hesselbarth*, Schiedsgerichtsbarkeit und GG, S. 38. Sie stützt ihre Auffassung darauf, dass kein unabhängiger Richter im Sinne des Art. 97 GG die Streitentscheidung treffe. Die Fällung der Streitentscheidung durch einen unabhängigen Schiedsrichter wird von einem im Sinne des Art. 97 GG unabhängigen Richter per Kontrolloption gewährleistet. Warum ein von den Streitparteien als „schlechter“, sonst hätten sie nicht für die Schiedsgerichtsbarkeit optiert, empfundener staatlicher Richter alleinig zur Sache entscheiden muss, um verfassungsgemäßen Rechtsschutz herzustellen, erscheint folglich nicht überzeugend.

289 BVerfG NJW 1993, 1635 f. (1635) m.N. auf die ständige Rechtspr.

290 NZA 1998, 715 f. (716).

291 Ebd.
Zur durch die Zulassung privater Rechtsetzung erforderlichen Beachtung der staatlichen Schutzpflicht *Kirchhof*, Private Rechtsetzung, S. 522 ff. (insbesondere S. 526 ff. zur Leistung durch die Gerichte).

mündlichen Verhandlung etc.), Entscheidungen im einstweiligen Rechtsschutz oder den Schiedsspruch.[292]

aa) Kein Anspruch auf Kontrolle von einfachem Recht

Ein Anspruch auf Kontrolle der juristisch korrekten Anwendung von einfachem Sachrecht durch ein Gericht besteht im Prozess in der staatlichen Gerichtsbarkeit nicht. Ein solcher kann erst recht nicht für das Schiedsverfahren bestehen.[293]

bb) Anspruch auf Kontrolle von Verfassungsrecht

Mit dem Grundgesetz ist es unvereinbar, wenn in seinem Geltungsbereich Urteilen gleichgestellte Entscheidungen, also Schiedssprüche, Bestand haben könnten, durch die Grundrechte grob verletzt werden. Aufgeworfen wird hierdurch die Frage, inwieweit die Verfassung eine Prüfung der schiedsgerichtlichen Entscheidung bezogen auf das Sachrecht erfordert.

Einerseits ist zu vergegenwärtigen, dass einer materiell-rechtlichen Überprüfung des Schiedsspruches im Hinblick auf die schiedsgerichtliche Autonomie Grenzen gesetzt sind.[294] Andererseits sind die von der Verfassung garantierten subjektiven Rechte, wie etwa das Eigentumsrecht nach Art. 14 Abs. 1 GG, ohne Durchschlagskraft, wenn ihnen keine verfahrensrechtliche Absicherung zuteil wird. Nach dem BVerfG kommt denn auch einzelnen Grundrechten eine verfahrensrechtliche Komponente zu.[295] Diese ist als Ergänzung[296] des allgemeinen Justizgewährungsanspruches zu sehen.[297]

Zu diesem Spannungsfeld tritt das Problem hinzu, dass jedes „falsche"[298] Urteil zumindest Art. 2 Abs. 1, 3 Abs. 1 GG verletzt[299]. Der allgemeine Gleichheitssatz gebietet eine Rechtsanwendungsgleichheit.[300] Für die ungleiche Rechtsanwendung besteht kein sachlicher Differenzierungsgrund, der die Ungleichbehandlung rechtfertigen könnte. Und der Eingriff in die allgemeine Handlungsfreiheit kann nicht durch unrechtmäßige Urteile gerechtfertigt werden, da diese nicht Teil der verfassungsmäßigen Ordnung sind. Das drohende Dilemma, das jedes Urteil erfolgreich über die Verfassungsbeschwerde anfechtbar wäre, hat das BVerfG durch die sog.

---

292 Ebenso *Schütze*, SchiedsVZ 2009, 242 ff.
293 I.E. ebenso *Ebbing*, Private Zivilgerichte, S. 392.
294 Ebenso *Ebbing*, Private Zivilgerichte, S. 394.
295 NJW 1980, 759 ff. (764); BVerfGE 107, 299 (311).
296 So wohl BVerfG NJW 1979, 538 f.
297 Kritisch hierzu *Bethge*, NJW 1982, 6 f.
298 Ablehnend zu den Termini „richtig" und „falsch" in Bezug auf Urteile *Rennert*, NJW 1991, 12, 15.
299 *Voßkuhle*, Rechtsschutz gegen den Richter, S. 181.
300 Ebd.

„Heck'sche Formel“[301] abgewendet.[302] Die Verfassungsbeschwerde ist nur begründet, wenn „spezifisches Verfassungsrecht“[303] verletzt wurde. Einen Verfassungsverstoß begründen demnach erst grobe Verstöße in der Rechtsanwendung.[304] (...) „Dem richterlichen Ermessen muß ein gewisser Spielraum bleiben, der die Berücksichtigung der besonderen Lage des Einzelfalls ermöglicht.“[305] Die Formel ist wohl auch aus pragmatischen Erwägungen für das Verhältnis der Fachgerichtsbarkeit zum BVerfG entwickelt worden.[306]

Diese Erwägungen können auch für das Verhältnis der Schiedsgerichte zu staatlichen Gerichten fruchtbar gemacht werden. Denn ebenso sollen die staatlichen Gerichte im Verhältnis zu den Schiedsgerichten keine Superrevisionsinstanz sein und den Schiedsgerichten eine Rechtsfindungsfreiheit (Schiedsautonomie) zukommen. Es gilt das Verbot einer révision au fond.[307] Insoweit ist Art. 2 Abs. 1 GG funktionelles Äquivalent zu Art. 137 Abs. 3 WRV i.V.m. Art. 140 GG oder Art. 21 Abs. 1 GG. Das staatliche Gericht hat zu intervenieren, wenn seine gedachte Entscheidung an Stelle der des Schiedsgerichts einen groben Verstoß in der Rechtsanwendung darstellen würde. In welchen Fällen ein solcher anzunehmen ist, soll im Einzelnen nachfolgend dargestellt werden.

aaa) Schiedsunterworfenheit

Der Schiedsspruch muss durch staatliche Gerichte daraufhin überprüfbar sein, ob der Rechtsweg zu der Schiedsgerichtsbarkeit überhaupt wirksam, vor allem freiwillig, von den als Schiedspartei behandelten Personen vereinbart worden ist.[308] Dem entspricht einfachgesetzlich die Regelung in § 1059 Abs. 2 Nr. 1 lit. a 1. Alt., lit. c ZPO. Verfassungsrechtlich ist dieses Postulat aus dem allgemeinen Justizgewährungsanspruch abzuleiten. Es bleibt dem Einzelnen frei überlassen, ob er den staatlichen oder privaten Rechtsweg wählt. Insbesondere darf kein unbeteiligter Dritter, der nicht Partei des Schiedsverfahrens war, vom Schiedsspruch unmittelbar rechtlich betroffen werden. Er wäre ansonsten Entscheidungswirkungen ausgesetzt, obwohl er entgegen der Garantie aus Art. 103 Abs. 1 GG keine Chance auf Berücksichtigung seiner Interessen im Verfahren hatte.

---

301 Benannt nach dem Berichterstatter der Entscheidung BVerfG NJW 1964, 1715 ff.

302 Vgl. *Rennert*, NJW 1991, 12.

303 BVerfG NJW 1964, 1715 ff. (1716); Jarass/*Pieroth*, GG, Art. 93 Rn. 73.

304 BVerfG a.a.O.

305 Ebd.

306 Vgl. *Rennert*, NJW 1991, 13.

307 Siehe oben 1. Teil B. II. 2. c).

308 Ebenso *Ebbing*, Private Zivilgerichte, S. 391. Dies ist in Fällen wirtschaftlicher Abhängigkeit besonders zu prüfen. *Zenske*, Schiedsgerichtsbarkeit im Handel, S. 187 spricht davon, dass die Zuständigkeit der Schiedsgerichte „auf dem Diktat des wirtschaftlich Stärkeren“ beruhe, was in dieser Allgemeinheit zu weit geht.

bbb) Willkürlicher Schiedsspruch

Die Schiedsgerichte führen das Erkenntnisverfahren durch. Sie finden das Recht.[309] Die Rechtsanwendung durch den Richter ist durch tatsachenbewertende (etwa bezüglich der Glaubhaftigkeit einer Zeugenaussage) und rechtsabwägende (vor allem bei Generalklauseln wie § 242 BGB) Prozesse geprägt. Diese Prozesse haben in bestimmten Bahnen (Rechtsstaatlichkeit) abzulaufen, um eine rationale und sachliche Entscheidung vorzuprogrammieren. Das Resultat eines solch geordneten Prozesses fällt in den richterlichen Freiraum. Dies kommt deutlich in der freien Beweiswürdigung nach § 286 Abs. 1 bzw. § 1042 Abs. 4 S. 2 ZPO zum Ausdruck. So ist es hinzunehmen, wenn eine Rechtsanwendung abseits der üblichen staatlichen Rechtsprechung und/oder der herrschenden akademischen Meinung ausfällt, solange sie juristisch vertretbar ist, mithin insbesondere sachlich und nachvollziehbar beschaffen ist.

Gegen einen willkürlichen Schiedsspruch muss staatlicher Rechtsschutz bestehen.[310] Ein Schiedsspruch ist willkürlich, wenn er losgelöst von einer materiellen Rechtsordnung oder Gerechtigkeits- bzw. Billigkeitserwägungen (ex aequo et bono) ergangen ist.[311] Basiert eine Entscheidung demnach rein auf sachfremden Erwägungen, darf sie angesichts des allgemeinen Willkürverbots aus Art. 3 Abs. 1 GG keinen Bestand haben.[312] „Von willkürlicher Missdeutung kann jedoch nicht gesprochen werden, wenn das Gericht sich mit der Rechtslage eingehend auseinandersetzt und seine Auffassung nicht jedes sachlichen Grundes entbehrt."[313]

Zur Kontrolle dessen ist deshalb verfassungsrechtlich eine Begründung des streitigen Schiedsspruches nötig, soweit nicht die Parteien hierauf verzichtet haben. Dem entspricht § 1054 Abs. 2 ZPO.

ccc) Grob unrichtiger Rechtsfolgenausspruch

Schließlich muss gegenüber einem grob unrichtigen Rechtsfolgenausspruch eine Überprüfung erfolgen können. Dies gilt nur in Fällen, in denen eine Schiedspartei zu einem gesetzlich verbotenen Tun oder Unterlassen oder zu einer unmöglichen Handlung angehalten wird.[314] Der Staat kann insoweit nicht seine Vollstreckungsorgane bereitstellen und solchen Schiedssprüchen zur Wirksamkeit verhelfen. Er würde sich selbst widersprechen und dem Rechtsstaatsprinzip zuwiderhandeln. In Fällen der Unmöglichkeit läge eine Verletzung von Art. 2 Abs. 1 GG vor.

---

309 „Rechtsprechung ist Rechtsfindung", *Rennert*, NJW 1991, 15.

310 I.E. ebenso *Sonnauer*, Kontrolle der Schiedsgerichte, S. 42.

311 Nach *Ebbing*, Private Zivilgerichte, S. 393.

312 Zu Urteilen staatlicher Gerichte BVerfG NJW 1993, 996 f.; NJW 1995, 2911 f.; NJW 1997, 2305 ff. (2307).

313 BVerfG NJW 1993, 996 f. (997).

314 Hierzu *Ebbing*, Private Zivilgerichte, S. 393; *Sonnauer*, Kontrolle der Schiedsgerichte, S. 42 f.

ddd) Verstoß gegen grundlegende Allgemeininteressen

Verfassungsrechtlich kann ebenfalls eine Kontrolle der Schiedssprüche auf Gehalte geboten sein, die gemeinhin die Schiedsfähigkeit und den (materiell-rechtlichen) ordre public betreffen (§ 1059 Abs. 2 Nr. 2 ZPO). Dies kann etwa aus Art. 6 Abs. 1 GG folgen, wenn ein Streit um das Recht auf elterliche Sorge von einem Schiedsgericht entschieden würde. Haupteinwand ist in dieser Konstellation, dass nur der staatliche Richter zum Einen an das die Drittinteressen (hier: Kindesinteressen) schützende Sachrecht gebunden ist und zum Anderen die Drittinteressen über den Untersuchungsgrundsatz (§ 26 FamFG) prozessual abgesichert sind. Auch andere Statusfragen sind generell nicht schiedsfähig.[315] Ferner kann insbesondere das Sozialstaatsprinzip, Art. 20 Abs. 1 GG, gebieten, dass der Protektion sozial Schutzwürdiger unter Umständen per se Vorrang zukommt (siehe § 1030 Abs. 2 ZPO). Ein genereller Ausschluss der Schiedsfähigkeit von Verbrauchersachen ist hingegen nicht hieraus ableitbar.[316]

4. Zusammenfassung zu den verfassungsrechtlichen Vorgaben

Die vom BVerfG für die staatliche Gerichtsbarkeit aufgestellte Forderung der Überprüfbarkeit einer gerichtlichen Entscheidung im Hinblick auf die Einhaltung der Verfahrensgrundrechte ist auf die Schiedsgerichtsbarkeit angesichts deren gleichsam gegebener verfassungsrechtlicher Zulässigkeit und Gebotenheit sowie ihrer mittelbaren Anbindung an die Grundrechte übertragbar. Auf Grund des allgemeinen Justizgewährungsanspruchs muss ein staatliches Gericht die Einhaltung der Verfahrensgrundrechte durch das Schiedsgericht kontrollieren können, wobei es den schiedsgerichtlichen Besonderheiten Rechnung zu tragen hat. Neben den Verfahrensgrundrechten muss das Gericht die Sachentscheidung daraufhin prüfen können, ob dem Schiedsgericht grobe Verstöße in der Rechtsanwendung vorzuwerfen sind.

II. Vorgaben aus dem europäischen Recht

Nach Besprechung der verfassungsrechtlichen Verfahrensdirektiven und Kontrollerfordernisse werden im Folgenden die europarechtlichen Vorgaben für den Rechtsschutz gegenüber Schiedsgerichten erläutert, wobei sich auf die EMRK konzentriert wird. Es wird ebenso wie bei der Besprechung der verfassungsrechtlichen Vorgaben die Frage der Bindungswirkung für die Schiedsgerichte zu prüfen sein.

315 Vgl. *Böcker*, Schiedsfähigkeit, S. 82 ff.

316 Ebenso *Distler*, Schiedsgerichtsbarkeit und Verfassung, S. 141.

1. *Europäische Menschenrechtskonvention*

a) Allgemeines

Die EMRK genießt, anders als beispielsweise in Liechtenstein[317] oder Österreich,[318] in Deutschland keinen Verfassungsrang. Sie steht im Range eines Bundesgesetzes. Allerdings ist die Verfassung,[319] wie auch das einfache Recht,[320] im Lichte der EMRK auszulegen.

In Art. 6 Abs. 1 EMRK ist der sog. „fair trial-Grundsatz" normiert. Hernach hat jeder einen Anspruch, dass über seinen zivilrechtlichen Anspruch „von einem unabhängigen und unparteiischen, auf Gesetz beruhenden Gericht in einem fairen Verfahren, öffentlich und innerhalb angemessener Frist verhandelt wird".

Inhalt des Art. 6 EMRK ist es nicht, einen Instanzenzug bereitstellen zu müssen.[321] Das von Deutschland unterzeichnete, jedoch nicht ratifizierte,[322] und damit in Deutschland nicht wirksame, siebte Zusatzprotokoll zur EMRK sieht in Art. 2 nur ein Rechtsmittel für Strafsachen vor.

b) Zur Frage der Bindung der Schiedsgerichte an die EMRK

Adressat der Forderungen aus der Konvention kann nicht ein Privater, wie beispielsweise ein Schiedsgericht, sein.[323] Die EMRK bindet nur die Vertragsstaaten, Art. 34, 46 Abs. 1 EMRK. Die Rechte der EMRK sind primär als Abwehrrechte gegen den Staat konzipiert.[324] Speziell Art. 6 Abs. 1 S. 1 EMRK gilt nur für gesetzlich begründete Gerichte, und damit nicht für die privat vereinbarten Schiedsgerichte. Die übliche

---

317 *Batliner/Gasser,* in: Monti, FS Baudenbacher, S. 29.

318 ÖBGBl. Nr. 59, 1964.

319 *Jarass*/Pieroth, GG, Art. 25 Rn. 4a; Art. 1 Rn. 29.

320 BVerfG NJW 1987, 2427 ff. (2427).

321 EGMR NJW 2001, 2694 ff. (2697). Vgl. *Batliner/Gasser,* in: Monti, FS Baudenbacher, S. 29; *Meyer-Ladewig*, EMRK, Art. 6 Rn. 61; *Jaksic*, Human Rights, S. 283; *Schwab/ Gottwald*, in: Habscheid, Effektiver Rechtsschutz, S. 35; *Matscher*, in: Habscheid, FS Nagel, S. 228.
A.A. *Klamaris*, in: Gottwald, FS Schwab, S. 276, der dies aus Art. 2 Siebtes Zusatzprotokoll zur EMRK ableiten will.

322 Eine Übersicht über den Stand der Unterzeichnung und Ratifizierung in den Konventionsstaaten findet sich unter: http://conventions.coe.int/Treaty/Commun/ChercheSig.asp?NT=117&CM=8&DF=22/12/2011&CL=GER.

323 Vgl. *Bangert*, in: Breitenmoser, FS Wildhaber, S. 42, 45, 48. Für die Schiedsgerichtsbarkeit ausdrücklich *Karl*, Unabhängigkeit des Schiedsrichters, S. 56.; *Sponheimer*, Legalanerkenntnis, S. 176.
A.A. *Jaksic*, Human Rights, S. 201 ff. (204). *Besson*, ASA Bulletin, 2006, 402 meint, dass Schiedsrichter nicht mit anderen Privaten gleichzusetzen seien, da ihnen eine Ersatzfunktion für staatliche Richter zukomme.
Siehe zum Streitstand die Übersicht von *de Ly*, in: DIS, Public Law, S. 35 f. m.w.N.

324 Ebenso *Haas*, SchiedsVZ 2009, 76.

deutsche Übersetzung der Norm, die von einem „auf Gesetz beruhenden Gericht“ spricht, ist insofern zwar zweideutig. Die nach der Schlussformel zur EMRK maßgebliche englische Fassung (established by law) und französische Fassung (établi par la loi) sind hingegen eindeutig.[325] Gesetzlich installierte, zwingende Schiedsgerichte haben hingegen die EMRK unmittelbar zu berücksichtigen.[326] Für die im Lichte der EMRK zweifellos grundsätzlich zulässigen[327] freiwilligen Schiedsgerichte hat der EGMR die Frage der unmittelbaren Anwendung bislang nicht eindeutig entschieden.[328]

Des Weiteren ist die EMRK nunmehr über Art. 6 Abs. 3 EUV ausdrücklich Teil des Unionsrechts, auch wenn die EU noch nicht der EMRK beigetreten ist. Die staatlichen Gerichte sind wiederum unmittelbar an Art. 4 Abs. 3 EUV gebunden.[329] Dieser legt fest, dass die Mitgliedstaaten die Verpflichtungen aus dem Unionsrecht erfüllen müssen. Sie haben das Unionsrecht effektiv und gleich durchzusetzen.[330] Die Schiedsgerichte fallen hingegen nicht unter die Bindung des Art. 4 Abs. 3 EUV, da sie kein Teil der hoheitlichen Gewalt der Mitgliedstaaten sind.[331] Somit gelten ihnen gegenüber die Anforderungen der EMRK nicht unmittelbar.[332]

---

325 *Besson*, ASA Bulletin, 2006, 401 wendet gegen eine solche Interpretation zum Einen ein, dass mit der Regelung vor allem Ausnahmegerichte ausgeschlossen werden sollten und zum Anderen führt er an, dass die Schiedsgerichtsbarkeit gleichsam auf einem Gesetz basiert und hierdurch geordnet wird. Da aber Art. 6 Abs. 1 EMRK auch die strafrechtliche Anklage erfasst, würde *Bessons* Ansatz zu Ende gedacht bedeuten, dass jeder Bürger einen Anspruch auf Verhandlung seiner strafrechtlichen Anklage vor einem Schiedsgericht hätte. Gewichtiger dürfte zudem Folgendes sein: Die EMRK gibt einen Anspruch auf einen fair trial und dazu gehört, dass der Richter im Vorhinein durch abstrakt-generelle Regelungen (Gesetze) bestimmt wird, um Ausnahmegerichte oder sonstige Willkür zu verhindern. Der für die Schiedsgerichtsbarkeit grundlegend andere Richterbestellungsmodus spricht folglich ebenso gegen *Bessons* Auslegung.

326 Vgl. *Wilke*, Interessenskonflikte in der Internationalen Schiedsgerichtsbarkeit, S. 107; *Besson*, ASA Bulletin, 2006, 398.

327 *Briner/v. Schlabrendorff*, in: Briner, FS Böckstiegel, S. 91.

328 Vgl. *Haas*, SchiedsVZ 2009, 74 f.; *Besson*, ASA Bulletin, 2006, 405; *de Ly*, in: DIS, Public Law, S. 42 ff.
A.A. *Sponheimer*, Legalanerkenntnis, S. 175 („eindeutig abgelehnt“).
Die schweizerische Rechtspr. zur unmittelbaren Anwendung der EMRK auf das Schiedsverfahren war uneinheitlich, vgl. *Haas*, SchiedsVZ 2009, 77; *Sponheimer*, Legalanerkenntnis, S. 174 (Fn. 90). Mit der Normierung des Art. 396 S. 2 schwZPO, wonach eine Revision bei einer Verletzung der EMRK möglich ist, entschied sich der Gesetzgeber für eine unmittelbare Anwendung.

329 Vgl. *von Bogdandy/Schill*, in: Nettesheim, EU, Art. 4 EUV Rn. 89.

330 Vgl. *von Bogdandy/Schill*, in: Nettesheim, EU, Art. 4 EUV Rn. 63, 68.

331 Ebenso, allerdings zur Vorgängervorschrift Art. 10 EGV, *Zobel*, Schiedsgerichtsbarkeit und Gemeinschaftsrecht, S. 112.

332 Ebenso *Steinbrück*, Unterstützung durch staatliche Gerichte, S. 56.

Indirekt könnte der EMRK aber durchaus eine Wirkung für das Schiedsverfahrensrecht zukommen. Verletzt ein staatliches Organ (Richter, Rechtspfleger etc.) die EMRK im Zusammenhang mit der Unterstützung des Schiedsgerichts, der Überprüfung des Schiedsspruchs, der Anerkennung bzw. Exequatur oder Vollstreckung des Schiedsspruchs, so ist mittelbar das Schiedsverfahren selbst Kontrollgegenstand.[333]

c) Prüfungsmaßstab der Staatsgerichte gegenüber Schiedsgerichten

Fraglich ist, ob die Schiedsparteien diese staatliche Kontrolle gänzlich ausschließen können. Daran könnte zu denken sein, weil die Schiedsparteien mit ihrer Unterwerfung unter die Schiedsgerichtsbarkeit freiwillig auf den aus Art. 6 EMRK garantierten Zugang zu einem staatlichen Gericht verzichtet haben könnten. Grundsätzlich ist nach der Rechtsprechung des EGMR ein Verzicht auf die Garantien des Art. 6 EMRK möglich, wenn keine öffentlichen Interessen entgegenstehen und der Verzicht informiert, eindeutig und freiwillig erfolgt, wobei ein Mindestschutz („minimum safeguards") vom Gericht gefordert wird.[334] Was das Gericht unter diesem Mindestschutz versteht, wird nicht deutlich. Jedenfalls können die Schiedsparteien die Rechte aus Art. 6 EMRK nicht völlig ausschließen.[335] Es gibt in Art. 6 EMRK garantierte unveräußerliche Rechte.[336] Im Allgemeinen werden hierzu beispielsweise die Unabhängigkeit des Gerichts, die Gleichbehandlung der Parteien und das Recht auf richterliches Gehör gezählt.[337] Die Einhaltung dieser Verfahrensrechte sowie eine Entscheidung in angemessener Zeit, dürfte auch der elementaren Grunderwartung der Parteien an ein Schiedsverfahren entsprechen.[338] Andererseits können die Schiedsparteien die Verfahrensgarantien des Art. 6 EMRK reduzieren, etwa das Recht auf Öffentlichkeit[339]. Das Recht auf Öffentlichkeit muss im staatlichen Prozess

---

333 Vgl. *Matscher*, IPRax 1992, 335; *Besson*, ASA Bulletin, 2006, 399. Weitergehend befürwortet *Besson*, a.a.O., S. 402 ff. (mittlerweile) eine direkte Anwendung der EMRK auf die Schiedsgerichtsbarkeit.

334 EGMR vom 22.12.2009, 5962/03 (Makarenko v. Russia): "In this connection the Court notes that neither the letter nor the spirit of Article 6 of the Convention prevents a person from waiving of his own free will, either expressly or tacitly, the entitlement to the guarantees of a fair trial" (...). Ebenso EGMR vom 8.12.2009, 4023/02 (Caka v. Albania).

335 EGMR vom 23.2.1999, 31737/96 (Suovaniemi and Others v. Finland). Vgl. *Briner/v. Schlabrendorff*, in: Briner, FS Böckstiegel, S. 91 f.; *Bangert*, in: Breitenmoser, FS Wildhaber, S. 46.

336 EKMR vom 10.2.1983, 7299/75 (Albert and Le Compte v. Belgium): "Admittedly, the nature of some of the rights safeguarded by the Convention is such as to exclude a waiver of the entitlement to exercise them" (...).

337 Vgl. *Briner/v. Schlabrendorff*, in: Briner, FS Böckstiegel, S. 92 f.

338 *Haas*, SchiedsVZ 2009, 78.

339 EKMR vom 27.11.1996, 28101/95 (Nordström-Janzon and Nordström-Lehtinen v. the Netherlands).

den Vertrauensnachteil kompensieren, dessen Ursache darin liegt, dass die Parteien ihre Rechtsstreitigkeit einer unbekannten Person anvertrauen.[340]

Der Kontrollmaßstab der staatlichen Gerichte, die ein Schiedsverfahren zum Gegenstand haben, ist zudem dadurch eingeschränkt, dass das Recht auf ein faires Verfahren gilt in „Streitigkeiten in bezug auf ihre zivilrechtlichen Ansprüche und Verpflichtungen".[341] Die Entscheidung muss die Ansprüche und Verpflichtungen unmittelbar betreffen.[342] Davon nicht erfasst sind Streitigkeiten über das Verfahren an sich.[343] Nur wenn diese die Endentscheidung beeinflusst haben, sind sie insofern indirekt angreifbar. Jedenfalls sollten je nach Verfahrensfunktion die notwendigen Verfahrensgrundrechte der EMRK unter Berücksichtigung der schiedsgerichtlichen Autonomie gelten.

Insofern greift die EMRK nicht vollumfänglich bei Intervention der staatlichen Gerichte gegenüber den Schiedsgerichten. So muss der rigorosen Vorgabe der Öffentlichkeitspflicht bei staatsgerichtlicher Intervention während eines laufenden Schiedsverfahrens nicht nachgekommen werden. Einfachgesetzlich entspricht dies § 1063 Abs. 1 S. 1, Abs. 2 i.V.m. § 128 Abs. 4 ZPO. Mit Abschluss des Schiedsverfahrens verstärken sich die öffentlichen Interessen. Liegt ein Schiedsspruch vor, der aufgehoben oder für vollstreckbar erklärt werden soll, ist unter deutschem Recht zu berücksichtigen, dass der schiedsgerichtliche Ausspruch bereits Teil der Rechtsordnung wurde. Insofern kann der Öffentlichkeitsgrundsatz nicht mehr bei fehlendem besonderem Parteiinteresse ausgeschlossen werden. Einfachgesetzlich besteht – wenn ein bestimmter Aufhebungsgrund in Betracht kommt – nach § 1063 Abs. 2 ZPO die Pflicht zur mündlichen Verhandlung. Ein weitergehender Ausschluss der Öffentlichkeit wäre mit Art. 6 Abs. 1 S. 2 HS. 2 EMRK jedoch de lege ferenda vereinbar,[344] wenn eine Partei etwa um ihre Unternehmensgeheimnisse fürchtet.

Es wird im Schiedsverfahren mithin nicht ein der staatlichen Gerichtsbarkeit ebenbürtiger, sondern ein auf das unveräußerbare Menschenrecht angepasster Kern des Rechts auf ein faires Verfahren geschützt, der auf ein das Schiedsverfahren betreffendes staatsgerichtliches Verfahren ausstrahlt. Insofern besteht eine Parallele zum verfassungsrechtlichen Schutz.

An Hand des prominenten Rechts auf ein unabhängiges Gericht soll dies exemplarisch verdeutlicht werden.

---

340 Vgl. *Haas*, SchiedsVZ 2009, 78.
341 Vgl. *Haas*, SchiedsVZ 2009, 83; *de Ly*, in: DIS, Public Law, S. 35.
342 Stellvertretend EGMR NJW 2001, 213 f. (213).
343 Ebenso BGH BeckRS 2014, 16618; *Haas*, SchiedsVZ 2009, 83.
344 Vgl. *de Ly*, in: DIS, Public Law, S. 51.

d) Mindestschutz anhand des Beispiels des Rechts auf ein unabhängiges Gericht

aa) Unabhängigkeit und Unparteilichkeit

Die Begriffsvielfalt (Neutralität, Unbefangenheit, Objektivität etc.) in diesem Kontext ist groß:[345] Termini technici für das Schiedsverfahrensrecht sind Unabhängigkeit und Unparteilichkeit, §§ 1035 Abs. 5 S. 1, 1036 Abs. 1 ZPO. Unabhängigkeit kann als Distanz gegenüber der Schiedsgerichtsinstitution und den Schiedsparteien,[346] und Unparteilichkeit als sachliche, unvoreingenommene Befassung mit dem Verfahrensgegenstand definiert werden[347].

bb) Anforderungen an den Schiedsrichter

Der Schiedsrichter muss unbeteiligter Dritter sein:[348] nemo iudex in sua causa. Die Abgrenzung zwischen Unabhängigkeit bzw. Unparteilichkeit und Abhängigkeit bzw. Parteilichkeit ist ansonsten jedoch nicht einfach. Zudem sind die arbitralen Charakteristika zu berücksichtigen, wonach der Richter nicht nach einem Geschäftsverteilungsplan (§§ 21a ff. GVG) ohne Einflussnahme der Parteien bestimmt wird. Die Parteien können die Schiedsrichterbank, soweit die Parteien eine natürliche und geschäftsfähige Person auswählen,[349] frei bestimmen nach §§ 1034 f. ZPO. Dies wird in vielen ausländischen Rechtsordnungen ähnlich gehandhabt.[350] Außerdem wird mit dem Schiedsrichter ein Vertrag geschlossen, dessen Rechtsnatur nach h.M. zumindest auch im materiellen Recht zu verorten ist[351]. Jedenfalls kann

---

345 Vgl. *Kornblum*, Schiedsrichterliche Unabhängigkeit, S. 121; *Jaksic*, Human Rights, S. 253.

346 Ebenso *Karl*, Unabhängigkeit des Schiedsrichters, S. 115; *Jaksic*, Human Rights, S. 253 f.

347 Ebenso *Jaksic*, Human Rights, S. 254. *Karl*, Unabhängigkeit des Schiedsrichters, S. 115 definiert die Unparteilichkeit als Distanz zum Verfahrensgegenstand.

348 Vgl. BGH SchiedsVZ 2012, 154 ff. (155); NJW 1986, 3027 ff. (3028); *Kornblum*, Schiedsrichterliche Unabhängigkeit, S. 6 ff.; *Henkel*, Rechtsbehelfe, Rn. 103 ff. Siehe zum Schiedsrichterablehnungsverfahren einerseits Gesetzentwurfsbegründung der BReg., BT-Drs. 13/5724, S. 41 und andererseits Bericht des Rechtsausschusses, BT-Drs. 13/9124, S. 46.
Schon Dig. 4, 8, 51 legte fest: „Ist jemand in eigener Sache zum Schiedsrichter bestellt worden, kann er keinen Schiedsspruch erlassen“ (...).

349 Vgl. *Saenger*, ZPO, § 1035 Rn. 3; *Thomas*, Schiedsgerichtsverfahren, S. 9; *Henkel*, Rechtsbehelfe, Rn. 108 ff.; *Prütting*, AnwBl. 1/2012, 29. Anders ist etwa die Regelung für Schiedsverfahren nach dem VermG. Dort muss der Vorsitzende die Befähigung zum Richteramt haben nach § 38a Abs. 1 S. 3 VermG.

350 Vgl. *Prütting*, SchiedsVZ 2011, 234 mit Verweis auf entsprechende Regelungen in Frankreich, Österreich und Spanien, wobei in Spanien der Schiedsrichter zumindest ein zugelassener Rechtsanwalt sein muss.

351 Vgl. BGH NJW 1986, 3077 ff. (3077 f.); *Henn*, Schiedsverfahrensrecht, Rn. 133 ff.; *Münch*, in: MüKo, ZPO, Vorbem §§ 1034 ff. Rn. 4 f.; *Thomas*, Schiedsgerichtsverfahren, S. 59; *Glossner*, Schiedsgericht, IV Rn. 2. Grundsätzlich a.A. *Bucher*, in:

das Vertragsrecht die Schiedsrichterfunktion nicht unberücksichtigt lassen. Die Schiedsrichterbenennung können die Parteien selbst in diskriminierender Weise vornehmen.[352] Die Parteien können im Rahmen ihrer Privatautonomie selbst einen nicht-unabhängigen Schiedsrichter richten lassen.[353] In der staatlichen Gerichtsbarkeit ist hingegen ein Richter unter bestimmten Umständen eo ipso gem. § 41 ZPO von der Ausübung des Richteramtes ausgeschlossen. Eine Übertragung dieser Grundsätze auf Schiedsrichter ist abzulehnen.[354] An der Unabhängigkeit der Schiedsrichter besteht hingegen kein öffentliches Interesse.[355] Die Unabhängigkeit der Schiedsrichter dient dem Schutz der Schiedsparteien vor einem unsachgemäßen Verfahren und hierdurch bedingter unsachgemäßer Rechtsprechung. Trotz öffentlichem Interesse

---

Bachmann, FS Schlosser, S. 101 ff. (mit dem Vorschlag der Anlehnung an das römische receptum arbitri, S. 109 ff.).

352 So hat der englische Supreme Court, Entscheidung vom 27. Juli 2011, 2011 UKSC 40 (Jivraj v Hashwani), zu Recht entschieden, dass Schiedsrichter keine Arbeitnehmer, insbesondere nicht im Lichte der EU-Richtlinie 2000/78, sind. Daher konnte in dem zu Grunde liegenden Schiedsverfahren auch eine Schiedsrichterbestellungsregel wirksam vorgenommen werden, wonach nur Mitglieder einer bestimmten Religionsgemeinschaft richten dürfen. Kein Verstoß gegen europäische Anti-Diskriminierungsbestimmungen liegt übrigens in den üblichen Diskriminierungen betreffend die Schiedsrichternationalität in der internationalen Handelsschiedsgerichtsbarkeit vor, so auch *Pfeiffer*, in: Kronke, FS Hoffmann, S. 1049. Denn diese dient einem der Hauptzwecke der grenzüberschreitenden Schiedsgerichtsbarkeit, eine neutrale Streitbeilegungsplattform bereitzustellen, vgl. *Born*, Arbitration, S. 1440. Siehe zudem § 1035 Abs. 5 S. 2 ZPO.

353 Ähnlich wie hier vertreten *Wilke*, Interessenskonflikte in der Internationalen Schiedsgerichtsbarkeit, S. 148 f.; *Bartos*, Verfahrensprinzipien, S. 127 ff. m.N. zur Gegenansicht. Die hier vertretene Ansicht folgt aus § 1034 Abs. 2 ZPO. Nach dem BGH, NJW-RR 2007, 1466 f. (1466), hat wegen dieser Norm ein unzulässiger Schiedsrichterbestellungsmodus nunmehr nicht die Unwirksamkeit der Schiedsvereinbarung zur Folge.

354 Ebenso *Schwab/Walter*, Schiedsgerichtsbarkeit, Kap. 9 Rn. 5 m.N.

355 Ebenso schon (allerdings auch zur Unparteilichkeit) BGH NJW 1976, 109 ff. (110). A.A. (allerdings zum Neutralitätsgebot) BGH NJW 1986, 3027 ff. (3028): „Das Gebot überparteilicher Rechtspflege wird durch die Eigentümlichkeiten des schiedsgerichtlichen Verfahrens in besonderem Maße berührt; denn seine parteischützende Funktion tritt hier stärker hervor als in der staatlichen Gerichtsbarkeit, während das öffentliche Interesse an seiner Beachtung geringer wiegt." Ebenso wohl *Kornblum*, Schiedsrichterliche Unabhängigkeit, S. 123; NJW, 1987, 1107, der dies vor allem mit der weiten Verbreitung von Schiedsklauseln begründet; a.A. *Raeschke-Kessler*, NJW 1988, 3045 (der dies sogar auf die Unparteilichkeit bezieht).
Kornblum unterschätzt, dass selbst bei der angestiegenen Verbreitung von Schiedsklauseln letztlich immer noch die Privatautonomie das bestimmende, kennzeichnende Merkmal der Schiedsgerichtsbarkeit ist: volenti non fit iniuria. Der späteren BGH-Entscheidung ist entgegenzuhalten, dass sie nicht zwischen Unparteilichkeit (indisponibel) und Unabhängigkeit (disponibel) differenziert.

an einem rechtsstaatlichen Schiedsverfahren, schließt dies nicht die Unabhängigkeit der Schiedsrichter ein. Die richterliche Unabhängigkeit hat eine präventive Funktion. Ein Schiedsrichter kann trotz bestehender Abhängigkeiten ein Verfahren führen und eine Entscheidung treffen, die ungeachtet der richterlichen Abhängigkeit kein Zweifel an der Rechtsstaatlichkeit des Verfahrens und Rechtmäßigkeit der Entscheidung aufkommen lassen können. Im Rahmen der schiedsgerichtlichen Autonomie muss den Schiedsparteien grundsätzlich eingeräumt werden, dass selbst eine solche Entscheidung für sie rechtswirksam ist.[356] Während die Revision gegen Urteile begründet ist, wenn ein Richter an der Entscheidung mitwirkte, obwohl er wegen Besorgnis der Befangenheit abgelehnt wurde (§ 547 Nr. 3 ZPO), besteht im Schiedsverfahrensrecht mangels absoluter Aufhebungsgründe folgerichtig keine solche Legalvermutung (§ 1059 Abs. 2 Nr. 1 lit. d ZPO).

Während also in der staatlichen Gerichtsbarkeit die Parteien den staatlichen Richter nicht von seiner Unabhängigkeit lösen können, weil diese als ein öffentliches Gut nicht ihrer Disposition unterliegt, können die Parteien in einem Schiedsverfahren, womöglich auch nach Ansicht des EGMR,[357] grundsätzlich hiervon Abstand nehmen. So sei etwa für einen hypothetischen Fall unterstellt, dass persönliche Verflechtungen eines Schiedsrichters zu einer Partei bestehen, die geeignet sind, seine Integrität in Frage zu stellen. Es kann trotzdem ein Interesse beider Parteien bestehen, auf eine Schiedsrichterablehnung zu verzichten. Haben die Parteien vor Verfahrensbeginn Kenntnis von den Abhängigkeiten, kann es sein, dass beide Parteien dem Schiedsrichter eine sachliche Entscheidung auf Grund seiner Integrität zutrauen.[358] Haben sie erst im laufenden Verfahren Kenntnis erlangt, kann es sein, dass der Schiedsrichter sich im Verfahren als qualifiziert und integer erwies und/oder das Verfahren kurz vor seinem Abschluss steht. Wird in solchen Situationen von den Parteien in Kenntnis der Zweifel an der richterlichen Unabhängigkeit auf eine Schiedsrichterablehnung bewusst verzichtet, so besteht kein Grund, diese Entscheidung grundsätzlich zu missachten und sie etwa als ordre public-widrig einzustufen.

Die Sphäre der Parteihoheit wird verlassen, wenn der einzelne Schiedsrichter (nicht erst: der Schiedsspruchkörper) prinzipiell für sich ausschließen würde, einer Partei kein Recht zuzusprechen. Steht der Ausgang des Verfahrens vor dessen Beginn für ihn schon fest, ist das Verfahren eine Farce. Es liegt in diesen Fällen im öffentlichen Interesse, die Partei vor einem solchen Schauprozess zu schützen. Die

356 Im englischen Recht rechtfertigt nur die Parteilichkeit des Schiedsrichters ein Ablehnungsgesuch vor einem staatlichen Gericht, siehe sec. 24 para. 1 lit. a Arbitration Act 1996.

357 Vgl. *Briner/v. Schlabrendorff*, in: Briner, FS Böckstiegel, S. 95; *Jaksic*, Human Rights, S. 252.

358 Der BGH, NJW 1976, 109 ff. (111), entschied auf dieser Linie, dass im Fall der nach einem Streit geschlossenen Vereinbarung zur Berufung eines befangenen Schiedsrichters „an die Unabhängigkeit des Schiedsrichters keine scharfen Anforderungen gestellt" werden müssten.

Schiedspartei kann vor sich selbst zu schützen sein.[359] Nicht nur und ausschließlich werden rechtserfahrene Personen Partei sein. Ebenso können Verbraucher Schiedspartei sein, wenngleich mit ihnen nach § 1031 Abs. 5 ZPO die Schiedsvereinbarung besonders vereinbart werden muss. Es dürfte zudem die Vermutung bestehen, dass eine Partei, die sich einem solchen Prozess unterwirft, entweder ein Informationsdefizit aufweist oder durch wirtschaftlichen oder sozialen Druck oder Täuschung hierzu gebracht wird. In diese Richtung gehend hat der BGH zur Frage der Schiedsrichterunabhängigkeit entschieden, dass zwar grundsätzlich ein Schutz der Parteien vor ihren Entschlüssen nicht erforderlich ist.[360] Zugleich hat er allerdings nicht aufgebbare Grenzen gezogen.[361] Auf dieser Linie führte er in anderem Kontext zur Schiedsgerichtsbarkeit generell aus: „Wegen seiner für den Bestand der Rechtsordnung wesentlichen Bedeutung kann der Rechtsschutz durch Parteivereinbarung allenfalls in einzelnen konkreten Ausgestaltungen, nicht aber in seiner Substanz, abbedungen werden."[362]

Während die Unabhängigkeit des Schiedsrichters disponibel ist, ist als Mindestgarantie des fair trial-Grundsatzes bezüglich der Unparteilichkeit des Schiedsrichters zu postulieren, dass der Schiedsrichter prinzipiell jeder der Parteien eine faire Chance auf ein ihr jeweils zusprechendes Urteil eröffnet. Hierdurch wird gewährleistet, dass das Schiedsgericht geleitet von der Sach- und Rechtslage verfährt und entscheidet. Damit dürfte dem Diktum der EKMR: „Justice must not only be done; it must also be seen to be done"[363] genügt sein. Die richterliche Unparteilichkeit schützt als Bedingung der sachrichtigen und rationalen Entscheidungsfindung einen Prozess und nicht nur ein Resultat. Das Schiedsverfahren muss den Anschein der Rechtmäßigkeit erwecken, um sich nicht selbst zu delegitimieren. Gleichwohl ist dies keine Maxime, sondern ein Prinzip. Das Ergebnis ist zu konservieren, wenn bei einem gedacht rechtmäßigen Verfahren das Ergebnis nicht einmal möglicherweise anders ausfiele.

cc) Abweichende Anforderungen an den parteibenannten Schiedsrichter?

Die Besonderheiten des Schiedsverfahrens werden besonders deutlich, wenn wie regelmäßig[364] in der Schiedsgerichtsbarkeit ein Dreierschiedsgericht vereinbart wird, bei dem je ein Schiedsrichter („co-arbitrators") von den Schiedsparteien benannt wird. Diese Schiedsrichter einigen sich auf einen vorsitzenden Schiedsrichter

---

359 A.A. für die internationale Schiedsgerichtsbarkeit *Wilke*, Interessenskonflikte in der Internationalen Schiedsgerichtsbarkeit, S. 150.

360 NJW 1976, 109 ff. (111).

361 NJW 1976, 109 ff. (110). Kritisch hierzu *Wilke*, Interessenskonflikte in der Internationalen Schiedsgerichtsbarkeit, S. 151.

362 NJW 2009, 1962 ff. (1964).

363 Entscheidung vom 17.1.1970, 2689/65 (Delcourt v. Belgium). Der Ausspruch geht auf eine englische Parömie zurück.

364 *Distler*, Schiedsgerichtsbarkeit und Verfassung, S. 210.

(„chairman"). Nun wird in Deutschland[365] (und ebenso der Schweiz)[366] ganz überwiegend gefordert, dass alle drei Schiedsrichter gleichermaßen unabhängig bzw. unparteiisch sein sollen.[367] Dies ist wünschenswert. Realistisch betrachtet kann aber an die beisitzenden Richter nur ein geringerer Maßstab an ihre Unabhängigkeit bzw. Unparteilichkeit gelegt werden.[368] „Der Glaube, ein Prinzip notwendiger Neutralität auch parteiernannter Schiedsrichter ließe sich durchhalten, ist Illusion"[369]. Allein die Benennung begründet die Besorgnis der Befangenheit.[370] Die Schiedsrichter haben auf Grund der Lukrativität ihres Amtes ein handgreifliches Interesse, das

---

365 In den USA und abgeschwächt in England wird dies anders gesehen. Dort sind non-neutral arbitrators anerkannt, vgl. *Schlosser*, ZZP 93, 135 ff.; in: Stein/Jonas, ZPO, § 1036 Rn. 16; *Jaksic*, Human Rights, S. 258 f. *Wilke*, Interessenskonflikte in der Internationalen Schiedsgerichtsbarkeit, S. 155 meint hingegen, dass im Ergebnis keine abgestufte Anforderung in den USA an die Unabhängigkeit der Schiedsrichter bestünde. Der von ihm mitunter als Beleg herangezogenen AAA/ABA Code of Ethics for Arbitrators in Commercial Disputes aus dem Jahr 2003 empfiehlt zwar grundsätzlich neutral arbitrators für alle Schiedsverfahren, lässt aber gleichwohl die Möglichkeit der Vereinbarung von non-neutral arbitrators nach Canon X offen. Danach müssen diese Schiedsrichter nicht unparteiisch (impartial) sein, aber nach gutem Glauben, Integrität und Fairness handeln. Im Internet ist der Code aufrufbar unter: http://www.americanbar.org/content/dam/aba/migrated/dispute/commercial_disputes.authcheckdam.pdf.
Jedenfalls sind ansonsten in den USA und England die Anforderungen grundsätzlich nicht niedriger, als gegenüber dem staatlichen Richter, vgl. *Häberlein*, Unwilligkeit, S. 53 f.

366 Vgl. *Karl*, Unabhängigkeit des Schiedsrichters, S. 125; *Jaksic*, Human Rights, S. 258 (zur teils abweichenden Rechtspr. Fn. 251).
Auch das UNCITRAL-Modellgesetz (Art. 12) sieht keine abgestufte Unabhängigkeit vor.

367 So etwa *Lachmann*, in: Schütze, FS Geimer, S. 515 f.; HdB Schiedsgerichtspraxis, Rn. 974; *B/L/A/H*, ZPO, § 1036 Rn. 3; *Häberlein*, Unwilligkeit, S. 55; *Bartos*, Verfahrensprinzipien, S. 223; *Henkel*, Rechtsbehelfe, Rn. 191 ff.; *Geimer*, in: Integritätsprobleme, S. 137 f.; in: Zöller, ZPO, § 1036 Rn. 2; *Reichold*, in: Thomas/Putzo, ZPO, § 1036 Rn. 2; *Distler*, Schiedsgerichtsbarkeit und Verfassung, S. 210 f. der aber die Gegenansicht als verfassungsgemäß einstuft.
A.A. *Berger*, Wirtschaftsschiedsgerichtsbarkeit, S. 182 ff.

368 Ebenso *Jaksic*, Human Rights, S. 257. Selbst *Karl*, Unabhängigkeit des Schiedsrichters, S. 129, der eine Abstufung ablehnt (S. 129 ff.), führt aus: „Die besondere Geneigtheit zur parteiischen Beurteilung des Streitstoffs [der parteibenannten Schiedsrichter, Anm. d. Verf.] kann deswegen nicht in Abrede gestellt werden." Ähnlich auch schon *Nord*, Wesen von Schiedsamt und -spruch, S. 30 ff.

369 *Schlosser*, in: Stein/Jonas, ZPO, § 1036 Rn. 16.

370 So *Schlosser*, ZZP 93, 139; in diese Richtung *Franzen*, NJW 1986, 299 (die Ernennung ermuntert den Schiedsrichter die „Interessen „seiner" Partei verstärkt zu berücksichtigen").

Verfahren so zu führen, dass die jeweilige Schiedspartei sie wieder benennt,[371] solange sie keine Ambitionen hegen, selbst einmal zum vorsitzenden Schiedsrichter oder Einzelschiedsrichter benannt zu werden,[372] oder eine Schiedsrichterliste[373] besteht. Soweit in der Literatur angeführt wird, dass Schiedsrichter unabhängiger seien als der Staatsrichter, da der karrierebewusste staatliche Richter sich an den oberinstanzlichen Auffassungen orientiere, während der Schiedsrichter unabhängig von der Schiedsinstitution an sich sei,[374] überzeugt dies nicht. Die Beachtung höherrangiger Rechtsprechung durch Staatsrichter erfolgt nicht aus Karrierestreben, die Karriere dürfte sich hierdurch ohnehin kaum befördern lassen, sondern um zum Einen die Entscheidung weniger angreifbar werden zu lassen und zum Anderen um die Rechtseinheit zu bewahren. Selbst der BGH hat anerkannt, dass die Grundsätze der Unparteilichkeit des Richters auf das Schiedsverfahren nicht schematisch übertragen werden können.[375] Nach ihm gelten zwar die wesentlichen Verfahrensgrundrechte „grundsätzlich auch für Schiedsgerichte"[376]. Gleichwohl sei auf die Besonderheiten des Schiedsverfahrens, wie die Bestimmung der Richterbank durch die Parteien, Rücksicht zu nehmen.[377]

Nichtsdestotrotz ist nicht nur ein rudimentäres Maß an die Unparteilichkeit auch der beisitzenden Schiedsrichter anzulegen. Eine graduelle Abstufung der Unparteilichkeit ist denkbar.[378] Eine dichotome Betrachtung ist nicht angezeigt. Nur die Antwort auf die Frage, ob ein Schiedsrichter parteiisch oder unparteiisch richtet, ist eine binäre. Die beisitzenden Schiedsrichter dürfen nicht bloße Stellvertreter der Parteien sein.[379] Sie dürfen für sich nicht generell ausschließen, Entscheidungen gegen die Partei zu treffen, die sie benannt hat. Anderenfalls würde ein solcher „Schiedsrichter"

371 So *Schlosser*, ZZP 93, 124 f. Zu den untauglichen Gegeninstrumenten bei dieser Konstellation *Kornblum*, Schiedsrichterliche Unabhängigkeit, S. 226 ff.

372 *Ebbing*, Private Zivilgerichte, S. 67 weist zu Recht darauf hin, dass grundsätzlich „der gute Ruf des Schiedsrichters gleichsam sein wichtigstes Kapital" ist und sie daher grundsätzlich auf ein ordnungsgemäßes Verfahren hinwirken werden. Er selbst bezweifelt dies bei „Parteischiedsrichtern" oder einmaligen Schiedsrichtern.

373 Bei der CIETAC kann vorrangig nur aus dem Panel of Arbitrators ein Schiedsrichter benannt werden, bzw. ansonsten nur, wenn die Schiedsparteien und die CIETAC der Schiedsrichterwahl zustimmen, vgl. *Tevini*, SchiedsVZ 2010, 28.

374 So *Böckstiegel*, NJW 1977, 466 f. zu Schiedsrichtern des ICC.

375 NJW 1976, 109 ff. Einen Rechtsprechungsüberblick gibt *Franzen*, NJW 1986, 301. Anders wohl die Rechtspr. in der Schweiz, vgl. *Karl*, Unabhängigkeit des Schiedsrichters, S. 48.

376 NJW 1976, 109 ff. (110).

377 Ebd.

378 A.A. *Blomeyer*, in: FS Rosenberg, S. 68; *Geimer*, in: Schlosser, Integritätsprobleme, S. 138.

379 § 3 Abs. 3 der Schiedsgerichtsordnung des Deutschen Kaffeeverbandes e.V. bei der Handelskammer Hamburg aus dem Jahr 2014 betont zu Recht: „Die Schiedsrichter sind nicht Beauftragte der Partei, die sie benannt hat, sondern unparteiische Mitglieder eines unabhängigen Gremiums." Im Internet ist die Ordnung aufrufbar

nicht seiner von den Parteien zugedachten Funktion gerecht. Die Parteien wollen keinen Parteivertreter als Richter. Sie könnten sich die Vergütungsaufwendungen für den Schiedsrichter sparen und stattdessen je eine Person als „Schiedsrichterelektor" benennen. Diese Wahlmänner würden sich auf einen Schiedsrichter einigen. Da die Parteien aber eine Beteiligung eines („echten") Schiedsrichters im Verfahren gewollt haben, ist es in ihrem Interesse, dass sich dieser nicht unabhängig von der Sach- und Rechtslage auf eine Seite schlägt.

Eine solche Stufe der Unparteilichkeit dürfte ausreichend sein. Denn schließlich haben beide Parteien je einen Schiedsrichter „auf ihrer Seite". Hierdurch werden zwar entgegen Behauptungen aus der Literatur keine „Vorzüge in der Entscheidungsfindung" generiert.[380] Ein besonders intensives Eintreten für die ihn ernennende Partei obliegt nicht dem Richter, sondern der Partei bzw. ihrem Parteivertreter. Der Entscheidungsprozess ist ausgewogener, wenn die Parteien je ihren Standpunkt mit Nachdruck vertreten und drei Richter, statt nur einer, ohne Ansehen der Parteien richten.[381] Ebenso wenig drängt sich ein Kompensationsgedanke[382] auf. Danach soll sich ein Ausgleich ergeben, da jede Partei einen parteibenannten Schiedsrichter auf ihrer Seite habe. Vielmehr verstärken sich durch die parteibenannten Schiedsrichter gegenseitige Kontrolleffekte. Die Schiedsrichter stehen anders als das richterliche Kollegium staatlicher Gerichte in einer sozial tendenziell eher bindungsarmen Beziehung untereinander. Ein gewisses Misstrauen stärkt die Aufmerksamkeit für ein ordnungsgemäßes Verfahren. Der vorsitzende Schiedsrichter ist ohnehin Zünglein an der Waage hinsichtlich der Entscheidung über den Schiedsspruch. Denn regelmäßig wird die einfache Mehrheit der Stimmen im Schiedsrichterkollegium entweder über Parteivereinbarung oder über § 1052 Abs. 1 ZPO entscheidend sein.

e) Folgerungen für das staatliche Rechtsschutzsystem

Die EMRK bindet wie eingangs aufgezeigt die Schiedsgerichte nicht unmittelbar – jedoch sind die Staatsgerichte, die vor dem Hintergrund eines Schiedsverfahrens angerufen werden, an sie gebunden.

Dies führt zu der auf den ersten Blick absurden Situation, dass selbst bei einem tatsächlich völlig außerhalb der Grenzen eines Konventionsstaates stattfindenden Schiedsverfahren das staatliche Gericht dieses Konventionsstaates das Schiedsverfahren mitunter bezüglich Art. 6 EMRK zu kontrollieren hat. Denn der Schiedsort ist nicht unbedingt der Ort, an dem tatsächlich prozessiert wird. Vielmehr können nach § 1025 Abs. 1 i.V.m. § 1043 Abs. 1 S. 1 ZPO die Schiedsparteien einen fiktiven

---

unter: http://www.kaffeeverband.de/images/dkv_pdf/oeffentlich/Verband/Schiedsgericht/Schiedsgerichtsordnung_deutsch_01.06.2014.pdf.

380 So aber *Karl*, Unabhängigkeit des Schiedsrichters, S. 129.

381 Ähnlich *Franzen*, NJW 1986, 300; *Bartos*, Verfahrensprinzipien, S. 221 (es sei inakzeptabel, dass „Parteienvertreter in einem Rechtsprechungsgremium" richten). A.A. *Karl*, a.a.O.; *Berger*, Wirtschaftsschiedsgerichtsbarkeit, S. 182.

382 Vgl. *Karl*, a.a.O., S. 126 ff.; *Henkel*, Rechtsbehelfe, Rn. 185 ff.

Schiedsort festlegen. Der Regelung liegt ein „vergeistigter Ortsbegriff"[383] zu Grunde. Ausreichender Anknüpfungspunkt für die Kontrolle ist entgegen Teilen der Literatur[384] trotz alledem die Belegenheit des Schiedsortes. Unter dem Rechtsregime keines Konventionsstaates darf Rechtsprechung ergehen, die gegen die Mindestgarantien des Art. 6 EMRK verstößt. Hinzu kommt, dass Parteien zumeist einen Schiedsort gerade deshalb wählen, weil das Verfahrensrecht des Schiedsortes mit rechtsstaatlichen Garantien lockt.

Unklar ist hingegen bislang, ob, und wenn inwieweit, das staatliche Rechtsschutzsystem nach dem EGMR Interventions- und Kontrollmechanismen vorsehen muss. Art. 13 EMRK räumt das Recht auf einen wirksamen Rechtsbehelf vor einer staatlichen Instanz bei vertretbarer Behauptung[385] einer Verletzung von Konventionsrechten ein. Lässt ein Konventionsstaat die Schiedsgerichtsbarkeit zu, wird er Art. 6, 13 EMRK nur gerecht, wenn er eine wirksame staatliche Rechtsschutzarchitektur im Falle des Versagens der Schiedsgerichte vorhält.[386] Neben der Judikative hat folglich die Legislative dem Mindestschutz der EMRK zu genügen. Besteht eine nicht nur kurzzeitige legislative Untätigkeit in einem zu regelnden Bereich, die nicht spruchrichterlich kompensiert werden kann oder wird, kann der EGMR den säumigen Konventionsstaat zu einer Normierung anhalten.

2. EU-Grundrechtecharta

Nach Art. 6 Abs. 1 EUV ist die Charta der Grundrechte der Europäischen Union (GRC) nunmehr in das europäische Primärrecht integriert. Ihr kommt, wie der EMRK, keine unmittelbare Bindungswirkung für die Schiedsgerichtsbarkeit zu.[387]

---

383 BT-Drs. 13/5274, S. 47.
Nach dem BayObLG, SchiedsVZ 2004, 316 ff. (317) ist der Schiedsort die einzelne Stadt oder politische Gemeinde. Liegt der Schiedsort im Inland, so ist in der Tat zur Bestimmung der Gerichtsbezirkszuständigkeit nach § 1062 ZPO eine genaue Angabe nötig. Liegt hingegen der Schiedsort an einem nicht genau bestimmten Ort in einem bestimmten ausländischen Staat, ist die Entscheidung des BayObLG sehr weitgehend; hierzu auch kritisch *Steinbrück*, Unterstützung durch staatliche Gerichte, S. 275 ff.; *ablehnend* Henkel, Rechtsbehelfe, Rn. 229.

384 So etwa *Bangert*, in: Breitenmoser, FS Wildhaber, S. 53.
A.A. auch *Jaksic*, Human Rights, S. 214.

385 *Meyer-Ladewig*, EMRK, Art. 13 Rn. 2, 5.

386 Ähnlich *Jaksic*, Human Rights, S. 213, 226.

387 A.A. anscheinend *Jarass*, NJW 2011, 1395: „Schließlich gilt Art. 47 GRC für Schiedsverfahren". Sein Verweis auf den Schlussantrag der Generalanwältin *Trstenjak* vom 14.5.2009 in der Rs. C-40/08 (BeckRS 2009, 70512) ist zu unspezifisch. Diese führte aus, dass das Recht auf effektiven Rechtsschutz in Art. 6, 13 EMRK verankert und in der GRC bekräftigt worden sei. Das Recht auf Verteidigung gelte auch im Schiedsverfahren. Sie verweist hierzu auf den Schlussantrag des Generalanwaltes *Tizzano* vom 27.4.2006 in der Rs. C-168/05, in dem dieser zu Recht nur auf eine Rechtspr. des Gerichtshofes verweist, wonach „in allen Verfahren, die zu einer den

Art. 47 Abs. 2 S. 1 GRC entspricht Art. 6 EMRK.[388] Sie vermittelt insbesondere ebenso nur einen Anspruch auf eine Instanz.[389] Auch ansonsten überschneiden sich die Garantien mit denen aus Art. 6 EMRK.[390] Insofern erhöht die GRC nicht den Rechtsschutz im Schiedsverfahrensrecht.

3. *Europäisches Sekundärrecht*

Für Schiedsgerichtsverfahren spielt das europäische Sekundärrecht derzeit keine bedeutende Rolle, weswegen es nur kursorisch erwähnt werden soll. Die Verordnung über die gerichtliche Zuständigkeit und die Anerkennung und Vollstreckung von Entscheidungen in Zivil- und Handelssachen in der Neufassung aus dem Jahr 2012, sog. Brüssel I-VO, nimmt nach Art. 1 Abs. 2 lit. d die Schiedsgerichtsbarkeit ausdrücklich von ihrem Anwendungsbereich aus.[391] Gleichwohl entschied der EuGH, dass, wenn das Verfahren nach seinem Streitgegenstand in den Anwendungsbereich der Verordnung falle, auch die eine Schiedsvereinbarung betreffende Vorfrage hierunter fallen könne.[392]

Nicht nur durch den EuGH, sondern ebenso wegen jüngster Aktivitäten des europäischen Normgebers, ist eine Ausdehnung auf die Schiedsgerichtsbarkeit zu erwarten. Nach einem Vorschlag der Europäischen Kommission soll die Schiedsgerichtsbarkeit aufgewertet und besser mit der staatlichen Gerichtsbarkeit verzahnt werden.[393] Insofern ist vor allem die angedachte Neuregelung der Brüssel I-VO in Art. 29 Abs. 4 n.F. relevant. Danach soll, wenn der vereinbarte oder bezeichnete Schiedsort in einem Mitgliedstaat liegt, das staatliche Gericht sein Verfahren aussetzen, wenn ein Schiedsgericht angerufen wird, „um in der Haupt- oder Vorfrage festzustellen, ob die Schiedsvereinbarung besteht, ob sie gültig ist und welche Wirkungen sie hat."

Betroffenen beschwerenden Maßnahme führen könne", das Recht auf Verteidigung gelte. Nur er selbst zieht hieraus den Schluss, dass dies auch für Schiedsverfahren gelten müsse.

388 So ausdrücklich auch die Erläuterungen zur GRC, Amtsblatt der Europäischen Union C 303/17 zu Art. 47 GRC.

389 So auch *Jarass*, NJW 2011, 1396.

390 Ebenso Schlussantrag des Generalanwalt *Alber* vom 24.10.2002 in der Rs. C-63/01. Gleichwohl besteht nach § 47 Abs. 3 GRC ein Anspruch auf Prozesskostenhilfe sogar für juristische Personen, sodass der Anspruch ausnahmsweise weitergeht, als zumindest die grundgesetzliche Garantie, vgl. *Jarass*, NJW 2011, 1398 m.w.N.

391 EU-VO Nr. 1215/2012.

392 Entscheidung vom 10.2.2009, C-185/07 „West Tankers".

393 Vorschlag der Europäischen Kommission vom 14.12.2010, COM (2010) 748, S. 10, 23. Kritische Anmerkung hierzu der BRAK, BRAK-Stellungnahme-Nr. 39/2011, S. 8 ff.

III. Vorgaben aus dem überregionalen Recht

1. *Allgemeine Erklärung der Menschenrechte und Pakt über bürgerliche und politische Rechte*

Nach Art. 10 der Allgemeinen Erklärung der Menschenrechte (AEMR)[394] durch die Generalversammlung der Vereinten Nationen in Paris vom 10. Dezember 1948 hat jeder „bei der Feststellung seiner Rechte und Pflichten sowie bei einer gegen ihn erhobenen strafrechtlichen Beschuldigung in voller Gleichheit Anspruch auf ein gerechtes und öffentliches Verfahren vor einem unabhängigen und unparteiischen Gericht." Die AEMR ist nicht rechtsverbindlich. Sie wird allerdings zunehmend als Völkergewohnheitsrecht bzw. ius cogens anerkannt.[395]

Art. 10 AEMR entspricht Art. 14 des Paktes über bürgerliche und politische Rechte vom 19. Dezember 1966[396]. Dessen Einhaltung kann allerdings mittels einer Individualbeschwerde, die neben Deutschland 113 weitere Staaten gewähren,[397] vor dem Menschenrechtsausschuss der Vereinten Nationen kontrolliert werden. Dessen Auffassungen („views") ergehen in einem gerichtsförmlichen Verfahren, sind aber nicht unmittelbar rechtsverbindlich. Nichtsdestotrotz werden sie regelmäßig akzeptiert.[398]

Die skizzierten Garantien gehen nicht weiter als die verfassungsrechtlichen und europarechtlichen Vorgaben, weswegen eine weitergehende Befassung unergiebig ist.

2. *New Yorker Übereinkommen über die Anerkennung und Vollstreckung ausländischer Schiedssprüche*

Das NYÜ ist ein völkerrechtlich verbindlicher Vertrag. Es ersetzt gem. Art. VII Abs. 2 NYÜ das fast bedeutungslose, dieses gilt nur noch gegenüber dem Irak und Myanmar, Genfer Protokoll über die Schiedsklauseln vom 24. September 1923 und das ebenso fast bedeutungslose, dieses gilt nur noch gegenüber Myanmar, Genfer Abkommen zur Vollstreckung ausländischer Schiedssprüche vom 26. September 1927.

Das NYÜ setzt in Art. 5 Abs. 1 einen Rechtsbehelf der Partei, gegen die vollstreckt werden soll, voraus. Daraus kann jedoch nicht der Umkehrschluss gezogen werden, dass das NYÜ eine Anfechtungsmöglichkeit fordert.[399] Vielmehr können aus dem NYÜ keine Rückschlüsse für ein etwaiges Erfordernis von Rechtsbehelfen im Schiedsverfahren gezogen werden. Allein wenn ein Rechtsschutz dem

---

394 Resolution 217 A.

395 Vgl. *Dreier*, in: ders., GG, Vorb. Rn. 20; *Starck*, in: ders., GG, Art. 1 Abs. 3 Rn. 213.

396 Resolution 2200 A.; BGBl. 1973, II, 1553.

397 Http://treaties.un.org/Pages/ViewDetails.aspx?src=TREATY&mtdsg_no=IV-5&chapter=4&lang=en.

398 Vgl. *Althoff*, Anw.Bl. 1/2012, S. 52.

399 Ebenso *Rensmann*, Anationale Schiedssprüche, S. 194 m.w.N.

Vollstreckungsschuldner nach nationalem Recht eingeräumt ist, darf dieser nur Erfolg haben, wenn

- die Parteien nicht zum Abschluss einer Schiedsvereinbarung fähig waren oder die Schiedsvereinbarung sonst ungültig ist (Art. V Abs. 1 lit. a NYÜ);
- der Vollstreckungsschuldner von der Schiedsrichterbestellung oder dem Schiedsverfahren nicht gehörig informiert wurde oder aus anderen Gründen seine Angriffs- und Verteidigungsmittel nicht geltend machen konnte (Art. V Abs. 1 lit. b NYÜ);
- der Schiedsspruch eine nicht von der Schiedsklausel erfasste Streitigkeit erfasst (Art. V Abs. 1 lit. c NYÜ);
- die Bildung des Schiedsgerichts oder das Schiedsverfahren der Parteivereinbarung, bzw. mangels einer solchen dem Recht des Landes, in dem das Schiedsverfahren stattfand, widersprach (Art. V Abs. 1 lit. d NYÜ), oder
- der Schiedsspruch noch nicht verbindlich ist oder dessen Wirkung gehemmt ist für die Parteien (Art. V Abs. 1 lit. e NYÜ).

Im Übrigen stellt es das NYÜ frei, dass der Staat, in dem um Anerkennung oder Vollstreckung nachgesucht wird, den Schiedsspruch kontrollieren und mangels Schiedsfähigkeit oder Verstoßes gegen die öffentliche Ordnung die Anerkennung und Vollstreckung versagen kann (Art. V Abs. 2 NYÜ).

3. Europäisches Übereinkommen über die internationale Handelsschiedsgerichtsbarkeit

Das Genfer Europäische Übereinkommen über die internationale Handelsschiedsgerichtsbarkeit vom 21. April 1961 (EuÜ) ist wie das NYÜ ein völkerrechtlicher Vertrag. Das EuÜ ergänzt das NYÜ.[400] Nach Art. 10 Abs. 7 EuÜ lässt es insbesondere die Geltung des (älteren) NYÜ unberührt. Entgegen seines Titels gibt es mit Burkina Faso und Kuba auch zwei gänzlich außereuropäische Signatarstaaten.[401]

Die Ergänzungsfunktion zeigt sich deutlich in Art. 9 Abs. 2 EuÜ, der wie Art. 5 NYÜ die „Außenwirkung“[402] der Aufhebung eines Schiedsspruches regelt. Er ist anwendbar, wenn ein Streitfall zwischen zwei Vertragsstaaten des EuÜ und zugleich NYÜ vorliegt. Während nach Art. V Abs. 1 lit. e NYÜ die Anerkennung und Vollstreckung verweigert werden kann, wenn der Schiedsspruch bloß aufgehoben wurde, muss nach dem EuÜ ein in Art. 9 Abs. 1 EuÜ vorgesehener Grund gegeben sein.[403]

---

400 Vgl. *Adolphsen*, in: MüKo-ZPO, Art. 2 NYÜ Rn. 36; *Hausmann*, in: Reithmann, IPR, Rn. 6587; *Walker*, Freie Gestaltung des Verfahrens, S. 90.

401 Text des Abkommens und Vertragsstaaten aufrufbar unter: http://www.ris.bka.gv.at/GeltendeFassung.wxe?Abfrage=Bundesnormen&Gesetzesnummer=10002063.

402 *Moller*, NZG 2000, 70 f.

403 Vgl. OLG Dresden SchiedsVZ 2007, 327 ff. (328). Für eine Erweiterung des Normbereichs *Moller*, NZG 2000, 71.

Das EuÜ sieht zudem in Art. IV Abs. 2, 6 Rechtsbehelfsmöglichkeiten für die Schiedsgerichtszusammensetzung vor. Adressat des Rechtsschutzbegehrens sind jedoch nicht staatliche Gerichte, sondern der Präsident der zuständigen Handelskammer oder das Besondere Komitee. Dessen Zusammensetzung ist in der Anlage zum EuÜ geregelt. Holzschnittartig dargestellt setzt es sich aus drei Mitgliedern zusammen, von denen je ein Mitglied von einem west- bzw. osteuropäischen Staat, sowie der Vorsitzende abwechselnd für je zwei Jahre von einem west- oder osteuropäischen Staat bestimmt werden kann.

Durch Art. 1 des Pariser Arrangements vom 12. Dezember 1962[404] wird für Streitigkeiten zwischen westeuropäischen Staaten regelmäßig doch den staatlichen Gerichten eine Kompetenz eingeräumt.[405]

4. *Zusammenfassung zu den Vorgaben aus überregionalem Recht*

Die aufgezeigten Übereinkommen haben bis auf das NYÜ praktisch keine Auswirkungen für den Rechtsschutz. Art. 5 NYÜ beschränkt den Rechtsschutz des Vollstreckungsschuldners auf bestimmte Gesichtspunkte.

E. Zusammenfassung zum 1. Teil

Die wichtigsten Ergebnisse des ersten Teils dieser Arbeit seien wie folgt in Thesen zusammengefasst:

- Die Schiedsgerichtsbarkeit ist verfassungs- und europarechtlich zulässige private Rechtsprechung. Ihre Garantie ist verfassungsrechtlich geboten.
- Die Rechtskraftwirkung von Schiedssprüchen steht unter den Parteien der eines staatlichen Urteils nicht nach. Entgegen dem BGH ist die Rechtskraft insbesondere von Amts wegen zu beachten und kann nicht durch die Parteien aufgehoben oder unter Bedingungen gestellt werden.
- Es besteht ein öffentliches Interesse, dass die staatlichen Gerichte die Schiedsgerichte kontrollieren, insbesondere um einen Resteinfluss demokratisch legitimierter Einflussnahme auf den Zivilrechtsverkehr zu erhalten.
- Die Kontrolle darf wegen der Gewährung der schiedsgerichtlichen Autonomie und braucht wegen des vergleichbaren Rechtmäßigkeitsniveaus von Schiedssprüchen gegenüber Urteilen nicht zu engmaschig sein.
- Es besteht eine dem Schiedsverfahren immanente Vertraulichkeitspflicht.
- Es kann von einer Schiedspartei weder ein Oberschiedsgericht (faktisch) noch ein staatliches Gericht (rechtlich) aus Gründen der Rechtseinheit bzw. -fortbildung angerufen werden.

404 BGBl. 1964, II, 448.

405 Vgl. *Schlosser*, in: Stein/Jonas, ZPO, Anhang § 1061 Rn. 206.

- Das Schiedsgericht bzw. die Schiedsparteien können keinen konkreten Normenkontrollantrag oder ein Vorabentscheidungsverfahren trotz verschiedener Unterstützungsaufgaben der Staatsgerichte gegenüber den Schiedsgerichten einleiten.
- Es besteht von Verfassungs wegen Rechtsschutz gegen den Richter (so BVerfG) und Schiedsrichter. Dieser Rechtsschutz ist von einem staatlichen Gericht zu gewähren.
- Schiedsgerichte haben von sich aus ein bestimmten normativen Grundgehalt (Durchsetzungsrecht) im Schiedsverfahren zu berücksichtigen. Aus der Verfassung und der EMRK bzw. der GRC folgt, dass jede Entscheidung eines Schiedsgerichtes von einem staatlichen Gericht daraufhin kontrollierbar sein muss, ob dem Rechtssuchenden ein rechtsstaatlichen Mindestanforderungen genügendes Verfahren gewährt worden ist. Zu diesen Mindestanforderungen gehört z.B. zwingend das Richten durch einen unparteilichen, nicht aber unbedingt unabhängigen, Schiedsrichter.
- Neben den Schutz der Verfahrensgrundrechte folgt aus dem GG, dass grobe Fehler in der Rechtsanwendung durch das Schiedsgericht (etwa willkürliche Schiedssprüche) zur Aufhebung der Entscheidung durch ein Staatsgericht führen können.
- Diese Rechtsschutzgarantien sind der Parteidisposition entzogen.

Teil 2: Der Rechtsschutz vor den Schiedsgerichten

A. Einführung

Das Verfahrensrecht kann wegen der im 1. Teil dargestellten schiedsgerichtlichen Autonomie vor Schiedsgerichten höchst unterschiedlich von den Parteien ausgestaltet werden. Über das Verfahrensrecht von ad hoc-Schiedsgerichten lassen sich mangels Publizität der Verfahren keine verallgemeinerungsfähigen Aussagen treffen. Folglich wird in diesem Teil der Untersuchung ausgeleuchtet, wie der Rechtsschutz in der administrierten Schiedsgerichtsbarkeit konzeptionell beschaffen ist.

Die Untersuchung dessen ist zweigeteilt nach Schiedsinstitutionen mit Sitz in Deutschland und Sitz im Ausland.

B. Schiedsinstitutionen mit Sitz in Deutschland

Pars pro toto werden nachfolgend die größte deutsche Schiedsinstitution und exemplarisch eine Schiedsinstitution einer Warenbörse vorgestellt und die jeweilige Schiedsordnung im Wesentlich dargestellt.

I. Deutsche Institution für Schiedsgerichtsbarkeit e.V.

1. Über die Institution

Die Deutsche Institution für Schiedsgerichtsbarkeit e.V. (DIS) ist die bedeutendste Schiedsorganisation in Deutschland.[406] Ihre Wurzeln reichen bis ins Jahr 1920.[407] Der Verein mit Hauptgeschäftsstelle in Köln hat ca. 1150 Mitglieder.[408] Zu den Mitgliedern zählen alle bedeutenden Industrie- und Handelskammern (IHK), die nicht alle,[409] aber zu einem beträchtlichen Teil[410] auf die Schiedsordnung der DIS Bezug nehmen.

---

406 *Lachmann*, HdB Schiedsgerichtspraxis, Rn. 2968; *Theune*, in: Schütze, Institutionelle Schiedsgerichtsbarkeit, III. Kap. II. Rn. 1. Nach einer empirischen Untersuchung aus dem Jahr 2000 der deutschen Investitionsgüterindustrie vereinbarten immerhin 23,9% der Unternehmen in internationalen Verträgen die DIS-SchO, vgl. *Hesse*, in: Briner, FS Böckstiegel, S. 282.

407 Http://www.dis-arb.de/de/57/content/ueber-die-dis-id46.

408 Http://www.dis-arb.de/de/57/content/ueber-die-dis-id46.

409 Die IHK Köln wie auch die IHK Düsseldorf sind Mitglieder der DIS. Die Schiedsordnung der IHK Köln wurde in Kooperation mit der DIS ausgearbeitet, verweist aber wie die der IHK Düsseldorf nicht generell auf die DIS-SchO.

410 § 1 der jeweiligen Schiedsgerichtsordnung der Industrie- und Handelskammer zu: Frankfurt am Main (1999), Region Stuttgart (1999), sowie München und Oberbayern (1998).

Bei der DIS wurden im Jahr 2015 140 neue Verfahren eingeleitet, ein leichter Rückgang der Fallzahlen gegenüber dem Vorjahr, die allerdings summiert einen Streitwert von mehr als zwei Milliarden Euro hatten.[411]

2. *Rechtsschutzausgestaltung*

Maßgebende Rechtsquelle ist die DIS-SchO aus dem Jahr 1998.[412] Die DIS-SchO räumt den üblichen internen Rechtsbehelf zur Schiedsrichterablehnung ein (§ 18 DIS-SchO). Dieser kann ausdrücklich vor staatlichen Gerichten weiterverfolgt werden (§ 19.1 DIS-SchO). Die ebenso übliche Möglichkeit eines Antrags auf Auslegung, Ergänzung bzw. Berichtigung von Druck-, Schreib- und ähnlichen Fehlern besteht nach § 37 DIS-SchO. § 41 DIS-SchO setzt implizit ein Rügerecht für Verstöße gegen die DIS-SchO oder anderweitige Vereinbarungen betreffend des Verfahren voraus. Dieses formlose Rügerecht ist nur bezüglich seiner Verwirkung in der DIS-SchO konturiert. Ferner ist die Widerklage (§ 10 f. DIS-SchO), der einstweilige Rechtsschutz (§ 20 DIS-SchO) und die Mehrbeteiligten-Schiedsgerichtsbarkeit (§ 13 DIS-SchO) geregelt.

II. Waren-Verein der Hamburger Börse e.V.

1. *Über die Institution*

In Deutschland bestehen mehrere Warenbörsen (Produktenbörsen), die eine Schiedsgerichtsbarkeit zur Streitbeilegung vorsehen. Herausgegriffen sei im Folgenden der Waren-Verein der Hamburger Börse e.V. (WV). Dieser ist entgegen seiner Bezeichnung ein bundesweit tätiger Verband, der sich für die Interessen des Groß- und Außenhandels in bestimmten Produktsegmenten (beispielsweise Konserven, Gewürze, Tiefkühlprodukte) einsetzt.[413] Die lokal anknüpfende Bezeichnung stammt aus dem Jahr 1900, als Hamburger Kaufleute eine eigene Schiedsgerichtsbarkeit schaffen wollten.[414] Beim Schiedsgericht des WV sind Verfahren im niedrigen zweistelligen Bereich anhängig.[415] Die Mehrzahl (85 %) der Verfahren hat einen internationalen Bezug.[416]

2. *Rechtsschutzausgestaltung*

Die Schiedsgerichtsordnung des WV vom 1. März 2011[417] (WV-SchO) sieht neben den üblichen Rechtsinstituten der Schiedsrichterablehnung (§ 16 WV-SchO),

411 Http://www.dis-arb.de/upload/statistics/DIS-Statistiken%202015.pdf.
412 Http://www.dis-arb.de/de/16/regeln/dis-schiedsgerichtsordnung-98-id2.
413 Https://www.waren-verein.de/de/ueber-uns1/aufgaben.
414 Https://www.waren-verein.de/de/ueber-uns1/historie.
415 Jahresbericht 2015/2016 des WV, S. 34; im Internet aufrufbar unter: http://www.waren-verein.de/static/jahresbericht2015/index.html#p=34.
416 Jahresbericht 2015/2016 des WV, S. 33.
417 Im Internet aufrufbar unter https://www.waren-verein.de/de/schiedsgericht-und-wvb/schiedsgericht1.

formellen Urteilskorrektur (§ 25 WV-SchO), Widerklage (§ 15 WV-SchO), Mehrbeteiligten-Schiedsgerichtsbarkeit (§ 14 WV-SchO) und dem einstweiligen Rechtsschutz (§ 17a WV-SchO) als eine der wenigen Schiedsordnungen überhaupt eine Rechtsmittelinstanz in Form der Berufung vor.

Die Berufung ist zulässig gem. § 28 WV-SchO, wenn dies von den Parteien übereinstimmend erklärt wird oder der Wert des Beschwerdegegenstandes EUR 50.000 bzw. bei Ansprüchen auf Provision EUR 5.000 übersteigt. Die Prüfkompetenz der Berufungsinstanz steht in tatsächlicher wie rechtlicher Hinsicht derjenigen der 1. Instanz gleich. Über das Berufungsverfahren entscheidet das Oberschiedsgericht, das gem. § 5 WV-SchO wie das Schiedsgericht 1. Instanz nach dem Parteiwillen gebildet wird, wobei kein Schiedsrichter bestellt werden darf, der am Vorverfahren beteiligt war.

Mutwillige Verfahrensverzögerungen der unterlegenen Partei werden durch § 30 Abs. 1 Nr. 2, 2 WV-SchO verhindert. Danach hat der Berufungskläger, sofern er zu einer Zahlung oder sonstigen Leistung in erster Instanz verurteilt wurde, den entsprechenden Betrag beim WV binnen einer von der Geschäftsstelle bestimmten Frist zu hinterlegen. Wird diese nicht eingehalten, gilt die Berufung als zurückgenommen (§ 30 Abs. 3 WV-SchO).[418]

Problematisch ist die Kostenregelung. Nach § 34 Abs. 1 S. 1 WV-SchO fallen für die Berufungsinstanz Gebühren und Auslagen an, die nach § 35 WV-SchO der erst in der Berufungsinstanz unterlegenen Partei auferlegt werden können. Dies ist zwar auch der staatlichen Gerichtsbarkeit in § 91 Abs. 4 ZPO eigen. Mit dem „Dienstleistungscharakter“[419] der freiwilligen Schiedsgerichtsbarkeit ist es demgegenüber unvereinbar, einer Partei die Kosten aufzuerlegen, obwohl (und nur wenn[420]) sie durch einen Fehler des Schiedsgerichts 1. Instanz entstanden sind.

C. Schiedsinstitutionen mit Sitz im Ausland

Zunächst wird ausführlicher die bedeutendste internationale Schiedsinstitution und nachfolgend kursorisch weitere bedeutende internationale Schiedsinstitutionen einführend beschrieben und deren jeweilige Verfahrensordnung skizziert.

I. International Chamber of Commerce

1. Über die Institution

Die Internationale Handelskammer/ International Chamber of Commerce (ICC) mit Sitz in Paris wurde wenige Monate nach Ende des 1. Weltkrieges im amerikanischen Atlantic City gegründet. Sie hat als Ziel die Förderung des Welthandels, der freien

418 Die Rechtmäßigkeit dieser Regelung bestätigend OLG Hamburg NJW-RR 2000, 806 f. (807).
419 *Ebbing*, Private Zivilgerichte, S. 335.
420 Gedanke des § 97 Abs. 2 ZPO.

Marktwirtschaft und des freien Unternehmertums.[421] Die ICC hat tausende Unternehmen aus vielen Branchen und über 120 Ländern als Mitglieder. Das Schiedsgericht der ICC ist unzweifelhaft die weltweit wichtigste und am stärksten frequentierte Schiedsinstitution.[422] 801 Verfahren aus 133 Staaten gingen bei ihr im Jahr 2015 ein.[423]

2. Rechtsschutzausgestaltung

Seit dem 1. Januar 2012 besteht eine neue Schiedsordnung (ICC-SchO).[424] Sie löst die seit dem Jahr 1998 bestehende Schiedsordnung ab. Sie regelt insbesondere die Widerklage (Art. 5.5 ICC-SchO), die nachträgliche Mehrparteien-Schiedsgerichtsbarkeit (Art. 7 ICC-SchO), die Schiedsrichterablehnung (Art. 14 ICC-SchO), den einstweiligen Rechtsschutz (Art. 28 ICC SchO), sogar vor Bildung des Schiedsgerichts durch einen sog. Eilschiedsrichter (Art. 29 ICC-SchO), die Korrektur unrichtiger Entscheidungen (Art. 35 ICC-SchO) und das unbestimmte Rügerecht (Art. 39 ICC-SchO). Eine Besonderheit weist die Prozessordnung in Art. 33 ICC-SchO auf. Danach ist zwingend der Entwurf des Schiedsspruches dem Schiedsgerichtshof vorzulegen.[425] Der Schiedsgerichtshof überprüft den Schiedsspruch hinsichtlich der Formerfordernisse, insbesondere in Bezug auf das Begründungserfordernis nach Art. 31.2 ICC-SchO. In materieller Hinsicht soll er nach Art. 6 Anhang II zur ICC-SchO „soweit möglich" die am Schiedsort geltenden zwingenden Normen berücksichtigen. Allerdings darf er nach dem Normwortlaut des Art. 33 ICC-SchO nicht die Genehmigung des Schiedsspruchentwurfs wegen materieller Bedenken verweigern. Er hat ausdrücklich die Entscheidungsfreiheit des Schiedsgerichts zu wahren. Außerdem legt schon Art. 1.2 ICC-SchO fest, dass der Schiedsgerichtshof nicht die Streitfälle selbst entscheidet. Insoweit wird im Sinne lex specialis derogat legi generali auch Art. 1.1 Anhang I ICC-SchO verdrängt, wonach der Schiedsgerichtshof die Aufgabe hat, für die Anwendung der ICC-SchO zu sorgen und dafür „über alle zu diesem Zweck erforderlichen Kompetenzen verfügt". Der Schiedsgerichthof kann daher dem Schiedsgericht nur aufgeben, den Schiedsspruch

---

421 Http://www.iccwbo.org/about-icc/history/the-merchants-of-peace/.

422 Vgl. *Lachmann*, HdB Schiedsgerichtspraxis, Rn. 2943. Nach einer Untersuchung in der Investitionsgüterindustrie favorisieren 97,8% der Unternehmen, die eine Schiedsklausel vereinbaren, in internationalen Verträgen die ICC-SchO, vgl. die Darstellung bei *Hesse*, in: Briner, FS Böckstiegel, S. 281.
Ebenso im Ergebnis die internationalen Untersuchungen der School of International Arbitration der Queen Mary University of London aus dem Jahr 2010 (siehe oben Fn. 107), S. 3, 23, und des Chartered Institute of Arbitrators aus dem Jahr 2011 (siehe oben Fn. 16), S. 1, 7.

423 Http://www.iccwbo.org/Products-and-Services/Arbitration-and-ADR/Arbitration/Introduction-to-ICC-Arbitration/Statistics/.

424 Im Internet aufrufbar unter: http://www.iccwbo.org/products-and-services/arbitration-and-adr/arbitration/icc-rules-of-arbitration/.

425 Zum Verfahren im Einzelnen (zur Vorgängernorm Art. 27 ICC-SchO) *Bühler/Webster*, Handbook ICC, 27–12 ff.

in formeller Hinsicht, nicht aber in materieller Hinsicht, anders abzufassen.[426] Zu den formellen Prüfkompetenzen zählt etwa, ob der Schiedsspruch eine (wenn notwendig) Begründung aufweist oder ob die Parteien identifizierbar bezeichnet sind. Ferner können insbesondere, angelehnt an Art. 35 ICC-SchO, alle Schreib- und Rechenfehler korrigiert werden. In materieller Hinsicht kann der Schiedsgerichtshof dem Schiedsgericht nur Hinweise („draw its attention") geben. Die Grenze der rein formellen Genehmigungsbedürftigkeit des Schiedsspruchentwurfs wurde nicht durchgängig vom Schiedsgerichtshof beachtet;[427] dies mag auch daran liegen, dass eine strikte Trennung beider Komplexe nur schwer möglich ist. So kann eine fehlende Begründung einen Formfehler oder einen Fehler in der Sache darstellen.[428] Die, wenn auch die Ausnahme gebliebene, Ausweitung der Prüfkompetenz ist nicht nur unter deutschem Recht[429] problematisch.[430] Soweit dem Schiedsgericht nur unverbindlich Hinweise erteilt werden, ist dessen Entscheidungsfindungshoheit nicht erheblich in Gefahr. Eindeutig wäre der Rubikon überschritten, wenn der Schiedsgerichtshof ultra vires seine Entscheidung an Stelle der des Schiedsgerichts stellen würde. Ein solcher Schiedsspruch hätte nach § 1059 Abs. 2 Nr. 1 lit. d 1. und 2. Alt. ZPO keinen Bestand. Die Entscheidung des Schiedsgerichtshofs über die Genehmigung ergeht ohne Gewährung rechtlichen Gehör und die Zusammensetzung des Schiedsgerichtshofes ist der Parteihoheit entzogen (Art. 2 f. Anhang 1 zur ICC-SchO). Der Schiedsgerichtshof müsste aber eine judikative, und nicht administrative Einrichtung sein, um Rechtsprechungsaufgaben wahrnehmen zu können.[431] Deswegen trägt auch der Verweis, dass die Parteien weitergehend eine vollumfängliche Kontrolle durch ein Schiedsgericht vereinbaren könnten,[432] kaum. Schließlich ist es hernach unerheblich, ob der Schiedsgerichtshof tatsächlich unabhängig ist oder wie häufig der Schiedsgerichtshof eingreift.[433]

---

426 Vgl. zur identischen Vorgängernorm Art. 27 ICC-SchO *Reiner/Jahnel*, in: Schütze, Institutionelle Schiedsgerichtsbarkeit, II. Kap. IV. Art. 27 Rn. 2.

427 Vgl. *Weber*, in: Schütze, FS Geimer, S. 1456; *Schlosser*, Internationale Schiedsgerichtsbarkeit, Rn. 524 f.; *Aden*, Handelsschiedsgerichtsbarkeit, B Art. 27 ICC Rn. 10; *Habscheid*, RIW 1998, 424; *Bühler/Webster*, Handbook ICC, 27–23 ff.

428 *Bühler/Webster*, Handbook ICC, 27–18.

429 *Rubino-Sammartano*, International Arbitration, S. 809 berichtet davon, dass das höchste türkische Gericht im Jahr 1976 darin einen Verstoß gegen den ordre public sah.

430 Mit zu wenig Problembewusstsein *Reiner/Jahnel*, in: Schütze, Institutionelle Schiedsgerichtsbarkeit, II. Kap. IV. Rn. 10 wonach die Parteien die Intervention gewollt hätten und der Schiedsgerichtshof „niemals über Sachbegehren der Parteien" entscheide. Andererseits zählen sie zur formellen Prüfkompetenz des Schiedsgerichtshof, ob das Schiedsgericht über alle und in Grenzen der Anträge entschieden habe. Dies geht jedoch weit über eine formelle Prüfkompetenz hinaus.

431 Vgl. *Wolf*, Handelsschiedsgerichtsbarkeit, S. 49 f., 156.

432 Auf diesen Aspekt weisen *Böckstiegel*, NJW 1977, 466 und *Bartos*, Verfahrensprinzipien, S. 198 f. zur Vorgängernorm Art. 21 a.F. ICC-SchO hin.

433 *Böckstiegel*, NJW 1977, 465 f. widerspricht den Bedenken *Schlossers* zur Vorgängernorm Art. 21 a.F. ICC- SchO eben mit diesen Argumenten. Entgegen *Böckstiegel*

Diffiziler ist, ob der Schiedsgerichtshof den Schiedsspruchentwurf des Schiedsgerichts zurückweisen darf, weil er materielle Bedenken hat. Damit wird faktisch das Schiedsgericht zu einer Abänderung angehalten, weil ansonsten die Schiedsrichter nicht ihrer Pflicht aus dem Schiedsrichtervertrag zum Erlass eines Schiedsspruches überhaupt bzw. zeitnah[434] nachkommen können. Das bloße Abstellen darauf, dass den Parteien die Schiedsordnung zugänglich ist, und sie sich trotz der Interventionsmöglichkeit auf die ICC-SchO verständigt haben, reicht für sich genommen als Rechtfertigung nicht aus. Denn aus dem Wortlaut der ICC-SchO ergibt sich eben keine materielle Rügekompetenz. Zwar mögen in praxi Parteien nach der ICC-SchO verfahren, die (bzw. deren Rechtsberater) sich der weiten Auslegung bewusst sein dürften bzw. sein müssten.[435] Gleichwohl unterliegen das rechtliche Gehör und die grundsätzlichen Konstituierungsrechte nicht einer Parteivereinbarung. Eine Verweigerung der Genehmigung ist daher allenfalls insoweit zulässig, als die schiedsrichterliche Entscheidungsfindungshoheit größtenteils und nicht nur pro forma gewahrt wird. Dies ist anzunehmen, wenn der Schiedsgerichtshof sich auf gravierende und offenkundige materiell-rechtliche Missverständnisse, die eine Aufhebung des Schiedsspruches in der Staatsgerichtsbarkeit eindeutig rechtfertigen würden, beschränkt und zudem die finale Entscheidungskompetenz beim Schiedsgericht bleibt. Eine solche Intervention des Schiedsgerichtshofs liegt zudem in dem grundsätzlichen Interesse der Parteien an einer anerkennungsfähigen und vollstreckbaren Entscheidung und dient im Übrigen dem Renommee der Institution bzw. dem Vertrauen in die Schiedsgerichtsbarkeit in toto. Soweit ersichtlich, ist der Schiedsgerichtshof verantwortungsvoll mit seiner Kompetenz umgegangen.[436]

II. Weitere Schiedsinstitutionen

Von besonderer weltweiter Bedeutung sind ansonsten das bedeutendste Schiedsgericht der weltgrößten Volkswirtschaft, das Schiedsgericht der American Arbitration Association (AAA)[437], der London Court of International Arbitration (LCIA),[438] dessen

---

greift der Schiedsgerichtshof zudem nicht selten ein. Im Jahr 2008 wurden nach *Reiner/Jahnel*, in: Schütze, Institutionelle Schiedsgerichtsbarkeit, II. Kap. IV. Rn. 1, 363 Schiedsspruchsentwürfe nur unter Vorbehalt vom Schiedsgerichtshof genehmigt, und bei 25 die Genehmigung zunächst verweigert. *Häberlein*, Unwilligkeit, S. 260 beziffert die Rückverweisungsrate auf 30%.

434 *Habschied*, RIW 1998, 425 stellt einen Fall dar, indem sich auf Grund einer auf den Inhalt des Schiedsspruches bezogenen Intervention des Schiedsgerichtshofes der Spruch um zweieinhalb Monate verzögerte.

435 Vgl. *Aden*, Handelsschiedsgerichtsbarkeit, B Art. 27 ICC, Rn. 13.

436 Vgl. *Reiner/Jahnel*, in: Schütze, Institutionelle Schiedsgerichtsbarkeit, II. Kap. IV. Rn. 4.

437 Die Schiedsordnung aus dem Jahr 2014 für die internationalen Schiedsfälle (AAA-SchO) ist im Internet aufrufbar unter: https://www.adr.org/aaa/ShowProperty?nodeId=/UCM/ADRSTAGE2020868&revision=latestreleased.

438 Die Schiedsordnung aus dem Jahr 2014 (LCIA-SchO) ist im Internet aufrufbar unter: http://www.lcia.org/Dispute_Resolution_Services/lcia-arbitration-rules-2014.aspx.

Wurzeln bis ins 19. Jahrhundert reichen,[439] sowie die Schiedsgerichtsbarkeit der bedeutendsten schweizerischen Handelskammern[440]. Zu erwähnen sind ferner in der Reihenfolge der absteigenden Anzahl ihrer internationalen Streitigkeiten das Hong Kong International Arbitration Centre,[441] das Singapore International Arbitration Centre,[442] das Dubai International Arbitration Centre[443], das Arbitration Institute of the Stockholm Chamber of Commerce,[444] das Internationale Schiedsgericht der Wirtschaftskammer Österreich in Wien[445], sowie das Korean Commercial Arbitration Board[446].

Die seit dem Jahr 1956 bestehende China International Economic and Trade Arbitration Commission (CIETAC) mit Hauptsitz in Peking ist die wichtigste Schiedsinstitution Asiens. Der weitere ökonomische Aufstieg der zurzeit schon zweitgrößten Volkswirtschaft der Erde wird der Bedeutung der CIETAC zutragen, bei der im Jahr 2015 1.968 Rechtsstreitigkeiten eingingen, wovon etwa ein Viertel Auslandsbezug aufweisen.[447] Mit Art. 51CIETAC-SchO[448] weist die seit dem Jahr 2014 gültige Fassung eine zu Art. 33 ICC-SchO vergleichbare Regelung auf. Danach kann die Schiedsinstitution dem Schiedsgericht bezüglich des Schiedsspruchsentwurfs in formeller wie materieller Hinsicht Hinweise („bring to the attention") geben.

Sämtliche Schiedsordnungen der genannten weiteren Schiedsinstitutionen weisen keine besondere Form in der Rechtsschutzausgestaltung gegenüber der ICC-SchO auf.

---

439 Http://www.lcia.org/LCIA/Our_History.aspx. Er dürfte damit eine der ältesten Schiedsinstitutionen der Welt sein, vgl. *Konrad/Hunter*, in: Schütze, Institutionelle Schiedsgerichtsbarkeit, VI. Kap. II. Rn. 1.

440 Die Internationale Schiedsordnung der Schweizerischen Handelskammern aus dem Jahr 2012 (schwHK-SchO) ist im Internet aufrufbar unter: https://www.swiss-arbitration.org/sa/download/SRIA_german_2012.pdf.

441 Die Schiedsordnung aus dem Jahr 2013 (HKIAC-SchO) ist im Internet aufrufbar unter: http://www.hkiac.org/arbitration/rules-practice-notes/administered-arbitration-rules.

442 Die Schiedsordnung aus dem Jahr 2016 (SIAC-SchO) ist im Internet aufrufbar unter: http://www.siac.org.sg/our-rules/rules/siac-rules-2016.

443 Die Schiedsordnung aus dem Jahr 2007 (DIAC-SchO) ist im Internet aufrufbar unter: http://www.diac.ae/idias/rules/.

444 Die Schiedsordnung aus dem Jahr 2010 (SCC-SchO) ist im Internet aufrufbar unter: http://www.sccinstitute.com/skiljedomsregler-4.aspx.

445 Die Schiedsordnung aus dem Jahr 2013 (VIAC-SchO) ist im Internet aufrufbar unter: http://www.viac.eu/images/documents/Vienna_Rules_2013/Wiener_Regeln_Brosch%C3%BCre_dt_Onlinefassung_20140324.pdf.
Es gingen zwar im Jahr 2010 nur 68 neue Streitigkeiten ein; diese hatten allerdings einen Gesamtstreitwert von EUR 3,14 Mrd. Quelle: Auskunft des Generalsekretärs auf Anfrage.

446 Die Schiedsordnung aus dem Jahr 2016 (KCAB-SchO) ist im Internet aufrufbar unter: http://www.kcab.or.kr/jsp/kcab_eng/law/law_02_ex.jsp.

447 Http://www.cietac.org/index.php?m=Page&a=index&id=40&l=en.

448 Die Schiedsordnung aus dem Jahr 2014 (CIETAC-SchO) ist im Internet aufrufbar unter: http://www.cietac.org/index.php?m=Page&a=index&id=106&l=en.

D. Gesamtbild des Rechtsschutzes in der institutionellen Schiedsgerichtsbarkeit

Allen dargestellten Schiedsordnungen ist gemein, dass sie Widerklage,[449] Eilrechtsschutz,[450] Anträge zur Schiedsrichterablehnung[451] und eine Entscheidungskorrektur von Formfehlern (Schreibfehlern etc.)[452] vorsehen. Alle regeln zumindest bezüglich der Schiedsrichterbestellung eine Form der anfänglichen[453] bzw. nachträglichen[454] Mehrbeteiligten-Schiedsgerichtsbarkeit. Fast ausnahmslos sehen die untersuchten Ordnungen ein unbestimmtes Rügerecht[455], beschränkt auf Verfahrensverstöße nach der jeweiligen Schiedsordnung bzw. sonstigen Verfahrensvereinbarungen, ausdrücklich vor. Insoweit wird durchgängig nur die Verwirkung bei nicht rechtzeitigem Einspruch gegen die gerügte Verfahrenshandlung geregelt.

Summa summarum kann den Regelwerken eine große Kohärenz attestiert werden. Ein rechtsstaatliches Verfahren ist unter diesen Prämissen unzweifelhaft möglich. Die größte Abweichung im Vergleich zur staatlichen Gerichtsbarkeit liegt im mangelnden Instanzenzug.

Die in praxi bestehende Zurückhaltung gegenüber der Zulassung einer Rechtsmittelinstanz beruht darauf, dass die Kosten- und Zeitvorteile des Schiedsverfahrens

---

449 § 10 f. DIS-SchO; § 15 WV-SchO; Art. 5.5 ICC-SchO; Art. 3.3 AAA-SchO; Art. 22.1.1 LCIA-SchO; Art. 3.10 schwHK-SchO; Art. 17 HKIAC-SchO; Rule 20.3, 20.4, 4.2 SIAC-SchO; Art. 5.5 DIAC-SchO; Art. 5 Abs. 1, 6 SCC-SchO; Art. 9 VIAC-SchO; Art. 20 KCAB-SchO; Art. 16 CIEATC-SchO.

450 § 20 DIS-SchO; § 17a WV-SchO; Art. 28 f. ICC-SchO; Art. 6, 24 AAA-SchO; Art. 25 LCIA-SchO; Art. 26, 43 schwHK-SchO; Art. 23 HKIAC-SchO; Rule 30 SIAC-SchO; Art. 31 DIAC-SchO; Art. 32 SCC-SchO; Art. 33 VIAC-SchO; Art. 32 KCAB-SchO; Art. 23 CIETAC-SchO.

451 § 18 f. DIS-SchO; § 16WV-SchO; Art. 14 ICC-SchO; Art. 8 f. AAA-SchO; Art. 10 LCIA-SchO; Art. 10 ff. schwHK-SchO; Art. 11 f. HKIAC-SchO; Rule 14 f. SIAC-SchO; Art. 13.3 DIAC-SchO; Art. 15 SCC-SchO; Art. 20 VIAC-SchO; Art. 14 f. KCAB-SchO; Art. 32 f. CIETAC-SchO.

452 § 37 DIS-SchO; § 25 WV-SchO; Art. 35 ICC-SchO; Art. 33 AAA-SchO; Art. 27 LCIA-SchO; Art. 35 ff. schwHK-SchO; Art. 37 HKIAC-SchO; Rule 33 SIAC-SchO; Art. 38 DIAC-SchO; Art. 41 f. SCC-SchO; Art. 39 VIAC-SchO; Art. 41 KCAB-SchO; Art. 53 CIETAC-SchO.

453 § 13 DIS-SchO; Art. 8 ICC-SchO; Art. 3.7 AAA-SchO Art. 8 LCIA-SchO; Art. 8.3–5 schwHK-SchO; Art. 8.2 HKIAC-SchO; Rule 12 SIAC-SchO; Art. 9.10, 11 DIAC-SchO; Art. 13 Abs. 4 SCC-SchO; Art. 18 VIAC-SchO; Art. 29 CIETAC-SchO.

454 §§ 11, 2 ff. Ergänzende Regeln für gesellschaftsrechtliche Streitigkeiten der DIS 2009; § 14 WV-SchO; Art. 7 ICC-SchO; Art. 7 AAA-SchO; Art. 4.2 schwHK-SchO; Art. 27 HKIAC-SchO; Rule 7 SIAC-SchO; Art. 14 VIAC-SchO; Art. 21 KCAB-SchO; Art. 18 CIETAC-SchO.

455 Nicht: WV-SchO. Ansonsten: § 41 DIS-SchO; Art. 39 ICC-SchO; Art. 28 AAA-SchO; Art. 32.1 LCIA-SchO; Art. 30 schwHK-SchO; Art. 31 HKIAC-SchO; Rule 47.1 SIAC-SchO; Art. 35 DIAC-SchO; Art. 31 SCC-SchO; Art. 31 VIAC-SchO; Art. 55 KCAB-SchO; Art. 10 CIETAC-SchO.

gegenüber der staatlichen Gerichtsbarkeit verloren gehen.[456] So ist eine dritte Instanz – soweit ersichtlich – von keiner Schiedsinstitution vorgesehen.

Selbst eine Rechtsmittelinstanz ist bei keiner der dargestellten Schiedsordnungen von Nicht-Warenbörsen vorgesehen.[457] Vor Erlass des Schiedsspruches findet nur bei Verfahren nach der ICC-SchO oder der CIETAC-SchO eine Kontrolle des Schiedsspruches auf Formfehler statt, wobei in Verfahren vor dem Schiedsgericht der ICC nicht selten die Prüfung strikt auf Formfehler begrenzt wird. Eine formelle Prüfung dürfte abseits der dargestellten Schiedsordnungen nicht selten sein.[458] Hingewiesen sei ferner auf den „Mittelweg“ zwischen obligatorischer Rechtsmittelinstanz oder obligatorisch einstufigem Verfahren. Dieser liegt in der fakultativen, von der Schiedsinstitution den Parteien überlassenen Wahl, ob sie ein internes Rechtsmittelverfahren vereinbaren wollen. So kann nach Art. 34 der Schiedsverfahrensordnung der Deutsch-Italienischen Handelskammer der Schiedsspruch angefochten werden, wenn vor Schiedsverfahrenseinleitung die Parteien sich auf die Möglichkeit eines solchen Rechtsbehelfs verständigt haben.[459]

Ansonsten ist eine Rechtsmittelinstanz nur, und dort überwiegend,[460] in Schiedsordnungen von Warenbörsen vorgesehen. So sieht die WV-SchO, ebenso wie im Übrigen auch die Einheitliche Schiedsordnung der Südwestdeutschen Warenbörsen e.V. (§ 28 ff.) aus dem Jahr 2008,[461] die Schiedsgerichtsordnung der Mitteldeutschen Produktenbörse e.V. (§ 27) aus dem Jahr 2002,[462] wie auch die Schiedsordnung der weltweit bedeutendsten Warenbörse, der Chicagoer CME Group Inc.,[463] eine Rechtsmittelinstanz vor.[464]

---

456 Ähnlich grundsätzlich *Ebbing*, Private Zivilgerichte, S. 335.

457 Auch in etlichen weiteren untersuchten Schiedsordnungen (z.B. der Schiedsgerichtsordnung des Deutschen Kaffeeverbands e.V. bei der Handelskammer Hamburg aus dem Jahr 2014, siehe oben Fn. 379) finden sich keine entsprechende Regelungen.

458 Ebenso regelt beispielsweise Art. 24 der Schiedsordnung der Deutsch-Französischen Industrie- und Handelskammer aus dem Jahr 2008, dass der Schiedsspruchentwurf dem Schiedszentrum in Paris, das sich maßgebend aus von der Kammer bestimmten Mitgliedern zusammensetzt, zur formellen Prüfung übermittelt werden muss.

459 Im Internet aufrufbar unter: http://www.ahkitalien.it/fileadmin/ahk_italien/Dokumente/Recht_und_Steuern/Schiedsgericht/Schiedsordnung_Regolamento_arbitrale_kurz_03.pdf.

460 Ausnahme ist etwa die die Schiedsgerichtsordnung der Wiener Warenbörse aus dem Jahr 2010 (§ 58), veröffentlicht in öBGBl. II Nr. 230, 2000.

461 Im Internet aufrufbar unter: http://www.warenboersen-suedwest.de/rot_frameset.html.

462 Siehe oben Fn. 215. Identisch ist insoweit die Schiedsgerichtsordnung für das Schiedsgericht des Vereins der Getreidehändler der Hamburger Börse e.V. aus dem Jahr 2007.

463 Rule 619 des CME (ebenso auch NYMEX und CBOT) Rulebook, http://www.cmegroup.com/rulebook/CME/I/6/6.pdf, aus dem Jahr 2009 sieht eine Berufung vor, wenn ein „non-cash award“ erging oder die Klage „a recovery over $10,000“ gewährte.

464 Zu weiteren Schiedsinstitutionen mit Rechtsmittelinstanz *Weber*, in: Schütze, FS Geimer, S. 1457 (ohne Nachweise).

Die regelmäßig nicht vorhandene Rechtsmittelinstanz in der Schiedsgerichtsbarkeit trägt zu einem erhöhten Rechtsschutzbedürfnis der Schiedsparteien bei. Ansonsten setzen die untersuchten Schiedsgerichtsordnungen den Rahmen, der ein rechtsstaatlichen Anforderungen genügendes Schiedsverfahren gewährleistet.

E. Zusammenfassung zum 2. Teil

Der zweite Teil der Arbeit hat im Wesentlichen ergeben:

- Der Rechtsschutz vor Schiedsgerichten entspricht konzeptionell (jedenfalls in der administrierten Schiedsgerichtsbarkeit) weitgehend dem Rechtsschutz vor staatlichen Gerichten. Markantester Unterschied ist, dass eine interne Rechtsmittelinstanz selten vorgesehen ist.
- Das Fehlen einer Rechtsmittelinstanz generiert ein höheres Rechtsschutzbedürfnis.

Teil 3: Der Rechtsschutz vor den staatlichen Gerichten

A. Einführung

Ein Schiedsverfahren dürfte, wie im 2. Teil dieser Arbeit aufgezeigt wurde, regelmäßig dem Erkenntnisverfahren vor einem Staatsgericht entsprechen. Inwiefern die im 1. Teil dieser Arbeit angesprochenen grundlegenden Prinzipien und insbesondere verfassungsrechtlichen Direktiven den einfachgesetzlichen Rechtsschutz der Staatsgerichte gegenüber der Schiedsgerichtsbarkeit formen, wird nunmehr an Hand einer Nachzeichnung und Würdigung der einzelnen Rechtsschutzkapazitäten gegenüber den Staatsgerichten besprochen werden.

Anknüpfungspunkt für diese Besprechung ist das zehnte Buch der ZPO, in dem das Schiedsverfahren geregelt ist. Die Heranziehung von Vorschriften aus den anderen Büchern der ZPO ist aber zur Ausfüllung des Regelungsgehalts des zehnten Buches dogmatisch zulässig.[465] Weder sind die ersten neun Bücher „allenfalls eine Orientierungshilfe für das schiedsrichterliche Verfahrensermessen", noch ist das zehnte Buch „autonom" auszulegen.[466] Das UNCITRAL-Modellgesetz ist wie das zehnte Buch für sich betrachtet höchst bruchstückhaft. Das Modellgesetz ist auf eine Vervollständigung durch nationales Zivilprozessrecht angewiesen – das zehnte Buch ist durch die anderen Bücher zu komplettieren. Dies zeigt sich für die ZPO grundlegend am Beispiel der Parteifähigkeit. So kann nur eine nach § 50 ZPO parteifähige Person Schiedspartei sein, da sie anderenfalls rechtsschutzlos gestellt wäre. Insbesondere einen Aufhebungsantrag könnte sie nicht stellen. Insofern bedarf das zehnte Buch der Ergänzung durch das erste Buch.

Ebenso wenig ist eine „autonome" Auslegung Richtschnur. Das sich am Modellgesetz orientierende SchiedsVfG ist „autonom gesetztes innerstaatliches Recht."[467] Es besteht damit keine Verpflichtung zu einer international kohärenten Auslegung.[468] Der Gesetzgeber hat dies mit der Implementierung in die ZPO anstelle eines autarken Gesetzes berücksichtigt. Gleichwohl ist auf Grund der Schiedsautonomie besondere Zurückhaltung bei einer entsprechenden Anwendung non-arbitraler Rechtsinstitute angezeigt. Und zweifellos ist bei der Auslegung der Normen des zehnten Buches der gesetzgeberische Wille zur Angleichung an das Modellgesetz zu berücksichtigen.

Obwohl das zehnte Buch nicht isoliert zu betrachten ist, wird die nachstehende Untersuchung nach ordentlichem (B.) und außerordentlichem (C.) Rechtsschutz

465 A.A. *Triebel/Hafner*, SchiedsVZ 2009, 314.

466 So aber *Triebel/Hafner*, a.a.O.

467 *Zerbe*, Schiedsverfahrensrechtsreform, S. 66.

468 *Zerbe*, a.a.O., S. 68.

zur besseren Veranschaulichung systematisiert. Ordentlicher Rechtsschutz bezieht sich in dieser Untersuchung auf diejenigen Rechtsbehelfe, die eine förmliche Grundlage im zehnten Buch der ZPO haben. In Abgrenzung hierzu wird unter außerordentlichem Rechtsschutz in dieser Untersuchung solche Rechtsbehelfe und Rechtsschutzoptionen verstanden, die außerhalb des zehnten Buches bzw. gänzlich außerhalb der ZPO oder nicht förmlich geregelt sind.

B. Ordentlicher Rechtsschutz

I. Rechtsschutz vor und gegen die Konstituierung des Schiedsgerichts

Über das für und wider einer Kontrolle durch staatliche Gerichte vor Beendigung des Schiedsverfahrens kann gestritten werden. Durch präventive, korrigierende Instrumente kann ein kosten- und zeitraubendes, letztlich unnützes Schiedsverfahren vermieden werden. Andererseits drohen durch unberechtigte Geltendmachung Verfahrensverzögerungen und wird jedenfalls die schiedsgerichtliche Autonomie kupiert. Das deutsche Recht berücksichtigt beide Auffassungen und wählt einen Zwischenweg. Demnach ist eine Kontrolle seitens staatlicher Gerichte vor und während des Schiedsverfahrens nur ausnahmsweise möglich.[469]

In diesem Abschnitt werden die Rechtsschutzmöglichkeiten vor Beginn der Verhandlung über die Rechtssache behandelt, mithin die Rechtsschutzmöglichkeiten vor der Konstituierung eines Schiedsgerichts und gegen seine Konstituierung. Das Schiedsgericht ist erst konstituiert, wenn sämtliche Schiedsrichter bestellt sind.[470]

1. *Rechtsschutz vor der Konstituierung: Die Prüfung der Wirksamkeit der Schiedsvereinbarung*

Nach § 1032 Abs. 2 ZPO kann ein „Antrag auf Feststellung der Zulässigkeit oder Unzulässigkeit eines schiedsrichterlichen Verfahrens gestellt werden". Im Folgenden wird dieser Antrag Zulässigkeitsantrag genannt. Der Antrag hat bei Gericht einzugehen, bevor das Schiedsgericht gebildet ist.[471] Der Antrag wird nicht unzulässig, wenn

469 Vgl. zu dem ganzen vorstehenden Absatz *Ebbing*, Private Zivilgerichte, S. 396 f.; *Hesselbarth*, Schiedsgerichtsbarkeit und GG, S. 111 ff.

470 Dies setzt die Bestellung aller Schiedsrichter voraus, BayObLGZ 1999, 255 ff. (263); *Voit*, in: Musielak, ZPO, § 1032 Rn. 10.

471 BGH SchiedsVZ 2011, 281 ff. (282). *Sponheimer*, in: Rüßmann, FS Käfer, S. 364 f. stellt darauf ab, dass bei den Parteien Kenntnis oder Kennenmüssen von der Konstituierung des Schiedsgerichts vorliegen muss. Diese Ansicht widerspricht dem Normwortlaut und bringt keine Vorteile, da die Parteien die Konstituierung des Schiedsgerichts einleiten.

das Schiedsgericht sich nach Antragseingang gebildet hat.[472] Das Schiedsverfahren kann (und sollte bei Verdacht der Prozessverschleppung) hiervon unbeeindruckt nach § 1032 Abs. 3 ZPO fortgesetzt werden.

a) Einordnung des Zulässigkeitsantrags nach § 1032 Abs. 2 ZPO

Der Zulässigkeitsantrag ist abzugrenzen von zwei weiteren Möglichkeiten der Überprüfung der Zuständigkeit des Schiedsgerichts. Ist das Schiedsgericht konstituiert, kann nach § 1040 Abs. 2, 3 ZPO dessen Zuständigkeit gerügt werden. Wird eine Klage vor einem ordentlichen Gericht erhoben, kann der Beklagte die Schiedseinrede nach § 1032 Abs. 1 ZPO vor der mündlichen Verhandlung unter konkreter Bezeichnung der Schiedsvereinbarung erheben.[473] Die Schiedseinrede ist eine seltene prozesshindernde Einrede[474] mit welcher der Beklagte die mangelnde Zuständigkeit der Staatsgerichtsbarkeit geltend machen kann.

Der Zulässigkeitsantrag ermöglicht demgegenüber in einem „rechtsstreitfreien Zustand“ eine Entscheidung. Eine allgemeine Feststellungsklage nach § 256 ZPO betreffend die Zu- wie Unzulässigkeit des Schiedsverfahrens ist deswegen nach dem Grundsatz lex specialis derogat legi generali unzulässig. Ansonsten würde zudem die gesonderte Zuständigkeit der OLG für den Zulässigkeitsantrag gem. § 1062 Abs. 1 Nr. 2 ZPO umgangen.

Der Zulässigkeitsantrag hat keine Entsprechung im UNCITRAL-Modellgesetz, weswegen sich die Abstimmung zu den anderen Rechtsbehelfen nicht kurzerhand ergibt. Er ist gleichwohl sinnvoll, da er insbesondere eine gerichtliche Kontrolle vor einer Einleitung eines mitunter ex post unnützen (weil unzulässigen) Schiedsverfahrens ermöglicht.

b) Zulässigkeit des Zulässigkeitsantrags nach § 1032 Abs. 2 ZPO

Als Unterfall des Rechtsschutzbedürfnisses ist ein Feststellungsinteresse angelehnt an § 256 ZPO zu fordern.[475] Ein Schiedsverfahren muss noch nicht begonnen

---

472 So überzeugend BGH SchiedsVZ 2011, 281 ff. (283); a.A. Vorinstanz KG Berlin Az. 20 SCHH 3/09.

473 BGH NJW-RR 2011, 1188 ff. (1190).

474 Diese Eigenschaft rechtfertigt entgegen *Bosch*, Rechtskraft und Rechtshängigkeit, S. 185 ff. (206), und mit der h.M., vgl. BGH NJW 1958, 950; NJW 1964, 1129 ff. (1130); *Geimer*, in: Zöller, ZPO, § 1044 Rn. 5; *Sponheimer*, Legalanerkenntnis, S. 42; (sehr überzeugend) *Triebel/Coenen,* IDR 5, 3 f., nicht die analoge Anwendung des § 261 Abs. 3 Nr. 1 ZPO (lis alibi pendens) bei Klageerhebung vor einem staatlichem Gericht, nachdem ein Schiedsverfahren eingeleitet wurde. Denn es muss in den Händen der Parteien liegen bleiben, ob sie sich auf die Schiedsvereinbarung berufen wollen.

475 Vgl. OLG Frankfurt SchiedsVZ 2015, 47 f. (48); *Münch*, in: MüKo-ZPO, § 1032 Rn. 22.

haben.[476] Der Zulässigkeitsantrag kann zuvor gestellt werden, wenn ein Feststellungsinteresse besteht, also der potentielle Antragsgegner die Zu- oder Unzulässigkeit eines Schiedsverfahrens bestreitet.

Die Möglichkeit der Schiedseinrede wirft für das Rechtsschutzbedürfnis zwei Problemkreise der Abstimmung jener mit dem Zulässigkeitsantrag auf. Es ist fraglich, ob ein Rechtsschutzbedürfnis noch besteht für den Zulässigkeitsantrag, wenn schon ein Hauptsacheverfahren rechtshängig ist und in diesem die Schiedseinrede bereits erhoben wurde, sowie in der Situation, dass der Zulässigkeitsantrag gestellt wird und hernach in einem Hauptsachverfahren die Schiedseinrede erhoben wird.

aa) Rechtsschutzbedürfnis trotz erhobener Schiedseinrede?

Ist ein Hauptsacheverfahren rechtshängig und in diesem die Schiedseinrede erhoben, besteht nach ganz h.M. kein Rechtsschutzbedürfnis für einen Zulässigkeitsantrag.[477] Für diese Ansicht spricht einerseits das Gebot der Vermeidung widersprechender Entscheidungen und andererseits ist die doppelte Inanspruchnahme staatlicher Gerichte über dieselbe Rechtsfrage zu vermeiden.[478] Außerdem besteht kein Anspruch auf einen höherinstanzlichen Rechtsschutz, sondern nur auf effektiven Rechtsschutz. Allerdings ist diese Ansicht insoweit einzuschränken, dass eine mündliche Verhandlung im Hauptsachverfahren stattgefunden haben muss. Ansonsten könnte der Kläger die Klage ohne Zustimmung des Beklagten nach § 269 Abs. 1 ZPO zurücknehmen und damit die Einrede leerlaufen lassen. Insoweit wäre der Beklagte unzulässig in seinem Rechtsschutz beeinträchtigt, da ihm eine Entscheidung über die Gerichtszuständigkeit verwehrt werden würde. Das mit dem Zulässigkeitsantrag befasste Gericht sollte daher sein Verfahren entgegen der OLG-Rechtsprechung bis zur mündlichen Verhandlung im Hauptsacheverfahren gem. § 148 ZPO aussetzen.[479] Die Phase der Aussetzung ist absehbar und dauert in praxi überwiegend angesichts des Gebots der frühzeitigen Terminierung gem. § 272 Abs. 3 ZPO nur wenige Monate.

---

476 OLG Frankfurt a.a.O.; *Hilger*, NZG 2003, 576; *Münch*, a.a.O., Rn. 23.

477 OLG Naumburg SchiedsVZ 2013, 237 ff. (238); OLG Frankfurt, Beschluss vom 7.3.2012, Az. 26 SchH 16/11; OLG München SchiedsVZ 2011, 340 ff. (341 f.); BayObLG NJW-RR 2003, 354 f. (355); OLGR Koblenz 2000, 48 f. (48); *Prütting*, in: ders., ZPO, § 1032 Rn. 6; *B/L/A/H*, ZPO, § 1032 Rn. 9; *Saenger*, ZPO, § 1032 Rn. 15; *Schroeter*, SchiedsVZ 2004, 291; *Hilger*, NZG 2003, 575; *Sponheimer*, in: Rüßmann, FS Käfer, S. 365.
A.A. (allerdings die Problematik übersehend) OLG Hamm BB 1999, Beilage 11, 10 ff.

478 *Schroeter*, a.a.O.

479 Das nachfolgende Zitat des OLG München, SchiedsVZ 2011, 340 ff. (342) – auch angeführt von OLG Frankfurt, Beschluss vom 7.3.2012, Az. 26 SchH 16/11 – ist für die ohne nähere Begründung in den Raum gestellte Antithese der Gerichte typisch: „§ 148 ZPO bietet keinen ausreichenden Schutz, um einem Nebeneinander mehrerer Verfahren und der Gefahr daraus resultierender widersprüchlicher Entscheidungen wirkungsvoll zu begegnen (...)."

Nach mündlicher Verhandlung im Hauptsacheverfahren würde folglich der Zulässigkeitsantrag unzulässig werden, da eine Entscheidung über die Gerichtszuständigkeit nicht durch den Kläger entzogen werden kann. Einzuräumen ist aber, dass auch das Gericht des Hauptsacheverfahrens nicht zwingend über die Schiedseinrede entscheiden muss, etwa wenn die Klage aus anderen Gründen unzulässig ist.[480] Selbst wenn das Gericht nicht das Bestreben einer umfassenden Begründung haben sollte, und auf die Schiedseinrede in Falle einer anderweitigen Unzulässigkeit nicht eingeht, sollte gleichwohl nicht abgewartet werden, bis tatsächlich über die Schiedseinrede entschieden ist. Dieser Zeitpunkt ist, selbst im Falle eines Zwischenstreits über die Zulässigkeit der Klage nach § 280 ZPO, anders als der Zeitpunkt der mündlichen Verhandlung nicht absehbar. Zudem kann es nicht selten bis zu einer Hauptsacheentscheidung Jahre, bis zu einer Entscheidung im Zwischenstreit etliche Monate dauern, während der das Zulässigkeitsverfahren ausgesetzt bliebe.

bb) Entfallen des Rechtsschutzbedürfnisses durch eingeleitetes Hauptsacheverfahren?

Geht zunächst ein Zulässigkeitsantrag ein[481], und wird hernach ein Hauptsacheverfahren vor einem ordentlichen Gericht eingeleitet, stellt sich vice versa die Frage nach dem Rechtsschutzbedürfnis für den Zulässigkeitsantrag.

Nach einem Teil der Literatur entfällt für den Zulässigkeitsantrag das Rechtsschutzbedürfnis durch Einleitung eines Hauptsacheverfahrens.[482] Ein Haupteinwand dieser Ansicht ist, dass es ansonsten zu sich widersprechenden Entscheidungen kommen würde, wenn das OLG die Zulässigkeit des Schiedsverfahrens bejaht, aber der Beklagte des Hauptsacheverfahrens die Schiedseinrede nicht erhebt.[483] Die Entscheidung im Hauptsacheverfahren widerspricht aber nicht der Entscheidung des OLG. Denn dieses entschied nur, dass das Schiedsverfahren prinzipiell zulässig ist, nicht aber, dass die Schiedsparteien sich nicht für das staatliche Verfahren entscheiden können.

Gegen das Entfallen des Rechtsschutzbedürfnisses spricht maßgeblich das Prioritätsprinzip[484]. Grundsätzlich kann das Rechtsschutzbedürfnis für einen Rechtsbehelf

480 *Busse*, SchiedsVZ 2003, 190 hält deshalb das Abwarten bis zur Hauptsacheentscheidung für eine „klarere“ Lösung.

481 Dieser Zeitpunkt, und nicht die Zustellung an die Gegenseite, ist maßgeblich, BGH SchiedsVZ 2011, 281 ff. (282 f.).

482 So *Busse*, SchiedsVZ 2003, 190 f.; *Mann/Lumpp*, SchiedsVZ 2011, 325 ff. Nach *Voit*, in: Musielak, ZPO, § 1032 Rn. 12 entfällt das Rechtsschutzbedürfnis erst bei Unmöglichkeit der einseitigen Klagerücknahme.
A.A. (ähnlich wie hier vertreten) *Sponheimer*, in: Rüßmann, FS Käfer, S. 367 f. m.w.N.

483 *Mann/Lumpp*, SchiedsVZ 2011, 327.

484 § 261 Abs. 3 Nr. 1 ZPO; § 1 ZPO i.V.m. § 17 Abs. 1 S. 2 GVG. Ebenso liegt das Prioritätsprinzip der EG-VO Nr. 44/2001 („Brüssel I-VO“) in Art. 27 Abs. 1, 29 zu Grunde.

im Zivilprozess nur nachträglich entfallen, wenn dem Rechtsschutzsuchenden eine rechtsschutzintensivere Streitbeilegung eröffnet wird. So entfällt nach der Rechtsprechung[485] regelmäßig[486] das Rechtsschutzbedürfnis, wenn auf eine negative Feststellungsklage mit einer Leistungsklage im Wege der Widerklage gekontert wird, und diese nicht einseitig zurückgenommen werden

Die Prüfung der Schiedseinrede in einem Hauptsacheverfahren ist aber keine rechtsschutzintensivere Option – im Gegenteil. Für den Zulässigkeitsantrag ist das OLG nach § 1062 Abs. 1 Nr. 2 ZPO zuständig. Schließlich spricht entscheidend gegen das Entfallen des Rechtsschutzbedürfnisses der Gesichtspunkt der Verfahrensökonomie. Die obergerichtlichen Anstrengungen einer Prüfung der Schiedszuständigkeit wären vergeudet, während sich das Hauptsachegericht einarbeiten müsste und auf amts- wie landgerichtlicher Ebene deutlich weniger Erfahrung mit Schiedsvereinbarungen bestehen dürfte. Wird gegen die Entscheidung des Gerichts des Hauptsacheverfahrens noch der Rechtsweg beschritten, könnte am Ende ohnehin eine OLG-Entscheidung stehen. Es besteht mithin kein überzeugender Grund, die Entscheidung des OLG über den Zulässigkeitsantrag nicht abzuwarten, zumal diese zeitnah zu erwarten ist.[487] Das OLG kann gem. § 1063 Abs. 1, 2 ZPO ohne mündliche Verhandlung entscheiden und zudem ist eine Rechtsbeschwerde (§ 574 ZPO) nur selten zulässig.

c) Begründetheit des Zulässigkeitsantrags nach § 1032 Abs. 2 ZPO

Prüfungsgegenstand des Antrags ist, ob die Schiedsvereinbarung wirksam und durchführbar ist und ob die Angelegenheit des Schiedsverfahrens der Schiedsvereinbarung unterliegt.[488] Während die Prüfung der wirksamen und durchführbaren Schiedsvereinbarung sich aus einer Anlehnung an § 1032 Abs. 1 ZPO ergibt, ist dies bei der Frage der gegenständlichen Schiedsgerichtsunterworfenheit nicht der Fall. Sie kann sich allerdings darauf stützen, dass dieser Aspekt ebenso bei § 1032 Abs. 1 ZPO geprüft wird,[489] und die Gesetzesbegründung dies nahelegt[490]. Nur wenn die Angelegenheit (nicht: Streitgegenstand)[491] überhaupt nicht der Schiedsver-

---

Art. 372 S. 2 schwZPO bestimmt: „Werden bei einem staatlichen Gericht und einem Schiedsgericht Klagen über denselben Streitgegenstand zwischen denselben Parteien rechtshängig gemacht, setzt das zuletzt angerufene Gericht das Verfahren aus, bis das zuerst angerufene Gericht über seine Zuständigkeit entschieden hat."

485 Stellvertretend BGH NJW 2006, 515 ff. (516) m.w.N.

486 Zu Ausnahmen *Becker-Eberhard*, in: MüKo-ZPO, § 256 Rn. 61.

487 Ebenso *Schlosser*, in: Stein/Jonas, ZPO, § 1032 Rn. 21.

488 BGH, Beschluss vom 19.7.2012, Az. III ZB 66/11; OLG Köln SchiedsVZ 2012, 222 ff. (223); OLG Saarbrücken SchiedsVZ 2008, 313 ff. (315); BayObLG NJW-RR 2002, 323 f. (324); *Geimer*, in: Zöller, ZPO, § 1032 Rn. 23.

489 *Reichold*, in: Thomas/Putzo, ZPO, § 1032 Rn. 5.

490 BT-Drs. 13/5274, S. 38.

491 *Triebel/Hafner*, SchiedsVZ 2009, 315. Wie sie zu Recht ausführen, ist der Terminus „Streitgegenstand" im zehnten Buch geläufig (z.B. § 1033 ZPO), so dass in § 1032

einbarung unterfällt, ist der Antrag auf Feststellung der Unzulässigkeit begründet. Unterfallen nur Teile der Angelegenheit nicht der Schiedsvereinbarung, ist nicht das Schiedsverfahren als Ganzes unzulässig. Vielmehr ist der Antrag unbegründet.[492] Die Kompetenzüberschreitung des Schiedsgerichts kann über § 1040 Abs. 2 S. 3 ZPO sowie im Nachhinein über §§ 1059 Abs. 2 Nr. 1 lit. c, 1060 Abs. 2 ZPO geltend gemacht werden. Dies überzeugt, da erst in der Verhandlung zur Sache sich die Kompetenzauffassung des Schiedsgerichts manifestiert.[493]

Ein auf Teilaspekte begrenzter Antrag ist nicht möglich; nur das Verfahren als solches kann Prüfungsgegenstand sein.[494] Die ordentliche Gerichtsbarkeit könnte ansonsten immer wieder zu Teilaspekten angerufen werden, wodurch die Verfahrensstabilität des Schiedsverfahrens beeinträchtigt würde. Außerdem wäre eine gegenteilige Auffassung weder vom Wortlaut, der nicht von einer Verfahrenshandlung etc., sondern von der Prüfung eines schiedsrichterlichen Verfahrens spricht, noch von der gesetzgeberischen Intention[495] gedeckt. In diese Richtung gehend ist entgegen einer Literaturmeinung[496] dem OLG Jena[497] beizupflichten, dass sich der Antrag nicht auf einen konkreten Streitgegenstand beziehen kann. Zwar wird das schiedsrichterliche Verfahren nicht nur durch den Anspruchsgrund, sondern auch durch den Antrag determiniert. Allerdings ist im Rahmen des § 1032 ZPO bloß der zu Grunde liegende Lebenssachverhalt maßgeblich. Unterstehen in einem Fall[498] etwa die Primäransprüche der Schieds-, die Sekundäransprüche der Staatsgerichtsbarkeit und sollen Sekundäransprüche vor ordentlichen Gerichten geltend gemacht werden, kann der Zulässigkeitsantrag nicht mit der Zielrichtung gestellt werden, ein Schiedsverfahren über Sekundäransprüche für unzulässig zu erklären. Hierdurch

---

Abs. 1 ZPO gezielt der Terminus „Angelegenheit" gewählt wurde. Siehe zum parallelen Problem, was unter „Angelegenheit" nach § 1040 Abs. 2 S. 3 ZPO zu verstehen ist, unten 3. Teil B. II. 1. c) bb) bbb).

492 OLG Jena NJW-RR 2003, 1506 f. (1507). Reserviert dieser Auffassung gegenüberstehend (aber für „vertretbar" haltend) *Schroeter*, SchiedsVZ 2004, 294.

493 Ähnlich *Sponheimer*, in: Rüßmann, FS Käfer, S. 363.

494 Vgl. OLG Jena NJW-RR 2003, 1506 f.; *Reichold*, in: Thomas/Putzo, ZPO, § 1032 Rn. 5; *B/L/A/H*, ZPO, § 1032 Rn. 9; *Lachmann*, HdB Schiedsgerichtspraxis, Rn. 664; *Schroeter*, SchiedsVZ 2004, 294.
Münch; in: MüKo-ZPO, § 1032 Rn. 24 hält anscheinend eine isolierte Prüfung, ob die Schiedsvereinbarung den Streit deckt, für möglich. Warum den Parteien geholfen sein soll, wenn das Gericht nicht zugleich über die Wirksamkeit und Durchführbarkeit der Schiedsvereinbarung entscheidet, bleibt offen.

495 Vgl. BT-Drs. 13/5274, S. 38.

496 So *Lachmann*, HdB Schiedsgerichtspraxis, Rn. 665. *Rehm*, Schiedsgerichtsbarkeit im Rechtssystem, Rn. 347 f. meint einerseits, dass „eine umfassende Überprüfung des Aussagegehalts der Schiedsvereinbarung" geboten sei, aber andererseits eine „gezielte Zulässigkeitsprüfung im Hinblick auf den Streitgegenstand" möglich sei.

497 NJW-RR 2003, 1506 f. *Schroeter*, SchiedsVZ 2004, 294 hält diese Ansicht für vertretbar.

498 So die Konstellation im Beschluss des OLG Jena NJW-RR 2003, 1506 f.

entstehen keine Nachteile für die klagende Partei. Bei direkter Geltendmachung vor einem staatlichen Gericht kann bei Erhebung der Schiedseinrede eine Entscheidung über die Zuständigkeit des staatlichen Gerichts hinsichtlich der Primäransprüche erfolgen. Und schließlich könnte bei Bejahung der Gegenansicht mit jeder Antragsänderung die staatliche Gerichtsbarkeit angerufen werden. Überschattet, aber nicht überlagert, werden diese Argumente vom Einwand, dass dem Antragsteller die Möglichkeit möglichst frühzeitiger Zuständigkeitsklärung genommen wird. Ferner spricht gegen die Ansicht, dass anders bei der Schiedseinrede zu verfahren ist. Würde in dem eben vorgestellten Fall kein Zulässigkeitsantrag gestellt werden und Primär- wie Sekundäransprüche vor der ordentlichen Gerichtsbarkeit eingeklagt werden, so würde eine Schiedseinrede ebenso nicht vollumfänglich abgewiesen werden. Vielmehr wäre sie nur hinsichtlich der Primäransprüche erfolgreich.

d) Bindungswirkung der Entscheidung über den Zulässigkeitsantrag nach § 1032 Abs. 2 ZPO

Die Entscheidung über den Zulässigkeitsantrag ergeht in Beschlussform nach § 1063 Abs. 1 S. 1 ZPO. Gegen die Entscheidung ist die Rechtsbeschwerde statthaft nach § 1065 Abs. 1 S. 1 ZPO.

Ist die Entscheidung nicht mehr anfechtbar, also formell rechtskräftig gem. § 705 ZPO i.V.m. § 19 EGZPO, tritt die materielle Rechtskraftwirkung ein. Entgegen dem Wortlaut des § 322 Abs. 1 ZPO sind Beschlüsse, die in formelle Rechtskraft erwachsen können, und materiell eine rechtskraftfähige Entscheidung enthalten, der materiellen Rechtskraft fähig.[499] Da dies beim Zulässigkeitsantrag gegeben ist, kann er in materielle Rechtskraft erwachsen.

Die Entscheidung über den Zulässigkeitsantrag bindet über die materielle Rechtskraft staatliche Gerichte.[500] Umstritten ist, ob eine Bindungswirkung gegenüber den Schiedsgerichten möglich ist.[501] Es kann jedenfalls nicht der Gedanke des § 17a Abs. 1 GVG fruchtbar gemacht werden, wonach Gerichte aller Gerichtsbarkeiten an die rechtskräftig bejahte Zulässigkeitsentscheidung eines Gerichts gebunden sind. Unter der Gleichwertigkeits-Prämisse müssten umgekehrt die Schiedsgerichte

---

499 Vgl. grundsätzlich BGH NJW 1981, 1962 f. (1962); *Vollkommer*, in: Zöller, ZPO, Vor § 322 Rn. 9; *Reichold*, in: Thomas/Putzo, ZPO § 322 Rn. 3.

500 *Huber*, SchiedsVZ 2003, 74; *Schroeter*, SchiedsVZ 2004, 294 ff.

501 Dafür *Huber*, SchiedsVZ 2003, 74; *Triebel/Coenen*, IDR 5, 7; *Schlosser*, in: Stein/Jonas, ZPO, § 1032 Rn. 22; *Lachmann*, HdB Schiedsgerichtspraxis, Rn. 652, 686. Zurückhaltender *Saenger*, ZPO, § 1032 Rn. 16 (dies folge nicht aus der Rechtskraft, sondern aus der Schiedsrichterpflicht, einen vollstreckbaren Schiedsspruch zu erlassen); *Schroeter*, SchiedsVZ 2004, 296 (der allerdings „im praktischen Ergebnis" auch zu einer Bindung kommt); *Sponheimer*, in: Rüßmann, FS Käfer, S. 371 m.w.N. (gegen eine „rechtliche" und nur für eine „faktische" Bindung).
Wagner, in: Böckstiegel, Beteiligung Dritter, S. 11 und *Schütze*, Schiedsverfahrensrecht, Rn. 433 halten grundsätzlich Schiedsgerichte gleichsam wie staatliche Gerichte an Urteile gebunden, da sie ebenso Rechtsprechung ausübten.

die Staatsgerichte binden können, wodurch sich aber ihre provisorische zu einer finalen Kompetenz-Kompetenz wandeln würde.

Ferner könnte eingewandt werden, dass die staatlichen Gerichte, namentlich die OLG, nicht eine übergeordnete Instanz der Schiedsgerichte sind.[502] Außerdem scheint die schiedsgerichtliche Autonomie unterminiert zu werden. Diese Autonomie geht jedoch nur soweit, wie nicht überparteiliche Interessen überwiegen. Bei der Frage der Rechtskraft überwiegen diese überparteilichen Interessen. Die Autorität der staatlichen Gerichtsbarkeit wäre herausgefordert, wenn die Schiedsgerichte trotz Vorgaben aus der ordentlichen Gerichtsbarkeit nach Belieben verfahren könnten. Dies folgt nicht aus einer – nicht vorhandenen – Subordination der Schiedsgerichte, sondern aus der für bestimmte Konstellationen gewährten Kompetenz der staatlichen Gerichte.[503] Sieht der Gesetzgeber für bestimmte Konstellationen statt einer schiedsgerichtlichen Entscheidung die eines ordentlichen Gerichts vor, so ist das Schiedsgericht, das an das zehnte Buch der ZPO gebunden ist, an diese Entscheidung, zumal aus Gründen der Rechtsschutzeffektivität, gebunden. Ebenso verhält es sich im Effekt umgekehrt. Denn die staatlichen Gerichte haben beispielsweise weitgehend die Rechts- und Tatsachenbewertung in einem Schiedsspruch zu respektieren. Ihre Kognitionsbefugnis ist nach dem begrenzten Prüfkatalog der §§ 1059 ff. ZPO eingeschränkt. Die gesetzgeberische Zuteilung der Endentscheidungsbefugnis bestimmt die Bindungswirkung. § 1032 Abs. 2 ZPO ist insoweit funktional äquivalent für die in der staatlichen Gerichtsbarkeit bindende Verweisungsmöglichkeit nach § 281 ZPO (Verweisung bei örtlicher bzw. sachlicher Unzuständigkeit) bzw. § 17a Abs. 2 GVG (Verweisung bei unzulässigem Rechtsweg).

Der Wortlaut des Art. 101 Abs. 1 S. 2 GG scheint diesen Argumentationsstrang zu stützen. Danach darf niemand seinem gesetzlichen Richter entzogen werden. Gesetzlich vorgesehener Richter für das Erkenntnisverfahren ist bei einer wirksamen Schiedsvereinbarung nicht der Richter der ordentlichen Gerichtsbarkeit, sondern der Schiedsrichter. Gleichwohl ist, wie ausgeführt,[504] unter „Richter“ im GG nur der staatliche Richter zu verstehen.

Für eine Bindungswirkung ist darüber hinaus anzuführen, dass ansonsten das Schiedsgericht bindend über seine Schieds(in)kompetenz entscheiden könnte. Eine sog. echte (besser: endgültige) Kompetenz-Kompetenz besteht nach dem SchiedsVfG aber nicht mehr. Das Schiedsgericht kann nur provisorisch über seine Zuständigkeit

---

502 Ausdrücklich OLG Saarbrücken SchiedsVZ 2012, 47 ff. (52): „Das Gericht, das über den Antrag nach § 1061 ZPO i.V.m. dem NYÜ entscheidet, ist kein dem ausländischen Spruchkörper [Schiedsgericht oder staatliches Gericht, Anm. d. Verf.] übergeordnetes Instanzgericht“ (...).

503 Grundsätzlich gegen diesen Ansatz *Sponheimer*, in: Rüßmann, FS Käfer, S. 377 f. Er meint insbesondere, dass aus der staatlichen Kompetenzverteilung keine Aussage über die Nichtigkeit bzw. Aufhebbarkeit eines Schiedsspruches gewonnen werden könne.

504 Siehe oben 1. Teil D. I. 3. a) aa).

entscheiden. Die endgültige Entscheidung unterliegt einer indisponiblen und umfänglichen staatsgerichtlichen Kontrolle.[505]

Hinzu kommt, dass Rechtsschutzlücken auftreten können. Ist eine Schiedseinrede erfolgreich, aber vom Schiedsgericht die Verfahrenseröffnung wegen seiner angeblichen Unzuständigkeit abgelehnt worden, bleibt dem Kläger des Ausgangsverfahrens nur eine erneute Klage vor einem ordentlichen Gericht übrig. Er trägt dabei das, freilich geringe, Prozessrisiko, dass das Gericht das Schiedsverfahren für undurchführbar gem. § 1032 Abs. 1 ZPO halten muss. Entscheidend ist, dass die von den Parteien gewollte Rechtsschutzform nicht gewährt wird. Das Schiedsgericht der IHK Kassel sprach von einer Rechtlosstellung.[506] Jedenfalls kann die Verweigerung arbitralen Rechtsschutzes schwerwiegend sein, insbesondere wenn den Parteien an der Wahl nicht-deutschen Sachrechts oder der Vertraulichkeit gelegen war. Im ersteren Fall kann die Verweigerung sogar im Effekt die materielle Rechtslage umstürzen. Denn das staatliche Gericht ist anders als das Schiedsgericht an das allgemeine Kollisionsrecht gebunden und kann dadurch zu einer völlig anderen rechtlichen Bewertung kommen. Die Auflösung der Vertraulichkeit kann einer Versagung effektiven Rechtsschutzes gleichkommen. So kann, insbesondere aus Gründen des Reputationsschutzes, erst die Möglichkeit eines vertraulichen Verfahrens den Rechtsschutzsuchenden zur juristischen Durchsetzung seiner Rechte motivieren.[507] Da die Möglichkeit eines Schiedsverfahrens Postulat des Art. 2 Abs. 1 GG ist,[508] hat der Staat auch für eine Bindungswirkung Sorge zu tragen. Dem kann nur scheinbar entgegengehalten werden, dass die Nichtzulassung letztendlich der Privatautonomie entspringe. Die Parteien haben schließlich nicht vereinbart, dass das Schiedsgericht unrechtmäßig entscheidet. Und ferner kann das Argument des verweigerten effektiven Rechtsschutzforums durch § 1059 Abs. 4, 5 ZPO untermauert werden. Trotz Aufhebung des Schiedsspruchs kann das OLG nach § 1059 Abs. 4 ZPO die Sache an das Schiedsgericht zurückverweisen, bzw. lebt die

505 Vgl. BGH SchiedsVZ 2005, 95 ff. (96 f.); *Reichold*, in: Thomas/Putzo, ZPO, § 1040 Rn. 8; *Prütting*, Bachmann, FS Schlosser, S. 710; *Geimer*, in: Zöller, ZPO, § 1032 Rn. 22; *Schlosser*, in: Stein/Jonas, ZPO, § 1040 Rn. 1 f.; *Huber*, SchiedsVZ 2003, 75. *Osterthun*, Schadensfälle, S. 117 hält selbst nach dem SchiedsVfG Kompetenz-Kompetenz-Klauseln für zulässig, nunmehr aber nicht zweckdienlich (S. 119). *Harbst*, Staatliche Gerichte im Schiedsverfahren, S. 32 f. hält sie für „rechtslogisch“ und rechtspolitisch für begrüßenswert.

506 SchiedsVZ 2006, 167 f. (168).

507 Nach einer internationalen Untersuchung der School of International Arbitration der Queen Mary University of London aus dem Jahr 2010 (siehe oben Fn. 107), S. 3, 29 f., gaben 35% der Befragten an, dass sie sich nicht für die Schiedsgerichtsbarkeit entscheiden würden, wenn diese nicht vertraulich wäre, und 97%, dass ihnen die Vertraulichkeit wichtig sei (bei 62% sogar sehr wichtig).

508 Zur Gegenansicht siehe oben 1. Teil D. I. 2.

Schiedsvereinbarung gem. § 1059 Abs. 5 ZPO im Zweifel wieder auf[509]. Beiden Regelungen liegt der Gedanke zu Grunde, dass das Schiedsgericht, und zwar in seiner ursprünglichen Besetzung,[510] weitgehend zuständig bleiben soll. Wenn dies selbst bei einem fehlerhaften Schiedsverfahren der Fall ist, so sollte dies erst recht für ein noch nicht durchgeführtes Schiedsverfahren gelten.

Gleichwohl ergeben sich keine gravierenden Unterschiede in der Sache bei Verneinung der Bindungswirkung. Die Entscheidung des ordentlichen Gerichts lässt sich nicht mit Zwang durchsetzen.[511] Wenn das ordentliche Gericht die Zulässigkeit bejaht, aber das Schiedsgericht dennoch nicht tagt, entspricht diese Konstellation der des § 36 Abs. 1 Nr. 6 ZPO. Sie kann jedoch nicht entsprechend gelöst werden, da das Schieds- und das Staatsgericht keinem einheitlichen Instanzenzug unterfallen. Vielmehr wird die Schiedsvereinbarung undurchführbar und somit der ordentliche Gerichtsweg eröffnet.[512] Verneint das staatliche Gericht die Zulässigkeit und tagt das Schiedsgericht dennoch, ergibt sich nach hier vertretener Ansicht allerdings eine divergierende Rechtsfolge. Nur unter der Prämisse der Bindungswirkung ist ein ergehender Schiedsspruch nichtig,[513] und nicht bloß aufhebbar[514]. Es ergeht eine Entscheidung eines mangels wirksamer Schiedsvereinbarung inkompetenten Spruchkörpers. Da dieser seine Rechtsprechungskompetenz aus der Rechtsmacht der Schiedsparteien ableitet, ist seine Entscheidung bei Fehlen dieser ein juristisches Nullum. Nur bei Annahme einer Bindungswirkung steht dies allerdings eindeutig und offenkundig fest.

Dass bei Annahme einer Bindungswirkung die Nichtigkeit die Folge ist, ergibt sich auch aus § 1059 Abs. 2 Nr. 1 lit. c ZPO. Danach ist bei einer Kompetenzübertretung des Schiedsgerichts der Schiedsspruch aufhebbar. Führt aber die Kompetenzüberschreitung schon zur Aufhebbarkeit, liegt es nahe, dass die bodenlose, vom Parteiwillen losgelöste, Inkompetenz schwerer sanktioniert wird. Es liegt nicht nur ein gradueller, sondern ein qualitativer Unterschied zu Fällen der Kompetenzübertretung vor. Gerade der Umkehrschluss in Bezug auf diese Norm spricht für

509 Der Gesetzgeber ging bei dieser Regelung über das UNCITRAL-Modellgesetz hinaus. Allerdings entspräche „das Wiederaufleben der schiedsgerichtlichen Entscheidungskompetenz regelmäßig dem Willen der Parteien“, BT-Drs. 13/5274, S. 60.

510 So für das UNCITRAL-Modellgesetz *Wighardt*, Rückverweisung des Schiedsspruchs, S. 55.

511 Siehe unten 3. Teil B. II. 2. c) aa).

512 Vgl. *Schroeter*, SchiedsVZ 2004, 296.

513 So i.E. auch (ohne die Differenzierung nach der Bindungswirkung) *B/L/A/H*, ZPO, § 1032 Rn. 10; *Saenger*, ZPO, § 1032 Rn. 17; *Huber*, SchiedsVZ 2003, 74; *Rehm*, Schiedsgerichtsbarkeit im Rechtssystem, Rn. 354 f. *Voit*, in: Musielak, ZPO, § 1040 Rn. 12 bejaht unter Annahme einer Bindungswirkung die Nichtigkeit.

514 So aber *Lachmann*, HdB Schiedsgerichtspraxis, Rn. 654, 686; *Gaul*, in: Berger, FS Sandrock, S. 315; *Synatschke*, Unzuständigkeitserklärung, S. 108 f. *Münch*, in: MüKo-ZPO, § 1040 Rn. 14.

die Nichtigkeit. Ungeachtet dessen, kann die Partei gegen einen nichtigen Schiedsspruch ein Aufhebungsverfahren betreiben.[515]

Wird andererseits die Bindungswirkung verneint, wird die Verfahrensintegrität nicht tangiert und ist die schiedsgerichtliche Entscheidung folgend § 1059 Abs. 2 ZPO bloß aufhebbar. Daraus erwächst ein zusätzliches Argument für die Bindungswirkung, da ein Aufhebungsverfahren als bloße Förmelei erscheint. Klar ist, dass eine Schiedspartei kein Schiedsverfahren will, aber in Vorlage für den Aufhebungsantrag treten muss, obwohl abzusehen ist, dass der Antrag nach § 1059 Abs. 2 ZPO begründet ist.[516]

Maßgebliche Unterschiede bei Bejahung bzw. Verneinung der Bindungswirkung ergeben sich auf der Schadensersatzebene nicht, da der Schiedsrichter, der trotz Unzulässigkeitserklärung ein Schiedsverfahren vorantreibt, sehenden Auges einen nicht vollstreckbaren Schiedsspruch erlässt und damit regelmäßig gegen seinen Schiedsrichtervertrag verstoßen wird.

Anders sieht es lediglich auf der praktisch kaum erheblichen[517] strafrechtlichen Ebene aus. Schiedsrichter können sich einer Rechtsbeugung nach § 339 StGB strafbar machen. Rechtsbeugung kann zwar auch durch den Verstoß gegen Verfahrensvorschriften begangen werden. Allerdings ist nicht jeder Rechtsverstoß als Beugung des Rechts anzusehen, vielmehr enthält dieses Tatbestandsmerkmal ein normatives Element und soll nur elementare Verstöße gegen die Rechtspflege erfassen, bei denen sich der Täter bewußt und in schwerer Weise von Recht und Gesetz entfernt (...).“[518] In anderer Sache konstatierte der BGH, dass die Nichtbeachtung von Zuständigkeitsnormen an sich für das Ergebnis indifferent sein kann, „da der Richter bei der Sachentscheidung an die gleichen rechtlichen Bestimmungen gebunden ist, wie der an sich zuständige Richter.“[519] Dies gilt jedoch nicht für das Schiedsverfahrensrecht, da der Schiedsrichter eben an andere Rechtsvorschriften gebunden ist als der staatliche Richter. Zudem dürfte die aus dieser Feststellung abgeleitete Schlussfolgerung, dass „durch die Verfahrensverletzung die konkrete Gefahr einer falschen Entscheidung begründet“ werden muss,[520] nicht selten vorliegen. Dies ist beispielsweise anzunehmen, wenn die Schiedsparteien vom deutschen Sachrecht abweichendes Recht gewählt haben.

Würde eine Bindungswirkung verneint, dürfte der Tatbestand demgegenüber regelmäßig nicht erfüllt sein. Denn solange die Entscheidung nicht willkürlich ist,

---

515 Siehe unten 3. Teil B. III. 1. c) bb).

516 *Rehm*, Schiedsgerichtsbarkeit im Rechtssystem, Rn. 355 hält die Stellung eines Aufhebungsantrages für unzumutbar.

517 Schon *Nord*, Wesen von Schiedsamt und -spruch, S. 30 hat darauf hingewiesen, dass der subjektive Tatbestand kaum nachweisbar ist. Aus der Praxis: KG NJW 1976, 1356 f.

518 BGH NJW 1997, 1452 ff. (1452) m.N. auf die ständige Rechtspr.

519 NStZ-RR 2001, 243 f. (244).

520 Ebd.

wird sie sich innerhalb der dem Schiedsgericht zukommenden Entscheidungsfindungsautonomie halten und strafrechtlich irrelevant sein.

e) Statthaftigkeit des Zulässigkeitsantrags nach § 1032 Abs. 2 ZPO für internationale Schiedsfälle

Der Zulässigkeitsantrag kann nach dem Wortlaut des § 1025 Abs. 2 ZPO selbst dann gestellt werden, „wenn der Ort des schiedsrichterlichen Verfahrens im Ausland liegt oder noch nicht bestimmt ist." § 1025 Abs. 2 ZPO ist aber einschränkend auszulegen, weil ansonsten vor deutschen Gerichten ein Zulässigkeitsantrag gestellt werden könnte ohne jeglichen Bezug zu Deutschland.[521] Der Gesetzgeber dürfte dieses Problem schlicht übersehen haben.[522] Denn das UNCITRAL-Modellgesetz, dem er Rechnung tragen wollte, sieht keinen Zulässigkeitsantrag vor und weist nach Art. 1 Abs. 2 i.V.m. Art. 8 nur für § 1032 Abs. 1 ZPO eine § 1025 Abs. 2 ZPO entsprechende Regelung auf. Außerdem stellt der Gesetzgeber in § 1025 Abs. 2 ZPO den § 1032 ZPO neben § 1033 ZPO und § 1050 ZPO, für die sich aus §§ 919, 937, 942 f. ZPO bzw. § 1062 Abs. 4 ZPO das Erfordernis eines Inlandsbezugs ergibt.[523] Eine Restriktion ergibt sich unter Heranziehung der Zuständigkeitsregelung in § 1062 Abs. 2 ZPO ebenso für den Zulässigkeitsantrag. Nach § 1062 Abs. 2 ist das KG hilfsweise für den Zulässigkeitsantrag zuständig. Von einer Hilfszuständigkeit kann nicht die Rede sein, wenn konzeptionell mehr Verfahren dem KG zugeteilt würden als den OLG.[524] „Aus diesem Grund ist es nahe liegend, die Zuständigkeit entsprechend einzugrenzen und einen Inlandsbezug zu fordern" (...).[525] Wann dies vorliegt, ist im Einzelfall zu bestimmen. Jedenfalls kann aus § 1062 Abs. 2 ZPO abgeleitet werden, dass ein Inlandsbezug vorliegt, wenn der Antragsgegner seinen Sitz oder gewöhnlichen Aufenthalt in Deutschland hat, bzw. sich Vermögen oder der streitgegenständliche Gegenstand in Deutschland befindet. Zudem ergibt sich aus der Hilfszuständigkeit des KG, dass in Erweiterung dieses Katalogs ähnliche Gründe einen Inlandsbezug

---

521 I.E. ebenso *Sponheimer*, in: Rüßmann, FS Käfer, S. 381 ff.; *Steinbrück*, Unterstützung durch staatliche Gerichte, S. 362 f.
A.A. *Voit*, in: Musielak, ZPO, § 1032 Rn. 10.

522 *Sponheimer*, in: Rüßmann, FS Käfer, S. 382 (Fn. 112) hegt ebenso einen entsprechenden Verdacht.

523 So für § 1050 auch *Steinbrück*, Unterstützung durch staatliche Gerichte, S. 386.

524 So zur Vollstreckbarerklärung eines ausländischen Schiedsspruches KG SchiedsVZ 2007, 108 ff. (112); insofern gebilligt vom BGH SchiedsVZ 2008, 196 ff. (197 f.). *Kröll*, in: Böckstiegel, Vollstreckung, S. 116 will hingegen auf die tatsächliche Anzahl von Vollstreckbarerklärungsanträgen abstellen, wonach dem KG eine Hilfszuständigkeit zukomme. Der Rekurs auf einen variierenden tatsächlichen Parameter ist in diesem Fall, wie im Fall des Zulässigkeitsantrags, jedoch nicht überzeugend, da nach Überschreiten einer bestimmten Fallzahl diese Fälle ungleich behandelt werden müssten.

525 KG a.a.O.

generieren. Die deutsche Staatsangehörigkeit einer Schiedspartei dürfte beispielsweise eine solche Erweiterung rechtfertigen.

2. *Rechtsschutz gegen die Konstituierung des Schiedsgerichts*

a) Gemeinsamkeiten der Rechtsbehelfe

Auf die Konstituierung des Schiedsgerichts kann mit verschiedenen in diesem Abschnitt zu besprechenden Rechtsbehelfen Einfluss genommen werden. Die Rechtsbehelfe werden in die drei Fallgruppen „unausgewogene Schiedsrichterbank", „Schiedsrichterbestellung durch Staatsgericht bei Parteiregelung", und „Schiedsrichterbestellung durch Staatsgericht ohne Parteiregelung" systematisiert. Allen in diesem Abschnitt angeführten Rechtsbehelfen ist gemein, dass die OLG-Instanz nach § 1062 Abs. 1 Nr. 1 ZPO eröffnet ist und dass gegen die OLG-Entscheidung gem. § 1065 Abs. 1 S. 2 ZPO keine Rechtsbeschwerde möglich ist. Die Möglichkeit der Rechtsbeschwerde folgt insbesondere nicht daraus, dass als Vorfrage für die Rechtsbehelfe die Schiedsvereinbarung geprüft wird.[526] Die Unanfechtbarkeit ist rechtsstaatlich akzeptabel, wenngleich rechtspolitisch nicht unbedingt empfehlenswert mangels rechtsvereinheitlichender BGH-Rechtsprechung.

Des Weiteren sind deutsche Gerichte für alle[527] in diesem Abschnitt angeführten Rechtsbehelfe gem. § 1025 Abs. 3 ZPO zuständig, wenn der Schiedsort noch unbestimmt ist und „der Beklagte oder der Kläger seinen Sitz oder seinen gewöhnlichen Aufenthalt in Deutschland hat".

b) Fallgruppe „Unausgewogene Schiedsrichterbank"

aa) Historischer Exkurs

Bevor auf den Rechtsbehelf zur unausgewogenen Schiedsrichterbank nach § 1034 Abs. 2 ZPO eingegangen wird, wird zum besseren Verständnis der sich unter nunmehriger Rechtslage ergebenden Probleme ein Überblick über die frühere Rechtslage gegeben.

§ 1025 Abs. 2 ZPO, ein Relikt aus der schiedsskeptischen Zeit des Nationalsozialismus,[528] lautete vor dem SchiedsVfG:

„Der Schiedsvertrag ist unwirksam, wenn eine Partei ihre wirtschaftliche oder soziale Überlegenheit dazu ausgenutzt hat, den anderen Teil zu einem Abschluß oder zur Annahme von Bestimmungen zu nötigen, die ihr im Verfahren, insbesondere hinsichtlich der Ernennung oder Ablehnung der Schiedsrichter, ein Übergewicht über den anderen Teil einräumen."

---

526 So zu Recht für § 1035 Abs. 3 ZPO BGH, Beschluss vom 19.7.2012, Az. III ZB 66/1.

527 Die Gesetzesbegründung, BT-Drs. 13/5274, S. 31, erwähnt zwar nicht § 1035 Abs. 3 ZPO, für den aber nichts anderes als für § 1035 Abs. 4 ZPO gelten kann. Ebenso, aber ohne hierauf einzugehen, BayObLG SchiedsVZ 2004, 316 ff. (317).

528 Vgl. *Zieren*, Schiedsverfahren 1877–1933, S. 195, 198 f.

Diese Bestimmung ist restlos weggefallen. Das SchiedsVfG sollte dazu führen, dass die Schiedsvereinbarung in dieser Situation grundsätzlich wirksam bleibt. Der Gesetzgeber begründet dies mit dem gleichwertigen Rechtsschutz vor staatlichen Gerichten und Schiedsgerichten.[529] Die Parteien seien nach § 1042 Abs. 1 ZPO gleich zu behandeln, und ein Ungleichgewicht der Schiedsrichterbank könne durch § 1034 Abs. 2 ZPO behoben werden.

Die gesetzgeberische Einschätzung wahrt entgegen einer Literaturansicht[530] den verfassungsrechtlichen Rahmen. Zwar kann verfassungsrechtlich wegen Art. 101 Abs. 1 S. 2 GG nur ein freiwilliges Eingehen die Schiedsgerichtsbarkeit begründen.[531] Wie der Gesetzgeber zu Recht betont, wird dies wie bei materiellrechtlichen Verträgen durch wirtschaftliche oder soziale Übergewichte nicht per se ausgeschlossen.[532] Erst wenn solche Asymmetrien einen freien Willensentschluss ausschließen, stehen Schutznormen wie § 123 BGB zur Verfügung. Sollte etwa eine potentielle Schiedspartei durch arglistige Täuschung oder widerrechtliche Drohung im Sinne des § 123 BGB zum Abschluss einer Schiedsvereinbarung gebracht worden sein, so kann sie diese anfechten. Wird ein Schiedsverfahren gegen sie eingeleitet, kann sie den staatlichen Rechtsweg beschreiten. Die Schiedseinrede greift nicht (§ 142 Abs. 1 BGB i.V.m. § 1032 Abs. 1 ZPO), es sei denn, dass sich die Partei in Kenntnis der Anfechtungsgründe und frei von Drohung oder Täuschung im Schiedsverfahren zur Hauptsache eingelassen hat.[533] Es zeigt sich, dass das Schutzniveau der §§ 119 f., 123, 134, 138,[534] 242 BGB höher ist als dasjenige des § 1025 ZPO a.F. Dieser war schlichtweg überflüssig.[535]

---

529 BT-Drs. 13/5274, S. 34.

530 Vereinzelt geblieben *Hesselbarth*, Schiedsgerichtsbarkeit und GG, S. 213 ff. Dagegen *Prütting*, in: Bachmann, FS Schlosser, S. 710 f.

531 *Hesselbarth*, Schiedsgerichtsbarkeit und GG, S. 213 ff. will dies stattdessen auf das Recht auf effektiven Rechtsschutz stützen. Dies überzeugt nicht: Art. 101 Abs. 1 S. 2 GG schützt vor dem Entzug des gesetzlichen Richters. Die Verweigerung des Zugangs zu einem staatlichen Gericht besteht gesetzlich (nach §§ 1029 Abs. 1, 1032 Abs. 1 ZPO) nur, wenn die Schiedsvereinbarung wirksam vereinbart wurde, insbesondere nicht unfreiwillig.

532 BT-Drs. 13/5274, S. 34.

533 In diese Richtung OLG Köln BeckRS 2009, 04423 m.w.N.

534 Hierzu BGH NJW 1989, 1477 f. Die Ausführungen sind nach dem SchiedsVfG im Kern nicht mehr übertragbar. So führte das Gericht an: „Im vorliegenden Fall haben die Parteien eine Einschränkung des Rechtsschutzes bereits dadurch vorgenommen, daß sie überhaupt eine Schiedsgerichtsklausel vereinbart haben." Dies soll und ist nach dem SchiedsVfG nicht mehr der Fall (sein).
Ferner LG München I NJW-RR 2011, 162 ff. (162 f.).

535 A.A. *Mönnikes*, SchiedsVfG, S. 31 f. (der die materiellen Unwirksamkeitsgründe unbesprochen lässt). Zu deren marginalen Bedeutung der Norm unter dem alten Recht *Zerbe*, Schiedsverfahrensrechtsreform, S. 109.

bb) Zulässigkeit und Begründetheit des Rechtsbehelfs

Die Zusammensetzung der Schiedsrichterbank gem. §§ 1034 f. ZPO ist den Schiedsparteien überlassen. In § 1034 Abs. 2 ZPO ist für zwei zu unterscheidende Momente jeweils ein Rechtsbehelf gegen eine unausgewogene Schiedsrichterbank vorgesehen: Einerseits für den Zeitraum vor, anderseits für den Zeitraum nach der Schiedsrichterernennung. Es wird Rechtsschutz nicht nur gegen die tatsächliche Konstituierung, sondern schon gegen die in der Schieds- oder sonstigen Parteivereinbarung[536] angelegte Konstituierung gewährt.

Entsteht durch die nicht offensichtlich unwirksame[537] Schiedsvereinbarung ein Ungleichgewicht, sind die Schiedsrichter auf Antrag der benachteiligten Partei vom OLG zu designieren gem. § 1034 Abs. 2 S. 1 ZPO. Dies gilt unter den Voraussetzungen des § 1025 Abs. 3 ZPO selbst dann, wenn der Schiedsort noch unbestimmt ist.

Grundsätzliche Bedenken gegen diesen Rechtsbehelf sind unbegründet. Zwar wird den Parteien die Möglichkeit genommen, einen eigenen Schiedsrichter zu bestellen. Ein Charakteristikum und Hauptvorteil der Schiedsgerichtsbarkeit entfällt dadurch weitgehend.[538] Gleichwohl ist jene Option nicht grundrechtlich verankert, insbesondere ergibt es sich nicht aus dem Gebot der überparteilichen Rechtspflege.[539] Anderenfalls wäre die Möglichkeit der Einzelschiedsrichterbestellung nicht zu erklären. Allerdings dürfte der Ausschluss der Bestellung eines Schiedsrichters dem Interesse

---

536 Nach dem Normwortlaut muss sich das Übergewicht auf die Schiedsvereinbarung beziehen, worunter aber auch sonstige Parteivereinbarungen zu fassen sind, vgl. *Henkel*, Rechtsbehelfe, Rn. 133 ff. (er plädiert für eine analoge Anwendung der Norm).

537 Für eine Offensichtlichkeitsprüfung im Rahmen des § 1034 Abs. 2 ZPO auch BayObLG, Beschluss vom 15.12.1999, Az. 4Z SchH 6/99. Bei allen Unterstützungsmaßnahmen des staatlichen Gerichts findet nach hier vertretener Ansicht eine Offenkundigkeitsprüfung statt; siehe die parallelen Ausführungen unten 3. Teil B. I. 2. c) bb), cc).

538 Vgl. *Massuras.*, a.a.O., S. 324.

539 Vgl. *Massuras*, Mehrparteienschiedsgerichtsbarkeit, S. 325 f. *Mönnikes*, SchiedsVfG, S. 84 f. stellt überzeugend dar, dass ein solches Recht jedenfalls nicht absolut gelten kann und ausschließbar ist, da die Partei von ihrem Schiedsrichterbestellungsrecht Abstand nehmen kann (etwa bei der Schiedsrichterernennung durch Dritte).
A.A. OLG Frankfurt SchiedsVZ 2006, 219 ff. (221); *Schwab*, in: Lindacher, FS Habscheid, S. 290. Weder begründet das Gericht seine Ansicht, noch ist der Verweis auf die Ansicht des BGH NJW 1996, 1753 ff. zutreffend. Darin lässt der BGH es gerade offen, ob er der Auffassung, die ein prozessuales Grundrecht annimmt, zustimmt und führt nur an, dass die Schiedsrichterauswahl eine beträchtliche und unbestrittene Bedeutung habe. Der Argumentation *Schwabs* ist nach dem SchiedsVfG schon entgegenzuhalten, dass mangels Vereinbarung über die Schiedsrichterbestellung nicht mehr jede Partei je einen Schiedsrichter bestellt (so § 1028 ZPO a.F.), sondern ein Einzelschiedsrichter bestellt wird (§ 1035 Abs. 3 S. 1 ZPO). Ein normativer Ansatzpunkt für seine These besteht daher nach dem SchiedsVfG nicht mehr.

der Schiedsparteien, dass überhaupt ein Schiedsverfahren stattfindet, grundsätzlich unterlegen sein. Zudem ist § 1035 Abs. 5 ZPO angepasst heranzuziehen. Dementsprechend ist die Parteivereinbarung zur Schiedsrichterbestellung insoweit zu berücksichtigen, wie sie nicht eine Imparität begründet.[540] Und schließlich ist es den Parteien überlassen in der Schiedsvereinbarung die auflösende Bedingung (§ 158 Abs. 2 BGB) zu vereinbaren, dass im Falle einer Nichteinigung über die Schiedsrichterbestellung die Schiedsvereinbarung erlischt.

aaa) Problem der Präklusion

Der Antrag ist nach § 1034 Abs. 2 S. 2 ZPO spätestens zwei Wochen nach Bekanntwerden der Zusammensetzung des Schiedsgerichts zu stellen. Eine abweichende Parteivereinbarung über diese Frist ist entgegen Meinungen in der Literatur[541] nicht möglich. § 224 Abs. 1 S. 1 ZPO kann nicht herangezogen werden, da der Gesetzgeber durch seine Anlehnung an das UNCITRAL-Modellgesetz überhaupt keine Notfristen im zehnten Buch vorsah. Insofern liegt der Rekurs auf § 224 Abs. 2 ZPO näher, wonach „gesetzliche Fristen jedoch nur in den besonders bestimmten Fällen" abgeändert werden können. Eine solche Regelung hält § 1034 ZPO (anders als § 1037 Abs. 3 ZPO) nicht bereit.

Mit rügelosem Fristablauf ist die Berufung im Aufhebungsverfahren darauf, dass das Schiedsgericht fehlerhaft gebildet worden sei (§ 1059 Abs. 2 Nr. 1 lit. d 1. Alt. ZPO), präkludiert.[542]

Ungeachtet dessen kommt eine Aufhebung nach § 1059 Abs. 2 Nr. 1 lit. d 2. Alt. ZPO bei ungleicher Behandlung der Schiedsparteien in Betracht.[543] Das Rechtsschutzniveau ist folglich erheblich abgestuft.

Diese Rechtslage könnte durch ein Urteil des EuGH in Frage gestellt sein.[544] Hernach ist der Einwand einer nichtigen Schiedsvereinbarung wegen einer missbräuchlichen Schiedsklausel in einem Vertrag mit einem Verbraucher für das Aufhebungsverfahren nicht präkludiert, obwohl dieser Einwand im Schiedsverfahren nicht geltend gemacht wurde.[545] Außerdem wurde im Ausgangsverfahren der Verbraucher tatsächlich vom Schiedsgericht über Frist und Folgen der Nichtgeltendmachung informiert.[546] Mit anderen Worten: Der Verbraucher kann ein entsprechendes

---

540 Ebenso *Voit*, in: Musielak, ZPO, § 1034 Rn. 8 und ähnlich *Henkel*, Rechtsbehelfe, Rn. 162.

541 *Münch*, in: MüKo, § 1034 Rn. 12 und *Henkel*, Rechtsbehelfe, Rn. 308 halten eine Verkürzung für möglich, wobei *Henkel* einschränkt, dass dies wohl nicht mit dem Schutzzweck der Norm vereinbar sei.

542 OLG Frankfurt SchiedsVZ 2006, 219 ff. (222).

543 *Osterthun*, Schadensfälle, S. 137. Nach *Voit*, in: Musielak, ZPO, § 1034 Rn. 7 behält die Schiedspartei ihren dem ordre public (§ 1059 Abs. 2 Nr. 2 lit. b ZPO) zurechenbaren Anspruch auf eine überparteilichen Rechtspflege.

544 SchiedsVZ 2007, 46 ff.

545 A.a.O., 48.

546 A.a.O., 47, 49.

Schiedsverfahren durchlaufen und bei Nichtgefallen der Entscheidung deren Aufhebung herbeiführen. Abseits weiterer gravierender Bedenken gegen das Urteil,[547] ist es weit von jeglichem Konsumentenschutz entfernt, Verbrauchern einen venire contra factum proprium-Verstoß zuzubilligen. Anstatt die Frage aufzuwerfen, wann ein Verbraucher seiner Rechte verlustig wird, führt der Gerichtshof nur aus, dass Unterlassungen des Verbrauchers „in keinem Fall durch Handlungen von Dritten kompensiert werden."[548]

Zu fragen ist, ob die zentrale Aussage des EuGH, dass bei einer missbräuchlichen Schiedsklausel keine Präklusionswirkung eintreten könne, sich verallgemeinern lässt. In einem jüngeren Urteil bestätigte zwar der EuGH in den Grundzügen das Urteil.[549] Allerdings führte der Gerichtshof aus,[550] dass der Effektivitätsgrundsatz nationale Gerichte nicht in die Pflicht nehme, „einer völligen Untätigkeit des Verbrauchers, wie im Fall der Beklagten des Ausgangsverfahrens, die sich weder am Schiedsverfahren beteiligt noch einen Antrag auf Aufhebung des Schiedsspruchs gestellt hat, der deshalb rechtskräftig geworden ist, vollständig abzuhelfen." Das Gericht sieht den Unterschied zur Vorentscheidung darin, dass in dieser der Verbraucher seine Rechte nicht gekannt habe und nur eine „Verfahrenshandlung" unterlassen habe. Nach dem mitgeteilten Sachverhalt zur Vorentscheidung war aber der Verbraucher über seine Rechte informiert. Das Gericht ging in seiner Entscheidungsbegründung auffälligerweise darauf überhaupt nicht ein. Es stellte bloß auf die abstrakte Gefahr ab, dass der Verbraucher seine Rechte nicht kenne.[551] Vielleicht ist dies dem Umstand geschuldet, dem der Generalanwalt maßgebende Bedeutung zumaß, nämlich der Frist für die Geltendmachung der Unzuständigkeit des Schiedsgerichts.[552]

Insofern liegt der Unterschied zur Vorentscheidung nur darin, dass in dieser der Verbraucher das Aufhebungsverfahren eingeleitet hat. Dies sieht das Gericht an anderer Stelle als das tragende Differenzkriterium an,[553] da hierdurch der Schiedsspruch rechtskräftig geworden sei. Unter deutschem Recht kann nicht derart differenziert werden, weil der Schiedsspruch schon mit seinem Erlass rechtskräftig ist.

Der übereinstimmende Tenor beider Urteile ist, die Präklusionswirkung bei Unkenntnis über die prozessualen Rechte nicht eintreten zu lassen. Nur dieser Maßgabe ist im deutschen Recht nicht nur für Verbraucher als Schiedsparteien,

547 Hierzu die Urteilsanmerkung von *Wagner*, a.a.O., 49 ff.
548 SchiedsVZ 2007, 46 ff. (48).
549 SchiedsVZ 2010, 110 ff.
550 A.a.O., 113.
551 SchiedsVZ 2007, 46 ff. (48).
552 Generalanwalt *Tizzano*, Schlussanträge in der Rechtssache pp., leitet die unzulässige Rechtsbeeinträchtigung des Verbrauchers daraus ab, dass dem Verbraucher nur eine zehntägige Frist zur Einlegung eines Rechtsbehelfs gegen die Zulässigkeit des Schiedsverfahrens blieb.
553 SchiedsVZ 2010, 112.

sondern generell zu genügen. Dies kann womöglich adäquat über das Institut der Wiedereinsetzung in den vorigen Stand geschehen.

bbb) Zulassung der Wiedereinsetzung in den vorigen Stand

Gerade wegen der weitrechenden Präklusionswirkung und der eng umrissenen Aufhebungsgründe nach § 1059 Abs. 2 ZPO ist es aus Gründen der Verfahrensfairness angezeigt, eine Wiedereinsetzung analog § 233 ZPO in die zweiwöchige Frist grundsätzlich zuzulassen.[554] Anderenfalls kann die Schiedspartei mit ihrem Einwand trotz entschuldbarer Nichtgeltendmachung, beispielsweise durch ein Ereignis höherer Gewalt, präkludiert sein.

Eine direkte Anwendung der Norm kommt nicht in Betracht. Insbesondere ist die Frist, wie jede des zehnten Buches, nicht als Notfrist gem. § 224 Abs. 1 S. 2 ZPO bezeichnet. Ihrer Natur kommt sie insofern einer Notfrist gleich, als sie wie eine Notfrist (§ 224 Abs. 1 S. 1 ZPO), wie im vorigen Abschnitt ausgeführt, nicht abkürzbar[555] ist. Sie ist auch den Übrigen in § 233 ZPO genannten wiedereinsetzungsfähigen Fristen, die sich auf die Begründung von Rechtsbehelfen beziehen, insoweit ähnlich, als sie sich auf einen Rechtsbehelf bezieht. Bei Nichteinhaltung der Fristen für die Rechtsbehelfsbegründung nach § 233 ZPO oder der Frist nach § 1034 Abs. 2 S. 2 ZPO ist der jeweilige Rechtsbehelf unzulässig. Und schließlich ist die Frist für die Schiedsrichterbestellung keine materielle Ausschlussfrist, für die grundsätzlich weithin keine Wiedereinsetzungsfähigkeit angenommen wird[556].

Zwar kann aus Gründen der Rechtssicherheit und des abschließenden Charakters § 233 ZPO nur höchst ausnahmsweise entsprechend angewandt werden. In concreto ist das Vertrauen der anderen Schiedspartei in die Nichtgeltendmachung des Rechtsbehelfs nach Fristablauf schützenswert. Dieses Vertrauen zieht jedoch regelmäßig keine bedeutenden Dispositionen nach sich, welche beeinträchtigt würden.[557] Zudem sind entsprechende Anwendungen der Norm geläufig,[558] vor allem, wenn der

---

554 Ebenso *Schlosser*, in: Stein/Jonas, ZPO, § 1034 Rn. 7: Die Wiedereinsetzung sei nach dem Normsinn nötig, „weil die Partei anderenfalls ihr Anrecht auf ein neutral zusammengesetztes Schiedsgericht ohne ihr Verschulden einbüßen würde." In diese Richtung auch *Lachmann*, HdB Schiedsgerichtspraxis, Rn. 250, der postuliert, dass das Recht auf ein ausgeglichenes Schiedsgericht nicht befristet sein dürfe.

555 Strittig ist, ob Notfristen verlängert werden können, was richtigerweise aber ebenso zu verneinen ist, vgl. *Griesel*, Notfristähnlichkeit, S. 23 f.

556 Vgl. *Milger*, in: Prütting, ZPO, § 233 Rn. 6; *Greger*, in: Zöller, ZPO, § 233 Rn. 6 ff. *Roth*, in: Stein/Jonas, ZPO, § 233 Rn. 11 nimmt jedoch nunmehr auch prozessuale Ausschlussfristen von einer Ausweitung der Norm aus. Für diese kann § 233 ZPO nur ausgeschlossen sein, wenn die Laufzeit der Frist nicht unerheblich ist, vgl. *Maniotis*, § 233 ZPO, S. 140. Dies ist jedenfalls bei einer Frist von zwei Wochen eindeutig nicht gegeben.

557 Ebenso grundsätzlich *Maniotis*, § 233 ZPO, S. 119.

558 BVerfG NJW 1967, 1267 f.; BGH NJW 1970, 900 f.

Anspruch auf rechtliches Gehör dies bedingt[559]. Dies wiederum gilt besonders hinsichtlich Fristen für rechtsmittelähnliche Rechtsbehelfe.[560] Das rechtliche Gehör wird nicht durch ein Ungleichgewicht der Schiedsrichterbank verletzt. Gleichwohl besteht eine erhebliche Gefahr eines unfairen Prozesses. Zudem ist eine Vergleichbarkeit zu anderen rechtsmittelähnlichen Rechtsbehelfen gegeben. Zum Einen entscheidet nicht der iudex a quo und zum Anderen ist die Präklusion wegen der reduzierten Prüfkompetenz des staatlichen Gerichts im Aufhebungsverfahren gravierend. Gerade die Gefahr eines weitreichenden Rechtsverlustes ist typisch für die Versäumung von Notfristen.[561] Die Starrheit der Frist in Verbindung mit einer gravierenden Rechtsverlustgefahr begründet das Erfordernis einer Wiedereinsetzungsoption. Diese „beruht auf einer Abwägung der Erfordernisse der Rechtssicherheit gegen die Forderung der materiellen Gerechtigkeit."[562] Eine Wiedereinsetzung in die Frist nach § 1034 Abs. 2 S. 2 ZPO gefährdet die relativ wenig ausgeprägte Rechtssicherheit kaum und spricht zusätzlich für eine Anwendung des § 233 ZPO. Ohnehin greift das Wiedereinsetzungsinstitut nur ausnahmsweise. Denn die Frist nach Behebung des Hindernisses zur Geltendmachung des Wiedereinsetzungsinstituts beträgt gem. § 234 Abs. 1 S. 1, Abs. 2 ZPO nur zwei Wochen, wobei nach Abs. 3 eine absolute Höchstfrist besteht. Darüberhinaus trägt die sich auf das Institut berufende Partei insoweit die Beweislast.

Außerdem ist für den Zuständigkeitsantrag in § 1040 Abs. 2 S. 4 ZPO normiert, dass eine verspätete Geltendmachung dessen bei genügender Entschuldigung vom Schiedsgericht zugelassen werden kann. Eine ähnliche Regelung besteht in § 1046 Abs. 2 ZPO für Angriffs- und Verteidigungsmittel. Und schließlich treten die Säumnisfolgen bei einer entschuldigten Säumnis bezüglich Klageeinreichung, Klageantwort, mündlicher Verhandlung oder Dokumentenbeweis gem. § 1048 Abs. 4 S. 1 ZPO nicht ein. Die Schiedsparteien können nach § 1048 Abs. 4 S. 2 ZPO über die Säumnisfolgen von der gesetzlichen Regelung Abweichendes vereinbaren, jedoch nicht, dass bei entschuldigter Säumnis eine Präklusionswirkung eintreten soll.[563] Der Gesetzgeber hat dabei dem rechtlichen Gehörsanspruch aus Art. 103 Abs. 1 GG Rechnung getragen. Er hat insoweit zutreffend erkannt, dass dessen Kerngehalt nicht der Parteidisposition unterliegt.

Dass selbige Grundsätze nicht im Rahmen des § 1034 ZPO gelten, kann nicht mit Unterschieden in der Sache erklärt werden, sondern nur mit Verweis auf das insoweit unzulängliche UNCITRAL-Modellgesetz. Dieses kennt, anders als das

559 OLG Düsseldorf BeckRS 2005, 09166 m.w.N.

560 BGH NJW 1991, 229 f. (230).

561 *Griesel*, Notfristähnlichkeit, S. 19 f.

562 BVerfG NJW 1995, 711 f. (711).

563 Dies ergibt sich, wie *Münch*, in: MüKo-ZPO, § 1048 Rn. 49 zutreffend feststellt, aus dem Normwortlaut „Im Übrigen" (...). In Betracht dürfte nach hier vertretener Auffassung trotz entschuldigter Säumnis etwa eine Vereinbarung kommen, wonach der Säumige die Verfahrenskosten allein wegen seiner Säumnis ganz oder zum Teil zu tragen hat.

Schiedsverfahrensrecht vor dem SchiedsVfG (§§ 1042d Abs. 1, 1043 Abs. 2 ZPO a.F.), keine Notfristen.

Summa summarum erfordert es der unverzichtbare Mindestgehalt eines rechtsstaatlichen Verfahrens, dass bei entschuldbarer Nichtgeltendmachung des Rügerechtes eine Wiedereinsetzung zuzulassen ist.

cc) Entsprechende Anwendung bei Streitverkündung

Aufgeworfen werden soll nunmehr die Frage wie zu verfahren ist, wenn in Fällen der Streitverkündung der Streitverkündungsempfänger mit der Schiedsrichterbank nicht einverstanden ist, aber das Schiedsgericht bereits konstituiert ist. Um dem Problem nachzugehen werden zunächst die Grundlagen der Mehrbeteiligten-Schiedsgerichtsbarkeit, der Terminus wird bewusst dem der Mehrparteien-Schiedsgerichtsbarkeit vorgezogen, da nicht zwingend Personen als Parteien einbezogen sind, vorgestellt.

aaa) Grundlegendes zur Mehrbeteiligten-Schiedsgerichtsbarkeit

Häufig stehen sich im Schiedsverfahren nicht nur zwei Parteien gegenüber. Das zehnte Buch regelt jedoch nur die bilaterale Streitbeilegung, wenngleich die Mehrbeteiligten-Schiedsgerichtsbarkeit im Grundsatz ganz unbestritten zulässig ist.[564] Folge dessen ist, dass im Rahmen der Schiedsverfahrensautonomie mannigfache Formen der Mehrbeteiligten-Schiedsgerichtsbarkeit, wie beispielsweise eine an §§ 65 ff. VwGO angelehnte Beiladung[565] oder eine Beteiligung in Anlehnung an das amerikanische Institut des amicus curiae[566], denkbar sind.

Zugleich wird das Problem aufgeworfen, dass die Rechtsschutzoptionen nicht für die Mehrbeteiligten-Schiedsgerichtsbarkeit ausgerichtet sind. Dabei ist jeweils zu berücksichtigen, dass § 1026 ZPO einer Ausweitung staatsgerichtlicher Kompetenzen entgegensteht, wenn diese nicht im zehnten Buch der ZPO vorgesehen ist. Damit ist deklaratorisch[567] festgehalten, dass zur Wahrung der schiedsverfahrensrechtlichen Autonomie und Integrität die staatliche Kompetenz im zehnten Buch wurzeln muss. Entgegen der Semantik muss nach der gesetzgeberischen Intention die staatliche Kompetenz ferner ausdrücklich normiert sein.[568] Diese Auffassung

564 Siehe stellvertretend *Massuras*, Mehrparteienschiedsgerichtsbarkeit, S. 81 ff. (85). Der Gesetzgeber scheute sich angesichts einer vorgeblichen Komplexität der Mehrbeteiligten-Schiedsgerichtsbarkeit einer Normierung, BT-Drs. 13/5274, S. 26. Eine gesetzliche Regelung findet sich dahingehend etwa in Art. 362 S. 2, 376 schwZPO.

565 *Schlösser*, in: Stein/Jonas, ZPO, § 1042 Rn. 27.

566 Hierzu *Mistelis*, AI 2005, 218, 221 ff. Entscheidend ist, ob nur eine Stellungnahme des amicus erfolgt, oder dieser hierzu zuvor an der mündlichen Verhandlung zuhören kann oder auf andere Weise über den Verfahrensstand informiert wird.

567 So auch *Münch*, in: MüKo-ZPO, § 1026 Rn. 1; *Voit*, in: Musielak, ZPO, § 1026 Rn. 1.

568 BT-Drs. 13/5274, S. 32.

kann aus Gründen der Rechtssicherheit und Rechtsbehelfsklarheit unterstrichen werden. Hiergegen steht jedoch, dass der Gesetzgeber mit dem zehnten Buch keine ausreichende Kodifizierung des gesamten Schiedsverfahrensrechts vorgenommen hat und insbesondere die Regelung über die Mehrbeteiligten-Schiedsgerichtsbarkeit ausdrücklich der Rechtsprechung überantwortet hat.[569] Deshalb kann jedenfalls in diesem Bereich eine verfassungskonforme Auslegung von Normen des zehnten Buches darin resultieren, dass es zu einer Ausweitung des staatlichen Rechtsschutzes über den ausdrücklichen normierten Katalog an staatlichen Kompetenzen kommt.[570]

bbb) Anfängliche und nachträgliche Mehrbeteiligten-Schiedsgerichtsbarkeit

Grundsätzlich muss für das Schiedsverfahren zwischen zwei Stadien differenziert werden. Sollen mit dem Antrag auf Einleitung des Schiedsverfahrens gem. § 1044 ZPO weitere Beteiligte einbezogen werden oder stellen ihn mehrere Beteiligte, liegt eine anfängliche Mehrbeteiligten-Schiedsgerichtsbarkeit vor. Die anfängliche Mehrbeteiligten-Schiedsgerichtsbarkeit ist mittlerweile weitgehend unproblematisch.[571] Besonderheit gegenüber dem Zivilprozess ist nur, dass die Schiedsvereinbarung alle Beteiligten für diese Konstellation hinreichend umfassen muss, wenn nicht alle Beteiligten (Schiedsvertragsparteien und Dritte) dem Verfahren zustimmen.

Das Zustimmungserfordernis der Schiedsvertragsparteien folgt aus dem Grundsatz, dass jede Schiedspartei ein Schiedsverfahren nur gegen Personen führen muss, mit deren Einbeziehung sie einverstanden ist oder ihr Einverständnis verbindlich zuvor erklärt hat.[572] In einigen ausländischen Rechtsordnungen wird hingegen eine Unterwerfung von Dritten unter die Schiedsgerichtsbarkeit recht lax gesehen.[573] Eine Aufweichung der Grundsätze ist allerdings wegen Art. 101 Abs. 1 S. 2 GG in

---

569 BT-Drs. 13/5274, S. 26.

570 So i.E. auch *Matusche-Beckmann/Sponheimer*, in: Kronke, FS Hoffmann, S. 1037. In diese Richtung auch *Münch*, in: MüKo-ZPO, § 1026 Rn. 5. Das OLG München, BeckRS 2006, 07914, urteilte demgegenüber: „Die Aufzählung der Tätigkeiten staatlicher Gerichte in Schiedssachen in §§ 1050, 1062 Abs. 1 Nr. 1 bis Nr. 4 ZPO ist abschließend“ (...). „Darüber hinausgehende Entscheidungen staatlicher Gerichte in Schiedssachen, insbesondere Eingriffe in laufende schiedsrichterliche Verfahren, sind gesetzlich nicht vorgesehen und unzulässig.“

571 Probleme der gleichberechtigten Schiedsrichterernennung bestehen nach den entsprechend reformierten Schiedsgerichtsordnungen nicht mehr, vgl. *Hamann/Lennarz*, SchiedsVZ 2006, 290.

572 Vgl. *Laschet*, in: Böckstiegel, FS Bülow, S. 104 f.; *Massuras*, Mehrparteienschiedsgerichtsbarkeit, S. 278 ff. (zur Verfahrensverbindung).
Nach der Rechtspr. englischer Gerichte folgt dies aus der Natur des Schiedsverfahrens, vgl. *Geiben*, Vertraulichkeit, S. 96.

573 Vgl. *Wahab*, in: Ferrari, Conflict of Laws, S. 140, 144 ff.; *Diesselhorst*, Mehrparteienschiedsverfahren, S. 137 f. Speziell zur sog. „group of companies doctrine“ bzw. dem „Dow-Chemical-Ansatz“ instruktiv *Busse*, SchiedsVZ 2005, 118 ff.; *Müller/Keilmann*, SchiedsVZ 2007, 117 ff.

Deutschland nicht haltbar.[574] Es liegt in der Hand der Parteien, mit potentiellen Streitparteien vorsorglich Schiedsvereinbarungen zu schließen. Den Dritten können diese Entschlüsse bzw. Unterlassungen nicht seines gesetzlichen Richters berauben. Freilich bleibt eine Ausdehnung auf Nichtunterzeichner der Schiedsvereinbarung abseits des Prozessrechts über anerkannte materiell-rechtliche Institute, wie der Vertragsauslegung oder dem Stellvertretungsrecht, von den genannten Einschränkungen unberührt.[575]

Soll die Erweiterung erst im laufenden Verfahren erfolgen, etwa durch die eingangs erwähnte Streitverkündung, handelt es sich um eine nachträgliche Mehrbeteiligten-Schiedsgerichtsbarkeit. § 2 Abs. 4 MediationsG bestimmt, dass eine Einbeziehung Dritter in die Mediation von der Zustimmung aller Parteien abhängt. Auch in der nachträglichen Mehrbeteiligten-Schiedsgerichtsbarkeit muss die Schiedsvereinbarung alle Beteiligten für diese Konstellation hinreichend umfassen, wenn nicht alle Beteiligten (Schiedsverfahrensparteien und Dritte) dem Verfahren zustimmen. Zunächst sei betont, dass nicht die nicht-prozessierenden Schiedsvertragsparteien, sondern nur die Schiedsverfahrensparteien einer nachträglichen Mehrbeteiligten-Schiedsgerichtsbarkeit zustimmen müssen.[576] Der Schiedsvertragspartei kommt kein entsprechendes prozessuales Recht auf prozessuale Inklusion respektive Exklusion Dritter zu. Prozessuale Rechte haben nur diejenigen, die am Prozess partizipieren. Außenstehende können nur das Recht auf Verfahrensbeteiligung haben; erst mit Wahrnehmung dieses Rechtes eröffnet sich der Kanon der Prozessrechte.

Speziell auf die Streitverkündung gemünzt bedeutet dies, dass die Vorschriften zur Streitverkündung für das Schiedsverfahrensrecht nicht vorbehaltlos herangezogen werden können, um dem Streitverkündungsempfänger nicht seinen

574 Zur reservierten deutschen Ansicht vgl. *Sandrock*, in: Böckstiegel, Beteiligung Dritter, S. 107 f. Gegen Ansätze der Anpassung zu Recht kritisch *Müller/Keilmann*, SchiedsVZ 2007, 115 ff., 121; *Diesselhorst*, Mehrparteienschiedsverfahren, S. 138. *Jürschik*, Group of Companies-Doktrin, S. 177 hält die Anerkennung eines Schiedsspruches auf Grund der group of companies doctrine in Deutschland für „nicht sehr wahrscheinlich."

575 Dies kann in einem Vertrag (vgl. *Diesselhorst*, Mehrparteienschiedsverfahren, S. 142 ff.; *Platte*, AI 2002, 70 f.) oder mehreren Verträgen, auch konkludent (vgl. *Münch*, in: MüKo-ZPO, § 1029 Rn. 61), begründet sein (vgl. *Diesselhorst*, Mehrparteienschiedsverfahren, S. 145; *Platte*, AI 2002, S. 71 ff.). Mit dem KG, NJW 2008, 2719 f. (ebenso schon: OLG Frankfurt SchiedsVZ 2006, 219 ff., 222), gesprochen: „So kann bei einem multilateralen Vertrag, der lediglich eine Standardschiedsklausel enthält, auf eine stillschweigende Vereinbarung eines Mehrparteienschiedsverfahrens geschlossen werden, wenn die Parteien voraussehen konnten und mussten, dass aus der Vertragsbeziehung entstehende Streitigkeiten nicht in angemessener Weise durch jeweils bilaterale Schiedsverfahren zu entscheiden wären" (...). Umfangreich zum Ganzen auch *Jürschik*, Group of Companies-Doktrin, S. 199 ff.

576 So auch für die Nebenintervention *Massuras*, Mehrparteienschiedsgerichtsbarkeit, S. 462 ff.

gesetzliche Richter zu entziehen.[577] Die Streitverkündung ist nichtsdestotrotz im Schiedsverfahrensrecht zulässig,[578] nur unterliegt sie besonderen Bedingungen. Der Streitverkündungsempfänger muss freiwillig für die Schiedsgerichtsbarkeit optieren. Er muss sich der Schiedsgerichtsbarkeit unterworfen haben oder unterwerfen.[579] Nur unter der Voraussetzung der Unterwerfung ist eine Bindungswirkung (§§ 74 Abs. 3, 68 ZPO) oder materiell-rechtliche Wirkungen die an die Zulässigkeit der Streitverkündung anknüpfen, wie etwa die Verjährungshemmung gem. § 204 Abs. 1 Nr. 6 ZPO durch „Zustellung der Streitverkündung",[580] zu rechtfertigen.

Weiter ist die Zustimmung des Schiedsgerichts, wenn die Schiedsvereinbarung respektive Schiedsordnung nichts anderes bestimmt,[581] und der Gegenpartei erforderlich

---

577 Vgl. *Elsing*, SchiedsVZ 2004, 91 f. mit weiteren Argumenten gegen eine direkte bzw. analoge Anwendung.

578 A.A. *Synatschke*, Unzuständigkeitserklärung, S. 291 f.; *Jürschik*, Group of Companies-Doktrin, S. 248.

579 Vgl. BGH ZZP 79, 121 ff. (122) mit zustimmender Anm. *Habscheid* (S. 124 ff.). Der BGH entschied, dass die Interventionswirkung gegenüber einem vom Schiedsvertrag Nicht-Erfassten ausscheidet. Eine Interventionswirkung sei aber zu bejahen, wenn der Dritte mit „der Einbeziehung in das Vertragsverhältnis einverstanden" ist. Schon das OLG Hamburg MDR 1950, 295 f. führt unter Verweis auf RGZ 55, 14 ff. aus, dass zwar die Streitverkündung und ein Beitritt als Nebenintervenient im Schiedsverfahren anerkannt seien, aber die Interventionswirkung von der Zustimmung des Beitretenden abhänge. Diese Ansicht ist dahingehend zu korrigieren, dass das Einverständnis zur Schiedsgerichtsunterworfenheit reicht.
Elsing, SchiedsVZ 2004, 92 f. vertritt die Auffassung, dass die Interventionswirkung grundsätzlich bei entsprechender Einigung hierüber zwischen Streitverkünder (nicht auch: Gegenpartei) und Streitverkündungsempfänger eintrete. Für den Beitritt sei allerdings die Einigung aller Beteiligten (auch: der Gegenpartei) erforderlich. Diese Ansicht ist abzulehnen. Denn bei entsprechender Einigung über die Interventionswirkung würde diese eintreten, obwohl die Gegenpartei den Beitritt verweigert und somit der Streitverkündungsempfänger keinen Einfluss auf das Schiedsverfahren nehmen konnte. Es würde kein Ausschlussgrund nach § 68 HS. 2 ZPO greifen, da nicht die Hauptpartei, sondern die Gegenpartei seinen Beitritt verhinderte. Eine solche Vereinbarung ist daher wegen Verstoßes gegen das rechtliche Gehör nichtig.
Wagner, in: Böckstiegel, Beteiligung Dritter, S. 47 meint, dass die Interventionswirkung nur eintrete, „wenn der Dritte die Streitverkündung annimmt und freiwillig dem Schiedsverfahren beitritt." Warum der Beitritt abweichend von § 74 Abs. 3 ZPO in der Schiedsgerichtsbarkeit nötig sein soll, bleibt unbegründet. Dafür besteht auch keinerlei Veranlassung, wenn der Dritte der Schiedsgerichtsbarkeit unterworfen ist.

580 Ständige Rechtspr., vgl. jüngst BGH NJW 2009, 1488 ff. (1489).

581 § 14 WV-SchO („Zugleichentscheidung") regelt eine Chimäre zwischen Streitverkündung und Drittwiderklage. Die DIS sieht nur in §§ 11, 2 ff. Ergänzende Regeln für gesellschaftsrechtliche Streitigkeiten (http://www.dis-arb.de/de/16/regeln/dis-erg%C3%A4nzende-regeln-f%C3%BCr-gesellschaftsrechtliche-streitigkeiten-09-erges-id5) eine Möglichkeit vor, den „Betroffenen" (entspricht

wegen deren Interesse an einem vertraulichen Verfahren[582]. Soweit in der Literatur unter Rekurs auf die angebliche Parallele zur Bestellung eines Prozessbevollmächtigten kein derartiges Interesse bejaht wird,[583] ist dem ist entgegenzuhalten, dass ein etwaiger Geheimnisbruch sich in einem zweipoligen Rechtsstreit leicht zurückführbar der Gegenpartei bzw. deren Prozessbevollmächtigten zuordnen lässt. In multipolaren Konstellationen, zumal wenn der Streitverkündungsempfänger weiter den Streit verkündet, ist hingegen eine Zuordnung erheblichen Beweisproblemen ausgesetzt.

ccc) Rechtsschutzbedürfnis des Streitverkündungsempfängers

Die Streitverkündung ist ebenso wie jede andere Form der nachträglichen Mehrbeteiligten-Schiedsgerichtsbarkeit, etwa durch subjektive Klageerweiterung, gegenüber der anfänglichen Mehrbeteiligten-Schiedsgerichtsbarkeit aus zwei Gründen jedoch diffiziler. Der erste Grund ist, dass eine nachträgliche Beteiligtenerweiterung durch das Schiedsgericht verweigert werden kann, wenn die Schiedsvereinbarung eine Mehrbeteiligten-Schiedsgerichtsbarkeit nicht vorsieht und sich die Schiedsparteien nicht hierüber einigen können. Enthält die Schiedsvereinbarung, bzw. die in Bezug genommene Schiedsordnung, keine Regelung zur nachträglichen Mehrbeteiligten-Schiedsgerichtsbarkeit,[584] kann das Schiedsgericht das Verfahren gem. § 1042 Abs. 4 S. 1 ZPO nach „freiem Ermessen" bestimmen. In diesem Ermessen liegt die Zu- oder Nichtzulassung weiterer Beteiligter. Liegt hingegen eine Vereinbarung der Parteien über die Zulässigkeit einer nachträglichen Mehrbeteiligten-Schiedsgerichtsbarkeit vor, ist dem Schiedsgericht, dies ist mangels gesetzlicher

---

dem Streitverkündungsempfänger) mit einzubeziehen, wobei dieser als streitgenössischer Nebenintervenient oder als Partei beitreten kann.

582 Zustimmung ebenso fordernd: *Hamann/Lennarz*, SchiedsVZ 2006, 292; *Wagner*, in: Böckstiegel, Beteiligung Dritter, S. 46 f.; *Schütze*, Schiedsverfahren, Rn. 158 und grundsätzlich *Geimer*, in: Böckstiegel, Beteiligung Dritter, S. 78.
Hierauf verzichtend: Art. 12.1 UNIDROIT Principles of Transnational Civil Procedure aus dem Jahr 2004.

583 So *Markfort*, Mehrparteien-Schiedsgerichtsbarkeit, S. 67 f. Ebenso gegen die *Markfortsche* These (mit anderer Begründung) *Massuras*, Mehrparteienschiedsgerichtsbarkeit, S. 430 f.

584 Dies ist in der untersuchten Schiedsgerichtsbarkeit nicht selten der Fall, siehe oben 2. Teil D. Andererseits sieht etwa § 13 Abs. 3 DIS-SportSchO aus dem Jahr 2016 (im Internet aufrufbar unter: http://www.dis-sportschiedsgericht.de/de/75/content/dis-sportscho-2016-ab-01042016-id69) explizit die Zustimmung des Schiedsgerichts zur Mehrbeteiligten-Schiedsgerichtsbarkeit vor.

Vorgaben im deutschen Recht[585] umstritten, kein Ermessen eröffnet.[586] Die Schiedsparteien sind Herren des Schiedsprozesses.[587] Dies ergibt sich aus der gesetzlichen Anordnung in § 1042 Abs. 4 S. 1 ZPO, wonach das Ermessen des Schiedsgerichts nur insoweit eröffnet ist, wie keine Vereinbarung der Parteien reicht. Die nicht selten in der Literatur[588] angeführte Kündigungsmöglichkeit für den Schiedsrichter wegen der Arbeitsmehrbelastung durch mehrere Beteiligte dürfte demgegenüber bloß in theoretischen Ausnahmefällen eintreten können. Denn schließlich setzt die Kündigung nach § 314 BGB einen wichtigen Grund voraus. Sieht eine Schiedsver-

---

585 Art. 376 Abs. 3 schwZPO bestimmt hingegen: „Die Intervention einer dritten Person und der Beitritt einer durch Klage streitberufenen Person setzen eine Schiedsvereinbarung zwischen der dritten Person und den Streitparteien voraus und bedürfen der Zustimmung des Schiedsgerichts."

586 Ebenso *Markfort*, Mehrparteien-Schiedsgerichtsbarkeit, S. 65; *Wagner*, in: Böckstiegel, Beteiligung Dritter, S. 45, 47; *Geimer*, in: Böckstiegel, Beteiligung Dritter, S. 83; in: Zöller, ZPO, § 1042 Rn. 41 ff. (nur Zustimmung des Schiedsrichters bei Haupt-, nicht bei Nebenintervention oder Streitverkündung); *Hamann/Lennarz*, SchiedsVZ 2006, 291 (einerseits bedürfe es keiner Zustimmung des Schiedsgerichts – anderseits sei das Ermessen des Schiedsgerichts unter Berücksichtigung der Parteiinteressen auszuüben); *Kleinschmidt*, SchiedsVZ 2006, 148 f. (zur Widerklage); nur Rücktrittsrecht des Schiedsrichter wegen Arbeitsmehrbelastung: *Schlosser*, in: Stein/Jonas, ZPO § 1042 Rn. 27; *Synatschke*, Unzuständigkeitserklärung, S. 294 ff. Eine Zustimmung des Schiedsgerichts fordern OLG Stuttgart SchiedsVZ 2003, 84 ff. (86) bzgl. der Nebenintervention; *Raeschke-Kessler/Berger*, Schiedspraxis, Rn. 779 (Erweiterung der Schiedsrichterverträge); *Schwab/Walter*, Schiedsgerichtsbarkeit, Kap. 16 Rn. 18 (zur Nebenintervention ohne Begründung); *Geiben*, Vertraulichkeit, S. 31 (zur Nebenintervention ohne Begründung); *Jürschik*, Group of Companies-Doktrin, S. 250, 259 (bei Beitritt eines Dritten; nicht bei Drittwiderklage); *Laschet*, in: Böckstiegel, FS Bülow, S. 105 (zum Beitritt eines Dritten). *Zerhusen*, in: Kniffka, FS Thode, S. 361 und *Lachmann*, HdB Schiedsgerichtspraxis, Rn. 2811 f. fordern gar die Zustimmung sämtlicher Schiedsrichter.
Nach *Massuras*, Mehrparteienschiedsgerichtsbarkeit, bedarf es bei der Verfahrensverbindung und Nebenintervention nicht der Zustimmung des Schiedsgerichts (S. 283 f.; 472 ff.), aber bei der Hauptintervention schon (S. 398 f.). Er begründet dies damit (S. 399 Fn. 282), dass es sich nicht um eine nachträgliche Verfahrensvereinbarung handele, „sondern um die Zuziehung einer weiteren Person zum Verfahren sowie um die (zusätzliche) Unterbreitung einer neuen Streitigkeit." Abgesehen davon, dass fraglich ist, ob dies an sich eine divergierende Behandlung rechtfertigen könnte, ist jedenfalls zu entgegnen, dass gem. § 147 ZPO Verfahren verschiedener Streitparteien und Streitgegenstände verbunden werden können. Insofern besteht überhaupt kein Unterschied.

587 In Anlehnung an *B/L/A/H*, ZPO, Grdz § 128 Rn. 27, dass die Parteien „Herren des Zivilprozesses" seien.

588 So *Schlosser*, in: Stein/Jonas, ZPO § 1042 Rn. 27. Wie hier reserviert: *Wagner*, in: Böckstiegel, Beteiligung Dritter, S. 45; *Geimer*, in: Böckstiegel, Beteiligung Dritter, S. 82.

einbarung die Mehrbeteiligten-Schiedsgerichtsbarkeit vor, ist mit einer hierdurch eintretenden Mehrbelastung zu rechnen.[589] Außerdem ist im Verfahren immer mit neuen Sachanträgen, Aufrechnungen, Widerklagen oder umfangreichen Beweisaufnahmen zu rechnen, so dass die Mehrbeteiligten-Schiedsgerichtsbarkeit keine Besonderheit bildet.[590]

Der zweite Grund, warum eine nachträgliche Beteiligtenerweiterung beispielsweise durch Streitverkündung nicht unkompliziert ist, liegt darin, dass das Schiedsgericht bereits konstituiert sein wird. Dem nachträglich Beteiligten sind jedoch dieselben Rechte bei der Konstituierung des Schiedsgerichts wie den anfänglich Beteiligten zuzugestehen.[591] Allein die zeitliche Abfolge, die durchaus willkürlicher Art sein kann, rechtfertigt keine andere Bewertung. Ist der Dritte Partei, stehen ihm nach §§ 1034 ff. ZPO die Schiedsrichterbestellungsrechte zu.[592] Ist der Dritte Beteiligter, stehen ihm diese Rechte nach dem Wortlaut der Regelungen im 3. Abschnitt des zehnten Buches (§§ 1034 ff. ZPO) nicht zu. Dies ist berechtigt, wenn der Verfahrensausgang keine unmittelbare rechtliche Folge für den Dritten zeitigt. Dies ist anzunehmen, wenn die Beteiligung des Dritten aus rein informatorischen Erwägungen heraus erfolgt, beispielsweise in Form einer Beiladung.

Hat der Ausgang des Verfahrens auf den Dritten aber eine unmittelbare rechtliche Auswirkung, kann ihm angesichts des Gebots der prozessualen Waffengleichheit nicht zugemutet werden, diese zu (er)tragen ohne das wesentliche Recht auf Mitgestaltung der Schiedsrichterbank wahrnehmen zu können. Der Streitverkündungsempfänger ist der Interventionswirkung (§ 68 ZPO) ausgesetzt. Ihm können entgegen Meinungen in der Literatur die Konstituierungsrechte deshalb nicht verweigert werden.[593] Weder das Wortlautargument (Streithelfer sind keine Parteien), noch die Gefahr eines Übergewichts bei der Konstituierung des Schiedsgerichts auf Seiten der Hauptpartei greifen durch.[594] Ersterem Einwand kann entgegengesetzt werden, dass zum Einen das SchiedsVfG sich am UNCITRAL-Modellgesetz orientiert und in diesem, wie international verbreitet, die Unterscheidung Partei und Beteiligter nicht geläufig ist. Zum Anderen ist die Mehrbeteiligten-Schiedsgerichtsbarkeit nicht im

---

589 Ähnlich für die Drittwiderklage *Kleinschmidt*, SchiedsVZ 2006, 149.

590 Ähnlich *Geimer*, in: Böckstiegel, Beteiligung Dritter, S. 82.

591 Ähnlich *Zerhusen*, in: Kniffka, FS Thode, S. 361 (ohne Differenzierung nach anfänglich/nachträglich). *Schlosser*, Internationale Schiedsgerichtsbarkeit, Rn. 560, 569 stellt insofern fest, dass bei einem Mehrparteien-Schiedsverfahren alle Parteien einen gleichen Einfluss auf die Konstituierung haben müssen.

592 Ebenso *Geimer*, in: Böckstiegel, Beteiligung Dritter, S. 88.

593 So (ohne Begründung) *Schwab/Walter*, Schiedsgerichtsbarkeit, Kap. 10 Rn. 16; (mit formaler Begründung) *Jürschik*, Group of Companies-Doktrin, S. 251. *Zerhusen*, in: Kniffka, FS Thode, S. 362 f. fordert ohne Begründung, dass die Interventionswirkung nicht eintreten könne, wenn der Streitverkündungsempfänger sein Einverständnis mit der Zusammensetzung oder dem Bestellungsverfahren des Schiedsgerichts nicht erklärt habe.

594 So die Argumente von *Massuras*, Mehrparteienschiedsgerichtsbarkeit, S. 479 f.

zehnen Buch geregelt, so dass eine strikte Beachtung des Wortlauts nicht angezeigt ist. Der Einwand eines befürchteten Ungleichgewichts bei der Schiedsgerichtskonstituierung ist seit dem SchiedsVfG wegen § 1034 Abs. 2 ZPO hinfällig. Schließlich ist für die Geltung der Konstituierungsrechte des Streitverkündungsempfängers anzuführen, dass die Prozessrollen willkürlich sind, wenn alle Beteiligten einer die nachträgliche Mehrbeteiligten-Schiedsgerichtsbarkeit vorsehenden Schiedsvereinbarung unterworfen sind. So kann etwa der Käufer eines fehlerhaften Produktes in einem Schadensersatzfall den Hersteller statt den Verkäufer verklagen, der dem Verkäufer den Streit verkündet. Würde der Gegenansicht in der Literatur gefolgt, läge es in der Hand des Klägers, ob der Verkäufer Konstituierungsrechte hätte oder nicht – und dies, obwohl sich die Interventionswirkung gegenüber der Rechtskraft weitergehend auf alle tatsächlichen und rechtlichen Grundlagen des Ausgangsprozesses bezieht.[595] Daher kann nicht die Verfahrensstellung entscheidendes Merkmal für oder gegen Konstituierungsrechte sein. Es kommt vielmehr darauf an, ob der Dritte von einer Bindungswirkung des Schiedsspruchs betroffen wäre oder nicht.

dd) Zur Rechtsschutzausgestaltung bei Streitverkündung

Fraglich ist nunmehr, inwieweit das aufgezeigte Konstituierungsrecht des Streitverkündungsempfängers umgesetzt werden muss. Dem Streitverkündungsempfänger ist wie den Parteien das Recht zur Mitgestaltung der Schiedsrichterbank zu gewähren.[596] Bei einem Einzelschiedsrichter ist ein neuer zu designieren. Im Falle eines Dreierschiedsgerichts muss für seine Seite und unter seiner Einbindung die Schiedsrichterernennung des beisitzenden Schiedsrichters und die Vorsitzendenwahl wiederholt werden. Scheitert eine Einigung unter den Beteiligten, scheitert dadurch nicht die Streitverkündung.[597] Vielmehr wendet die OLG-Rechtsprechung § 1034 Abs. 2 ZPO analog an, wonach die gesamte Schiedsrichterbank von einem Gericht bestimmt wird.[598] Eine Missbrauchsgefahr des Instituts dahingehend, dass allein eine Einigung scheitert, um unliebsame Schiedsrichter auf diese Weise zu

---

595 Zur Weite der Rechtskraft: BGH NJW 1983, 2032 f. (2032) m.N. auf die ständige Rechtspr.; zur Weite der Interventionswirkung: BGH NJW 1983, 820 ff. (821).

596 A.A. wohl *Markfort*, Mehrparteien-Schiedsgerichtsbarkeit, S. 70 f., 76 f. der allerdings die Interventionswirkung von der Möglichkeit und Zumutbarkeit des Beitritts abhängig macht.
Sinnvoll ist die Regelung in Art. 7.1 ICC-SchO, nach der im Falle der Dritteinbeziehung alle Beteiligten hiermit einverstanden sein müssen, wenn ein Schiedsrichter ernannt oder bestätigt wurde.

597 A.A. *Zerhusen*, in: Kniffka, FS Thode, S. 362, welche die analoge Anwendung des § 1034 Abs. 2 ZPO unbesprochen lässt.

598 OLG Frankfurt SchiedsVZ 2006, 219 (222); einschränkend das KG NJW 2008, 2719 f. (2720): § 1034 Abs. 2 ZPO analog, wenn keine notwendige Streitgenossenschaft vorliegt. Ebenso für eine entsprechende Anwendung der Norm *Schlosser*, in: Stein/Jonas, ZPO, § 1034 Rn. 17; *Schütze*, Schiedsverfahren, Rn. 154; *Saenger*, ZPO, § 1034 Rn. 11.

entfernen, kann vernachlässigt werden, „da das Interesse an einem gemeinsam bestellten Schiedsrichter eigener Wahl und eigenen Vertrauens schwerer als die bloße destruktive Ingangsetzung des Ersatzbestellungsmechanismus wiegen dürfte."[599] Jedenfalls besteht bei einer Neukonstituierung der Nachteil, dass eine Beweisaufnahme mitunter wiederholt werden muss.[600] Dies ist für den Sachverständigen- oder Urkundenbeweis nicht zu erwägen, weil deren Beweisergebnis der neue Schiedsrichter aus den Verfahrensakten entnehmen kann. Hinsichtlich eines Augenscheinbeweises oder einer Zeugen- bzw. Parteiaussage wird jedoch regelmäßig eine Wiederholung anstehen, wenn es auf die Einschätzung des Schiedsrichters ankommt.[601] Sind sich beispielsweise in einem Dreierschiedsgericht zwei Schiedsrichter einig, wie sie eine Aussage bewerten, so ist der Zeuge nicht erneut zu vernehmen. Die eher theoretische Möglichkeit, dass bei der schiedsrichterlichen Beratung der neue Schiedsrichter die anderen Schiedsrichter von seiner Einschätzung hätte überzeugen können, ist dabei angesichts des Verfahrensbeschleunigungsinteresses auszublenden.[602] Der hierdurch eröffneten Missbrauchsmöglichkeit für Verzögerungstaktiken kann begegnet werden. Bestehen hinreichend konkrete Anhaltspunkte für einen Missbrauch, sollte die Streitverkündung vom Schiedsgericht für unzulässig erklärt werden. Das Schiedsgericht hat hierfür regelmäßig die Kompetenz, da die Parteivereinbarung präsumtiv nicht dahingehen wird, eine missbräuchliche Streitverkündung zu ermöglichen. Die Absprache wird sich regelmäßig nur auf eine für erforderlich gehaltene Streitverkündung beziehen. Da

---

Eine ausdrückliche gesetzliche Regelung besteht nunmehr in der Schweiz für die Binnenschiedsgerichtsbarkeit mit Art. 362 S. 2 schwZPO.

599 *Massuras*, Mehrparteienschiedsgerichtsbarkeit, S. 318.

600 Hierauf hinweisend *Geimer*, in: Böckstiegel, Beteiligung Dritter, S. 89. Während er nur auf die Verfahrensrechte des Dritten rekurriert, kann gleichsam darauf abgestellt werden, dass die Beweisaufnahme vor dem erkennenden Schiedsgericht zu erfolgen hat. Der Grundsatz der Unmittelbarkeit gilt im Wesentlichen auch im Schiedsverfahrensrecht. *Lachmann*, HdB Schiedsgerichtspraxis, Rn. 1418 erkennt dessen Berücksichtigung im Rahmen des Verfahrensermessens des Schiedsgerichts an. Art. 15 UNCITRAL Arbitration Rules und Art. 15 Abs. 4 S. 2 ICC-SchO stellen die Wiederholung in das Ermessen des Schiedsgerichts.

601 *Lachmann*, HdB Schiedsgerichtspraxis, Rn. 1420 fordert eine Wiederholung der Zeugenaussage, wenn es auf die Glaubwürdigkeit des Zeugen ankommt. Die Glaubhaftigkeit der Aussage könne hingegen regelmäßig aus den Akten entnommen werden.
Dieser Auffassung ist zu entgegnen, dass die Glaubwürdigkeit des Zeugen grundsätzlich relevant ist (a.A. BGH NJW 1997, 1586 f., 1587). Selbst wenn die Zeugenaussage unergiebig erscheint, ist es richterliche Aufgabe bei der Vernehmung, dies gerade zu hinterfragen und auf den Prüfstand zu stellen, wofür es eben auf die Glaubwürdigkeit ankommt.

602 Entgegengesetzt im Fall eines befangenen Schiedsrichters: BGH BeckRS 2015, 08903.

nur soweit die Parteivereinbarung reichen wird, steht dem Schiedsgericht nach § 1042 Abs. 4 S. 1 ZPO ein Ermessen zu.

ddd) Zusammenfassung

Die Streitverkündung ist im Schiedsverfahren zulässig, wenn die Gegenpartei zustimmt, der Streitverkündungsempfänger sich die Schiedsgerichtsbarkeit unterwirft, und das Schiedsgericht sein regelmäßig erforderliches Einverständnis erteilt. Da dem Streitverkündungsempfänger ebenso wie den Parteien das Recht zur Mitgestaltung der Schiedsrichterbank zu gewähren ist, muss sich im Falle des entsprechenden Betreibens des Streitverkündungsempfängers auf eine neue Schiedsrichterbank geeinigt werden. Im Falle einer Nichteinigung wird die Schiedsrichterbank von einem Staatsgericht bestimmt unter analoger Anwendung von § 1034 Abs. 2 ZPO.

c) Fallgruppe „Schiedsrichterbestellung durch Gericht bei Parteiregelung"

aa) Allgemeines

Besteht zwischen den Schiedsparteien eine Absprache zur Schiedsrichterbestellung, kommt es hierbei aber zu bestimmten Komplikationen oder Unstimmigkeiten, so kann eine Partei die „nötigen Maßnahmen" beim staatlichen Gericht beantragen nach § 1035 Abs. 3 S. 3, Abs. 4 ZPO. Ferner kann die Partei mit dem Schluss argumentum a maiori ad minus lediglich eine Feststellungsklage auf Wirksamkeit bzw. Unwirksamkeit der Schiedsrichterernennung und/oder Einhaltung bzw. Nichteinhaltung des vereinbarten Schiedsrichterbestellungsverfahrens erheben.[603] Sowohl die Gestaltungs-[604] als auch die Feststellungsklage setzen voraus, dass die antragstellende Partei ihrer eigenen Obliegenheit zur Schiedsrichterbenennung nachkommt.

Im Regelfall eines Dreierschiedsgerichts, bei dem eine Partei nicht ihrer Last zur Schiedsrichterbestellung binnen einen Monats nach Erhalt einer Aufforderung der Gegenpartei nachkam, verliert die Schiedspartei ihr Ernennungsrecht an das Gericht. Höchst strittig ist, zu welchem Zeitpunkt der Übergang des Ernennungsrechts eintritt. Vertretbar ist das Abstellen auf den Fristablauf,[605] den Antragseingang beim

---

603 Vgl. OLG München BeckRS 2012, 02573; OLG Hamm SchiedsVZ 2003, 79 ff. (79 f.) mit insoweit zustimmender Besprechung von *Kröll* (83).
A.A. *Schwab/Walter*, Schiedsgerichtsbarkeit, Kap. 10 Rn. 28 (bloße Vorfrage für Verfahren nach § 1053 Abs. 3, 4 ZPO).

604 OLG München NJOZ 2011, 413; OLG Naumburg SchiedsVZ 2010, 229; KG Berlin BeckRS 2007, 14696.
A.A. in der Literatur wohl nur *Voit*, in: Musielak, ZPO, § 1035 Rn. 9; überzeugend dagegen *Martinek*, in: Lüke, FS Ishikawa, S. 277 und ferner *Geimer*, in: Zöller, ZPO, § 1035 Rn. 14; *Schwab/Walter*, Schiedsgerichtsbarkeit, Kap. 10 Rn. 18.

605 So OLG München NJOZ 2009, 4781 ff. (4782); BeckRS 2006, 05419 in Fortführung der Rechtspr. des BayObLG (NJW-RR 2002, 933 f.). Zudem schon RGZ 45, 382 ff. (384 f.) zu § 855 ZPO a.F.: Das Gericht argumentiert, dass mit Fristablauf ein „fester

staatlichen Gericht[606] oder den Schluss der mündlichen Verhandlung[607]. Mit Teilen der Literatur und Rechtsprechung[608] sollte auf den Moment der rechtskräftigen Entscheidung des staatlichen Gerichts abgestellt werden. Erstens wird so das wichtige Ernennungsrecht der Partei und damit die schiedsverfahrensrechtliche Autonomie gewahrt.[609] Zweitens entstehen dem Antragsteller keine Nachteile. Kostennachteile durch den unbegründet gewordenen Antrag kann er über eine Erledigungserklärung abwenden.[610] Und über seine Antragstellung kann er genügend Druck auf die ihrer Obliegenheit nicht nachkommende Partei ausüben.

Jedenfalls besteht keine Möglichkeit der Wiedereinsetzung in die Monatsfrist nach § 1035 Abs. 3 S. 3 ZPO.[611] Die Frist schließt nicht einen Rechtsbehelf aus,[612] sondern lässt einen solchen erst zulässig werden. Außerdem entstehen durch die gerichtliche Schiedsrichterbestellung keine gravierenden Nachteile, welche die Rechtssicherheit einer festen Monatsfrist überlagern. Außerdem darf die den Antrag nach § 1035 Abs. 3 S. 3 ZPO stellende Partei bei begründeter Wiedereinsetzung nicht die Verfahrenskosten zu tragen haben.

Umstritten ist die Frage, ob und inwiefern das angerufene staatliche Gericht die Wirksamkeit der Schiedsvereinbarung an sich überprüft. Die überwiegende Meinung in Rechtsprechung und Literatur lässt das Gericht eine nicht in Rechtskraft erwachsene[613] Offensichtlichkeitsprüfung vornehmen[614]. Ob dieser Mittelweg zwischen keiner und voller Prüfkompetenz überzeugt, wird nunmehr begutachtet.

Rechtszustand" bestünde und die säumige Partei nicht das Verfahren „illusorisch" machen dürfe.

606 BT-Drs. 13/5274, S. 40; *Reichold*, in: Thomas/Putzo, ZPO, § 1035 Rn. 8; *B/L/A/H*, ZPO, § 1035 Rn. 10.

607 *Henkel*, Rechtsbehelfe, Rn. 241 will § 231 Abs. 2 ZPO heranziehen. *Gehrlein*, in: MüKo-ZPO, § 231 Rn. 4, hält diese Norm für nicht anwendbar, da keine Prozesshandlung nachgeholt werde.

608 OLGR Koblenz 2002, 115 f.; dazu neigend: OLG Naumburg SchiedsVZ 03, 235 f.; bis zur Entscheidung des staatlichen Gerichts: KG NJOZ 2013, 1618 ff. (1620). Ferner *Schwab/Walter*, Schiedsgerichtsbarkeit, Kap. 10 Rn. 21; *Lachmann*, HdB Schiedsgerichtspraxis, Rn. 905; *Voit*, in: Musielak, ZPO, § 1035 Rn. 10; *Martinek*, in: Lüke, FS Ishikawa, S. 276 f.

609 Ähnlich OLG Koblenz a.a.O.

610 Offen gelassen von OLG Koblenz a.a.O.

611 Ebenso (ohne Begründung) *B/L/A/H*, ZPO, § 1035 Rn. 9.

612 Ebenso nicht den Charakter einer Ausschlussfrist annehmend KG NJOZ 2013, 1618 ff. (1619).

613 BGH NJW-RR 2010, 425 f. (426).

614 Der BGH, NJW-RR 2010, 425 f. (426), hat die Frage der Prüfkompetenz bislang offen gelassen. Dafür: BayObLG NJOZ 2001, 734; BB 1999, 1785; OLG Jena SchiedsVZ 2009, 237 ff. (238); OLG Dresden SchiedsVZ 2009, 69 ff. (70 f.). Für eine Offensichtlichkeitsprüfung: (nunmehr) *Schwab/Walter*, Schiedsgerichtsbarkeit, Kap. 10 Rn. 24; *Lachmann*, HdB Schiedsgerichtspraxis, Rn. 897; *Reichold*, in: Thomas/Putzo, ZPO, § 1035 Rn. 9; *Geimer*, in: Zöller, ZPO, § 1035 Rn. 17; *Voit*,

bb) Keine oder volle Prüfkompetenz?

Für die Verweigerung einer Prüfkompetenz spricht, dass § 1035 ZPO keine solche Vorprüfung normiert und spezielle Rechtsbehelfe (Zulässigkeits- und Zuständigkeitsantrag) den Parteien zur Kompetenzprüfung zur Verfügung stehen.[615] Gegen den Einwand der fehlenden Normierung ist anzuführen, dass die Wirksamkeit einer Schiedsvereinbarung impliziert rechtliche Vorbedingung für die Schiedsrichterbestellung ist.[616] Der Einwand der speziellen Rechtsbehelfe kann mit der Überlegung entkräftet werden, dass die speziellen Rechtsbehelfe nicht funktionslos werden, da sie auch bei einem unproblematisch gebildeten Schiedsgericht greifen. Ferner könnte gegen eine Prüfkompetenz angeführt werden, dass die Entscheidung über die Wirksamkeit der Schiedsvereinbarung den Schiedsgerichten anheimfällt und die schiedsgerichtliche Zuständigkeit bei rügeloser Einlassung immer gegeben ist.[617] Dem ist zu entgegnen, dass die Kompetenz-Kompetenz für die Schiedsgerichte nur eine provisorische ist,[618] und es den Parteien unbenommen bleibt, vor der staatsgerichtlichen Interferenz eine neue Schiedsvereinbarung abzuschließen.

Gleichwohl ist einzuräumen, dass es einen schwerwiegenden Eingriff in die schiedsverfahrensrechtliche Autonomie bedeutet, wenn das staatliche Gericht ohne einen von den Parteien gewährten Prüfauftrag über die Wirksamkeit der Schiedsvereinbarung mitentscheidet. Springt andererseits dem Gericht die Unwirksamkeit oder das gänzliche Fehlen einer Schiedsvereinbarung ins Auge, kann es nicht unbeeindruckt dessen fortfahren. Ein staatliches Organ darf nicht sehenden Auges ein unzulässiges Verfahren unterstützen. Sollte das Schiedsverfahren unzulässig sein, würde das Gericht mit seiner Hilfestellung einen unrechtmäßigen Zustand perpetuieren und gegen die Rechtsbindung nach Art. 20 Abs. 3 GG verstoßen. Außerdem widerstrebt die Fortsetzung eines solchen Verfahrens dem schiedsrichterlichen Mandat, eine durchsetzungsfähige Entscheidung zu treffen,[619] und würde nur Geld und Zeit der Schiedsparteien verschwenden. Die Ausführungen des OLG Stuttgart zu § 1036 ZPO a.F. (der Vorgängernorm von § 1050 ZPO) sind insoweit auch für § 1035 ZPO zu unterstreichen:

---

in: Musielak, ZPO, § 1035 Rn. 11; *Münch*, in: MüKo-ZPO, § 1035 Rn. 48; *Henkel*, Rechtsbehelfe, Rn. 242.
A.A. OLG Hamburg MDR 1964, 684; *Bredow*, in: Bachmann, FS Schlosser, S. 76 ff.; *Henn*, Schiedsverfahrensrecht, Rn. 282 (Prüfung nur auf Einrede hin, „es sei denn, dass der Mangel auf einem Verstoß gegen eine der Parteidisposition entzogene Norm beruht."); *Rehm*, Schiedsgerichtsbarkeit im Rechtssystem, Rn. 310 f. („dienende Funktion" des Unterstützungsanspruches).

615 So der Haupteinwand von *Bredow*, in: Bachmann, FS Schlosser, S. 77 f. Ferner *Rehm*, Schiedsgerichtsbarkeit im Rechtssystem, Rn. 311.

616 *Henn*, Schiedsverfahrensrecht, Rn. 282.

617 Vgl. *Lachmann*, HdB Schiedsgerichtspraxis, Rn. 896.

618 Siehe oben 3. Teil B. I. 1. d).

619 Siehe oben 1. Teil B. II. 1. d) aa).

„Ein gewichtiger Gesichtspunkt für die Bejahung der Verpflichtung des staatlichen Gerichts zur Prüfung der Rechtsgültigkeit einer Schiedsabrede im Verfahren nach § 1036 ZPO ist andererseits der, daß das staatliche Gericht seine Zwangsgewalt nicht für ein Verfahren zur Verfügung stellen sollte, das sich hinterher mangels gültiger Schiedsabrede als unwirksam erweist, und daß es nicht für überflüssige Handlungen da sein sollte."[620]

cc) Summarische und kursorische Prüfung

Insofern sollte dem staatlichen Gericht eine Prüfkompetenz zukommen. Die staatliche Interferenz ist minimal zu halten. Das Gericht hat weder Beweise zu erheben (summarische Prüfung) noch vertieft in die rechtliche Prüfung einzusteigen (kursorische Prüfung). Anderenfalls würde das Konstituierungsverfahren sich unzumutbar hinauszögern. Bei Zweifeln an der Wirksamkeit ist in dubio pro arbitri zu entscheiden – die Unwirksamkeit muss juristisch eindeutig sein.

d) Fallgruppe „Schiedsrichterbestellung durch Gericht ohne Parteiregelung"

Haben die Schiedsparteien den Schiedsrichterbestellungsmodus ungeregelt gelassen, müssen sich die Parteien auf einen Einzelschiedsrichter einigen nach § 1035 Abs. 3 S. 1 ZPO. Scheitert dies, wird auf Antrag einer Partei dieser Schiedsrichter vom OLG bestellt.

Im Übrigen gelten die Ausführungen im obigen Abschnitt zur Schiedsrichterbestellung durch das Gericht bei vorhandener Parteiregelung entsprechend.

II. Rechtsschutz während des Schiedsverfahrens

Dieser Abschnitt behandelt Rechtsschutzmöglichkeiten nach Konstituierung des Schiedsgerichts bis zum Ende des Schiedsverfahrens. Betrachtet werden Prüfungsmöglichkeiten gegen die Zuständigkeit des Schiedsgerichts sowie Rügen betreffend den Schiedsrichter, insbesondere das Schiedsrichterablehnungsverfahren und das Schiedsamtbeendigungsverfahren. Abschließend wird begutachtet, inwieweit um Rechtsschutz gegen Verfahrens- und Vorabentscheidungen des Schiedsgerichts ersucht werden kann.

1. Überprüfung der Zuständigkeit des Schiedsgerichts

Wie oben aufgezeigt, bestehen mehrere Rechtsbehelfe, um die (Un-)Zulässigkeit des Schiedsverfahrens zu klären. Das nachstehend beschriebene Verfahren nach

620 NJW 1958, 1048 f. (1049). Ähnlich *Schwab/Walter*, Schiedsgerichtsbarkeit, Kap. 17 Rn. 10 (zu § 1050 ZPO): „Es wäre auch unwürdig, wenn das staatliche Gericht seine Zwangsgewalt blindlings für ein ungesetzliches Schiedsverfahren einsetzen wollte."

§ 1040 Abs. 3 i.V.m. Abs. 2 ZPO ist hinsichtlich seiner Ausrichtung mit der Schiedseinrede vergleichbar. Der Rechtsbehelf, im Folgenden Zuständigkeitsantrag genannt, setzt anders als der Zulässigkeitsantrag und wie die Schiedseinrede einen anhängigen Rechtsstreit voraus. Mit Schiedsspruchererlass ist das Verfahren unzulässig.[621]

a) Zulässigkeit des Zuständigkeitsantrags

aa) Arbitrales Vorverfahren

Der Zuständigskeitsantrag knüpft nach § 1040 Abs. 3 S. 1 ZPO an einen Zwischenentscheid des Schiedsgerichts an. Bevor der Zuständigkeitsantrag also vor einem Staatsgericht erhoben werden kann, ist vor dem Schiedsgericht ein Verfahren zu durchlaufen. Es ist nach § 1040 Abs. 2 S. 1 ZPO dessen Zuständigkeit zu rügen. Die Rüge der Kompetenzüberschreitung des Schiedsgerichts nach § 1040 Abs. 2 S. 3 ZPO ist hingegen nicht ausreichend, die Zuständigkeit des Schiedsgerichts feststellen zu lassen. Dies ergibt sich zum Einen aus der systematischen Stellung zu S. 1, der nur die Unzuständigkeitsrüge erfasst, und zum Anderen aus dem Wortlaut („überschreiten" statt „unterschreiten" der Befugnisse).

Folgend § 1040 Abs. 2 S. 1 ZPO ist die Rüge der Unzuständigkeit des Schiedsgerichts spätestens mit der Klagebeantwortung vorzubringen, wobei eine Mitwirkung bei der Schiedsrichterbestellung ihr nicht entgegensteht. Nach § 1040 Abs. 2 S. 4 ZPO kann das Schiedsgericht eine spätere Rüge zulassen bei genügender Entschuldigung. Eine genügende Entschuldigung für eine unterlassene Rüge liegt vor, wenn die Schiedspartei von der Möglichkeit der Rüge keine Kenntnis hat oder kein Kennenmüssen vorliegt. Ein Kennenmüssen allein hinsichtlich der Existenz der Rüge ist anzunehmen, wenn die Partei anwaltlich vertreten wird. Ohne anwaltliche Vertretung kann dies bei einem juristischen Laien nur bei entsprechendem Hinweis (angelehnt an § 139 ZPO) des Schiedsgerichts anzunehmen sein.

Lässt das Schiedsgericht die unzulässige Rüge nicht zu oder wird sie nicht erhoben, sind Einwendungen gegen die Zuständigkeit präkludiert. Ein Aufhebungsantrag kann unter deutschem Recht[622] nicht mehr auf die fehlende Zuständigkeit gestützt werden.[623] Verfahrensverzögerungstaktiken kann nur so effektiv begegnet werden. Eine solche Versagung staatlichen Rechtsschutzes kann jedoch nur unter der Kondition gerechtfertigt sein, dass die Ermessensentscheidung des Schiedsgerichts justiziabel ist.[624] Ansonsten könnte der unhaltbare Zustand eintreten, dass ein unzuständiges Schiedsgericht trotz zulässiger Rüge unanfechtbar entscheidet.

---

621 BGH NJW 2014, 3655.

622 Zur anderen Ansicht in Ungarn und Singapur *UNCITRAL*, Digest, S. 82, 144.

623 BGH SchiedsVZ 2003, 133 f., 134 (für eine nicht erhobene Rüge); OLG München BeckRS 2015, 02548. *Triebel/Coenen*, IDR 5, 5 f.; *Sponheimer*, in: Rüßmann, FS Käfer, S. 359; *Münch*, in: MüKo-ZPO, § 1040 Rn. 41 f.

624 Für eine Überprüfung durch das staatliche Gericht *Voit*, in: Musielak, ZPO, § 1040 Rn. 7, 13; a.A. *Münch*, in: MüKo-ZPO, § 1040 Rn. 45.

Dies gilt entgegen einer Literaturmeinung[625] auch bei einer positiven Entscheidung, sprich einer die Unzuständigkeit des Schiedsgerichts bejahenden. Die positive Entscheidung nimmt der gegnerischen Partei die Möglichkeit der Durchführung eines Schiedsverfahrens. Sie greift nicht minder wie die negative in deren Recht auf effektiven Rechtsschutz – wie bereits aufgezeigt – ein, und muss daher von Verfassungs wegen ebenfalls justiziabel sein.[626] Umsetzen lässt die Vorgabe der Justiziabilität, indem die Prüfung der Ermessensentscheidung des Schiedsgerichts im Rahmen des Aufhebungsantrags erfolgt.

Bei verspäteter Rüge oder bei einer Rüge, deren Verspätung genügend entschuldigt ist, tritt die Präklusionswirkung nicht ein.[627] Andererseits kann der Schiedsspruch daraufhin angefochten werden gem. § 1059 Abs. 2 Nr. 1 lit. d 2. Alt. ZPO, dass eine unzulässige Rüge vom Schiedsgericht zugelassen wurde. Die Gegenpartei der rügenden Partei ist in ihrem präsumtiven Vertrauen bezüglich der Schiedszuständigkeit schützenswert.

bb) Zwischenentscheid als Anknüpfungspunkt

Das Schiedsgericht hat über die Rüge der Unzuständigkeit, wie es in § 1040 Abs. 3 S. 1 ZPO lautet, „in der Regel durch Zwischenentscheid" zu befinden, wobei es nur eine die Zuständigkeit bejahende Entscheidung in Form des Zwischenentscheids treffen darf. Gegen diesen Zwischenentscheid des Schiedsgerichts ist der Zuständigkeitsantrag statthaft. Der Zuständigkeitsantrag ist binnen einen Monats (§ 1040 Abs. 3 S. 2 ZPO) nach schriftlicher Mitteilung des Zwischenentscheids einzulegen. Ein Rechtsschutzbedürfnis entfällt für den Antrag, wenn zwischenzeitlich schon ein Schiedsspruch erlassen wurde.[628] Die Wiedereinsetzung in die Monatsfrist ist möglich, weil ohne Verschulden kein Rechtsbehelf ausgeschlossen sein darf.[629]

Nicht von der Norm expressis verbis geregelt sind Fälle, in denen das Schiedsgericht berechtigt keinen Zwischenentscheid erlässt (aaa), keinen Zwischenentscheid erlässt, obwohl es hierzu verpflichtet ist (bbb), bzw. das Schiedsgericht seine Zuständigkeit verneint (ccc).

Art. V Abs. 2 S. 2 EuÜ regelt insofern überzeugend, dass die vom Schiedsgericht festgestellte Verspätung der Zuständigkeitsrüge von einem staatlichen Gericht überprüfbar sein kann.

625 *Lachmann*, HdB Schiedsgerichtspraxis, Rn. 706.

626 Siehe oben 3. Teil B. I. 1. d) und 1. Teil E. I. 3. a) bb).

627 So auch zur fristgerechten Rüge (und wohl auch zur verspäteten, aber genügend entschuldigten Rüge) *Voit*, in: Musielak, ZPO, § 1040 Rn. 13.
Auch nach Art. 5 Abs. 1 S. 2 EuÜ ist eine verspätete Zuständigkeitsrüge vom Schiedsgericht zuzulassen, wenn diese „auf einem von dem Schiedsgericht für gerechtfertigt erachteten Grund beruht".

628 BGH BeckRS 2013, 17556.

629 Siehe oben 3. Teil B. I. 2. b) cc).

aaa) Berechtigt erging kein Zwischenentscheid

Das Schiedsgericht muss nicht, sondern kann einen Zwischenentscheid erlassen. Es liegt ein Fall des intendierten Ermessens vor, da nach der gesetzlichen Wertung „in der Regel“ ein Zwischenentscheid ergehen soll. Wird dagegen die Zuständigkeit des Schiedsgerichts soweit ersichtlich nur zur Verfahrensverzögerung gerügt, kann das Schiedsgericht im Schiedsspruch hierüber entscheiden.[630] Die Fälle, in denen ein Zwischenentscheid nicht ergeht, sollten auf offenkundige oder allem Anschein nach rein verfahrenstaktische Rügen zur Prozessverschleppung auf Grund der gesetzlichen Wertung beschränkt bleiben. Hat die Rüge offensichtlich keine Aussicht auf Erfolg, braucht und sollte das Schiedsgericht keinen Zwischenentscheid erlassen. Es entscheidet dann im Rahmen des Schiedsspruches über diese Frage mit.

bbb) Unberechtigt erging kein Zwischenentscheid

Übt das Schiedsgericht sein Ermessen fehlerhaft aus,[631] indem es keinen Zwischenentscheid erlässt, obwohl keine Anhaltspunkte für eine verfahrenstaktische Rüge sprechen bzw. die Rüge durchaus Aussicht auf Erfolg hat, könnte einerseits die rügende Partei auf die Rechtsbehelfe gegen den Schiedsspruch verwiesen werden. Gegen eine gesonderte Anfechtung der Ermessensausübung könnte die Ähnlichkeit der Entscheidung zu verfahrensleitenden Beschlüssen ins Feld geführt werden.[632] Ist aber der Erlass eines Zwischenentscheids keine verfahrensleitende Maßnahme, kann das pflichtwidrige Unterlassen dessen ebenso wenig eine solche sein. Es wird nicht der anhängige Rechtsstreit gestaltet, sondern vielmehr ein anderes Verfahren verschlossen. Außerdem kann angeführt werden, dass die fehlerhafte Auffassung des Schiedsgerichts nicht den diesbezüglich gesetzlich vorgesehenen Rechtsschutz aufheben darf. Die rügende Partei wäre zur Rechtsverteidigung in einem von ihr als unzulässig bewerteten Schiedsverfahren gezwungen[633] und der Zweck der Regelung, möglichst frühzeitig die Zuständigkeit geklärt zu wissen, würde ausgehebelt. Insofern könnte die Forderung zu erheben sein, in diesen Fällen Rechtsschutz zu gewähren.[634] Verfassungsrechtlich stellt sich dieses Postulat nicht, da schließlich kein möglichst effizienter, sondern bloß ein effektiver Rechtsschutz gewährt werden muss, wofür ein nachfolgendes Aufhebungsverfahren ausreicht.

---

630 BT-Drs. 13/5274, S. 44.

631 *Schlosser*, in: Stein/Jonas, ZPO, § 1040 Rn. 12 deutet als Grund für die zurückhaltende Wahl des Zwischenentscheids das Gebühreninteresse der Schiedsrichter an.

632 So OLG Köln, Beschluss vom 20.7.2000, Az. 9 Sch 6/00.

633 Hierauf weist auch *Voit*, in: Musielak, ZPO, § 1032 Rn. 11 hin.

634 I.E. so *Voit*, in: Musielak, ZPO, § 1032 Rn. 11.
A.A. OLG Frankfurt SchiedsVZ 2013, 341 ff. (343); OLG Köln, Beschluss vom 20.7.2000, Az. 9 Sch 6/00. Der Linie des OLG Köln folgend: Schiedsgericht der Handelskammer Hamburg, SchiedsVZ 2007, 55 f. (56); *Schütze*, SchiedsVZ 2009, 244; *Geimer*, in: Zöller, ZPO, § 1040 Rn. 16.

Zur Rechtsschutzgewährung sollte jedenfalls nicht die Ermessensentscheidung isoliert anfechtbar sein.[635] In Betracht kommt allenfalls, dass ein Zuständigkeitsantrag trotz Nichtergehens eines Zwischenentscheids statthaft ist. In diesem Fall müsste in einer Vorstufe die Ermessensentscheidung des Schiedsgerichts über die Nichtzulassung Prüfungsgegenstand sein, weil anderenfalls die gesetzliche Wertung, dem Schiedsgericht einen Entscheidungsspielraum zu überlassen, untergraben würde. Denn würde das staatliche Gericht unabhängig von der schiedsgerichtlichen Entscheidung zur Sache entscheiden, würde der rügenden Partei immer ein Zuständigkeitsantrag zustehen. Dies würde aber der in § 1040 Abs. 3 ZPO manifestierten gesetzgeberischen Intention widersprechen. Nur wenn ein Ermessensfehler vorliegt, also das Schiedsgericht die ihm speziell eingeräumte schiedsgerichtlichen Entscheidungsautonomie übertreten hat, würde in der Folge das Gericht zur Sache entscheiden können. Läge kein Ermessensfehler vor, müsste das staatliche Gericht den Antrag ablehnen, selbst wenn es in der Sache die schiedsgerichtliche Zuständigkeit verneinen würde. Jedenfalls würde die Prüfung aufgebläht und der Rechtsschutz für die rügende Partei kaum verbessert.

De lege ferenda ist daher eine Lösung vorzuziehen, wonach immer das Schiedsgericht per Zwischenentscheid zu richten hat. Gegen diesen Zwischenentscheid könnte die rügende Partei den Zuständigkeitsantrag stellen. Das Schiedsgericht könnte, wenn es die Rüge für verfahrenstaktisch hält, das Schiedsverfahren nach § 1040 Abs. 3 S. 3 ZPO trotzdem fortsetzen. Außerdem muss der Zwischenentscheid nicht binnen einer Frist ergehen. Zwar hält die Verfahrensförderungspflicht das Schiedsgericht zu einer zeitnahen Entscheidung an. Dies schließt es gleichwohl nicht generell aus, dass der Zwischenentscheid mitunter unmittelbar vor dem Schiedsspruch erlassen wird. Da der Zwischenentscheid kein Schiedsspruch ist,[636] muss er

---

635 Vgl. *Huber*, in: Böckstiegel, Arbitration in Germany, § 1040 Rn. 28.

636 So auch OLG Hamburg SchiedsVZ 2009, 71 f.; *B/L/A/H*, ZPO, § 1040 Rn. 4; *Saenger*, ZPO, § 1040 Rn. 10.
A.A. *Rehm*, Schiedsgerichtsbarkeit im Rechtssystem, Rn. 378 ff. Dies folgt nach ihm aus einer verfassungskonformen Auslegung, da die Schiedsgerichtsbarkeit mit der Staatsgerichtsbarkeit von Verfassungs wegen gleichzustellen sei. Selbst bei Annahme einer pauschalen Gleichstellung ergibt sich aus keiner Bestimmung im GG, dass in concreto der Zwischenentscheid einem Schiedsspruch gleichstehen muss.
Allein wegen des Terminus „Zwischenentscheid" kann ihm nicht eine Schiedsspruchqualität in Abrede gestellt werden, vgl. *Synatschke*, Unzuständigkeitserklärung, S. 93. In Betracht käme allenfalls die Annahme eines Teilschiedsspruchs, der sich aber nach § 1040 Abs. 3 ZPO auf einen abgrenzbaren Teil beziehen müsste, und nicht wie bei einem Zwischenentscheid auf die gesamte Entscheidung. Bei dem Zwischenentscheid handelt es sich um eine Entscheidungsform sui generis. Zur Abgrenzung des Zwischenentscheids gegenüber prozessleitenden Maßnahmen BayObLG SchiedsVZ 2004, 163 ff. (164). Zur Schiedsspruchdefinition unten 3. Teil B. II. 4. a).

insbesondere nicht den Formerfordernissen des § 1054 ZPO genügen[637]. Sein Erlass benötigt kaum Aufwand und es entsteht keine spürbare Verzögerung. Andererseits wird das Schiedsgericht ohnehin seine Zuständigkeit prüfen, selbst wenn es hierüber erst mit dem Schiedsspruch nach außen hin seine Entscheidung kundtun wollte. Die Entscheidung dürfte dahingehend getroffen worden sein, dass sich das Schiedsgericht für zuständig hält. Es würde nicht angehen, wenn das Schiedsgericht trotz Rüge das Schiedsverfahren weiterlaufen lässt und im Schiedsspruch seine Zuständigkeit verneint. Insofern dürfte die Neuregelung zu einer früheren Entscheidung über die Zuständigkeitsfrage führen.

Gegen eine entsprechende Abänderung der Norm spricht gewichtig nur, dass damit von Art. 16 Abs. 3 UNCITRAL-Modellgesetz abgewichen wird. Das Prinzip der internationalen Harmonisierung der Schiedsverfahrensordnungen darf andererseits mitnichten zu einer Fixierung unsachgemäßer Regeln führen.

ccc) Zuständigkeitsnegierende Entscheidung

Der Zwischenentscheid kann nur auf Zulässigkeit des Schiedsverfahrens lauten Anderenfalls muss, anders als in Art. 16 Abs. 3 S. 1 UNCITRAL-Modellgesetz vorgesehen, im deutschen Recht[638] nach dem BGH ein Prozessschiedsspruch ergehen,[639] in dem das Gericht auch über seine Kosten entscheiden kann[640]. Für die Differenzierung zwischen Zwischenentscheid und Prozessschiedsspruch ist nicht die Bezeichnung, sondern der Entscheidungsinhalt maßgebend.[641]

Soweit in der Literatur[642] demgegenüber vertreten wird, dass ein nicht-anfechtbarer Einstellungsbeschluss zu ergehen habe, ist zu entgegen, dass der Wortlaut

---

637 Gegen eine entsprechende Anwendung von § 1054 ZPO auch *Voit*, in: Musielak, ZPO, § 1040 Rn. 9. Das OLG Frankfurt, Beschluss vom 6.9.2001, Az. 3 Sch 2/00, hat diese Frage offengelassen.

638 *UNCITRAL*, Digest, S. 81, 138 zur anderen Ansicht des Court of Appeals in Singapur. Für das internationale Schiedsrecht hat der singapurische Gesetzgeber mit chapter 143A sec. 10 para. 3 Singapore International Arbitration Act 2012 reagiert. Danach ist die Entscheidung über die Nichtzuständigkeit vor einem staatlichen Gericht (High Court) anfechtbar.

639 BGH SchiedsVZ 2003, 39 ff. (39 f.).

640 So auch BGH NJW 2002, 3031 ff. (3032 f.); *Schwab/Walter*, Schiedsgerichtsbarkeit, Kap. 33 Rn. 4.
A.A. grundsätzlich *Greenberg/Secomb*, AI 2002, 133.

641 BGH SchiedsVZ 2003, 39 ff. (39 f.). Der BGH hatte über eine kunstvoll als „Teil-Prozess-Schiedsspruch Zwischenentscheid" betitelte Entscheidung zu befinden.

642 *Voit*, in: Musielak, ZPO, § 1040 Rn. 8; Heinrich, FS Musielak, S. 598 ff.
Ohne nähere Begründung *Voit* widersprechend *Kremer/Weimann*, SchiedsVZ 2007, 240; mit teilweise anderer Begründung *Rehm*, Schiedsgerichtsbarkeit im Rechtssystem, Rn. 394; ferner: *Haas*, SchiedsVZ 2010, 293 f.; *Schmidt*, Typologie von Schiedssprüchen, S. 107, 116; *Lühmann*, Rechtskraft des Schiedsspruchs, S. 39; *Lachmann*, in: DIS, Schiedsspruch, S. 6 f.; *B/L/A/H*, ZPO, § 1040 Rn. 4.

des § 1056 Abs. 2 Nr. 3 ZPO diesen Fall nicht vorsieht und der Gesetzgeber die Entscheidung durch Prozessschiedsspruch intendierte[643]. Einer Entscheidung eines unzuständigen Schiedsgerichts keine Schiedsspruchsqualität beimessen zu können, begegnet keinen grundsätzlichen Bedenken.[644] Zum Einen ist anzuführen, dass korrespondierend zur staatlichen Entscheidung über eine begründete Schiedseinrede, die zu einem Prozessurteil führt, ein Prozessschiedsspruch folgerichtig ist.[645] Zum Anderen wird dem Schiedsgericht gerade vom Gesetz die Kompetenz zugeteilt, über seine Unzuständigkeit zu entscheiden.[646]

Problematisch ist vielmehr, dass die Aufhebungsgründe im deutschen Recht[647] nach § 1059 ZPO nicht für eine solche Konstellation konzipiert sind.[648] Der BGH erkannte dies zwar, entschied aber dennoch, dass nur die enumerativ aufgeführten Aufhebungsgründe gelten.[649] Eine analoge Anwendung verböte sich. Dem

---

643 Vgl. BT-Drs. 13/5274, S. 44.

644 Das OLG Hamburg, NJW-RR 2000, 806 f. (806), verneinte in einem obiter dictum generell bei Unzuständigkeitserklärung eine Schiedsspruchsqualität.
Zur Schiedsspruchseigenschaft siehe auch unten 3. Teil B. III. 1. C aa) bbb) δ).
Voit, a.a.O, führt an, dass, wenn die Parteivereinbarung Grundlage des Schiedsverfahrens sei, es bei deren Fehlen zu keinem „Urteilsausspruch" kommen könne. Mit diesem Argument kann aber auch seine Ansicht, dass ein Einstellungsbeschluss ergehen müsse, angegriffen werden. Denn auf seiner Linie ist kein Grund ersichtlich, warum das Schiedsgericht zur Einstellungsentscheidung befugt sein soll. Konsequent wäre es hingegen, nur eine nicht-förmliche Entscheidung für möglich zu halten, die ohne Kostenausspruch ergehen darf.
Hußlein-Stich, UNCITRAL-Modellgesetz, S. 91 meint, dass ein Prozessschiedsspruch ein „Quasi-Schiedsspruch" sei, da das Schiedsgericht auf Grund seiner Unzuständigkeit keinen Schiedsspruch erlassen könne.
Eine Schiedsspruchqualität i.S.d. NYÜ verneinen auch *Greenberg/Secomb*, AI 2002, 132.

645 Selbst *Voit*, in: Heinrich, FS Musielak, S. 600, räumt die Plausibilität dieses Arguments ein.

646 Wie *Calavros*, in: Lindacher, FS Habscheid, S. 73 f. aufzeigt, wird die Entscheidungsbefugnis der Schiedsrichter nicht nur durch den Schiedsrichtervertrag, sondern auch durch das Gesetz (und nach ihm durch die Parteianträge) begründet (hierzu auch oben 1. Teil B. I. 2. a). Seine Ausführungen zum griechischen Recht können nach seiner zutreffenden Einschätzung (S. 65) auf das deutsche Recht übertragen werden.

647 Anders etwa Art. 190 Abs. 2 lit. b schwIPRG, § 611 Abs. 2 Nr. 1 2. Var. öZPO und Art. 15/A Abs. 2 Nr. 1 lit. d türkisches Gesetz über die internationale Schiedsgerichtsbarkeit (letzteres abgedruckt bei *Uzar*, Rechtsmittel, S. 305).
In der Ausarbeitung des UNCITRAL-Modellgesetzes war über die Einführungen einer expliziten Anfechtungsmöglichkeit eines Unzuständigkeitsentscheids beraten worden, vgl. UN-Doc. A/CN.9/WG.II/WP.40, S. 81.

648 Vgl. *Huber*, SchiedsVZ 2003, 75; *Osterthun*, Schadensfälle, S. 96 f.

649 SchiedsVZ 2003, 39 ff. (40.) mit zu Recht kritischer Anm. *Münch* (41 ff.).

Schiedskläger sei eine etwaige Unanfechtbarkeit zuzumuten, da er den staatlichen Gerichtsweg beschreiten könne.

Der Auffassung des BGH ist mit Teilen der Literatur zu widersprechen.[650] Aufgeworfen wird das Problem der Rechtsschutzversagung, welches schon in der Konstellation der erfolgreichen Schiedseinrede bei Zuständigkeitsverweigerung des Schiedsgerichts thematisiert wurde.[651] Dort wurde auch darauf eingegangen, dass unter Umständen nur ein Schiedsverfahren effektiven Rechtsschutz gewährleisten kann, insbesondere wenn den Parteien an der Sachrechtswahl und der Verfahrensvertraulichkeit gelegen war. Der BGH sah zwar dieses Problem im Ansatz, führte aber aus: „Dass hierdurch [durch die Nichtaufhebung, Anm. d. Verf.] in Einzelfällen die Rechtsverfolgung erschwert werden kann, führt nicht zu einer anderen Beurteilung."[652]

Die Statthaftigkeit des Schiedsverfahrens ist eine Forderung aus Art. 2 Abs. 1 GG.[653] Dies bedeutet nicht, dass der Staat proaktiv für eine Durchführung Sorge zu tragen hat. Sind allerdings staatliche Gerichte angerufen, so haben sie der Privatautonomie zum Erfolg zu helfen und dürfen sie nicht beiseiteschieben.[654] Bis zu einer entsprechenden gesetzlichen Normierung ist die Rechtsprechung aufgerufen, die Aufhebungsgründe des § 1059 ZPO entsprechend aufzufassen. Genauer gesagt ist bei der Auslegung des § 1059 Abs. 2 Nr. 1 lit. b 3. Var. ZPO der Wortlaut in den Vordergrund zu rücken.[655] Nach dem Normwortlaut kann die Aufhebung erfolgen, wenn der Antragsteller „aus einem anderen Grund seine Angriffs- oder Verteidigungsmittel nicht hat geltend machen können". Unter dem Wortlaut aus einem „anderen Grund" kann ein Prozessschiedsspruch subsumiert werden. Gleichwohl dürfte der Gesetzgeber damit, wie sich auch aus der systematischen Stellung zu

---

650 Ebenso *Münch*, SchiedsVZ 2003, 42 f.; *Rehm*, Schiedsgerichtsbarkeit im Rechtssystem, Rn. 398 ff. *Lachmann*, HdB Schiedsgerichtspraxis, Rn. 2072 f. hält die Kritik an der Rechtspr. für „berechtigt", gleichwohl sei die Rechtspr. „mindestens vertretbar". An anderer Stelle (Rn. 1724 ff.) führt er aus, dass aus dem Grundsatz der Waffengleichheit die Aufhebbarkeit des unberechtigten Prozessschiedsspruches folge. *Voit*, in: Heinrich, FS Musielak, S. 603 meint demgegenüber, dass dieser Grundsatz nur innerhalb des Verfahrens greift.

651 Siehe oben 3. Teil B. I. 1. d).

652 SchiedsVZ 2003, 39 ff. (40.)

653 Siehe oben 1. Teil D. I. 2.

654 *Münch*, SchiedsVZ 2003, 42 meint, dass der BGH der Schiedsvereinbarung „den allemal gebotenen Respekt versagt" habe.

655 A.A. *Synatschke*, Unzuständigkeitserklärung, S. 126 f. (und grundlegend S. 128 ff.); *Sponheimer*, Legalanerkenntnis, S. 162 f. Dieser will zur Abhilfe § 1040 Abs. 3 S. 2 ZPO analog anwenden (S. 166). *Schlosser*, in: Stein/Jonas, ZPO, § 1059 Rn. 16 will hingegen § 1059 Abs. 2 Nr. 1 lit. a ZPO anwenden. Dieser regelt den umgekehrten Fall der ungültigen Schiedsvereinbarung, so dass eine analoge Anwendung zurücksteht. Eine Umkehrung des Regelungsgehaltes wäre auch bei der vorgeschlagenen (*Schmidt*, Typologie von Schiedssprüchen, S. 119) Anwendung von § 1059 Abs. 2 Nr. 1 lit. c ZPO nötig.

den anderen Varianten ergibt, eher die Fälle eines partiellen Gehörausschlusses im Verfahren gemeint haben.[656] Deshalb ist das Argument, dass, wenn der Gesetzgeber schon einen partiellen Ausschluss als Aufhebungsgrund ansah, erst recht ein totaler Ausschluss aufhebbar sein müsse, nicht zwingend. Ein etwaig entgegenstehender Wille wird jedoch angesichts des verfassungsrechtlichen Postulats überspielt. Dies eröffnet einen Weg, den sich selbst der BGH in der diskutierten Entscheidung offen gelassen hat.[657]

b) Entsprechende Anwendung in der Mehrbeteiligten-Schiedsgerichtsbarkeit

Fraglich ist, inwieweit die vorstehenden Ausführungen auf die Mehrbeteiligten-Schiedsgerichtsbarkeit übertragbar sind. Insofern werden nachstehend die Problemfelder betrachtet werden, die durch die Streitverkündung und durch die Nebenintervention entstehen.

aa) Rechtsschutz für den Streitverkündungsempfänger

Wenn während des Schiedsverfahrens einem Dritten der Streit verkündet wird, sollte dieser nicht minder als eine Schiedspartei um effektiven Rechtsschutz ersuchen können. Dem Streitverkündungsempfänger ist nicht zuzumuten, sich entweder auf das Verfahren einzulassen, obwohl er seine Einbeziehung für unzulässig erachtet, oder das Verfahren zu ignorieren und damit das Risiko einzugehen, dass eine Interventionswirkung bejaht wird.

Ein Zulässigkeitsantrag nach § 1032 Abs. 2 ZPO ist nach dem Wortlaut unstatthaft, da das Schiedsgericht bereits gebildet sein wird. Zur Gewährung effektiven Rechtsschutzes ist dem Streitverkündungsempfänger deshalb in entsprechender Anwendung des § 1040 Abs. 2, 3 ZPO ein Zuständigkeitsverfahren zu eröffnen.[658] Eine planwidrige Regelungslücke liegt ebenso wie eine vergleichbare Interessenlage vor. Denn dem Streitverkündungsempfänger ist ebenso wenig wie einer Schiedspartei

656 BT-Drs. 13/5274, S. 59 spricht von einer „Behinderung in den Angriffs- oder Verteidigungsmitteln“ und nicht von einem Ausschluss bzw. völligen Versagung.

657 BGH SchiedsVZ 2003, 39 ff. (40): „Behinderung in den Angriffs- oder Verteidigungsmitteln (§ 1059 Abs. 2 Nr. 1 lit. b ZPO) hat die Ast. nicht geltend gemacht.“ Und weiter: „Der auf Unzuständigkeit des Schiedsgerichts erkennende Schiedsspruch unterliegt wie jeder andere (inländische) Schiedsspruch der Aufhebung in den - hier jedoch nicht gegebenen - Fällen des § 1059 Abs. 2 Nr. 1 lit. b und d, Nr. 2 ZPO.“

658 *Schlosser*, a.a.O. plädiert für eine analoge Anwendung des § 1032 ZPO. Nach Konstituierung des Schiedsgerichts soll diesem aber das Erstzugriffsrecht bezüglich der Kompetenzfrage zukommen, weshalb der Weg über ein Zuständigkeitsverfahren zu präferieren ist.
Synatschke, Unzuständigkeitserklärung, S. 296 sieht in der schiedsgerichtlichen Entscheidung über die Drittbeteiligung einen Schiedsspruch und kommt so zur Statthaftigkeit eines Aufhebungsantrages. Nach hier vertretener Schiedsspruchsdefinition, siehe unten 3. Teil B. III. 1. aa) bbb) δ), liegt ein solcher nicht vor.

das Durchlaufen eines für unzulässig gehaltenen Verfahrens zuzumuten. Dabei sollte das Verfahren nicht getreu dem Wortlaut ablaufen, da bis Abschluss des Schiedsverfahrens nicht zwingend ein staatliches Gericht die Zuständigkeit des Schiedsgerichts überprüfen kann. Dem Streitverkündungsempfänger ist anders als der Schiedspartei der Zulässigkeitsantrag abgeschnitten, der zwingend eine staatsgerichtliche Kontrolle ermöglicht. Erhebt der Streitverkündungsempfänger unverzüglich die Rüge gegen seine Einbeziehung, hat das Schiedsgericht zwingend per Zwischenentscheid über die Zulässigkeit der Streitverkündung zu richten, damit dem Streitverkündungsempfänger die staatsgerichtliche Kontrolle seiner Einbeziehung ermöglicht wird.

bb) Rechtsschutz im Falle der Nebenintervention

aaa) Arbitrale Besonderheiten der Nebenintervention

Der Erläuterung des Zuständigkeitsverfahrens im Fall einer Nebenintervention sollen grundlegende Bemerkungen zur Nebenintervention im Schiedsverfahrensrecht vorangestellt werden.

Die Grundsätze für die Streitverkündung gelten ebenso für die Nebenintervention. Die Nebenintervention ist im Schiedsverfahrensrecht zulässig, wenn die Schiedsvereinbarung alle Beteiligten hinreichend erfasst,[659] und das regelmäßig erforderliche Einverständnis des Schiedsgerichts vorliegt[660]. Ob der Nebenintervenient mit der Schiedsrichterbank einverstanden ist, ist irrelevant, da er das Verfahren nach § 67 HS. 1 ZPO so anzunehmen hat, wie er es vorfindet.[661]

---

659 H.M., vgl. *Voit*, in: Musielak, ZPO, § 1042 Rn. 10 f. m.w.N.
A.A. *Sponheimer*, Legalanerkenntnis, S. 203 f. Nach ihm habe die Privatautonomie und Geheimhaltung hinter den Drittinteressen bei einer Nebenintervention zumindest dann zurückzutreten, wenn die Schiedsparteien sich nicht über den Streitgegenstand vergleichen können. In dieser Situation sei eine Zustimmung der Schiedsparteien bzw. des Schiedsgerichts entbehrlich. Diese Ansicht wirft allerdings das Folgeproblem auf, ob die Schiedsparteien potentielle Nebenintervenienten über das Schiedsverfahren informieren müssten, da diese ansonsten regelmäßig wegen der in camera ablaufenden Schiedsgerichtsbarkeit keinerlei Kenntnismöglichkeit haben. Das Problem der Wirkung des Schiedsspruches auf Dritte sollte eher über die Schiedsfähigkeit gelöst werden. Außerdem weist *Geimer*, in: Böckstiegel, Beteiligung Dritter, S. 80 berechtigt darauf hin, dass die Frage des zwangsweisen Hineindrängens in das Verfahren ungeklärt und mit weiteren Problemen behaftet ist.

660 Vgl. OLG Stuttgart BeckRS 2009, 13147.

661 So i.E. auch *Hamann/Lennarz*, SchiedsVZ 2006, 291; *Massuras*, Mehrparteienschiedsgerichtsbarkeit, S. 479 ff. der dies auf die fehlende Parteistellung des Streithelfers und das befürchtete Übergewicht in der Schiedsrichterbank stützt. *Mönnikes*, SchiedsVfG, S. 83 stellt ebenso wie *Massuras* auf die formale Nicht-Parteistellung des Nebenintervenienten ab.

bbb) Rechtsschutz für die Schiedspartei

Möchte ein Dritter als Streithelfer dem Verfahren beitreten, so entscheidet hierüber das Schiedsgericht in Form einer Zwischenentscheidung.[662] Sollte das Schiedsgericht den Beitritt ablehnen, entsteht für den Dritten grundsätzlich kein besonderes Rechtsschutzbedürfnis, da schließlich die Rechtskraft des Schiedsspruches ihn nicht erfasst.

Sollte beim Schiedsgericht ein Beitrittsgesuch gegen den Willen einer Schiedspartei gestellt werden, so steht – abgesehen von § 1027 ZPO und § 1040 Abs. 2, 3 ZPO – kein Rechtsbehelf der übergangenen Schiedspartei beiseite. Der Zulässigkeitsantrag ist im Falle der Streithilfe nicht statthaft, weil das Schiedsgericht konstituiert sein wird. Die Möglichkeit der Schiedsrichterablehnung wird regelmäßig keinen ausreichenden Rechtsschutz vermitteln, weil die Zulassung des Nebenintervenienten an sich keinen Befangenheitsgrund darstellt. Und schließlich hilft selbst die Annahme einer Kündigungsmöglichkeit des Schiedsvertrages aus § 314 BGB der übergangenen Schiedspartei nicht weiter, wird doch hierdurch der arbitrale Rechtsschutz gänzlich ausgeschlossen.

Fraglich ist, ob die Rüge der partiellen Kompetenzübertretung gegenüber dem Schiedsgericht nach § 1040 Abs. 2 S. 3 ZPO Rechtsschutz vermitteln kann. Diese Rüge ist Art. 5 Abs. 1 S. 1 HS. 2 EuÜ nachgebildet,[663] wobei nicht der „Streitpunkt", sondern die „Angelegenheit" die Befugnisse des Schiedsgerichts überschreiten muss. Der Begriff „Angelegenheit" ist nicht legaldefiniert. Er ist wie in § 1032 Abs. 1 ZPO nicht mit „Streitgegenstand" gleichzusetzen,[664] und bezieht sich im Kontext des § 1040 Abs. 2 ZPO jedenfalls nicht auf rein prozessuale Maßnahmen[665]. Insofern spricht viel dafür, die Zulassung eines Streithelfers nicht als „Angelegenheit" im Sinne des § 1040 Abs. 2 S. 3 ZPO anzusehen.

Wird die Statthaftigkeit der Rüge hingegen bejaht, ist damit aus Sicht der rügenden Partei nicht viel gewonnen. Das Schiedsgericht dürfte seine Meinung wohl kaum ändern und kann über die Rüge auch erst mit dem Schiedsspruch entscheiden. Bevor aber das Verfahren unter Beteiligung des Streithelfers weiterläuft, muss die Zulässigkeit der Beteiligung durch ein staatliches Gericht überprüft werden können. Mit der Zulassung des Streithelfers wird schwerwiegend in die Verfahrensvertraulichkeit eingegriffen.[666] Insbesondere wenn Betriebs- und Geschäftsgeheimnisse zur Rechtsverteidigung offenbart werden müssten, würde Art. 12 Abs. 1 GG respektive Art. 14 Abs. 1 GG verletzt.[667] Den konzeptionell erkenn- und beherrschbaren Eingriff

---

662 Siehe zur fehlenden Schiedsspruchеigenschaft unten 3. Teil B. III. 1. aa) bbb) δ).

663 BT-Drs. 13/5274, S. 43.

664 Siehe oben 3. Teil B. I. 1. c).

665 Vgl. *Münch*, in: MüKo-ZPO, § 1040 Rn. 17.

666 *Geimer*, in: Böckstiegel, Beteiligung Dritter, S. 80 befürchtet einen „irreparablen Schaden" durch Fehlentscheidungen des Schiedsgerichts in dieser Hinsicht.

667 Zum Schutzbereich der Betriebs- und Geschäftsgeheimnisse BVerfG NVwZ 2006, 1041 ff. (1042, 1046).

des Schiedsgerichts hat sich der Staat zuzurechnen. Deshalb ist er aufgerufen, einen effektiven Rechtsbehelf gegenüber einem ordentlichen Gericht zur Abhilfe zuzulassen.

In Parallele zur Situation für den Streitverkündungsempfänger, sollte de lege ferenda geregelt sein, dass zwingend ein Zwischenentscheid ergeht. Bis dahin ist die Entscheidung des Schiedsgerichts über die Zulassung des Streithelfers als Zwischenentscheid im Sinne des § 1040 Abs. 3 S. 1 ZPO zu werten.[668]

Das Ermessen des Schiedsgerichts nach § 1040 Abs. 3 S. 3 ZPO ist weiter insoweit reduziert, als das Schiedsgericht sein Verfahren während des anhängigen Zuständigkeitsantrags auszusetzen hätte, wenn die Schiedspartei vertrauliche Informationen preisgeben müsste.

c) Begründetheit des Zuständigkeitsantrags

Der Zuständigkeitsantrag ist begründet, wenn das Schiedsgericht generell im Fall von § 1040 Abs. 2 S. 1, 2 ZPO, bzw. partiell im Fall von § 1040 Abs. 2 S. 3 ZPO, unzuständig ist.

d) Bindungswirkung der Entscheidung über den Zuständigkeitsantrag

Die Entscheidung des OLG über den Zuständigkeitsantrag ergeht in Beschlussform nach § 1063 Abs. 1 S. 1 ZPO. Die Entscheidung bindet sowohl staatliche Gerichte, etwa in einem nachfolgenden Aufhebungsverfahren, als auch das Schiedsgericht.[669] Deshalb wird ein Schiedsspruch, der während des staatlichen Verfahrens nach § 1040 Abs. 3 S. 3 ZPO ergehen kann, nichtig mit der die Zuständigkeit verneinenden Entscheidung des staatlichen Gerichts.

2. Rechtsschutz gegen den Schiedsrichter

Während des Schiedsverfahrens kann die Schiedspartei nicht nur die Zuständigkeit des Schiedsgerichts an sich prüfen lassen durch die soeben aufgezeigte Möglichkeit des Zuständigkeitsantrags. Sie kann auch um Rechtsschutz im Hinblick auf den oder die Schiedsrichter ersuchen. Dies wird nachstehend begutachtet.

a) Gemeinsamkeiten aller Rechtsbehelfe

Gemeinsamkeit aller in diesem Abschnitt beschriebenen Rechtsbehelfe ist, dass die OLG-Instanz nach § 1062 Abs. 1 Nr. 1 ZPO eröffnet ist und dass die OLG-Entscheidung

---

Weitere Beispiele (etwa Sicherung von Wettbewerbsvorteilen und Vermeidung von Imageschäden) für ein Vertraulichkeitsinteresse benennt *Kahlert*, Vertraulichkeit, S. 51 ff.

668 So wohl auch *Geimer*, in: Böckstiegel, Beteiligung Dritter, S. 81.

669 Dies folgt aus der gesetzlich angeordneten Zuständigkeitsverteilung; siehe die übertragbare Argumentation zum Zulässigkeitsantrag oben 3. Teil B. I. 1. d).

unanfechtbar ist gem. § 1065 Abs. 1 S. 2 ZPO. Ferner sind für alle Rechtsbehelfe deutsche Gerichte gem. § 1025 Abs. 3 ZPO expressis verbis zuständig, wenn der Schiedsort noch unbestimmt ist und „der Beklagte oder der Kläger seinen Sitz oder seinen gewöhnlichen Aufenthalt in Deutschland hat."

b) Fallgruppe „Unausgewogene Schiedsrichterbank"

Entsteht durch eine Schiedsrichterernennung oder eine nachträgliche Mehrbeteiligten-Schiedsgerichtsbarkeit eine unausgewogene Schiedsrichterbank, steht der benachteiligten Partei der Antrag folgend § 1034 Abs. 2 ZPO zur Verfügung. Besonderheit ist nach der Konstituierung nur, dass während des gerichtlichen Verfahrens das Schiedsgericht gem. § 1034 Abs. 2 S. 3 i.V.m. § 1032 Abs. 3 ZPO das Schiedsverfahren fortführen kann.

c) Schiedsrichterablehnungsverfahren

Der Schiedsrichter muss, um dem Verfahrensgrundrecht des fairen Verfahrens und den Vorgaben der EMRK zu genügen, bei nicht gewährleisteter Unparteilichkeit abgelehnt werden können.[670] Diesen bereits beschriebenen Vorgaben entspricht § 1036 Abs. 2 S. 1 ZPO, wonach bei berechtigten Zweifeln an der Unparteilichkeit bzw. Unabhängigkeit der Schiedsrichter abgelehnt werden kann. Hinzu tritt nach jener Norm die Möglichkeit der Ablehnung, wenn der Schiedsrichter die zwischen den Parteien vereinbarten Voraussetzungen nicht erfüllt. Die Ausgestaltung des Verfahrens zur Schiedsrichterablehnung ist in § 1037 ZPO normiert und wird nunmehr besprochen werden.

aa) Allgemeines

Die Schiedsparteien können ein Schiedsrichterablehnungsverfahren gem. § 1037 Abs. 1 ZPO selbst ausgestalten und nach dem OLG Hamburg sogar abbedingen[671]. Ist keine Parteivereinbarung insoweit getroffen, greift die gesetzliche Regelung nach § 1037 Abs. 2 ZPO, wonach eine Entscheidung des Schiedsgerichts eingeholt werden kann. Erst wenn das jeweilige Verfahren nach Abs. 1 oder Abs. 2 erfolglos blieb, kann die einen Schiedsrichter ablehnende Partei das zuständige OLG gem. § 1037 Abs. 3 ZPO über eine entsprechende Entscheidung anrufen.[672] Der Zugang zum staatlichen Gericht kann nach § 1037 Abs. 1 ZPO nicht abbedungen werden. Gleichwohl kann die für die Schiedsgerichtsbarkeit recht lange einmonatige Frist zur Einlegung des Rechtsbehelfs vor dem staatlichen Gericht durch Parteivereinbarung

---

670 Siehe oben 1. Teil D. I. 3. a) cc) und II. 1. d).

671 SchiedsVZ 2006, 55 f. (56). Zum Meinungsstand in der Lit. *Lachmann*, HdB Schiedsgerichtspraxis, Rn. 1089 f.

672 Das OLG München, SchiedsVZ 2008, 102 ff. (103) meint zu Recht, dass das Verfahren nach § 1037 Abs. 3 ZPO eröffnet ist, wenn im Verfahren nach Abs. 2 der Schiedsrichter bloß erklärte, er trete nicht zurück.

gem. § 1037 Abs. 3 S. 1 HS. 2 ZPO abgeändert werden. Dies hat keine Entsprechung in Art. 13 UNCITRAL-Modellgesetz, obwohl dieser eine ähnliche Frist (30 Tage) vorsieht. Zulässig ist eine angemessene Verkürzung der Frist,[673] die den Rechtsschutz nicht faktisch unmöglich macht. Ebenfalls ist es den Parteien unbenommen – entgegen einer Literaturansicht[674] - den Fristbeginn anders als gesetzlich (Kenntniserlangung der Entscheidung) festzulegen. Neben dem offenen Wortlaut des § 1037 Abs. 3 S. 1 ZPO, wonach die Parteien eine andere Frist vereinbaren können, spricht gerade der Vergleich zu §§ 224 f. ZPO dafür, eine Vereinbarung auch über den Fristbeginn zuzulassen, da in diesen Normen expressis verbis eine Vereinbarung auf die Fristdauer beschränkt wird. Schließlich spricht die Gesetzesbegründung gegen die Literaturansicht.[675] Denn in der Gesetzesbegründung wird die Parteidispositionsbefugnis betont und herausgestellt, dass eine Einschränkung dieser nur geboten ist, „als es um die gerichtliche Entscheidung als solche geht."

Schließlich ist eine Wiedereinsetzung in die gesetzliche Frist möglich.[676] Ohne das Verschuldenserfordernis kann kein Rechtsbehelf ausgeschlossen sein.

bb) Zulässigkeit des Schiedsrichterablehnungsverfahrens trotz Schiedsspruch

Das Schiedsverfahren kann nach § 1037 Abs. 3 S. 2 ZPO während der Anhängigkeit fortgeführt werden und es kann ein Schiedsspruch ergehen. Dies führt zu Abstimmungsschwierigkeiten zwischen dem Ablehnungsverfahren gegen den Schiedsrichter und dem Aufhebungsverfahren gegen den Schiedsspruch, denen nunmehr nachgegangen wird.

Das RG war der Ansicht, dass das Schiedsrichterablehnungsverfahren trotz Schiedsspruch fortgeführt werden kann.[677] Sollte das Verfahren noch nicht beendet sein, sei solange ein etwaiges Aufhebungsverfahren auszusetzen.[678] Nach der BGH-Rechtsprechung vor dem SchiedsVfG hingegen ist ein Ablehnungsverfahren unzulässig, wenn vor seiner Antragsstellung ein Schiedsspruch erging.[679] Diese Auffassung

---

673 Nach § 16 Abs. 3 a.E. WV-SchO ist das Ablehnungsgesuch innerhalb von zwei Wochen nach Bekanntgabe der Entscheidung zu stellen.
Schlosser, in: Stein/Jonas, ZPO, § 1037 Rn. 5 meint ohne näheres Eingehen, dass die Frist nicht unter 10 Tagen liegen dürfe.

674 *Münch*, in: MüKo-ZPO, § 1037 Rn. 23: nur Vereinbarung über Fristdauer.

675 BT-Drs. 13/5274, S. 42.

676 Siehe oben 3. Teil B. I. 2. b) cc) bbb).

677 RGZ 148, 1 ff. (2). Demgegenüber verneint das Gericht in Fortführung von RGZ 145, 171 f. (171), dass im Aufhebungsverfahren über die Schiedsrichterablehnung zu entscheiden ist, wenn hierüber vor Schiedsspruchererlass noch nicht entschieden wurde. Das Gericht stellt darauf ab, dass für die Schiedsrichterablehnung ein Beschluss-, und für die Aufhebung ein Klageverfahren vorgesehen ist. Dieser Unterschied ist seit dem SchiedsVfG eingeebnet.

678 RGZ 148, 1 ff. (3).

679 So BGH NJW 1999, 2370 ff. (2371) m.N. auf die ständige Rechtspr. Der BGH, NJW 1952, 27, führte aus: „Die Ablehnung eines Schiedsrichters kann nur im

ist nunmehr nicht unumstritten.[680] Auch die Frage, ob ein bereits vor einem staatlichen Gericht anhängiges Schiedsrichterablehnungsverfahren sich erledigt, wenn ein Schiedsspruch ergeht, ist umstritten.[681]

In der gesetzlichen Regelung des § 1037 Abs. 3 ZPO gibt es keinen Hinweis, dass durch einen Schiedsspruch ein Schiedsrichterablehnungsverfahren vor dem staatlichen Gericht unzulässig wird.[682] Grundsätzlich kann ein Entfallen des Rechtsschutzbedürfnisses in Frage kommen, wenn ein rechtsschutzintensiveres Verfahren eröffnet ist.[683] Das Aufhebungsverfahren nach § 1059 ZPO scheint rechtsschutzintensiver, da die Aufhebung des Schiedsspruches herbeigeführt werden kann und bei Verdacht eines nicht-unparteiischen Schiedsgerichts eine Verweisung an dieses nach § 1059 Abs. 4 ZPO kaum erfolgt. Allerdings hat das Schiedsrichterablehnungsverfahren gegenüber dem Aufhebungsverfahren eine andere Zielrichtung; beide Verfahren sind nicht vergleichbar.

Der BGH führte zum staatlichen Zivilprozess aus: „Ziel einer Richterablehnung ist es, den abgelehnten Richter an der (weiteren) Mitwirkung in dem Verfahren zu hindern. Dieses Ziel kann nicht mehr erreicht werden, wenn eine die Instanz abschließende Entscheidung unter Mitwirkung des abgelehnten Richters ergangen ist."[684] In der Tat ist das Schiedsverfahren mit dem Schiedsspruch nach § 1056 Abs. 1 ZPO beendet. Das Amt der Schiedsrichter endet grundsätzlich synchron hierzu nach

---

schiedsgerichtlichen Verfahren erklärt werden. Da der Schiedsspruch das Schiedsverfahren abschließt - nach § 1040 ZPO hat er unter den Parteien die Wirkung eines rechtskräftigen Urteils -, ist nach seiner Niederlegung (§ 1039 ZPO) für eine Ablehnung ebenso wenig Raum wie für eine Ablehnung des ordentlichen Richters nach Urteilserlaß" (...). Ebenso (ohne Begründung) *Schlosser*, in: Stein/Jonas, ZPO, § 1037 Rn. 3.

680 Zum neuen Recht OLG Stuttgart SchiedsVZ 2003, 84 ff. (87): „Der Senat geht davon aus, dass ein Befangenheitsgesuch gegen die beisitzenden Richter auch noch nach Verkündung des Schiedsspruchs und vor dessen Zustellung angebracht werden kann" (...). Gleichsam OLG München SchiedsVZ 2014, 45 ff. (47).
Offen gelassen (noch) von OLG München, Beschluss vom 23.10.2006, Az. 34 SchH 8/06; OLG Frankfurt SchiedsVZ 2010, 52 ff. (53). *Christ*, Korrekturverfahren, S. 263 meint, dass während eines Korrekturverfahrens nach § 1058 ZPO ein Schiedsrichterablehnungsverfahren möglich sein müsse.

681 Für eine Fortführung unter altem Recht BGH NJW 1964, 593 ff. (593 f.). Unter neuem Recht: OLG Frankfurt NJW-RR 2008, 801 ff. (801 f.); (inzident) OLG Naumburg SchiedsVZ 2003, 134 ff. mit ablehnender Anm. *Kröll/Mallmann* (141). Ansonsten dafür: *Prütting*, in: ders., ZPO, § 1037 Rn. 4; *Henkel*, Rechtsbehelfe, Rn. 370. Dagegen: *Kröll*, ZZP 116, 218 ff.

682 Die Gesetzesbegründung, BT-Drs. 13/5274, S. 42, ist rätselhaft: „Denn der Erlaß eines Schiedsspruchs mit nachfolgender positiver Ablehnungsentscheidung seitens des staatlichen Gerichts führt dazu, daß der Streit über die Ablehnung in das Aufhebungs- oder Vollstreckbarerklärungsverfahren verlagert wird."

683 Siehe oben 3. Teil B. I. 1. b) cc).

684 NJW-RR 2007, 411 f. (411).

§ 1056 Abs. 3 ZPO. Die Schiedsrichterablehnung scheint ihren Sinn verloren zu haben.[685] Allerdings ist das Schiedsrichteramt trotz Voll- oder Schlussschiedsspruch bezüglich der Kostenentscheidung (§ 1057 Abs. 2 ZPO) und des Verfahrens nach § 1058 ZPO nicht beendet gem. § 1056 Abs. 3 ZPO. Warum der Schiedspartei, die einen günstigen Schiedsspruch konserviert haben möchte, für beide Verfahren trotz offener Frist nach § 1037 Abs. 3 S. 1 ZPO die Möglichkeit verweigert wird, den für befangen gehaltenen Schiedsrichter von der Entscheidung abzuberufen, ist nicht ersichtlich. Außerdem endet das Schiedsrichteramt nicht nach § 1056 Abs. 3 ZPO, wenn das Gericht den Schiedsspruch aufhebt und die Sache an das Schiedsgericht zurückverweist (§ 1059 Abs. 4 ZPO). Die Rückverweisung macht eine erneute zeit- und kostenaufwändige Konstituierung des Schiedsgerichts überflüssig, zumal das Schiedsgericht bereits mit dem Streitgegenstand vertraut ist.

Zwar ist eine Rückverweisung an ein für nicht-unparteilich gehaltenes Schiedsgericht ungeeignet.[686] Daraus erwächst aber ein Argument für die hier vertretene Auffassung, wenn der Schiedsspruch nicht nur wegen der mangelnden schiedsrichterlichen Unparteilichkeit aufgehoben wurde. Denn es könnte durch das Ablehnungsverfahren ein Ersatzschiedsrichter bestellt werden nach § 1039 ZPO, so dass eine Rückverweisung nicht deshalb ungeeignet ist.

Ferner wird der Partei die Möglichkeit genommen, das kostengünstigere[687] und relativ vertrauliche Schiedsrichterablehnungsverfahren zu durchlaufen, anstatt die Gründe im Aufhebungsverfahren, in dem eine mündliche Verhandlung gem. § 1063 Abs. 2 ZPO vorgesehen ist, geltend machen zu müssen. Insbesondere verdeutlicht dies, dass ein anhängiges Schiedsrichterablehnungsverfahren nicht durch einen Schiedsspruch obsolet wird. Mit dem OLG Frankfurt ist zudem anzuführen, dass über das Schiedsrichterablehnungsgesuch unanfechtbar, über den Aufhebungsantrag anfechtbar entschieden wird, so dass der weitere Rechtsbehelf von zeitlichen Zufällen abhängig wäre.[688]

Schließlich spricht die Prozessökonomie für die Aufrechterhaltung des Schiedsrichterablehnungsverfahrens. Bei Annahme einer Erledigung des Schiedsrichterablehnungsverfahrens durch einen Schiedsspruch würden bereits gewonnene Prozesserkenntnisse verloren gehen. Dieser Einwand kann durch die nachfolgende Erwägung teilweise entkräftet werden: Sollte während der Anhängigkeit des Schiedsrichterablehnungsverfahrens ein Aufhebungsantrag gegen den Schiedsspruch vor demselben OLG (§ 1062 Abs. 1 Nr. 1, 4 ZPO) gestellt werden, könnte angenommen werden, dass der Ablehnungsantrag in einen Aufhebungsantrag überführt wird. Einer Umdeutung sind jedoch infolge des dargestellten anderen

685 So *Kröll*, ZZP 116, 220, der allerdings die Ausnahmen des § 1056 Abs. 3 ZPO unbesprochen lässt.
A.A. unter Rekurs auf § 1056 Abs., 3 ZPO *Henkel*, Rechtsbehelfe, Rn. 342 ff., 370.

686 Mit Verweisen auf eine entsprechende Praxis in England *Wighardt*, Rückverweisung des Schiedsspruchs, S. 54 Fn. 202.

687 Vgl. *Voit*, in: Musielak, ZPO, § 1037 Rn. 9.

688 NJW-RR 2008, 801 ff. (802).

Verfahrenscharakters des Schiedsrichterablehnungsverfahrens gegenüber dem Aufhebungsverfahren Grenzen nach § 308 Abs. 1 S. 1 ZPO gesetzt.[689] Sollte der Antragsteller eindeutig die Schiedsrichterablehnung nicht mehr isoliert geltend machen wollen, sollte er entsprechend § 263 ZPO die Ablehnung im Aufhebungsverfahren weiterverfolgen können.

cc) Problem der Präklusion

Wurden die im Ablehnungsverfahren geltend gemachten Gründe vom staatlichen Gericht abschlägig beschieden, so ist eine Berufung im postarbitralen Rechtsschutz auf diese Gründe wegen der Rechtskraftwirkung erfolglos.[690] Liegt keine staatsgerichtliche Entscheidung vor, so ist die problembehaftete Frage der Präklusionswirkung aufgeworfen. Trotz der Formulierung in § 1037 Abs. 1 S. 1 HS. 1 ZPO, dass die Partei das Schiedsrichterablehnungsverfahren betreiben „kann", ist sie bei Nichtgeltendmachung (der geltend zu machenden Gründe) oder bei vor dem Schiedsgericht[691] erfolgloser Geltendmachung mit diesen Gründen im postarbitralen Rechtsschutz präkludiert.[692] Anderenfalls wäre die Regelung ihres Zweckes beraubt. Die Präklusionswirkung ist dem § 1037 ZPO auf Grund dessen Telos inhärent.[693]

Keine Präklusion kann jedoch eintreten, wenn die Gründe erst nach Verfahrensbeendigung „oder so knapp vorher, dass entsprechende Ablehnungsfristen noch nicht abgelaufen waren",[694] der Schiedspartei bekannt werden[695] respektive sich zeigen,

---

689 *Kröll*, ZZP 116, 220 hält eine Umdeutung für möglich.
A.A. unter Verweis auf die divergierenden Rechtsfolgen *Henkel*, Rechtsbehelfe, Rn. 370.

690 OLGR München 2007, 361 ff.; *Reichold*, in: Thomas/Putzo, ZPO, § 1037 Rn. 8.

691 Nicht: Vor dem staatlichen Gericht. Bei diesem würde die Rechtskraft entgegenstehen. Das Schiedsgericht entscheidet hingegen nicht rechtskräftig, vgl. *Münch*, in: MüKo-ZPO, § 1037 Rn. 33.

692 So ausdrücklich BT-Drs. 13/5274, S. 42. Vgl. OLG München BeckRS 2013, 11712; *Reichold*, in: Thomas/Putzo, ZPO, § 1037 Rn. 9; *Geimer*, in: Zöller, ZPO, § 1037 Rn. 6; *Münch*, in: MüKo-ZPO, § 1037 Rn. 32 ff. *Kröll*, ZZP 116, 197 (Fn. 9) stützt die Präklusion auf §§ 230 f. ZPO.
BMJ, Kommissionsbericht, S. 82 ging davon aus, dass eine „ausnahmslose Präklusion" nicht gerechtfertigt sei, und die Schiedsrichteruntauglichkeit noch postarbitral geltend gemacht werden könnte.

693 So auch *Schlosser*, in: Stein/Jonas, ZPO, § 1037 Rn. 3.

694 *Kröll*, ZZP 116, 217.

695 So wohl auch OLGR München 2007, 361 ff. Das Gericht stellte bei der Prüfung der Präklusion eines im Ablehnungsverfahren nicht geltend gemachten Grundes auf die Kenntnis ab. Ebenso wohl *Reichold*, in: Thomas/Putzo, ZPO, § 1037 Rn. 9; *Kröll*, ZZP 116, 197, 202.
A.A. *Voit*, in: Musielak, ZPO, § 1037 Rn. 6. Dessen Ansicht ist mit dem Wortlaut des § 1037 Abs. 2 S. 1 ZPO („bekannt geworden ist") unvereinbar. Zudem kann von der Partei nur die Geltendmachung bekannter Gründe verlangt werden. Dies

etwa im Schiedsspruch. In allen anderen Fällen gilt die Präklusion ausnahmslos.[696] Ein Kennenmüssen ist in Anlehnung an § 44 Abs. 4 ZPO und den Grundsatz, dass den Schiedsrichter die Offenbarungspflicht von Befangenheitsgründen trifft (§ 1035 Abs. 1 ZPO), unschädlich.[697]

Die Rechtsprechung gewährt trotzt etwaiger Präklusion ein postarbitrales Ablehnungsrecht, „wenn es der betroffenen Partei nicht möglich oder zumutbar gewesen sei, das Ablehnungsverfahren" zu betrieben.[698] Wann dies vorliegen soll, wird nicht konkretisiert.[699] Im Folgenden wird, unterteilt in Hindernisse im arbitralen Ablehnungsverfahren (aa) und Hindernisse im gerichtlichen Ablehnungsverfahren (bb), der Versuch einer Bestimmung unternommen.

aaa) Hindernisse im arbitralen Ablehnungsverfahren

Die von der Rechtsprechung verwandten Kriterien der „Unzumutbarkeit" und „Unmöglichkeit" sind nicht nur vage – sie sind zudem vorbildlos. Ist das arbitrale Ablehnungsverfahren in Anlehnung an den Verhinderungsgrund des § 233 ZPO unmöglich oder unzumutbar[700], ergibt sich eine operable und dogmatisch näherliegende Lösung, wenn das Problem auf der Ebene der Präklusion selbst gelöst wird. Sollte der Partei das arbitrale Ablehnungsverfahren unmöglich oder unzumutbar gewesen sein, tritt bei Kenntnis der Gegenpartei hiervon keine Präklusionswirkung

---

entspricht auch der gesetzlichen Wertung des § 1027 S. 2 ZPO, wonach ein Verlust des Rügerechts nur bei Kenntnis in Betracht kommt.

696 Die von *Voit*, in: Musielak, ZPO, § 1037 Rn. 5 vertretene Annahme, bei einem Verstoß gegen das Gebot der überparteilichen Rechtspflege könne keine Präklusion eintreten, findet weder einen Rückhalt im Gesetz, noch ist sie sachgerecht. Insbesondere liegt kein ordre public-Verstoß (§ 1059 Abs. 2 Nr. 2 lit. b ZPO) vor, da es im Ergebnis nicht gegen die öffentliche Ordnung verstößt, wenn eine Partei ein parteiisches Schiedsgericht über sich richten lässt, obwohl sie hiergegen hätte vorgehen können.

697 I.E. ebenso *Kröll*, ZZP 116, 202, 210. Er begründet dies mit der Bedeutung des Ablehnungsrechtes.

698 BGH NJW-RR 2001, 1059 ff. (1060 f.). Nach dem BGH gelten diese Grundsätze ebenso für ein ausländisches Schiedsverfahren. Wenn die Befangenheit im Ursprungsland eines Schiedsspruches vor einem staatlichen Gericht nicht oder erfolglos geltend gemacht wurde, das im Wesentlichen nach gleichen Grundsätzen wie ein deutsches Gericht entscheidet, könne die Partei im Rahmen des Anerkennungs- und Vollstreckbarerklärungsverfahrens damit präkludiert sein.

699 Nicht konkretisiert vom BGH in den Entscheidungen: NJW-RR 2001, 1059 ff. (1060); NJW 1964, 593 ff. (593); NJW 1957, 791 ff. (792).

700 Eine Unzumutbarkeit kann nur höchst ausnahmsweise anzunehmen sein. Angeführt sei der hypothetische Fall, dass ein Schiedsgericht eine mündliche Geltendmachung des Ablehnungsrechts an einem fernen Verhandlungsort fordert und zugleich deutlich und eindeutig nach außen hin dahingehend Position bezog, dass es einen Schiedsrichterablehnungsantrag unabhängig des Vorgebrachten nicht stattgeben werde.

ein. Die Präklusion soll verhindern, dass gesetztes Vertrauen (Nichtgeltendmachung der Ablehnungsrechte) enttäuscht wird. Ein Vertrauenstatbestand wird jedoch nicht geschaffen, wenn der Gegenpartei die Gründe der Unzumutbarkeit oder Unmöglichkeit bekannt sind. Hat die Gegenpartei hingegen keine Kenntnis, so folgt der Ausschluss der Präklusion jedenfalls aus § 1037 Abs. 1, 2 ZPO selbst. Wie schon dargestellt, ist die Präklusionswirkung in der Norm nicht expressis verbis normiert, sondern ergibt sich lediglich aus dem Normzweck. Normzweck kann es demgegenüber nicht sein, Ablehnungsrechte, die nicht geltend gemacht werden konnten, auszuschließen.

In Anlehnung an § 233 ZPO ist zudem die Rechtsprechung insoweit einzuschränken, als dass nur eine unverschuldete Unmöglichkeit oder Unzumutbarkeit den Ausschluss der Präklusion rechtfertigt.

bbb) Hindernisse im gerichtlichen Ablehnungsverfahren

Sollte der Antrag vor dem staatlichen Gericht „unmöglich" oder „unzumutbar" gewesen sein, kommt eine Wiedereinsetzung in die vereinbarte oder gesetzliche Frist in Betracht. Das Institut der Wiedereinsetzung in den vorigen Stand ist von der Rechtsprechung hinreichend scharf konturiert und in Parallele zu den Ausführungen zu § 1034 Abs. 2 ZPO sachgerecht.[701]

dd) Ablehnungsgründe erst postarbitral erkennbar

Abschließend wird das oben angeschnitten Problem erörtert wie zu verfahren ist, wenn sich die Ablehnungsgründe erst mit oder nach Schiedsspruchserlass zeigen. Ist die Frist für den Aufhebungsantrag noch nicht abgelaufen, so kann § 1059 Abs. 2 Nr. 1 lit. d, Nr. 2 lit. b ZPO einschlägig sein. Nach der Rechtsprechung gilt aber zu Recht eine Beschränkung des Ablehnungsrechtes, weil mit der Aufhebung des Schiedsspruches Rechtsfrieden und Rechtssicherheit betroffen sind.[702] Postarbitral kann nach dem BGH ausnahmsweise eine Prüfung erfolgen, „wenn ein besonders schwerwiegender und eindeutiger Fall von Befangenheit vorliegt, der es rechtfertigt, das Verfahren vor dem Schiedsgericht als unzulässig" (...) anzusehen.[703]

Ist hingegen die Frist für den Aufhebungsantrag bereits abgelaufen, so ist nach hier vertretener Auffassung unter der Voraussetzung des § 580 Nr. 5 ZPO die Restitutionsklage möglich.[704] Liegt, wie wohl regelmäßig, kein strafbares Verhalten des Schiedsrichters vor, bleibt nur die allgemeine Feststellungsklage, dass der Schiedsspruch nichtig sei, welche gleichwohl selten Abhilfe schaffen wird. Die

---

701 Siehe oben 3. Teil B. I. 2. b) cc).
A.A. unter Ausdruck des Bedauerns *Münch*, in: MüKo-ZPO, § 1037 Rn. 23.

702 BGH NJW 1999, 2370 (2371); zustimmend *Kröll*, ZZP 116, 199, 211 f.

703 BGH a.a.O. Ebenso OLG München NJOZ 2008, 4808 ff. (4816); OLGR München 2007, 361 ff.; OLG Naumburg, Beschluss vom 11.7.2008, Az. 10 Sch 3/07.

704 Zu dieser ausführlich unten 3. Teil B. III. 1. e) bb) eee).

Nichtgewährung eines umfangreichen Rechtsschutzes in dieser Lage ist nicht unhaltbar, sondern zur Wahrung der Rechtssicherheit geboten.

ee) Schiedsrichterersatzbestellung

Kommt es zur Aufhebung des Schiedsrichteramtes, folgt daraus, wenn keine abweichende Parteivereinbarung vorliegt,[705] nicht die Undurchführbarkeit oder Aufhebung der Schiedsvereinbarung. Vielmehr ist nach § 1039 Abs. 1 S. 1 ZPO ein Ersatzschiedsrichter zu bestellen. Die Ersatzbestellung folgt nach den Regeln der Bestellung des zu ersetzenden Schiedsrichters, wenn die Parteien nicht anderes vereinbart haben (§ 1039 Abs. 1 S. 2, Abs. 2 ZPO).[706] Nach entsprechender Parteivereinbarung kann die Ersatzernennung ebenso wie die Ersternennung grundsätzlich durch Dritte oder ein staatliches Gericht erfolgen.[707] Zu berücksichtigen ist jedoch das Verbot des Vertrags zu Lasten Dritter. Der Dritte wird der Aufbürdung einer Benennungspflicht zustimmen müssen.[708] Auch die vereinbarte Ersatzbenennung durch ein staatliches Gericht kann nicht ohne weiteres erfolgen. Denn grundsätzlich ist zu berücksichtigen, dass die Parteien nicht den Aufgabenbereich der Gerichte determinieren können.[709] Eine Ausnahme von diesem Grundsatz folgt aus dem Umkehrschluss zu § 1035 Abs. 3 ZPO. Wenn die Parteien weder eine Regelung[710] für die Ersatz-, noch die Erstbenennung getroffen haben, wird ein Einzelschiedsrichter von einem staatlichen Gericht bestimmt. Insofern muss den Parteien auch die direkte Vereinbarung einer staatsgerichtlichen Bestimmung möglich sein. Zugleich folgt hieraus eine Restriktion: Nur das zuständige OLG kann entsprechend der Reglung des § 1062 Abs. 1 Nr. 1 ZPO hierum ersucht werden.

d) Schiedsamtbeendigungsverfahren

Das Kapitel über den Rechtsschutz gegen den Schiedsrichter findet seinen Abschluss mit dem nunmehr zu besprechenden Antrag auf Beendigung des Schiedsrichteramtes.

---

705 Nach § 1039 Abs. 2 ZPO können die Parteien eine von § 1039 Abs. 1 S. 1 ZPO divergierende Rechtsfolge festlegen, BT-Drs. 13/5274, S. 43.

706 § 18.3 S. 2 DIS-SchO und § 17 Abs. 2 S. 2 WV-SchO sehen im Falle der Ersatzbenennung vor, dass der ursprüngliche Schiedsrichterernennungsmodus durchlaufen wird. Demgegenüber stellt Art. 15.4 S. 1 ICC-SchO das Verfahren in das Ermessen des Gerichtshofs.

707 Vgl. *Voit*, in: Musielak, ZPO, § 1039 Rn. 3.

708 Ebenso *Henn*, Schiedsverfahrensrecht, Rn. 276, 278 (ohne Begründung).

709 So die Rechtspr. zu § 317 BGB (Leistungsbestimmung durch Dritte), die allerdings hiervon ebenso Ausnahmen zulässt, vgl. BGH NJW 1998, 1388 ff. (1390); NJW 1995, 1360 f. (1360).

710 Das Gesetz spricht vom Fehlen einer Vereinbarung. Die Vereinbarung, keine Regelung zur Schiedsrichterbestellung zu treffen oder das staatliche Gericht hierüber entscheiden zu lassen, steht dem gleich.

aa) Allgemeines

Stellt sich im Verfahren heraus, dass ein Schiedsrichter aus tatsächlichen oder rechtlichen Gründen außerstande ist, seine Aufgaben zu erfüllen oder kommt er seinen Aufgaben aus anderen Gründen nicht in angemessener Frist nach, endet sein Amt, wenn dies die Schiedsparteien vereinbaren oder der Schiedsrichter zurücktritt (§ 1038 Abs. 1 S. 1 ZPO). Der Wortlaut ist direkt Art. 14 UNCITRAL-Modellgesetz nachgebildet und kann einen falschen Eindruck vermitteln. Denn der Schiedsrichter kann sein Amt grundlos aufgeben, bzw. die Parteien können ihn einvernehmlich grundlos abberufen.[711] Beides ergibt sich bereits aus der Gesetzessystematik. Denn nach § 1039 Abs. 1 S. 1 ZPO endet das Schiedsrichteramt abseits des § 1038 Abs. 1 ZPO bei einem Rücktritt des Schiedsrichters „aus einem anderen Grund oder wegen der Aufhebung seines Amtes durch Vereinbarung der Parteien."

Der Schiedsrichter kann sich frei von seinem Amt machen. Er kann nicht mit Zwang zur Erfüllung seines privatrechtlichen Schiedsrichtervertrages gebracht werden. Dies kann erstens auf § 888 Abs. 3 ZPO gestützt werden, wonach Dienste aus einem Dienstleistungsvertrag nicht mit Zwangsgewalt durchgesetzt werden können.[712] Zweitens folgt dies aus der Schiedsrichterstellung an sich, die in der Freiwilligkeit ihren Ursprung hat. Kein Schiedsrichter muss gegen seinen Willen richten. Und drittens wäre die Anwendung von Zwangsgewalt zur Durchführung des Schiedsrichteramts dem in einem möglichst entspannten Rahmen ablaufenden Schiedsverfahren wesensfremd. Dies tangiert freilich nicht etwaige Sekundäransprüche aus der Verletzung des Schiedsrichtervertrages.[713]

Dass die Schiedsparteien einen Schiedsrichter grundlos einvernehmlich abberufen können, folgt aus deren Verfahrenshoheit.[714] Wenn sie die Schiedsgerichtsbarkeit einvernehmlich wählen und abwählen können, müssen sie als Weniger einvernehmlich einen Schiedsrichter abberufen können. Dies kann zudem auf § 1032 Abs. 1 ZPO gestützt werden. Denn die Schiedsparteien können das Schiedsverfahren unberücksichtigt lassen, einen staatsgerichtlichen Prozess anstrengen und somit dem Schiedsrichter dessen Entscheidungskompetenz entziehen.

Jedenfalls kann, wenn der Schiedsrichter nicht zurücktritt oder sich die Schiedsparteien nicht über seine Amtsbeendigung einigen können, jede Partei nach § 1038 Abs. 1 S. 2 ZPO eine gerichtliche Entscheidung einholen. Der Antrag auf die Schiedsamtbeendigung ist an keine Frist gebunden; gleichwohl kann seine Geltendmachung verwirkt sein[715] oder gegen das Verbot widersprüchlichen Verhaltens verstoßen. Der Antrag setzt im Übrigen nicht voraus, dass dem Schiedsrichter zuvor Gelegenheit zur Amtsniederlegung gegeben wurde.[716]

711 So zu ersterem: KG NJOZ 2010, 2127; *Geimer*, in: Zöller, ZPO, § 1038 Rn. 4. Zu beidem: BT-Drs. 13/5274, S. 42; *Münch*, in: MüKo-ZPO, § 1038 Rn. 2.

712 So auch *Geimer*, in: Zöller, ZPO, § 1035 Rn. 28.

713 BT-Drs. 13/5274, S. 42.

714 Ebenso *Münch*, in: MüKo-ZPO, § 1039 Rn. 9.

715 Ebenso *Voit*, in: Musielak, ZPO, § 1038 Rn. 7.

716 KG BeckRS 2013, 03449.

Im Falle eines erfolgreichen Schiedsamtbeendigungsverfahrens wird ein Ersatzschiedsrichter nach § 1039 ZPO bestellt.

bb) Problem der unangemessenen Verfahrensdauer

Die sich nun anschließenden Ausführungen gehen der Frage nach, welche Rolle dem Schiedsamtbeendigungsverfahren zukommt, wenn ein Schiedsverfahren von einer Schiedspartei als „überlang" empfunden wird. Zur Aufarbeitung dieses Problems wird instruktiv ein grundlegender Aufriss gegeben.

Die „Langsamkeit" von Verfahren ist „ein altes und ewiges Thema der Justizkritik, weil die Zeitplanungen der Gerichte mit denen ihrer Umwelt nicht koordinierbar sind."[717] Es ist präsent, dass Verfahren der staatlichen Gerichtsbarkeit mitunter überlange dauern, und der EGMR Deutschland diesbezüglich ein systematisches Problem attestierte, das Folge von „Mängeln im deutschen Rechtssystem" sei[718]. Einen wirksamen Rechtsbehelf fordert der EGMR in Fällen der unangemessenen Verfahrensdauer vor staatlichen Gerichten nicht nur aus Art. 6 EMRK, sondern auch aus Art. 13 EMRK.[719] Der durch die Rechtsprechung des EGMR stark betonten Effizienz des Verfahrens kommt für das deutsche Verfahrensrecht wesentliche Bedeutung zu, obwohl der Wortlaut von Art. 6 Abs. 1 EMRK nur ein „verhandeln" („hearing") innerhalb angemessener Frist fordert. Die Verfahrenseffizienz ist zwar aus Art. 2 Abs. 1 i.V.m. dem Rechtsstaatsprinzip[720] auch unter deutschem Recht eine Maxime. Ihr Anwendungsbereich wurde aber vom EGMR mitunter weiter als von deutschen Gerichten interpretiert, weswegen Deutschland bis zum Jahr 2009 in über 40 Fällen vom EGMR diesbezüglich verurteilt worden ist[721]. Wann eine Verfahrensdauer unangemessen ist, wird nicht schematisch gehandhabt. Es sind die Umstände des Einzelfalles einzubeziehen.[722]

Der deutsche Gesetzgeber wurde in Folge dessen vom EGMR zu einer Normierung eines wirksamen Rechtsbehelfs gegen überlange staatliche Gerichtsverfahren angehalten.[723] Mit dem seit Dezember 2011 geltenden § 198 GVG will der Gesetzgeber den Straßburger Vorgaben Rechnung tragen.[724] Danach besteht aber kein, vom EGMR ausdrücklich präferierter,[725] etwa in Österreich in § 91 GOG normierter und im Gesetzgebungsverfahren zunächst eingebrachter,[726] präventiver Rechtsbehelf zur

717 *Luhmann*, Legitimation durch Verfahren, S. 70.
718 NJW 2010, 3355 ff. (3358).
719 NJW 2001, 2694 ff. (2699 f.).
720 BVerfG NJW 1993, 1635 f. (1365).
721 EGMR NJW 2010, 3355 ff. (3357).
722 *Meyer-Ladewig*, EMRK, Art. 6 Rn. 200.
723 NJW 2010, 3355 ff. (3358) in Fortführung von EGMR NJW 2006, 2389 ff.
724 So explizit BT-Drs. 17/3802, S. 1 f.
725 NJW 2006, 2389 ff. (2390).
726 Vgl. *Matusche-Beckmann/Kumpf*, ZZP 124, 182 f.

Beschleunigung des Verfahrens. Vielmehr ist § 198 GVG lediglich auf Kompensation nach einem unangemessen langen Verfahren ausgelegt.

Weniger thematisiert wird das Problem der Verfahrensdauer in Bezug auf die Schiedsgerichtsbarkeit. Zwar ist konzeptionell ein Schiedsverfahren trotz Konstituierungsphase und fehlender Zwangsbefugnisse schneller. Denn es mangelt regelmäßig an einem Instanzenzug, das Verfahren ist regelmäßig schlanker ausgestaltet und bei entsprechenden Sprach- bzw. Sachkenntnissen des Schiedsrichters lassen sich Übersetzungen respektive Rechtsgutachten einsparen.[727] Eine umfassende Abbildung der tatsächlichen Zeitdauer ist mangels verifizierbarer Daten nicht möglich. Anhand von Untersuchungen,[728] Kommentaren in der Literatur[729] und bekannt gewordener Rechtsprechung[730] ist jedenfalls nicht zu leugnen, dass es das Problem der als überlang empfundenen Verfahrensdauer in der Schiedsgerichtsbarkeit nicht gäbe.

---

727 Vgl. *Schütze*, in: Gottwald, Effektivität des Rechtsschutzes, S. 187 ff., 201; Schiedsverfahren, Rn. 32.

728 Nach einer Studie des Chartered Institute of Arbitrators aus dem Jahr 2011 (siehe oben Fn. 16), S. 1, 12 beträgt die durchschnittliche Verfahrensdauer in der internationalen Schiedsgerichtsbarkeit zwischen 17 und 20 Monaten. Nach einer Untersuchung der School of International Arbitration der Queen Mary University of London aus dem Jahr 2010 (siehe oben Fn. 107) waren die Hälfte der Befragten mit der Leistung der Schiedsrichter unzufrieden, wobei der am drittmeisten genannte Grund Verfahrensverzögerungen durch den Schiedsrichter waren.

729 Vgl. *v. Pfitzner/Schroeder*, YIA 2010, 176; *Rubino-Sammartano*, International Arbitration, S. 547.
Gottwald, Internationale Schiedsgerichtsbarkeit, S. 56: „Schiedsverfahren dauern häufig zu lange." Und S. 60: „Verzögerungs- und Abwehrtaktiken schleichen sich zunehmend auch in internationale Schiedsverfahren ein".
Bühler/Webster, Handbook ICC, 24–5 meinen, dass ein mittleres ICC-Schiedsverfahren regelmäßig länger als ein Jahr nach Schiedsgerichtskonstituierung dauere.
Lachmann, BRAK-Mitt. 2005, 220 meint, dass die durchschnittliche Dauer eines ICC-Schiedsverfahrens etwa zwei Jahre betrage.
Uzelac/Keglević, in: Oberhammer, Schiedsgerichtsbarkeit, S. 198 berichten für das Schiedsgericht der kroatischen Handelskammer, dass in Einzelfällen Verfahren fünf bis sechs Jahre andauerten.

730 EGMR vom 4.3.1987, 10881/84 (R. v. Switzerland). Dem Verfahren lag ein neun Jahre währendes Schiedsverfahren zu Grunde. Der EGMR meinte, dass der Staat sich dieses Verhalten nicht zuzurechnen habe, wenn und insoweit seine Gerichte nicht zur Intervention angerufen wurden.
Der prominenteste Fall dürfte die sog. Hilmarton-Saga sein: es ergingen in elf Jahren zwei Schiedssprüche und zwölf Gerichtsentscheidungen, *Nienaber*, Anerkennung und Vollstreckung, S. 3 f.
Das Problem ist übrigens nicht neu. Schon *Nußbaum*, ZZP 42, 261 schildert einen Fall, wonach der Schiedsrichter ein halbes Jahr während der Verhandlungsvorbereitung abwesend war, ohne Anordnungen für die Verfahrensfortführung getroffen zu haben.

Die Ursache eines überlangen Verfahrens kann auf eine nicht ordentliche Betreibung des Verfahrens durch den Schiedsrichter und/oder die Schiedsparteien zurückzuführen sein oder schlicht in der Natur der Rechtssache liegen, etwa wenn umfangreich Beweis zu erheben ist[731]. Letzteres führt nicht zu einem unangemessen langen Verfahren nach der EGMR-Rechtsprechung und ist hinzunehmen. Inwiefern aber gegen verfahrensverzögerndes Verhalten Rechtsschutz möglich ist, wird nach den beiden genannten Sphären nunmehr getrennt untersucht.

cc) Rechtsschutz gegen verzögerndes Schiedsrichterverhalten

aaa) Präventive Möglichkeiten

„Der Schiedsrichter ist zur sachgerechten Mitwirkung am Verfahren und zur Erledigung des Streitfalls verpflichtet" (...).[732] Ausdrücklich statuiert dies anders als im englischen Recht Sec. 33 para. 1 lit. b Arbitration Act 1996 keine Norm. Ein Schiedsrichter übt aber sein ihm zustehendes Ermessen nach § 1042 Abs. 4 S. 1 ZPO fehlerhaft aus, wenn er das Verfahren nicht sachgemäß befördert. Das Problem des ungebührlich das Verfahren verzögernden Schiedsrichters kann daraus erwachsen, dass der Schiedsrichter gegen entsprechendes Parteiverhalten nicht konsequent vorgeht. Es kann auch daraus resultieren, dass der Schiedsrichter trotz gebührlichen Parteiverhaltens das Verfahren nicht in angemessener Zeit führt.

Gegen ein solches Verhalten kann Abhilfe zur Verfügung stehen, wenn die Parteien von ihrer gem. § 1042 Abs. 3 ZPO freistehenden Kompetenz Gebrauch gemacht haben. So kann nach Art. 21 Abs. 2 VIAC-SchO ein ungebührlich das Verfahren verzögernder Schiedsrichter von der Schiedsinstitution (genauer: dem Präsidium, Art. 2 VIAC-SchO) abberufen werden.[733]

Gesetzlich helfen zentral zwei Normen weiter. Zunächst ist § 1052 Abs. 2 ZPO zu nennen. Besteht die Schiedsrichterbank aus mehr als einem Schiedsrichter und „verweigert ein Schiedsrichter die Teilnahme an einer Abstimmung, können die übrigen Schiedsrichter ohne ihn entscheiden, sofern die Parteien nichts Anderes vereinbart haben." § 1054 Abs. 1 S. 2 ZPO erweitert dies auf die Unterschriftsleistung. Wichtiger ist § 1038 Abs. 1 ZPO. Das Schiedsamtbeendigungsverfahren kann darauf gestützt werden, dass der Schiedsrichter seinen Aufgaben nicht in angemessener Frist nachkommt. Das OLG Düsseldorf führte insoweit grundsätzlich aus:[734] „Bei der

---

731 Der Verfasser selbst hatte über ein mehr als 16 Jahre währendes Verfahren am Landgericht zu entscheiden, ohne dass den Parteien oder dem Gericht gegenüber im Hinblick auf die Verfahrensdauer Vorwürfe hätten erhoben werden können.

732 *Saenger*, ZPO, vor §§ 1025–1066 Rn. 12.

733 Ähnlich auch Art. 15.2 a.E. ICC-SchO. *Briner*, in: Berger, FS Sandrock, S. 141 weist zur Vorgängernorm Art. 12.2 ICC-SchO daraufhin, dass der Schiedsgerichtshof hiervon nur als ultima ratio Gebrauch mache und vorher „subtle methods" präferiere.

734 Mit teils identischem Wortlaut ebenso die Kommentierung von *Münch*, in: MüKo-ZPO, § 1038 Rn. 18 f. Mangels Verweisen in der Kommentierung bzw. der Entscheidung ist der Urheber unklar.

Frage, ob der Schiedsrichter seinen Aufgaben in angemessener Frist nicht nachgekommen ist, handelt es sich um eine offene Wertungs- und Generalklausel, die ein Verschulden nicht voraussetzt, zumal sie ausschließlich das Parteiinteresse an einer zügigen Verfahrensdurchführung schützt. Entscheidend ist daher die Zumutbarkeit weiteren Abwartens, und zwar maßgeblich geprägt von dem jeweiligen Einzelfall."[735] Dabei sei darauf abzustellen, „welche Verfahrenshandlungen der Schiedsrichter im Hinblick auf die Schiedsvereinbarung (§ 1029 ZPO) – ergänzend: Verfahrensabreden oder Verfahrensordnung (§ 1042 Abs. 3 ZPO) – in der konkreten Verfahrenssituation hätte vornehmen sollen." Ergriff er diese Maßnahmen nicht, sei zu fragen, ob dies nicht hinnehmbar sei. Zu sekundieren ist zu dieser überzeugenden Annäherung des OLG Düsseldorf noch die Gesetzesbegründung, die als Parameter den Schiedsrichtervertrag, die von den Parteien vorausgesetzte Schiedsrichterqualifikation und die Fallschwierigkeit und -komplexität benennt.[736] Die weitere Konkretisierung des Gerichts geht fehl. Nach dem Gericht bestehe „ein breiter Freiraum nicht justiziabler Verhaltensweisen" weswegen „nur offensichtlicher Missbrauch und Ausreißer einer Zumutbarkeit weiteren Abwartens entgegen" stünden[737]. Ein Vergleich zur Verfahrensdauer vor Staatsgerichten mit zwei Instanzen unter Abschlag des Parteiinteresses an einem schnellen Verfahren sei „statthaft und hilfreich".

Letzterem ist zu entgegnen, dass der Vergleich zu den Staatsgerichten überhaupt nur hilfreich sein kann, wenn das nach der Parteivereinbarung vorgesehene Schiedsverfahren mit den staatlichen Regularien bezogen auf den Fall nahezu deckungsgleich ist. Jedenfalls geht der Vergleich zu einem mehrinstanzlichen staatlichen Gerichtsverfahren fehl. Eine Rechtsmittelinstanz ist der Schiedsgerichtsbarkeit regelmäßig nicht eigen.[738] Referenz sollte nur das hypothetisch ordnungsgemäß verlaufende Schiedsverfahren sein. Wäre insoweit keine erhebliche Verfahrensbeschleunigung eingetreten, die das zeitraubende Schiedsamtsbeendigungs- und Neukonstituierungsverfahren rechtfertigt, kann der Antrag keinen Erfolg haben.

Auf das falsche Gleis geraten die Ausführungen des Gerichts schon, wenn die Prämisse eines nicht-justiziablen Raumes aufgestellt wird. Ein solcher besteht angesichts des Gebots des (lückenlosen) effektiven Rechtsschutzes nicht. Dies stellt nicht in Abrede, dass das Staatsgericht die schiedsgerichtliche Autonomie zu wahren hat. Ein lediglich suboptimales schiedsrichterliches Vorgehen rechtfertigt keine staatliche Intervention. Wird hingegen das schiedsgerichtliche Ermessen grob fehlerhaft ausgeübt oder summieren sich mehrmalige leichte Verstöße zu einer ähnlichen Schwere, ist der Schiedsrichter seines Amtes zu entheben. Gegenüber den Ansichten des OLG Düsseldorf und München, das OLG München schloss sich den

735 BeckRS 2008, 20508.

736 BT-Drs. 13/5274, S. 42. Ähnlich auch die Überlegungen im Normierungsverfahren zur Korrespondenznorm Art. 14 UNCITRAL-Modellgesetz, *UNCITRAL*, Digest, S. 71; UN-Doc. A/CN. 9/264, S. 34.

737 Ebenso OLG München SchiedsVZ 2011, 107 ff. (109) und *Münch*, in: MüKo-ZPO, § 1038 Rn. 19.

738 Siehe oben 2. Teil D.

Ausführungen des OLG Düsseldorf im Kern an,[739] ist die Schwelle für einen erfolgreichen Antrag wesentlich niedriger zu halten. Dies ist schon deshalb gerechtfertigt, weil eine hohe Hürde dem Schiedsamtbeendigungsverfahren kaum Raum lässt. Denn liegen die Kriterien des OLG Düsseldorf bzw. München vor, kann der Schiedsrichter wohl regelmäßig auch als befangen gelten und nach § 1037 ZPO abgelehnt werden. Gewichtig ist überdies anzuführen, dass § 1038 ZPO die einzige effektive Möglichkeit ist, Rechtsschutz im Falle unangemessen langer Verfahrensdauer zu erhalten. Da der Schiedsrichter zu Recht keiner staatlichen Aufsicht unterfällt,[740] sind insbesondere keine Maßnahmen der Dienstaufsicht nach § 26 Abs. 2 DRiG möglich. Weiter schließt § 1038 Abs. 1 ZPO als lex specialis es grundsätzlich aus, dass die Schiedsvereinbarung wegen ungebührlich verzögerndem Schiedsrichterverhalten aufgelöst werden kann, zumal das Schiedsrichterverhalten keiner Partei zuzuschreiben ist. Sollte das Verfahren unangemessen lange andauern, weil der Schiedsrichter nicht gegen verzögerndes Parteiverhalten eingreift, dürfte demgegenüber (auch) eine Kündigung der Schiedsvereinbarung möglich sein. Schließlich ist das Parteiverhalten Auslöser der Verzögerung. Alternativ kann der Benachteiligte direkt das staatliche Gericht anrufen. Der Schiedseinrede des Bevorzugten stünde dessen widersprüchliches Verhalten entgegen. Wurzelt hingegen die Verfahrensverzögerung nicht im gegnerischen Parteiverhalten, z.B. weil ein Sachverständiger sein Gutachten nicht beibringt, und das Schiedsgericht ihn nicht ausreichend hierzu anhält, bleibt die Schiedspartei im Schiedsverfahren „gefangen". Deshalb hat ein staatliches Gericht, welches über § 1038 ZPO angerufen wird, seinen Schutzauftrag zu erfüllen und dem verfassungsrechtlich verbürgten Recht auf effektiven Rechtsschutz zum Durchbruch zu verhelfen. Ein Weniger wird nicht den skizzierten Leitlinien des EGMR zum wirksamen Rechtsschutz gegen unangemessen lange Verfahren gerecht.

Neben der diskutierten Entscheidung des OLG Düsseldorf ist der schon am Rande erwähnte Beschluss des OLG München hervorzuheben. Zwei Aspekte, die das Gericht berücksichtigte, sollten nicht in Rechnung gestellt werden. Richtigerweise berücksichtigte das Gericht, dass der Antragsteller des Schiedsamtbeendigungsverfahrens selbst Verzögerungen hervorrief.[741] Es stellte aber weiter darauf ab, dass die gegnerische Schiedspartei das Verfahren verzögerte. Dieser Umstand ist auszublenden. Das Schiedsamtbeendigungsverfahren ist nur nötig, wenn eine Partei ihr Einverständnis zur Schiedsrichterablösung nicht erteilt. Es ist ein einseitiges Verfahren. Das Verhalten der Gegenseite hat sich der Antragsteller nicht zuzurechnen. Vielmehr ist das Schiedsgericht verpflichtet, seine soeben dargelegten Kompetenzen zur Abhilfe wahrzunehmen. Nur wenn es diese ergebnislos vollumfänglich ausgeschöpft hat, ist dem Schiedsrichter kein Vorwurf zu machen und wäre eine Neubesetzung nicht förderlich für das Verfahren.

739 SchiedsVZ 2011, 107 ff. (109).
740 Siehe unten 3. Teil C. III.
741 SchiedsVZ 2011, 107 ff. (110).

Der zweite Aspekt betrifft die Frage des zeitlichen Maßstabs des Antrags. Das OLG München hielt es für erheblich, dass der Schiedsrichter im Rahmen des Schiedsamtbeendigungsverfahrens gelobte, nunmehr das Verfahren ohne Verzögerungen zu betreiben, welches nota bene bereits acht Jahre währte.

Maßstab für die Schiedsamtsbeendigung kann allein das Verhalten des Schiedsrichters bis zur Antragstellung sein.[742] Ansonsten könnte der Schiedsrichter jedes Schiedsamtbeendigungsverfahren durch Aktionismus nach Antragstellung leerlaufen lassen. Der Antragsteller hätte nicht nur die Verfahrenskosten zu tragen. Die psychologische Komponente, dass der Schiedsrichter (dieser muss kein Jurist sein) trotz Schiedsamtbeendigungsantrag das Verfahren unbeeindruckt hiervon führt, sollte nicht unterschätzt werden.[743] Im Übrigen ist höchst fraglich, wie überzeugend nachträglicher Aktionismus, nicht zuletzt angesichts des Gebühreninteresses des Schiedsrichters, ist. Das OLG München meinte zwar auch, dass entsprechende Beteuerungen „im Regelfall unerheblich" seien. Es ließ sich aber davon überzeugen, dass der Schiedsrichter eine nicht absehbare Kanzleiumstrukturierung als Grund seiner Untätigkeit geltend machte. Nicht minder hätte das Gericht befinden können, dass eine weitere Kanzleiumstrukturierung ebenso nicht absehbar ist und der Schiedsrichter dem Verfahren nicht die gebührende Priorität zumisst. Hinzu kommt, dass nach dem mitgeteilten Sachverhalt des Gerichts der Schiedsrichter nach mehr als einem halben Jahr Verfahrensstillstand zwölf Tage nach der Aufforderung, sein Amt niederzulegen, Anordnungen traf. Um Spekulationen und gegebenenfalls Beweisaufnahmen zu diesem Komplex zu entgehen, sollte nach der Antragstellung liegendes Verhalten schlichtweg unberücksichtigt bleiben.

Summa summarum ist festzuhalten, dass nach den Vorgaben der OLG Düsseldorf und München kaum jemals ein Antrag Erfolg haben dürfte. Selbst wenn das Verfahren – gleichviel unter welchen Maßgaben – erfolgreich sein sollte, ist die Folge, dass ein Ersatzschiedsrichter nach § 1039 ZPO bestellt wird. Hierdurch wird freilich weiter das Verfahren verzögert, zumal vorgenommene Verfahrensschritte nicht selten wiederholt werden müssen,[744] und ist nicht sichergestellt, dass das Verfahren unter dem Ersatzschiedsrichter zügiger abläuft.

bbb) Kompensatorische Möglichkeiten

Kompensatorisch steht ein Schadensersatzanspruch gegen den Schiedsrichter zur Verfügung. Dieser ist nur bedingt geeignet, den Schiedsrichter zu einer Verfahrensförderung zu motivieren und kann nur in Ausnahmefällen für Ersatz sorgen. Zu berücksichtigen sind nicht nur die Beweislast des Klägers und die schiedsrichterlichen

742 Ebenso *Osterthun*, Schadensfälle, S. 214.

743 *Voit*, in: Musielak, ZPO, § 1038 Rn. 6 hält deswegen die Behauptung des Schiedsrichters, nunmehr ohne Verzögerung fortzufahren, für unbeachtlich.

744 Vgl. *Häberlein*, Unwilligkeit, S. 62. Siehe zudem oben Fn. 603.

Entscheidungsspielräume. Vielmehr ist nach den Schiedsordnungen regelmäßig die schiedsrichterliche Haftung weitgehend limitiert.[745]

In diesem Zusammenhang zu nennen ist obendrein § 198 GVG, mit dem der Gesetzgeber den Vorgaben des EGMR zum wirksamen Rechtsschutz gegen unangemessen lange Verfahren genügen will. Hernach besteht ein Entschädigungsanspruch bei Erleiden eines Nachteils durch eine unangemessene Dauer eines Gerichtsverfahrens gegen das Land bzw. gegen den Bund, wenn ein Bundesgericht Ursache der Verzögerung war, § 200 GVG. Insofern besteht eine Haftung der staatlichen Richter, wenn ihre Tätigkeit vor einem schiedsverfahrensrechtlichen Hintergrund, etwa im Rahmen eines Aufhebungsverfahrens, unangemessen lange auf sich warten lässt. Der Kompensationsanspruch nach § 198 GVG gilt nach Wortlaut („Gerichtsverfahren") und Systematik (das GVG betrifft nach § 2 EGGVG nur die ordentliche Gerichtsbarkeit, zu der nach § 12 GVG nicht die Schiedsgerichte zählen) nicht für das Schiedsverfahrensrecht. Überdies scheint auf den ersten Blick der Staat für das Verhalten der Schiedsrichter prinzipiell nicht haftbar zu sein. So besteht mangels Ausübung eines öffentliches Amtes durch den Schiedsrichter kein Amtshaftungsanspruch für schiedsrichterliches Verhalten nach § 839 BGB i.V.m. Art. 34 GG.[746]

Zu hinterfragen ist aber, ob für die Konstellation des unangemessen lange währenden Schiedsverfahrens nicht eine erweiternde Anwendung des § 198 GVG geboten ist. Gedacht sei an die Situation, in der ein Schiedsverfahren unangemessen lange andauert und ein staatliches Gericht um Abhilfe gebeten wird im Wege des Schiedsamtbeendigungsverfahrens. Verweigert das staatliche Gericht die rechtlich angebrachte Intervention, und wäre eine weitere Verlängerung der Dauer des Schiedsgerichtsverfahrens bei gedachter Intervention wohl ausgeblieben, erscheint eine Nichtanwendung von § 198 GVG im Lichte von Art. 6 Abs. 1, 13 EMRK nicht billig. Die staatsgerichtliche Untätigkeit würde der Schiedspartei effektiven Rechtsschutz verwehren.[747] Insofern sollte nach hier vertretener Ansicht die benachteiligte Schiedspartei wegen der unterlassenen Hilfeleistung des staatlichen Gerichts vom entsprechenden Land bzw. dem Bund Ersatz nach § 198 GVG fordern können.

ccc) Möglichkeiten in ausländischen Rechts- und Schiedsordnungen

Im deutschen Recht stehen gegen verzögerndes Schiedsrichterverhalten mithin präventive und kompensatorische Instrumente zur Verfügung. Insbesondere die

---

745 Haftung nur für Vorsatz und grobe Fahrlässigkeit: § 44.2 DIS-SchO; Art. 45.1 schwHK-SchO; Art. 48 SCC-SchO. Haftung nach den gesetzlichen Bestimmungen: § 38 WV-SchO. Haftung nur nach dem jeweiligen gesetzlichen Mindestmaß: Art. 40 ICC-SchO; Art. 38 AAA-SchO; Art. 46 VIAC-SchO. Haftung nur für Vorsatz: Art. 31.1 LCIA-SchO; Art. 56 KCAB-SchO. Haftung nur bei Unredlichkeit („dishonestly"): Art. 43.1 HKIAC-SchO. Haftung gänzlich ausgeschlossen: Art. 38 SIAC-SchO; Art. 40 DIAC-SchO.

746 Siehe oben 1. Teil B. I. 1.

747 *Heller*, Verfassungsrechtlicher Rahmen, S. 58.

aufgezeigte enge Anwendung des Schiedsamtbeendigungsverfahren durch die OLG-Rechtsprechung wirft die Frage auf, ob de lege ferenda effektivere Instrumente denkbar wären.

In einigen Rechts- und etlichen Schiedsordnungen sind bestimmte Fristen für den Erlass des Schiedsspruches vorgegeben.[748] Gemeinsam ist den Bestimmungen in den Rechtsordnungen, dass die Fristlänge vorrangig von den Parteien bestimmt werden kann.[749] Unterschiede bestehen in den Rechts- wie Schiedsordnungen insoweit, als der Fristbeginn verschiedene Anknüpfungspunkte aufweist,[750] und die Fristlänge, wenn eine abweichende Parteivereinbarung fehlt, unterschiedlich bemessen ist[751]. Die Frist kann nach allen Schiedsordnungen von der jeweiligen Institution verlängert werden;[752] dies geschieht wohl im Rahmen der ICC-SchO regelmäßig[753].

Ob solche Modelle geeignete Abhilfe schaffen, ist höchst zweifelhaft. Jede im Voraus bestimmte starre Frist kollidiert mit den Unwägbarkeiten und der Dynamik

---

748 Andere Ordnungen regeln den Fall, dass eine entsprechende parteivereinbarte Frist von staatlichen Gerichten verlängert werden kann: chapter 609 sec. 72 sec. 71 Hong Kong Arbitration Ordinance; chapter 10 sec. 36 Singapore Arbitration Act 2002; sec. 46 malaiisches Schiedsverfahrensgesetz 2005 (Act 646).

749 Art. 23 brasilianisches Schiedsverfahrensgesetz (Lei 9.307); Art. 1456 französische Zivilprozessordnung; Art. 820 italienische Zivilprozessordnung; Art. 37 syrisches Schiedsverfahrensgesetz 2008 (Law No. 4); Art. 10/B Abs. 1 türkisches Gesetz über die internationale Schiedsgerichtsbarkeit (*Uzar*, Rechtmittel, S. 226).

750 Schiedsverfahrensbeginn oder Schiedsrichterneubestellung: Brasilien; Konstituierung: Italien und Frankreich. Konstituierung bei Einzelschiedsrichter, sonst Tag des ersten Sitzungsprotokolls: Türkei. Mündliche Verhandlung: Syrien.
Konstituierung: Art. 30.1 ICC-SchO (regelmäßig maßgebend); Art. 5.2 lit. d SIAC-SchO und Art. 48.1 KCAB-SchO (jeweils nur bei Einigung auf beschleunigtes Verfahren); Art. 48.1, 71.1 CIETAC-SchO. Zustellung der Verfahrensakten an Schiedsgericht: Art. 42.1 lit. d schwHK-SchO und Art. 41.2 lit. f HKIAC-SchO (jeweils nur bei Einigung auf beschleunigtes Verfahren); Art. 36.2 DIAC-SchO; Art. 37 SCC-SchO. Mündliche Verhandlung: Art. 33.1 KCAB.

751 180 Tage: Italien und Syrien; sechs Monate: Brasilien und Frankreich; ein Jahr: Türkei.
Sechs Monate: Art. 30.1 ICC-SchO; Art. 42.1 lit. d schwHK-SchO, Art. 41.2 lit. f HKIAC-SchO und Art. 5.2 lit. d SIAC-SchO (nur bei Einigung auf beschleunigtes Verfahren); Art. 36.2 DIAC-SchO; Art. 37 SCC-SchO; Art. 48.1 KCAB-SchO (nur bei Einigung auf beschleunigtes Verfahren); Art. 48.1 CIETAC-SchO. Drei Monate: Art. 71.1 CIETAC-SchO (nur bei Einigung auf beschleunigtes Verfahren).

752 Art. 30.2 ICC-SchO; Art. 42.1 lit. d schwHK-SchO; Art. 41.2 lit. f HKIAC-SchO; Art. 5.2 lit. d SIAC-SchO; Art. 36.4 DIAC-SchO; Art. 37 SCC-SchO; Art. 33.2, 48.1 KCAB; Art. 48.2, 71.2 CIETAC-SchO.

753 *Bühler/Webster,* Handbook ICC, 24–1; *Lachmann*, HdB Schiedsgerichtspraxis Rn. 3181. *Aden*, Handelsschiedsgerichtsbarkeit, B Art. 24 Rn. 11 (Fn. 504) berichtet von einem ICC-Schiedsverfahren, das nach mehrmaligen Fristverlängerungen fünf Jahre währte.

eines Prozesses. Wird hierauf Rücksicht genommen und das Verfahren prolongiert, verliert die Fristsetzung ihre Druckwirkung.

Von diesen Modellen leicht abweichend ist die Möglichkeit, vor einem Staatsgericht einen Antrag auf Fristsetzung gegenüber dem Schiedsgericht für eine Maßnahme oder einen Schiedsspruch stellen zu können. Dieses schon im römischen Recht geläufige Modell,[754] ist dem österreichischen Zivilprozess in § 91 GOG eigen[755]. Der an Art. 19 des Straßburger Übereinkommens angelehnte Art. 1698 des belgischen Gerichtsgesetzbuches aus dem Jahr 1998 ist auf das Schiedsverfahrensrecht zugeschnitten. Danach können die Schiedsparteien vor der Schiedsamtsübernahme eine Frist für den Schiedsspruch vereinbaren. Haben die Parteien keine solche vereinbart, kann ein staatliches Gericht auf Antrag einer Partei eine Frist für den Erlass setzen, wenn das Schiedsgericht den Erlass verzögert und sechs Monate seit der Konstituierung vergangen sind. Haben die Parteien sich nicht auf eine Verlängerung des schiedsrichterlichen Mandats geeinigt, endet das Schiedsamt mit Fristablauf.

Gewiss trägt das belgische Modell die Gefahr in sich, dass diejenige Partei, die einen ungünstigen Schiedsspruch befürchtet, versucht sein könnte, das Schiedsverfahren zu verzögern.[756]

ddd) Verbesserung des Rechtsschutzes de lege ferenda

Es wurde aufgezeigt, dass weder das „Kompensationsmodell" noch das „Fristenmodell" restlos überzeugen können. Der unter dem geltenden Recht primär verfolgte präventive Ansatz über das Schiedsamtbeendigungsverfahren ist zwar durchaus effektiv, sollte aber von der Rechtsprechung extensiver aufgefasst werden. Die OLG müssten unter geringeren Voraussetzungen als bisher Schiedsrichter ihres Amtes entheben. Um insbesondere in Fällen, in denen der Schiedsrichter das Verfahren in die Länge zog, nunmehr aber eine rasche Entscheidung anzustehen scheint, diesen Ansatz konsequent verfolgen zu können, sollten Elemente des „Fristenmodells" integriert werden. Dem Staatsgericht sollte eine Fristsetzung gegenüber dem Schiedsgericht mit dem Ziel der Nachholung der ausstehenden schiedsgerichtlichen Handlung möglich sein. Die Einräumung einer „letzten Chance" dürfte gewähren, dass das Schiedsgericht nun tatsächlich der säumigen Handlung nachkommt. Zum

754 Im römischen Recht konnte der Prätor niemanden zum Schiedsrichteramt verpflichten (Dig. 4,8,3,1). Wurde aber das Amt übernommen, konnte der Prätor den Schiedsrichter zum Schiedsspruchererlass anhalten, Dig. 4, 8, 3, 3; 4, 8, 11, 1; 4, 8, 15; 4, 8, 32, 12.

755 § 91 Abs. 1 GOG lautet auszugsweise: „Ist ein Gericht mit der Vornahme einer Verfahrenshandlung, etwa der Anberaumung oder Durchführung einer Tagsatzung oder Verhandlung, der Einholung eines Sachverständigengutachtens oder der Ausfertigung einer Entscheidung, säumig, so kann eine Partei stets bei diesem Gericht den an den übergeordneten Gerichtshof gerichteten Antrag stellen, er möge dem Gericht für die Vornahme der Verfahrenshandlung eine angemessene Frist setzen" (...).

756 *Schütze*, Ausgewählte Probleme, S. 41.

Anderen wird dem Schiedsgericht nicht die Möglichkeit abgeschnitten, die säumige Handlung zeitnah nachzuholen.

Insofern könnte am Ende von § 1038 Abs. 1 ZPO der Satz angefügt werden:

„Das Gericht kann anordnen, dass das Schiedsrichteramt erst nach Ablauf einer angemessenen Frist, die drei Monate nicht übersteigen sollte, endet. Die Beendigung tritt nicht ein, wenn bis zum Ablauf der gesetzten Frist die säumige schiedsgerichtliche Handlung erfolgt."

dd) Rechtsschutz gegen verzögerndes Parteiverhalten

Neben dem soeben besprochenen Rechtsschutz gegen verzögerndes Schiedsrichterverhalten wird zur Verdeutlichung der Mechanik des Rechtsschutzes gegen unangemessen lange Schiedsverfahren und zum Herausstellen der Funktion des Schiedsamtbeendigungsverfahren die Rechtsschutzmöglichkeiten gegen verzögerndes Parteiverhalten dargestellt.

aaa) Hinreichender arbitraler Rechtsschutz

Das Bundesgericht der Schweiz führt aus: „Ein Ziel der Arbitrage ist die zügige Lösung des anhängigen Verfahrens zu ermöglichen. Die Schiedsvertragsparteien sind an den bona fides-Grundsatz gebunden und haben deshalb jegliches Verhalten zu unterlassen, welches ohne absolute Notwendigkeit zu einer Verzögerung des normalen Verfahrensganges führt."[757] Dieser Ausspruch gilt für die Schweiz ebenso wie für Deutschland[758]. Es wird nachstehend der Frage nachgegangen, ob ein geeigneter gesetzlicher Rechtsschutz gegen die das Verfahren lähmende Partei zur Verfügung steht.

Der Erlass eines Versäumnisschiedsspruches in Anlehnung an §§ 330 ff. ZPO ist nicht möglich.[759] Die Schiedsparteien können ein dem nachgebildetes Verfahren nicht vereinbaren.[760] Nicht zu folgen ist daher der Ansicht, wonach der Versäumnisschiedsspruch unter der auflösenden Bedingung des Einspruches stehen könne.[761] Die Rechtskraft des Schiedsspruches folgt zudem – wie aufgezeigt – aus

---

757 Eine Übersetzung des Verf. von der Entscheidung vom 10. Mai 1982, BGE 108 Ia 197, 201. Im Original: „L'un des buts de l'arbitrage est de permettre une solution rapide des litiges qui y sont soumis" (...). „Les parties qui compromettent sont dès lors tenues par les règles de la bonne foi d'éviter tout ce qui pourrait retarder sans nécessité absolue le déroulement normal de la procédure arbitrale."

758 *Gottwald*, Zivilprozessrecht, § 175 Rn. 38 f. weist zu Recht darauf hin, dass es sich nicht um eine Mitwirkungspflicht, sondern grundsätzlich um eine prozessuale Last handelt.

759 *Schwab/Walter*, Schiedsgerichtsbarkeit, Kap. 18 Rn. 16; *Breetzke*, BB 1972, 560 f.

760 Ebenso *Schwab/Walter*, a.a.O.

761 *Geimer*, in: Zöller, ZPO, § 1048 Rn. 5; (ähnlich) *Sponheimer*, Legalanerkenntnis, S. 372 f. *Martinek*, in: Lüke, FS Ishikawa, S. 292 sieht in der Möglichkeit eines Versäumnisschiedsspruches angesichts von Folgeproblemen keine Lösung.

einem Gesetzesbefehl und kann somit nicht privatautonom etwa an Bedingungen angeknüpft werden.[762]

Ohnehin kann nach § 1048 Abs. 3 ZPO ein im Effekt einem Versäumnisschiedsspruch weitgehend gleichstehender Schiedsspruch erlassen werden. Nach der Norm kann ein Schiedsspruch gegen die säumige Partei, die ihre Säumnis nicht genügend entschuldigt hat, nach Verfahrensstand ergehen. Eine Geständnisfiktion besteht im Schiedsverfahrensrecht allerdings nicht. Die Ansicht, bei einseitig gebliebenem Vortrag könne das Schiedsgericht keinen Schiedsspruch erlassen, ist demgegenüber nicht fundiert.[763] Bei unzulässigem, fehlendem oder pauschalem Bestreiten ist das Vorgetragene über § 138 Abs. 3 ZPO nicht beweisbedürftig.[764] Ist das Bestreiten konkret genug, kann das Schiedsgericht regelmäßig mit der Setzung von Ausschlussfristen für das Beweisvorbringen reagieren. Dies folgt bei fehlender anderweitiger Parteivereinbarung für alle Beweismittel grundsätzlich aus § 1042 Abs. 4 S. 2 1. Alt. ZPO, wonach das Schiedsgericht über die Zulässigkeit der Beweiserhebung entscheidet. Einen offenkundig allein der Prozessverschleppung dienenden Beweisantrag hat das Schiedsgericht demnach ebenso wenig nachzugehen,[765] wie ein nicht absehbar beizubringendes Beweismittel abzuwarten. Zudem bestimmt § 1046 Abs. 2 ZPO, dass, solange keine anderweitige Parteivereinbarung besteht, das Schiedsgericht unentschuldigt verspätete Angriffs- und Verteidigungsmittel nicht zulassen muss. Speziell für den Dokumentenbeweis[766] besteht außerdem die bereits vorgestellte Regelung in § 1048 Abs. 3 ZPO.

Ferner wird nach § 1048 Abs. 1 bzw. 2 ZPO Abhilfe gewährt gegen die bei Klageeinreichung oder Klagebeantwortung säumige Partei. Sollte die Partei die Zahlung ihres Anteils am Kostenvorschuss für das Schiedsgericht verweigern, so kann die Gegenpartei diesen nach § 267 Abs. 1 BGB erbringen. Dies ist regelmäßig der kürzeste Weg.[767] Außerdem wäre die Aussetzung des Schiedsverfahrens bis zur Einklagung der Zahlung des Kostenvorschusses in der Staatsgerichtsbarkeit, sowie die Kündigung des Schiedsvertrages möglich.[768]

Wie *Schwab/Walter*, Schiedsgerichtsbarkeit, Kap. 18 Rn. 16 zutreffend ausführen, kann das Schiedsgericht freilich einen Schiedsspruch entwerfen und den Parteien androhen, „dass der Schiedsspruch so erlassen werde, wenn nicht in bestimmter Frist „Einspruch“ erhoben werde.“

762 Siehe oben 1. Teil C. I. 2.

763 So *Steinbrück*, SchiedsVZ 2010, 181.

764 Nach BT-Drs. 13/5274, S. 50 liegt es im Ermessen des Gerichts, ob es in der mangelnden Klagebeantwortung nach § 1048 Abs. 2 ZPO ein „Zugeständnis“ annimmt oder Beweis erhebt.

765 Vgl. *Münch*, in: MüKo-ZPO, § 1042 Rn. 112; *Geimer*, in: Zöller, ZPO, § 1042 Rn. 34. Weitere Ablehnungsgründe ergeben sich in Anlehnung an § 244 Abs. 3 bis 5 StPO.

766 Für eine Ausweitung auf sämtliche vorlegbaren Beweismittel plädiert zu Recht *Quinke*, SchiedsVZ 2013, 134.

767 *Martinek*, in: Lüke, FS Ishikawa, S. 286.

768 *Martinek*, a.a.O., S. 285 f.

Im Übrigen besteht mit § 1028 ZPO sogar eine Norm die Abhilfe leistet, wenn der Aufenthalt der Partei unbekannt ist. Schließlich führen insbesondere §§ 1027, 1035 Abs. 4, 1037 Abs. 2 S. 1 ZPO und die präklusionsbewehrten Rechtsbehelfsfristen dazu, dass ein ungebührliches Hinauszögern des Verfahrens unterbunden oder sanktioniert werden kann.

bbb) Rechtsschutz durch staatliche Gerichte

Eine Möglichkeit, die obstruierende Partei nach Vorbild von § 4 U.S. Federal Arbitration Act durch staatsgerichtliche Entscheidung zur Beteiligung am Schiedsverfahren zu zwingen, ist nach alledem nicht nötig.[769] Die Möglichkeiten des arbitralen Rechtsschutzes sind konzeptionell hinreichend.

Gegenüber den schiedsgerichtsinternen Mitteln ist der Weg über staatliche Gerichte nicht effektiver oder effizienter. Gewiss kann die mangelnde Geständnisfiktion in Kombination mit einem nicht gekonnten Umgang mit der Beweislast (Schiedsrichter müssen keine Juristen sein) zu Verfahrensverzögerungen führen. Die staatsgerichtliche Intervention greift aber tief in die schiedsverfahrensrechtliche Autonomie ein, bringt das Verfahren in die Öffentlichkeit und belastet staatliche Gerichte, was allemal schwerer wiegt. Gewichtig kommt hinzu, dass der Weg über die staatlichen Gerichte dogmatisch die Umwandlung von prozessualen Lasten in materiell-rechtliche Pflichten erfordert und praktisch zeit- und kostenintensiv ist, und daher jedenfalls nicht adäquat das Problem lösen kann[770].

Wenngleich nach der Rechtsprechung nur die Leistung des Kostenvorschusses einklagbar ist,[771] so eröffnet die Rechtsprechung auch in allen anderen Fällen obstruierenden Verhaltens den staatlichen Rechtsweg, indem die Kündigung des Schiedsvertrages während des Schiedsverfahrens zugelassen wird.

Der Ausgangspunkt des BGH ist: „Der Schiedsvertrag ist ein Dauerschuldverhältnis; aus ihm erwächst für beide Schiedsparteien eine dauernde Verfahrensförderungspflicht“ (...).[772] Eine Kündigung ist nach dem BGH möglich, wenn „Umstände eingetreten sind, aufgrund derer nicht mehr mit einem effektiven Rechtsschutz im Schiedsgerichtsverfahren gerechnet werden kann“ (...).[773] Behindere eine Schiedspartei „grundsätzlich und beharrlich“ das Schiedsverfahren, sei eine Kündigung gerechtfertigt. Ob es dogmatisch überzeugend ist, den perpetuatio litis-Grundsatz über das materielle Recht im Schiedsverfahrensrecht ausschalten zu können, sei dahingestellt. Eine Kündigung der Schiedsvereinbarung bedarf es nach hier vertretener Auffassung nicht. Würde gegen die Klage vor dem Staatsgericht die

769 A.A. *Steinbrück*, SchiedsVZ 2010, 181 f.

770 Vgl. *Martinek*, in: Lüke, FS Ishikawa, S. 273.

771 BGH NJW 1985, 1903 ff. (1904).

772 NJW 1964, 1129 ff. (1130). Ähnlich OLG Oldenburg NJW 1971, 1461 ff. (1462).

773 NJW 1986, 2765 ff. (2766). Fortgeführt nach dem SchiedsVfG vom OLG München, SchiedsVZ 2012, 96 ff. (99 f.) und OLG Frankfurt, BeckRS 2011, 21515 (unter Heranziehung von § 314 BGB).

Schiedseinrede (§ 1032 Abs. 1 S. 1 ZPO) erhoben, wäre die Schiedseinrede zum Einen wegen widersprüchlichen Verhaltens nicht erfolgreich. Denn die obstruierende Schiedspartei kann nicht auf die Durchführung eines Verfahrens bestehen, dass sie nicht oder nicht ausreichend betreibt. Zum Anderen dürfte die Schiedseinrede nach § 1032 Abs. 1 S. 1 a.E. ZPO schon gar nicht greifen, weil die Schiedsvereinbarung undurchführbar ist. Eine Kündigung der Schiedsvereinbarung ist für die Annahme der Undurchführbarkeit nach dem SchiedsVfG mit der Rechtsprechung nicht nötig.[774] Für eine Undurchführbarkeit reichen tatsächliche Hindernisse.[775] Steht einem effektiven Schiedsverfahren das gegnerische Parteihandeln entgegen, ist die Schiedsvereinbarung undurchführbar, da nicht irgendein, sondern – nicht zuletzt nach verfassungsrechtlichen Maßgaben – ein effektives Schiedsverfahren durchzuführen ist.

Wie auch immer dogmatisch der Weg zur staatlichen Gerichtsbarkeit eröffnet wird: Jedenfalls bleibt der Weg der arbitralen Streitlösung verschlossen, obwohl eine Schiedsvereinbarung vorliegt. Deshalb ist es an den Schiedsrichtern, die zur Verfügung stehenden Mittel gekonnt anzuwenden und für eine angemessene Verfahrensführung zu sorgen. Den Schiedsrichtern kommt die Schlüsselrolle zur Bewerkstelligung straffer Verfahren zu.[776]

ee) Zusammenfassung

Zur Unterbindung verfahrensverzögernden Parteiverhaltens ist der Schiedsrichter berufen. Er steht im Mittelpunkt des Problems unangemessen langer Schiedsverfahren. Unterlässt er die gebotene Unterbindung von verfahrensverzögerndem Parteiverhalten oder fördert er von selbst aus das Verfahren ungebührlich, steht den Schiedsparteien praktisch nur das Schiedsamtbeendigungsverfahren offen. Eine Schiedsamtbeendigung muss entgegen der OLG-Rechtsprechung gerade angesichts dessen zentraler Bedeutung leichter herbeizuführen sein über § 1038 ZPO, wozu eine gesetzgeberische Anpassung der Norm beitragen könnte, die den Schiedsrichter unter Druck setzt, binnen einer bestimmtem Frist die säumige Handlung nachzuholen. Schließlich sollte § 198 GVG entsprechend zur Anwendung geraten, wenn ein

774 BGH NJW 2000, 3720 ff. (3271); KG SchiedsVZ 2003, 239 f. (239).

775 Stellvertretend *Geimer*, in: Zöller, ZPO, § 1029 Rn. 98 ff. Zu eng OLG Köln SchiedsVZ 2012, 222 ff. (223 f.): „Undurchführbarkeit liegt vor, „wenn auf Grund wirtschaftlicher oder rechtlicher Hinderungsgründe ein Schiedsgerichtsverfahren nicht eingeleitet werden kann" (...). Für die Durchführbarkeit kommt es nicht nur auf die Möglichkeit der Einleitung an, sondern das Verfahren muss präsumtiv zu Ende geführt werden können.

776 In diese Richtung auch *v. Pfitzner/Schroeder*, YIA 2010, 181, 183 f. *Martinek*, in: Lüke, FS Ishikawa, S. 291 meint, dass die Mitwirkungsverweigerung des Schiedsbeklagten bei der Durchführung des Schiedsverfahrens besorgniserregend sei und (S. 292) „außerordentliche Anforderungen an die Verfahrensleitung des Schiedsgerichts" stellt.

Staatsgericht die notwendige Intervention unterlässt und damit ein unangemessen langes Schiedsverfahren prolongiert wird.

3. Rechtsschutz gegen Verfahrenshandlungen

„Insgesamt erscheint es als wenig prozessökonomisch, wenn jeder einzelne Verfahrensfehler unverzüglich die Anrufung des staatlichen Gerichts ermöglicht."[777] Zumal während des Verfahrens nicht einmal sicher ist, ob sich der Fehler überhaupt auf die Entscheidung auswirkt. Deshalb wird grundsätzlich berechtigt kein staatlicher Rechtsschutz gegen Verfahrensakte bzw. Prozessverfügungen, wie beispielsweise Terminierungen oder Beweisbeschlüsse,[778] des Schiedsgerichts im laufenden Verfahren gewährt. Kommt es hierbei zu Verfahrensverstößen, tangiert dies nicht die Schiedsvereinbarung.[779] Nur im anschließenden Aufhebungsverfahren über den Schiedsspruch können die Verfahrensakte indirekt angegriffen werden.[780] Sie selbst sind keine Schiedssprüche.[781]

Diese Grundsätze sind nicht über jeden Zweifel erhaben. Unzweifelhaft können bestimmte Verfahrensakte gravierende Auswirkungen zeitigen. Beispielhaft sei erwähnt, dass das Schiedsgericht für die mündliche Verhandlung die Öffentlichkeit zulässt oder das Beweisverlangen unzumutbar ist. Die sich in diesen Konstellationen verweigernde Partei hat de lege lata das Risiko hinzunehmen, dass erst postarbitral das Staatsgericht ihr zum Recht verhelfen kann. Insbesondere die Rüge der partiellen Kompetenzübertretung steht ihr nicht beiseite, da diese für bloße Verfahrensvorgaben nicht greift.[782]

Das Nichteingreifen der Staatsgerichte ist jedoch allemal rechtspolitisch berechtigt. Ein diesbezüglich lückenloser staatlicher Rechtsschutz würde Verfahrensverzögerungen provozieren und die arbitrale Autonomie hinfällig werden lassen.

4. Rechtsschutz gegen Vorabentscheidungen

Schon vor Erlass des Schiedsspruches kann es verfahrensökonomisch sinnvoll und geboten sein, über bestimmte Aspekte des Rechtsstreites vorab zu entscheiden. Liegt keine abweichende Parteivereinbarung vor, liegen Teilschiedssprüche sowie Vorbehalts-, und Zwischen"schiedssprüche" im Ermessen des Schiedsgerichts

---

777 *Sonnauer*, Kontrolle der Schiedsgerichte, S. 111.

778 *Laschet*, in: Habscheid, FS Nagel, S. 181, 183 differenziert zwischen verfahrensleitenden Entscheidungen, wie Terminierungen, und Entscheidungen, die den „sachlichen oder materiellen Bereich betreffen", wie Beweisbeschlüssen. Für den Rechtsschutz ist diese Differenzierung auch nach seiner Ansicht unerheblich.

779 *Ebbing*, Private Zivilgerichte, S. 119.

780 *Ebbing*, a.a.O., S. 104, 119; *Sponheimer*, Legalanerkenntnis, S. 49; *Laschet*, in: Habscheid, FS Nagel, S. 181, 184; *Schütze*, SchiedsVZ 2009, 242.

781 Siehe unten 3. Teil B. III. 1. c) aa) bbb) δ).

782 Siehe oben 3. Teil B. II. 1. b) bb) bbb).

folgend § 1042 Abs. 4 S. 1 ZPO.[783] Inwieweit gegen derartige Vorabentscheidungen Rechtsschutz möglich und geboten ist, wird im Rahmen des sogleich besprochenen Aufhebungsantrags aufgezeigt werden.

III. Rechtsschutz nach dem Schiedsverfahren

Komlettiert wird die Besprechung der ordentlichen Rechtsbehelfe im Schiedsverfahrensrecht mit dem Eingehen auf den Rechtsschutz gegen die das Erkenntnisverfahren beendenden Entscheidungen, sprich den Schiedsspruch und den Verfahrensbeendigungsbeschluss, und der Besprechung des Rechtsschutzes in der Zwangsvollstreckungsphase.

1. Rechtsschutz gegen den Schiedsspruch

a) Allgemeines zum Aufhebungsantrag

Der Aufhebungsantrag ist kein Rechtsmittel nach § 19 Abs. 2 EGZPO,[784] da er weder einen Suspensiv-, noch einen Devolutiveffekt – das OLG ist keine höhere Instanz innerhalb derselben Ordnung – herbeiführt. Außerdem ist er jedenfalls kein ordentliches Rechtsmittel gem. § 19 Abs. 2 EGZPO, da die Frist für den Aufhebungsantrag keine Notfrist (§ 224 Abs. 1 S. 2 ZPO) ist. Zuständig für ihn ist nach § 1062 Abs. 1 Nr. 4 ZPO das OLG. Dieses entscheidet nach obligatorischer mündlicher Verhandlung (§ 1063 Abs. 2 ZPO) durch einen mit der Rechtsbeschwerde (§ 1065 Abs. 1 S. 1 ZPO) anfechtbaren Beschluss.

Vereinbarungen der Schiedsparteien, dass statt oder neben einem Aufhebungsantrag eine Berufung oder Revision zum staatlichen Gericht möglich sein soll, sind unzulässig.[785]

---

783 A.A. (vor dem SchiedsVfG) *Schönke*, Schiedsgerichtsverfahren, S. 175 f. Läge keine abweichende Parteivereinbarung vor, so könne „es in einem Schiedsgerichtsverfahren nur einen Schiedsspruch" geben.

784 Vor der CPO konnte unter preußischem Recht gegen den Schiedsspruch ordentliche Rechtsmittel eingelegt werden, *Schönke*, Schiedsgerichtsverfahren, S. 53. Die CPO aus dem Jahr 1877 sah nur noch ein Aufhebungsverfahren als einzigen Rechtsbehelf vor, *Zieren*, Schiedsverfahren 1877–1933, S. 73 f. *Stegemann*, CPO, S. 494: „Die Anfechtbarkeit eines Schiedsspruchs mit den gegen richterliche Urtheile statthaften Rechtsmitteln widerstreitet der auf endgültige Erledigung des Streits gerichteten vergleichsähnlichen Natur des Schiedsvertrags". (...) „Da nämlich der Entwurf die Schiedsrichter nicht verpflichtet, nach den prozessualichen Vorschriften zu verfahren und nach dem bürgerlichen Rechte zu entscheiden, so entzieht er dem Rechtsmittel die Basis."

785 *Stüven*, Parteivereinbarungen, S. 99.

b) *Parteien des Aufhebungsantrags*

aa) Antragssteller

Den Aufhebungsantrag kann grundsätzlich jeder Beteiligte des Schiedsverfahrens, insbesondere auch der Nebenintervenient,[786] stellen.

aaa) Kein Antragsrecht für Dritte

Aufgeworfen werden soll die Frage, ob neben den Beteiligten am Schiedsverfahren auch Unbeteiligte unter bestimmten Umständen ein Aufhebungsverfahren einleiten können. Ein Bedürfnis den Schiedsspruch anfechten zu können würde insbesondere dann bestehen, wenn sich die Rechtskraft des Schiedsspruchs auch auf am Schiedsverfahren Unbeteiligte erstrecken könnte.

Staatliche Urteile wirken grundsätzlich, praxisrelevante Ausnahme ist etwa § 124 VVG, nur inter partes. § 1055 ZPO legt ausdrücklich fest, dass der Schiedsspruch nur „unter den Parteien die Wirkungen eines rechtskräftigen gerichtlichen Urteils" hat. Gleichwohl kann auch ein Schiedsspruch eine Rechtskraftwirkung inter omnes haben. Herausgegriffen sei § 248 Abs. 1 S. 1 AktG, wonach das Urteil, welches einen Hauptversammlungsbeschluss für nichtig erklärt, „gegen alle Aktionäre sowie die Mitglieder des Vorstands und des Aufsichtsrats, auch wenn sie nicht Partei sind" wirkt. Entsprechend findet die Norm Anwendung auf das GmbH-Recht.[787] Vor dem SchiedsVfG lehnte der BGH noch die Schiedsfähigkeit von Beschlussmängelstreitigkeiten einer GmbH analog §§ 248 Abs. 1 S. 1, 249 AktG aus Gründen richterlicher Zurückhaltung gegenüber dem Gesetzgeber ab.[788] Da der Gesetzgeber die Aufgabe an die Rechtsprechung ausdrücklich delegierte,[789] konnte der BGH nunmehr entscheiden, dass solche Streitigkeiten schiedsfähig sind.[790] Allerdings stellte der BGH hohe Hürden auf. Die hier interessierenden sind, dass alle Gesellschafter grundsätzlich der Schiedsvereinbarung zustimmen müssen und jeder Gesellschafter über das Schiedsverfahren informiert werden muss, damit er intervenieren kann.[791] Unbedarfte Dritte werden nicht der Rechtskraftwirkung ausgesetzt. Die fehlende Möglichkeit, rechtliches Gehör einfordern zu können, ist aber das Hauptargument gegen die Rechtskrafterstreckung auf Dritte.[792] Vielmehr kann der Gesellschafter,

---

786 Die Zulässigkeit des Nebenintervenienten als Antragsteller nach § 1059 ZPO bejahend: OLG Stuttgart SchiedsVZ 2003, 84 ff. (86); OLG Frankfurt NJW-RR 2003, 498 ff. (500); *Voit*, in: Musielak, ZPO, § 1059 Rn. 1. Zur anderen Ansicht des neuseeländischen Court of Appeal in Wellington *UNCITRAL*, Digest, S. 138.

787 *Wertenbruch*, in: MüKo-GmbhG, Anhang § 47 Rn. 200.

788 NJW 1996, 1753 ff. (1756).

789 BT-Drs. 13/5274, S. 35; BT-Drs.13/9124, S. 44.

790 NJW 2009, 1962 ff.

791 NJW 2009, 1962 ff. (1964).

792 Vgl. *Schack*, NJW 1988, 865, 772.

der im Schiedsverfahren Nebenintervenient war, selbst die Aufhebung des Schiedsspruches gem. § 1059 ZPO beantragen.[793]

Das Problem, dass ein Schiedsspruch nicht nur auf Grund seiner Rechtskraft, sondern ebenso über rechtstatsächliche Auswirkungen Dritte betreffen kann, ist ebenso keine Frage nach einem Recht zur Aufhebung des Schiedsspruches, sondern vielmehr der Schiedsfähigkeit (§ 1030 ZPO). Dies betrifft etwa den höchst umstrittenen Fall, ob über Schadensersatzansprüche der GmbH gegenüber ihrem Geschäftsführer ein Schiedsverfahren geführt werden kann, wenn der Ersatz zur Befriedigung der Gesellschaftsgläubiger erforderlich ist, §§ 9b Abs. 1, 43 Abs. 3 S. 2 GmbHG.

Dritte brauchen (mangels Rechtskrafterstreckung) und können[794] in der Folge kein Aufhebungsverfahren einleiten.

bbb) Kein Antragsrecht eines Vertreters öffentlicher Interessen

Letztlich soll der Frage nachgegangen werden, ob de lege ferenda der Aufhebungsantrag von einem Vertreter öffentlicher Interessen gestellt werden könnte.[795] Eine ex-officio-Kontrolle des Schiedsspruches scheint angesichts der aufgezeigten öffentlichen Interessen zur Kontrolle der Schiedsgerichtsbarkeit, insbesondere zur Berücksichtigung des Interesses an der Steuerung des Zivilrechtsverkehrs (etwa um Verbraucherrechte zu schützen),[796] dogmatisch betrachtet keine abwegige Forderung.

Eine ex-offico-Kontrolle würde aber nur Sinn ergeben, wenn sämtliche Schiedssprüche gegenüber einer staatlichen Stelle publik gemacht werden müssten und von dieser überprüft werden würden. Die hiermit einhergehende erhebliche Belastung der Justiz und der gravierende Eingriff in die Schiedsautonomie stehen folglich weit hinter dem etwaigen Ertrag einer solchen Vorgehensweise zurück.

ccc) Kein Erfordernis einer Beschwer

Von Teilen der Literatur wird zusätzlich eine Beschwer verlangt.[797] Zunächst einmal spricht gegen das Erfordernis einer Beschwer, dass hierfür kein normativer

---

793 Siehe oben Fn. 788.

794 A.A. *Geimer*, in: Zöller, ZPO, § 1059 Rn. 3; *Triebel/Hafner*, SchiedsVZ 2009, 321 (für nichtbeteiligte, aber beschwerte Gesellschafter bei GmbH-Beschlussmängelstreitigkeiten).
Verbist, in: Berger, FS Schlosser, S. 1006 f. zitiert eine Entscheidung des belgischen Kassationshofes aus dem Jahr 1993, wonach ein unbeteiligter Dritter eine Aufhebungsklage erheben konnte.

795 *Geimer*, in: Zöller, ZPO, § 1059 Rn. 85 äußert sich positiv für ein Antragsrecht nach § 1059 ZPO eines Staatsanwalts, „soweit es um die Wahrung unmittelbarer Staatsinteressen geht“.

796 Siehe oben 1. Teil B. II. 1.

797 So *Geimer*, in: Zöller, ZPO, § 1059 Rn. 3; *Münch*, in: MüKo-ZPO, § 1059 Rn. 55; *Schwab/Walter*, Schiedsgerichtsbarkeit, Kap. 25 Rn. 11; *Schlosser*, in: Stein/Jonas, ZPO, § 1059 Rn. 5; *Rehm*, Schiedsgerichtsbarkeit im Rechtssystem, Rn. 268.

Ansatzpunkt besteht und dies im Schiedsverfahrensrecht kein leichtgewichtiger Einwand ist. Es ist ferner keine Parallelität zum Rechtsmittelrecht herzustellen,[798] welches grundsätzlich eine Beschwer ungeschrieben voraussetzt[799]. Denn das Aufhebungsverfahren ist weder ein Rechtsmittelverfahren noch ist es in einen Instanzenzug mit dem Schiedsverfahren integriert. Wie in der Literatur zutreffend demgegenüber hingewiesen wird, ist es nicht zumutbar, dass der formal obsiegende Schiedskläger keinen Aufhebungsantrag stellen kann, besonders wenn der Schiedsspruch grob fehlerbehaftet ist.[800] Hält der Schiedskläger den Schiedsspruch für nicht vollstreckbar, könnte er nur über einen Antrag auf Vollstreckbarerklärung den Schiedsspruch aufheben lassen. Auf der Rechtsmittelebene hat dies, zugegebenermaßen rein akademische, Folgen. Wird der Schiedsspruch für vollstreckbar erklärt, kann der Schiedskläger keine Rechtsbeschwerde mangels Beschwer einlegen, während er dies auf Grund seiner formellen Beschwer bei einem abgelehnten Aufhebungsantrag könnte. Schwerer wiegt, dass er die Kosten des Vollstreckbarerklärungsverfahrens zu tragen hätte, während er über das Aufhebungsverfahren nicht belastet würde. Schließlich ist anzuführen, dass im Vollstreckbarerklärungsverfahren ein fehlerhafter Schiedsspruch lediglich aufgehoben wird. Im Unterschied zu § 1059 Abs. 4, 5 ZPO, wenn nicht die in der Literatur befürwortete Analogie bemüht wird,[801] lebt die Schiedsvereinbarung nicht wieder auf, und kann die Sache nicht an das Schiedsgericht zurückverwiesen werden.

Im Übrigen kann der Kreis der Antragssteller durch eine sinnvolle Anwendung des Kriteriums des Rechtsschutzbedürfnisses überschaubar gehalten werden. Es sollte also auch die nicht beschwerte Partei grundsätzlich antragsberechtigt sein.

bb) Antragsgegner

Antragsgegner ist die gegnerische Schiedspartei bzw. ihr Rechtsnachfolger.[802]

c) Gegenstand des Aufhebungsantrags

aa) Schiedsspruch

Gegenstand des Aufhebungsantrages ist ein inländischer[803] Schiedsspruch. Vom Aufhebungsantrag umfasst ist neben der Hauptsacheentscheidung die Kostenentscheidung gem. § 1057 Abs. 1 ZPO.

A.A. *Reichold*, in: Thomas/Putzo, § 1059 Rn. 4; *Voit*, in: Musielak, ZPO, § 1059 Rn. 32; *B/L/A/H*, ZPO, § 1059 Rn. 4.

798 Hierauf aber rekurrierend *Schwab/Walter*, Schiedsgerichtsbarkeit, Kap. 25 Rn. 11; *Rehm*, Schiedsgerichtsbarkeit im Rechtssystem, Rn. 268.

799 Stellvertretend *Wulf*, in: BeckOK-ZPO, § 511 Rn. 11 f.

800 *Voit*, in: Musielak, ZPO, § 1059 Rn. 32.

801 *Voit*, in: Musielak, § 1060 Rn. 15; *Münch*, in: MüKo-ZPO, § 1060 Rn. 27.

802 *Schwab/Walter*, Schiedsgerichtsbarkeit, Kap. 25 Rn. 8.

803 Ebenso (ohne Begründung) BGH SchiedsVZ 2004, 205 ff. (206). Zwar besteht nach § 1062 Abs. 1 Nr. 4, Abs. 2 ZPO eine Zuständigkeit deutscher Gerichte für die

aaa) Definition des Schiedsspruchs

Das Gesetz stellt keine Legaldefinition des Schiedsspruchs zur Verfügung. Auch internationale Regelwerke, insbesondere das UNCITRAL-Modellgesetz, verwenden den Begriff ohne Definition.[804]

Nachstehend soll ein eigener Schiedsspruchbegriff entwickelt werden, der zunächst eine eingehende Befassung mit dem Charakter des Schiedsspruchs erfordert.

bbb) Zum materiellen Charakter des Schiedsspruchs

Ein formell geprägter Ansatz, also allein das Abstellen auf den äußeren Anschein eines Schiedsspruches, ist nicht zielführend.[805] Insbesondere kann die Bezeichnung einer Entscheidung grundsätzlich keine konstitutive Wirkung haben.[806] Dies kann normativ durch einen Umkehrschluss zu § 1053 Abs. 2 S. 1 ZPO begründet werden, wonach der Schiedsspruch mit vereinbartem Wortlaut anzugeben hat, dass er ein Schiedsspruch ist. Dies ist nötig, um ihm vom bloßen Vergleich unterscheiden zu können. Nur insoweit ist daher die Bezeichnung ein konstitutives Merkmal, wobei der Angabe genügt ist, wenn sie sich aus einer Auslegung des Spruchs ergibt.[807] In Fällen kontradiktorischer Verfahrenserledigung ist folglich die Angabe nicht nötig. Auf Grund der freien Wahl der Verfahrenssprache wäre zudem eine genaue Bezeichnung nicht festlegbar und überdies kontraproduktiv. Einer Entscheidung ihre Schiedssprucheigenschaft zu entsagen nur weil sie, was nicht ungeläufig ist, beispielsweise als Schiedsurteil, Schiedsgerichtsbeschluss oder Schiedsentscheidung betitelt wurde, führt vielmehr zu Rechtsunsicherheit.

Aufhebung ausländischer Schiedssprüche. Aus § 1025 ZPO ergibt sich jedoch, dass § 1059 ZPO überhaupt nicht anwendbar ist auf ausländische Schiedssprüche, *Münch*, in: MüKo-ZPO, § 1062 Rn. 14 f.; *Borges*, ZZP 1998, 499 f. (er vermutet ein Redaktionsversehen des Gesetzgebers). So i.E. auch *Hausmann*, in: Hohloch, FS Stoll, S. 596; *Wiegand*, in: Dierck, HdB ZV, 10. Kap. Rn. 27.

804 Eine Einigung auf eine Definition kam in den Beratungen nicht zu Stande, UN-Doc. A/CN.9/246, S. 201.

805 In diese Richtung aber *Schroeder*, SchiedsVZ 2005, 249; *Wiegand*, in: Dierck, HdB ZV, 10. Kap. Rn. 28, 32.
A.A. OLG München KTS 1974, 174 ff. (175) und schon RGZ 52, 283 ff. (285); *Schmidt*, Typologie von Schiedssprüchen, S. 11 f.

806 So aber *Sponheimer*, Legalanerkenntnis, S. 30 f.
A.A. *Schmidt*, Typologie von Schiedssprüchen, S. 11. Ferner auch U.S. Court of Appeals for the Seventh Circuit, Publicis v. True North Communications (206 F.3d 725), wiedergegeben bei *Bühler/Webster*, Handbook ICC, 27–5: Die Ansicht, dass ein Schiedsspruch erst mit der Bezeichnung als solcher endgültig und vollstreckbar sei, ist ein extremer und unhaltbarer Formalismus [gekürzte Übersetzung d. Verf.].

807 Nach BT-Drs. 13/5274, S. 55 ist „ausdrücklich anzugeben, daß es sich um einen Schiedsspruch handelt." Dies schließt aber nicht aus, dass die Entscheidung „award", „Schiedsurteil nach Vergleich" oder ähnlich betitelt wird.

Wird daneben oder stattdessen das Erfüllen der Voraussetzungen des § 1054 ZPO für die Schiedssprucheigenschaft als ausreichend erachtet, könnte das Schiedsgericht ohne besondere Ermächtigung durch die Parteien etliche Schiedssprüche erlassen. Vielmehr ist ein Schiedsspruch eine „meritorische Entscheidung".[808] Die einzelnen materiellen Charakteristika eines Schiedsspruchs werden nachstehend aufgezeigt.

α) Erlass durch Schiedsgericht Charakteristikum des Schiedsspruchs

Erstes prägendes Merkmal eines Schiedsspruchs ist dessen Urheber. Nach der Rechtsprechung liegt kein Schiedsspruch vor, wenn kein Schiedsgericht im Sinne des zehnten Buches der ZPO entschieden hat, sondern z.B. ein Vereins- oder Verbandsgericht.[809] Selbst wenn der Spruchkörper sich als „Schiedsgericht" bezeichne und geriere und eine als „Schiedsspruch" titulierte Entscheidung erlasse, ist entgegen dem OLG Frankfurt[810] nach dem BGH[811] kein Aufhebungsantrag möglich.

Gegen die BGH-Ansicht bestehen vielfältige Einwände. Zunächst ist einzuwenden, dass die Abgrenzung eines Vereins- oder Verbandsgerichts zu einem Schiedsgericht regelmäßig nicht qualitativer, sondern bloß gradueller Art ist. Denn ein Schiedsgericht bleibt ein solches, wenn es nicht in Übereinstimmung mit dem zehnten Buch gebildet wurde, etwa weil es einer Partei ein Übergewicht gewährt. Die Ausführung des BGH, wonach ein „Vereins- oder Verbandsgericht, um „echtes" Schiedsgericht zu sein, satzungsmäßig als unabhängige und unparteiliche Stelle organisiert sein" müsse,[812] wirft Abgrenzungsprobleme auf. In einem Fall hielt etwa das angerufene AG sich für unzuständig und verwies den Streit an das OLG, welches wieder zurückverwies, da entgegen dem AG kein Schiedsspruch vorläge.[813]

Der BGH sieht zudem auch die Möglichkeiten der Richterablehnung nach den §§ 1034 ff. ZPO. In einem entscheidenden Nebensatz führt er aber aus: (...) „dabei wird aber naturgemäß eine Schiedsvereinbarung (§ 1029 ZPO) vorausgesetzt, die grundsätzlich auf eine Streitentscheidung durch ein unabhängiges und unparteiliches Schiedsgericht ausgerichtet ist."[814] Das Risiko der richtigen Einschätzung, ob

808 Oberster Gerichtshof Österreichs, Beschluss vom 25.6.1992, Az. 7 Ob 545/92.

809 BGH NJW 2004, 2226 ff. (2227); OLG Schleswig, Beschluss vom 19.6.2012, Az. 16 Sch 1/12; OLG Frankfurt, Beschluss vom 6.9.2001, Az. 3 Sch 2/00.

810 OLG Frankfurt a.a.O.

811 NJW 2004, 2226 ff. (2227). Der BGH geht auf die frühere Entscheidung des OLG Frankfurt nicht ein. Wie der BGH: OLG München NJOZ 2015, 1104.
In der österreichischen ZPO (§ 612) ist ausdrücklich eine spezielle Feststellungsklage hierfür geregelt: „Die Feststellung des Bestehens oder Nichtbestehens eines Schiedsspruchs kann begehrt werden, wenn der Antragsteller ein rechtliches Interesse daran hat."

812 A.a.O., 2227.

813 OLG Schleswig, Beschluss vom 19.6.2012, Az. 16 Sch 1/12. Siehe ferner OLG München NJOZ 2011, 413 ff. (416).

814 NJW 2004, 2226 ff. (2227).

nun „grundsätzlich“ ein unabhängiger und unparteilicher Spruchkörper entscheidet, trägt derjenige, der sich gegen die Entscheidung wehrt. Er hat nach dem BGH folglich die Kosten eines unzulässigen Aufhebungsverfahrens zu tragen.[815] Freilich dürfte der Verfahrensbetroffene den Verein bzw. Verband, dessen Gericht den Anschein eines Schiedsgerichts erweckte, materiell-rechtlich in Regress nehmen können im Hinblick auf die Kosten des erfolglosen Aufhebungsverfahrens.

Gegen die BGH-Ansicht spricht ferner, dass der Verein oder Verband die Fehleinschätzung zurechenbar verursachte. „Der Verband hat selbst eine rechtlich unzulässige Entscheidungsstruktur und eine Entscheidungsform gewählt, an welche die Rechtsordnung besondere Voraussetzungen und Rechtsfolgen knüpft. Die Falschbezeichnung durch den Verband darf sich nicht zu Lasten des Adressaten der Maßnahme auswirken.“[816] Gerade der Gedanke der Meistbegünstigung spricht hiergegen, denn hernach dürfen gerichtliche Fehler nicht zu Lasten der Parteien gehen.[817] Einzuwenden, dass dieser Grundsatz nicht gelte, da schließlich kein „Gericht“ entscheide, geht nicht mit dem Zweck des Grundsatzes konform. Ferner kann, wenn der Schiedsspruchschuldner von einer bloßen Organentscheidung ausgeht, die Gerichte hingegen einen Schiedsspruch annehmen, ein Aufhebungsantrag leicht präkludiert sein.[818]

Schließlich kann die Entscheidung eines „Nicht-Schiedsgerichts“ im Sinne der BGH-Rechtsprechung gleichwohl für den Rechtsverkehr den Anschein der Rechtswirksamkeit und Verbindlichkeit setzen. Allein dies belastet den Schuldner der Entscheidung.[819] Auch wenn die Entscheidung in Deutschland nicht für vollstreckbar erklärt werden darf, besteht, abseits faktischer Zwänge vorher freiwillig zu erfüllen, insbesondere die Gefahr einer Auslandsvollstreckung im Rahmen des NYÜ. Außerdem sehen auf Grund des Rechtsscheins verschiedene Verfahrensordnungen Rechtsschutz gegen nichtige Akte vor.[820] All dies mögen die nicht niedergelegten Gedanken des OLG Frankfurt gewesen sein, welches erkannte, dass „das berechtigte Interesse einer Partei, einen mangels gültiger Schiedsordnung ohne Rechtgrundlage ergangenen Schiedsspruch aufgehoben zu sehen“ in § 1059 Abs. 2 Nr. 1 lit. a ZPO vorausgesetzt sei.[821] Schon zuvor hatte das OLG Frankfurt geurteilt, dass die Schiedsgerichtseigenschaft zu bejahen ist, wenn nach außen hin bloß ein entsprechender Schein gesetzt wird.[822]

Die aufgezeigten Bedenken gegen die BGH-Rechtsprechung sind gravierend, jedoch sind Alternativkonzepte erheblicheren Einwendungen ausgesetzt.

---

815 Selbst *Lachmann*, HdB Schiedsgerichtspraxis, Rn. 2051, der dem BGH folgt, hält diese Bedenken für „vertretbar“.

816 *Schroeder*, SchiedsVZ 2005, 248.

817 *Schroeder*, a.a.O., 247 f.

818 Vgl. *Schroeder*, a.a.O., 249.

819 *Schroeder*, a.a.O., 247.

820 *Schroeder*, a.a.O., 249 f.

821 Beschluss vom 6.9.2001, Az. 3 Sch 2/00.

822 NJW-RR 2001, 1078 f. (1079).

Denkbar wäre allein das Abstellen darauf, dass eine Entscheidung eines Dritten ergeht. Hierdurch würden aber reine Organentscheidungen zu Schiedssprüchen. Eine weitere Alternative wäre, dass auf den Rechtsschein abgestellt wird. Ein Schiedsspruch könnte demnach vorliegen, wenn ein objektiver Dritter in Person des Verfahrensbetroffenen von einem Schiedsgericht ausgehen darf. Dies führt jedoch gegenüber der BGH-Auffassung nicht zu einem Mehr an Rechtsklarheit. Vielmehr zeigen die entschiedenen Fallkonstellationen, dass durchaus Zweifel an einem entsprechenden Rechtsschein hätte bestehen müssen. Insofern ist trotz der aufgezeigten Bedenken der BGH-Ansicht zu folgen. Sie fügt sich zudem in die grundsätzliche Überlegung ein, dass der Schiedsspruch folgend dem Gesetz erst nach einem Schiedsverfahren gem. §§ 1025 ff. ZPO ergeht, mithin von einem Schiedsgericht erlassen wird.

β) Entscheidungscharakter des Schiedsspruchs

Das nächste Merkmal eines Schiedsspruchs bezieht sich auf dessen Inhalt. Eine Entscheidung setzt zumindest und hinreichend die Wahl zwischen Alternativen voraus. Dies trifft selbst für den Schiedsspruch mit vereinbartem Wortlaut zu, denn das Schiedsgericht prüft, ob der Vergleichsinhalt gegen den ordre public verstößt nach § 1053 Abs. 1 S. 2 ZPO.[823] Die für die Rechtsprechung im Allgemeinen nicht atypische binäre Entscheidungsstruktur und der reduzierte Prüfmaßstab rechtfertigen nicht die Annahme einer Nichtentscheidung.[824] Eine Entscheidung erfordert darüber hinaus nicht das Vorliegen einer Streitigkeit im Sinne eines Antagonismus zwischen den Parteien. Anderenfalls könnte es einen Schiedsspruch mit vereinbartem Wortlaut nicht geben. Vor der Normierung des Schiedsspruchs mit vereinbartem Wortlaut entschied das OLG Düsseldorf, dass eine Streitigkeit über vollumfänglich unstreitige Rechtspositionen bestehen könne, solange nicht erfüllt wurde.[825] Um das sachgerechte Ergebnis des OLG Düsseldorf zu erreichen, wird das Kriterium der Streitigkeit auch in der Literatur[826] überstrapaziert, wenn damit allein die Rechtsverfolgung gemeint wird. Eine strikte Begriffsjurisprudenz führt andererseits in die Irre. Wie staatliche Verfahren allein zur Titulierung initiiert werden können (exemplarisch das Mahnverfahren), so gilt für das Schiedsverfahren

---

823 Demgegenüber meint *Schmidt*, Typologie von Schiedssprüchen, S. 37 (die Prüfungsbefugnis dort nicht ansprechend), dass diese eine Ausnahme bilden vom Erfordernis einer Entscheidung.

824 Ähnlich *Höttler*, Fingiertes Schiedsverfahren, S. 49 f.

825 MDR 1977, 762 f. (762).

826 *Voit*, in: Musielak, ZPO, § 1029 Rn. 15 spricht von einem „weiten Verständnis", mithin könne es an „einer Streitigkeit im eigentlichen Sinne" fehlen. Ähnlich *Schwab/Walter*, Schiedsgerichtsbarkeit, Kap. 3 Rn. 3. Zum vom allgemeinen Sprachgebrauch abweichenden prozessualem Wortverständnis *Höttler*, Fingiertes Schiedsverfahren, S. 27 ff.

nichts anderes.[827] Würde demgegenüber mit einer Literaturansicht vertreten, dass über anerkannte Ansprüche kein Schiedsverfahren eingeleitet werden könnte,[828] wären die Folgen nicht sachgerecht. Es könnte nicht nur Streit darüber entstehen, ob ein Streit bestand. Die Funktion der Schiedsvereinbarung, die Prorogation an die Schiedsgerichte, könnte leichter Hand aufgelöst werden.[829] Die Gegenpartei könnte schlicht die gegen sie gerichteten Ansprüche anerkennen und die Erfüllung verweigern. Würde nun das Nichtgreifen der Schiedsvereinbarung bejaht, müsste der staatliche Rechtsweg zur Titulierung beschritten werden. Es würde daher nicht nur der intendierte, sondern überhaupt effektiver Rechtsschutz besonders in internationalen Streitfällen verhindert.

γ) Endgültigkeit als Charakteristikum des Schiedsspruchs

Während das Kriterium der Streitigkeit operationabel zu halten ist, ist das streitanfällige Kriterium der Endgültigkeit der Entscheidung strikter zu fassen.

Ausgangspunkt ist, dass eine Vereinbarung über einen Instanzenweg innerhalb der Schiedsgerichtsbarkeit zulässig ist.[830] Dem steht nach § 1042 Abs. 3 ZPO keine zwingende Norm entgegen.[831] Endgültig ist jede Entscheidung eines Schiedsgerichts, die intraarbitral nicht mehr abänderbar ist. Der arbitrale Rechtsweg ist auszuschöpfen, bevor um staatsgerichtlichen Rechtsschutz ersucht werden kann.[832] Erst die abschließende Entscheidung der obersten arbitralen Instanz beendet das Schiedsverfahren nach § 1056 Abs. 1 ZPO und kann einen Schiedsspruch darstellen. So hat der

827 *Höttler*, a.a.O., S. 39.

828 So *Schmidt*, Typologie von Schiedssprüchen, S. 16 ff. (23). Dieser führt an (S. 115), dass ein „Missbrauch" des Schiedsverfahrens allein zur Titulierung vermieden werden müsse. *Schmidt* unterschätzt die Durchsetzungsfunktion eines Prozesses, sowohl eines staatlichen, wie eines privaten, siehe oben 1. Teil D. I.

829 Vgl. *Höttler*, Fingiertes Schiedsverfahren, S. 40.

830 RGZ 146, 262 ff. (269 f.); *Schwab/Walter*, Schiedsgerichtsbarkeit, Kap. 22 Rn. 3; *Schlosser*, in: Stein/Jonas, ZPO, § 1055 Rn. 2, 1042 Rn. 4; *Voit*, in: Musielak, ZPO, § 1042 Rn. 29; *Schönke*, Schiedsgerichtsverfahren, S. 78, 240, 243; *Thomas*, Schiedsgerichtsverfahren, S. 100 f.; *Glossner*, Schiedsgericht, V Rn. 60; *Jacobson*, Rechtskraft, S. 23; *Weber*, in: Schütze, FS Geimer, S. 1457 f.

831 Überholt daher OLGZ Nürnberg 1975, 437 ff. (439).
In den Niederlanden ist ein Rechtsmittelzug sogar explizit in Art. 1050 Wetboek van Burgerlijke Rechtsvordering gestattet. Eine entsprechende Normierung besteht auch in Polen, *Zoll/Łyszczarz*, in: Oberhammer, Schiedsgerichtsbarkeit, S. 472.

832 Dafür: *Schlosser*, in: Stein/Jonas, ZPO, § 1042 Rn. 4; *Voit*, in: Musielak, ZPO, § 1042 Rn. 29. Dagegen: *Schwab/Walter*, Schiedsgerichtsbarkeit, Kap. 22 Rn. 2 („in der Regel").
OLG Düsseldorf BB 1976, 251 f. (251): „Sieht der Schiedsvertrag" (...) „einen Instanzenzug vor, so ist erst die Entscheidung des Oberschiedsgerichts der eigentliche Schiedsspruch im Sinne dieser [§ 1039 ZPO a.F., heute § 1054 ZPO, Anm. d. Verf.] Vorschrift" (...).

BGH ausgeführt: „Erst nach Abschluß des Schiedsverfahrens soll das Staatsgericht in Tätigkeit treten, es kann nicht seine Aufgabe sein, in die Nachprüfung einer für das Schiedsgericht selbst nicht endgültigen schiedsrichterlichen Entscheidung einzutreten" (...).[833] Würden demgegenüber erstinstanzliche Entscheidungen entgegen § 1059 ZPO, der einen Schiedsspruch erfordert, generell für überprüfbar gehalten, würden staatliche Gerichte belastet, obwohl womöglich das Oberschiedsgericht abgeholfen hätte. Außerdem würden staatliche Gerichte entgegen der Intention der Schiedsvereinbarung eingeschaltet. Wenn für das Rechtsschutzbegehren ein Rechtsbehelf zu einem Oberschiedsgericht zulässig ist, ist dieser einzulegen. Dies ist etwa in den Niederlanden in Art. 1064 Abs. 1 Wetboek van Burgerlijke Rechtsvordering ausdrücklich bestimmt ist. Ansonsten sind insoweit nicht erhobene Rügen nach § 1027 S. 1 ZPO präkludiert.[834]

Ist hingegen die Frist für eine Berufung zu einem Oberschiedsgericht abgelaufen, auf die Berufung verzichtet worden, die Berufung zurückgenommen worden oder hat das Oberschiedsgericht die Berufung verworfen, wird die bis dato aufschiebend bedingte Entscheidung[835] zum Schiedsspruch. Erst dann tritt die Rechtskraft ein,[836] was aus der Anlehnung an § 705 ZPO resultiert, und kann der Schiedsspruch mittels Aufhebungsantrag angegangen werden bzw. die Vollstreckbarerklärung beantragt werden[837].

833 NJW 1953, 1913 f.

834 *Schlosser*, in: Stein/Jonas, ZPO, § 1042 Rn. 4 meint, dass solche Rügen nicht präkludiert seien, deren Rügbarkeit vorm Oberschiedsgericht nicht sichergestellt war. Dies geht aber zu weit. Vielmehr sind nur solche Rügen nicht präkludiert, deren Geltendmachung vorm Oberschiedsgericht mit an Sicherheit grenzender Wahrscheinlichkeit ausgeschlossen ist, etwa weil ein bestimmter Beschwerdewert nicht erreicht werden kann.
Das RG, RGZ 159, 92 ff. (96), entschied diese Frage nicht. Es äußerte Bedenken gegenüber der Auffassung, dass die Nichtanrufung des Oberschiedsgerichts zu einem Ausschluss des Rügerechts hinsichtlich Mängeln des erstinstanzlichen Verfahrens bedeute.

835 *Schwab/Walter*, Schiedsgerichtsbarkeit, Kap. 22 Rn. 11 und *Sponheimer*, Legalanerkenntnis, S. 20 f. sehen den „Schiedsspruch" als unter dieser Bedingung gestellt an. *Raeschke-Kessler/Berger*, Schiedspraxis, Rn. 851 befinden demgegenüber wie hier vertreten, dass der erstinstanzliche Spruch eine Zwischenentscheidung, und noch kein Schiedsspruch ist.

836 Ebenso bei Fristablauf oder oberschiedsgerichtlicher Entscheidung: *Schlosser*, in: Stein/Jonas, ZPO, § 1055 Rn. 2.

837 A.A. noch RGZ 29, 387 ff., 390 f. (und im Übrigen *Jacobson*, Rechtskraft, S. 24), wonach die Parteien vereinbaren könnten, dass ein erstinstanzlicher Spruch vollstreckbar sein solle. Dem steht entgegen, dass dieser nicht nur kein Schiedsspruch ist, sondern darüber hinaus die staatsgerichtliche Entscheidung zur Vollstreckbarerklärung ausgehöhlt werden könnte. In späteren Entscheidungen vertrat das RG (RGZ 74, 307 f.; 114, 165 ff., 168), dass die Urteilswirkungen erst eintreten können, wenn kein intraarbitraler Rechtsschutz mehr möglich sei.

Auf dieser Linie liegt im Ergebnis eine Entscheidung des OLG Hamburg.[838] In dieser entschied das Gericht, dass ein Beschluss eines Oberschiedsgerichts, indem dieses die Unzulässigkeit der Berufung (§ 30 Abs. 3 WV-SchO) feststellte, mit einem Aufhebungsantrag anfechtbar sei, da ein Schiedsspruch vorläge. „Im vorliegenden Fall spricht das Oberschiedsgericht mit seiner Entscheidung, die angefochten wird, die Unzulässigkeit der Berufung gegen den Schiedsspruch aus und entscheidet damit in der Sache, weil es die Entscheidung des Schiedsgerichts erster Instanz für endgültig erklärt."[839] Dogmatisch stimmiger wäre es freilich gewesen, wenn das Gericht die (prozessuale) Unzulässigkeitsentscheidung nicht zur Sachentscheidung erhoben hätte,[840] sondern die erstinstanzliche Entscheidung und die Unzulässigkeitsentscheidung als eine Entscheidung und einen Gegenstand des Aufhebungsverfahrens gewertet hätte[841].

Insofern schützt das Kriterium der Endgültigkeit die Integrität und Autonomie des Schiedsverfahrens und vermeidet eine unnötige Belastung staatlicher Gerichte. Andererseits liegt ein Schiedsspruch vor, wenn das Schiedsgericht nur über einen qualitativen Teil eines Anspruches entscheidet und dem staatlichen Gericht die weitere Entscheidung überlassen ist. Ein solcher Schiedsspruch ist aufhebbar.[842]

δ) Entscheidung zur Sache als Charakteristikum des Schiedsspruchs

Dass die schiedsgerichtliche Entschließung zur Sache ergehen muss, kann normativ zunächst auf § 1053 Abs. 2 S. 2 ZPO gestützt werden. Danach steht ein Schiedsspruch mit vereinbartem Wortlaut einem „Schiedsspruch zur Sache" nicht nach. Darüber hinaus kann nur eine Sachentscheidung in materielle Rechtskraft erwachsen, so dass § 1055 ZPO für das Erfordernis einer Sachentscheidung spricht. Daraus ergibt sich, dass Entscheidungen allein über prozessuale Aspekte (Verfahrensakte wie Ladungen, Beweisbeschlüsse etc.) keine Schiedssprüche sind.[843] Über sie könnte isoliert kein Schiedsverfahren geführt werden. Die Abgrenzung zur Sachentscheidung kann über die Antwort auf die Fragestellung erfolgen, was folgt, wenn das Schiedsgericht sämtliche prozessualen Voraussetzungen eines Begehrens unterstellt. Hätte es dann zur Sache abschließend zu entscheiden, liegt ein Schiedsspruch vor. Von daher ist auch die schon begutachtete Situation einer die Zuständigkeit des

---

838 NJW-RR 2000, 806 f. I.E. dieser zustimmend *Lachmann*, HdB Schiedsgerichtspraxis, Rn. 2077.

839 NJW-RR 2000, 806.

840 Nach *Schmidt*, Typologie von Schiedssprüchen, S. 40 liegt kein Schiedsspruch vor, wenn ein Schiedsgericht die Wiederaufnahme des Verfahrens nach einem Schiedsspruch ablehnt, da dies eine „Verfahrensfrage und nicht die Sache (den Klageanspruch) selbst" betreffe.

841 Die nachträgliche Änderung der Rechtsnatur einer Entscheidung durch eine nachfolgende des Schiedsgerichts ist gängige Auffassung, wenn ein Ergänzungsschiedsspruch ergeht, siehe unten 3. Teil B. III. 1. c) dd).

842 BGH NJW 1960, 1462 f.; OLG Stuttgart BeckRS 2006, 11581.

843 Ebenso i.E. *Schmidt*, Typologie von Schiedssprüchen, S. 126 f.

Schiedsgerichts verneinten Entscheidung des Schiedsgerichts bei gestelltem Sachantrag ein (Prozess-)Schiedsspruch und mit dem Aufhebungsantrag anfechtbar.[844]

Aus dem Erfordernis der Sachentscheidung könnte gefolgert werden, dass ein Schiedsspruch erst bei Erfüllen gewisser inhaltlicher Anforderungen vorliegt. Aus § 1059 ZPO ergibt sich nur, wann ein Schiedsspruch aufgehoben werden kann. Trotz eines Aufhebungsgrundes nach § 1059 Abs. 2 ZPO liegt ein Schiedsspruch vor. Sein Fortbestand, nicht sein Dasein, wird von den Aufhebungsgründen tangiert. Somit spricht § 1059 ZPO argumentum e contrario gegen inhaltliche Bedingungen.

ccc) Zum formellen Charakter des Schiedsspruchs

Andererseits ist ein allein materieller Ansatz ebenso abzulehnen.[845] In § 1054 ZPO werden hinsichtlich der Form Vorgaben für den Schiedsspruch aufgestellt. Insofern ist die Form einer Entscheidung nach dem Gesetzgeber ein bestimmendes Kriterium.

Aus § 1054 Abs. 1 S. 1 ZPO ergibt sich, dass ein Schiedsspruch zwingend schriftlich zu fassen und von den Schiedsrichtern zu unterschreiben ist.[846] Eine mündlich verkündete Entscheidung ist kein Schiedsspruch. Dies ist angesichts der Rechtssicherheit notwendig. Denn anderenfalls könnte mangels Protokollführungspflicht Streit über den Erlass und den Inhalt des Schiedsspruches entstehen. Eine Entscheidung, die nicht die Unterschriften aller[847] Schiedsrichter trägt, ist ebenso wenig ein Schiedsspruch. Denn weder die Finalität der richterlichen Entscheidungsfindung noch die Beteiligung aller Schiedsrichter ist auf diese Weise eindeutig.

Da in all diesen Fällen das Schiedsverfahren nicht beendet ist, ist eine Nachholung ohne weiteres möglich. Ist eine Unterschriftsleistung zwar erfolgt, aber nicht eindeutig, beispielsweise weil die Unterschrift keine Identifizierung des Schiedsrichters erlaubt, kann ein Berichtigungsantrag nach § 1058 Abs. 1 Nr. 1 4. Var. ZPO gestellt werden.

---

844 Zur Konstellation siehe oben 3. Teil B. I. 1. a) bb) ccc). Anfechtbarkeit ebenfalls bejahend: *Lachmann*, HdB Schiedsgerichtspraxis, Rn. 2065.

845 So aber *Schmidt*, Typologie von Schiedssprüchen, S. 10 ff. (66). Seine aufgestellte rein materielle Schiedsspruchdefinition führt zur Notwendigkeit der Anwendung mehrerer Schiedsspruchsbegriffe. So führt er denn selbst aus, dass zwar formelle Fehler für die Schiedsspruchеigenschaft unerheblich seien (S. 11, 67), aber (S. 74) bei Fehlen sämtlicher Unterschriften „kein (anfechtbarer oder vollstreckbarer) Schiedsspruch“ vorläge. Jenes, was nach ihm ein Schiedsspruch ist, ist weder zwangsläufig rechtskräftig, aufhebbar, noch vollstreckbar – es ist ein juristisches Nullum.

846 So für die Unterschrift OLG Köln SchiedsVZ 2004, 269. Die Unterschrift ebenso als Wirksamkeitserfordernis ansehend *Lachmann*, HdB Schiedsgerichtspraxis, Rn. 1746.

847 OLG Köln SchiedsVZ 2004, 269. Zur Möglichkeit einer Blankounterschrift: OLG München SchiedsVZ 2013, 230. Zu Ausnahmen *Münch*, in: MüKo-ZPO, § 1054 Rn. 14 ff.

Die Begründungspflicht nach § 1054 Abs. 2 ZPO ist optional. Nach § 1054 Abs. 3 ZPO sind der Tag des Erlasses und der Schiedsort anzugeben. Fehler führen nicht dazu, dass kein Schiedsspruch vorliegt. Nach überzeugender überwiegender Meinung in Rechtsprechung und Literatur folgt aus dem Nichtvorhandensein oder der Unrichtigkeit der Datums- bzw. Ortsangabe nicht die Nichtigkeit.[848] Die Datumsangabe ist ohne erhebliche Funktion. Insbesondere beginnt die Frist für den Aufhebungsantrag nach § 1059 Abs. 3 S. 2 ZPO nicht mit Erlass, sondern mit Empfang des Schiedsspruches. Und das Schiedsverfahren ist erst mit Kundgabe des Schiedsspruches beendet.[849] Die Ortsangabe ist für die Feststellung ob ein inländischer oder ausländischer Schiedsspruch vorliegt bzw. für die Zuständigkeitsbestimmung nach § 1062 ZPO erheblich. Wie das OLG Stuttgart richtig ausführt, kann auf eine explizite Angabe verzichtet werden, wenn eine Auslegung des Schiedsspruches den Ort ergibt.[850]

Letzte Voraussetzung ist nach § 1054 Abs. 4 ZPO die (formlose)[851] Übermittlung des Schiedsspruches an jede Schiedspartei. Die Übermittlung ist grundsätzlich erforderlich, denn erst wenn die Entscheidung die Gerichtssphäre verlässt, wird hinreichend deutlich, dass sie wie abgefasst gelten soll. Fraglich ist aber, ob es Voraussetzung eines Schiedsspruches ist, dass die Entscheidung an beide Parteien übermittelt wird. Regelmäßig wird die Partei keine Information darüber haben, ob und wann ihrer Gegenpartei der Schiedsspruch übermittelt wurde. Insofern wäre sie bei Stellung ihres Aufhebungsantrages in Unsicherheit, ob überhaupt ein tauglicher Streitgegenstand vorliegt. Theoretisch könnte das Schiedsgericht sogar die Anfechtungsmöglichkeit für eine Partei ausschließen, indem es an die Gegenpartei den Schiedsspruch erst nach Ablauf der Anfechtungsfrist übermitteln würde. Somit ist allein die Übermittlung an eine Partei ausreichend für die Schiedsspruchеigenschaft.

848 Für den Ort: OLG München SchiedsVZ 2011, 167 f. (168); OLG Stuttgart NJW-RR 2003, 1438 f. (1439). Für das Datum schon BGH WM 1977, 319 ff. (320); *Nussbaum*, ZZP 42, 274. Für beides: *B/L/A/H*, ZPO, § 1054 Rn. 5; *Saenger*, ZPO, § 1054 Rn. 6; *Voit*, in: Musielak, ZPO, § 1054 Rn. 7; *Geimer*, in: Zöller, ZPO, § 1054 Rn. 9 f.; *Lachmann*, HdB Schiedsgerichtspraxis, Rn. 1759, 1767; *Christ*, Korrekturverfahren, S. 194; *Osterthun*, Schadensfälle, S. 249. Gegen jede Einschränkung: *Münch*, in: MüKo-ZPO, § 1054 Rn. 35 (Nicht-Schiedsspruch als Folge); *Schlosser*, in: Stein/Jonas, ZPO, § 1054 Rn. 14 („zwingende Voraussetzungen für einen wirksamen Schiedsspruch"). *Schönke*, Schiedsgerichtsverfahren, S. 182 sieht in der Datierung eine Voraussetzung der Rechtskraft.

849 So auch *Münch*, in: MüKo-ZPO, § 1054 Rn. 38.

850 NJW-RR 2003, 1438 f. (1439).

851 BT-Drs. 13/5274, S. 56. Stellvertretend aus der Lit. *Reichold*, in: Thomas/Putzo, ZPO, § 1054 Rn. 9.

Fehler bezüglich der zwingenden Formvorgaben führen dazu, dass kein Schiedsspruch vorliegt.[852] Ein Aufhebungsantrag ist folglich nicht statthaft.[853] Für ihn besteht kein Bedürfnis. Ein Rechtsschein kann durch eine formell fehlerhafte Entscheidung nicht entstehen, denn die formellen Kriterien sind eindeutig im Gesetz bestimmt und das gänzliche Fehlen der Schriftlichkeit oder der Unterschriftsleistung ist markant.

ddd) Funktioneller Schiedsspruchbegriff

Nach hier vertretener Ansicht sind somit sowohl ein rein formeller wie ein rein materieller Ansatz der Schiedsspruchsdefinition unzureichend. Beide Ansätze sind vielmehr zusammenzuführen. Konstatiert werden kann hernach, dass ein Schiedsspruch jede schriftlich abgefasste, unterschriebene, und an eine Partei übermittelte, endgültige Sachentscheidung eines Schiedsgerichts über ein Rechtsverfolgungsbegehren ist.[854]

An Hand dieser Definition wird im Folgenden im Einzelnen untersucht werden, ob die verschiedenen schiedsgerichtlichen Entscheidungsformen Schiedssprüche sind und damit mit einem Aufhebungsantrag angegriffen werden können.

bb) Nichtiger Schiedsspruch

Nachgegangen wird nunmehr der Frage, ob auch ein sog. nichtiger Schiedsspruch Gegenstand des Aufhebungsverfahrens sein kann. Unter einem nichtigen Schiedsspruch kann eine in der Form eines Schiedsspruches ergangene, jedoch inhaltlich grob und offenkundig fehlerhafte Entscheidung verstanden werden. Jenes Institut ist

852 Nach dem RG waren alle Formerfordernisse zu erfüllen gewesen, sonst sei kein Schiedsspruch angenommen worden, so *Nussbaum*, ZZP 42, 270; *Schönke*, Schiedsgerichtsverfahren, S. 185. *Osterthun*, Schadensfälle, S. 61 (Fn. 130), 247 und *Christ*, Korrekturverfahren, S. 194 f. nehmen einen Nicht-Schiedsspruch bei fehlender Schriftlichkeit, Unterschrift oder Übersendung an. *Schütze*, in: Wieczorek, ZPO, § 1039 Rn. 2 und *Wiegand*, in: Dierck, HdB ZV, 10. Kap. Rn. 28 sehen erst einen Schiedsspruch als existent an, wenn die Formerfordernisse erfüllt sind.

853 *Geimer*, in: Zöller, ZPO, § 1059 Rn. 1, § 1054 Rn. 2, 4 und *Wiegand*, a.a.O. halten einen Aufhebungsantrag erst für statthaft, wenn die genannten Kriterien vorliegen. A.A. *Kremer/Weimann*, SchiedsVZ 2004, 240.

854 Ähnlich schon *Loritz*, ZZP 105, 1, wonach ein Schiedsspruch nach § 1040 ZPO a.F. „ein Ausspruch eines Schiedsgerichts, der inhaltlich eine endgültige Entscheidung in der Sache, nicht etwa bloß eine Feststellung der Zuständigkeit trifft und der den Förmlichkeiten des § 1039 ZPO [heute: § 1054 ZPO, Anm. d. Verf.] genügt."

weitgehend anerkannt[855] und verstößt nicht gegen das Verbot der révision au fond[856]. Es entspricht spiegelbildlich dem des nichtigen Urteils, welches die Rechtsprechung in absoluten Ausnahmefällen bei schweren und offenkundigen Fehlern annimmt.[857] Soweit gegen die Existenz nichtiger Schiedssprüche unter dem Gesichtspunkt der Rechtssicherheit eingewandt wird, die Aufhebungsgründe des § 1059 ZPO seien im ordentlichen Prozess Nichtigkeitsgründe,[858] oder es werde ein ungeschriebener Aufhebungsgrund hinzugefügt,[859] steht dem entgegen, dass die Enumeration des § 1059 ZPO wie des Art. 34 Abs. 2 UNCITRAL-Modellgesetz nicht alle Nichtigkeitsgründe erfasst (z.B. Verurteilung zu offensichtlich unmöglicher oder verbotener Leistung), erfassen kann und mangels praktischer Relevanz nicht erfassen muss.

Ein nichtiger Schiedsspruch zeitigt keinerlei materielle Rechtskraftwirkung. Insofern wird ein durch § 1055 ZPO aufgeworfenes Problem entschärft. Denn ein grob unrechtmäßiger Schiedsspruch darf nicht mit Rechtskraftwirkung versehen werden. Einerseits kann formal argumentiert werden, dass nach § 1055 ZPO der Schiedsspruch die Wirkung eines Urteils hat. Liegt also ein nichtiger Schiedsspruch vor, kann vertreten werden, dass er gem. § 1055 ZPO bloß die (Ir-)Relevanz eines nichtigen Urteils hat. Schwerwiegender ist andererseits, dass der von der Entscheidung Betroffene zwingend ein Aufhebungsverfahren durchlaufen müsste. Er hätte trotz gröbster Fehler initiativ zu werden, und müsste insbesondere die Antragsfrist wahren und einen Anwalt beauftragen (§ 78 Abs. 1 S. 1 ZPO). Für die Stellung des Aufhebungsantrages besteht zwar noch kein Anwaltszwang gem. §§ 1063 Abs. 4, 78 Abs. 3 ZPO. Mit der obligatorischen mündlichen Verhandlung (§ 1063 Abs. 2 ZPO) ist jedoch die anwaltliche Vertretung verpflichtend.

Nichtigkeitsgründe müssen weit über eine materielle Unrechtmäßigkeit hinausragen. Sie sind für „Extremkonstellationen“[860] gedacht. Ein nichtiger Schiedsspruch liegt wie bereits angesprochen vor, wenn das staatliche Gericht die schiedsgerichtliche Zuständigkeit rechtskräftig verneint hat, das Schiedsgericht jedoch ungeachtet dessen dennoch einen Schiedsspruch erlässt.[861] Ansonsten ist die Abgrenzung zu einem nur anfechtbaren Schiedsspruch vor allem auf Grund eines ordre public-Verstoßes nach

---

855 Der BGH, ZZP 75, 119 ff. (122), ist der Ansicht, dass es Schiedssprüche gäbe, die „schlechterdings wirkungslos“ seien. Ebenso BAG NZA 1989, 355 (für Schiedssprüche nach dem ArbGG); OLG Stuttgart NJOZ 2002, 2252 ff. (2253); *Schlosser*, in: Schilken, FS Gaul, S. 681, 684; Stein/Jonas, ZPO, § 1059 Rn. 7 (Nichtigkeit bei Usurpation schiedsrichterlicher „Entscheidungsmacht ohne jeden Anschein einer Rechtsgrundlage“ oder Verstoß gegen nemo iudex in sua causa); *Uzar*, Rechtsmittel, S. 136; *Christ*, Korrekturverfahren, S. 303; *Osterthun*, Schadensfälle, S. 60 f.

856 Hierzu oben 1. Teil B. II. 2. c).

857 Vgl. BGH NJW-RR 2007, 767 f. (768); NJW-RR 2003, 842 ff. (843); NJW 1994, 2832 ff. (2833).

858 So *Ebbing*, Private Zivilgerichte, S. 110.

859 So *Schroeder*, SchiedsVZ 2005, 249.

860 *Geimer*, in: Zöller, ZPO, § 1059 Rn. 15.

861 Siehe oben 3. Teil B. I. 1. d).

§ 1059 Abs. 2 Nr. 2 lit. b ZPO schwierig.[862] Eine Abgrenzung kann nicht am Kriterium der Schwere des Fehlers erfolgen; vielmehr ist am Kriterium der Offenkundigkeit anzusetzen. Ergibt sich eindeutig und ohne eingehende Prüfung, dass der Schiedsspruch bemakelt ist, ist er nichtig. So wird tendenziell ein Schiedsspruch, der eine tatsächlich objektiv unmögliche Leistung ausspricht, nichtig sein (siehe § 44 Abs. 2 Nr. 4 BVwVfG), während ein Schiedsspruch, der eine rechtlich oder subjektiv tatsächlich unmögliche Leistung ausspricht, zunächst wirksam sein wird.

Ein nichtiger Schiedsspruch ist nicht scheinbar, sondern anscheinend ein Schiedsspruch. Wie oben aufgezeigt, ist der Inhalt der Entscheidung für die Einstufung als Schiedsspruch unerheblich, solange eine Sachentscheidung angenommen werden kann. Auch wenn ein nichtiger Schiedsspruch mit keiner Rechtswirkung versehen ist, ist er mit dem Aufhebungsantrag angreifbar.[863] Die deklaratorische Aufhebung ist zur Rechtsklarheit sachgerecht.[864] Liegt ein nichtiger Schiedsspruch vor, der nicht einmal den Anschein einer Rechtswirkung aus Sicht eines objektiven Dritten erzeugen kann, kann für einen Aufhebungsantrag jedoch das Rechtsschutzbedürfnis fehlen.[865]

cc) Schiedsvergleich

Vergleichen sich die Schiedsparteien, ist das Schiedsverfahren fortzuführen, wenn nicht eine Einigung über die Verfahrensbeendigung nach § 1056 Abs. 2 Nr. 2 ZPO vorliegt.[866] Eine solche Einigung über die Verfahrensbeendigung ist regelmäßig bei einem Gesamtvergleich anzunehmen, wie § 1053 Abs. 1 S. 1 ZPO aufzeigt, der mit Art. 30 Abs. 1 UNCITRAL-Modellgesetz übereinstimmt. Mit Verfahrensbeendigung kann auf Antrag der Schiedsvergleich in Form eines Schiedsspruches mit vereinbartem Wortlaut ergehen gem. § 1053 Abs. 1 S. 2 ZPO. Dieser steht einem streitigen Schiedsspruch nicht nach gem. § 1053 Abs. 2 S. 2 ZPO und ist folglich ebenso mit dem Aufhebungsantrag angreifbar[867].

dd) Berichtigungs-, Auslegungs- und Ergänzungsentscheidung

Nach § 1058 Abs. 1 ZPO kann das Schiedsgericht über die Berichtigung, Auslegung oder Ergänzung des Schiedsspruches auf Antrag bzw. über die Berichtigung suo moto (§ 1058 Abs. 4 ZPO) entscheiden.

---

862 Ebenso und daher eine Einzelfalllösung vorschlagend *Rehm*, Schiedsgerichtsbarkeit im Rechtssystem, Rn. 215.

863 Der BGH, ZZP 75, 129 ff. (122 f.), entschied, dass ein Schiedsverfahren unzulässig sei, wenn das Schiedsverfahren mit einem „wirkungslosen Urteil" ende. Ein Aufhebungsgrund nach § 1041 Abs. 1 Nr. 1 ZPO a.F. läge vor.

864 *Osterthun* Schadensfälle, S. 61; *Geimer*, in: Zöller, ZPO, § 1059 Rn. 16.

865 Ähnlich *Schlosser*, in: Stein/Jonas, ZPO, § 1059 Rn. 8.

866 Vgl. *Geimer*, in: Zöller, ZPO, § 1053 Rn. 1; *Reichold*, in: Thomas/Putzo, ZPO, § 1053 Rn. 1; *Gerstenmaier*, SchiedsVZ 2010, 284; *Busse*, SchiedsVZ 2010, 58.

867 *Schütze*, SchiedsVZ 2009, 245.

Die Entscheidung über den Antrag auf Ergänzung des Schiedsspruches hinsichtlich zwar im Schiedsverfahren geltend gemachter, aber nicht im Schiedsspruch thematisierter Ansprüche (infra petita) nach § 1058 Abs. 1 Nr. 3 ZPO ist unzweifelhaft ein Schiedsspruch,[868] und als solcher tauglicher Gegenstand eines Aufhebungsverfahrens[869]. Entschied das Schiedsgericht hingegen extra oder ultra petita ist nicht das Ergänzungs-, sondern das Aufhebungsverfahren einzuleiten.[870]

Nach § 1058 Abs. 1 Nr. 1 ZPO können offenkundige[871] formelle Fehler korrigiert werden. Nach Nr. 2 dieser Norm können Teile des Schiedsspruches ausgelegt werden, wenn der Wille im Schiedsspruch bereits angedeutet ist[872]. Wird der Schiedsspruch durch einen Beschluss berichtigt oder ausgelegt, liegt entgegen Äußerungen in der Literatur[873] keine Entscheidung zur Sache und damit kein Schiedsspruch vor.[874] Es wird schließlich nur der Regelungsgehalt der bisherigen Entscheidung klargestellt. Der intendierte, aber noch nicht deutlich manifestierte, Regelungsgehalt soll herauskristallisiert werden. Folglich kann ein Berichtigungsbeschluss selbst nicht für vollstreckbar erklärt werden.[875] Erhält der Schiedsspruch durch den Berichtigungsbeschluss aber erst einen vollstreckungsfähigen Tenor, bilden beide die Vollstreckungsgrundlage.

Die grundsätzliche Nichtvollstreckbarkeit entspricht der gesetzgeberische Intention. Zum Einen, weil der SchiedsVfG-Gesetzgeber das UNCITRAL-Modellgesetz zur Orientierung nahm und dieses deutlich zwischen Berichtigungs-,

---

868 BT-Drs. 13/5274, S. 58 hält ihn für einen selbständigen Schiedsspruch, der den Ausgangsschiedsspruch zu einem Teilschiedsspruch werden lasse. Ebenso für die Schiedsspruchеigenschaft *Lachmann*, HdB Schiedsgerichtspraxis, Rn. 2066; *Voit*, in: Musielak, ZPO, § 1058 Rn. 7; *Schütze*, Schiedsverfahren, Rn. 603; SchiedsVZ 2009, 246; *Schroth*, SchiedsVZ 2007, 293; *Christ*, Korrekturverfahren, S. 300.

869 *Münch*, in: MüKo-ZPO, § 1058 Rn. 21; *Schütze*, a.a.O.; *Christ*, a.a.O., S. 311 f.

870 Vgl. *Christ*, Korrekturverfahren, S. 145 f.

871 Dies ergibt sich aus dem Telos, *Christ*, a.a.O., S. 76 ff.; *Schroth*, SchiedsVZ 2007, 292 (ohne Begründung).

872 *Christ*, a.a.O., S. 127 f.

873 So aber *B/L/A/H*, ZPO, § 1058 Rn. 4. *Schlosser*, in: Stein/Jonas, ZPO, § 1058 Rn. 9 spricht sich für eine selbständige Anfechtbarkeit aus. *Prütting*, in: ders., ZPO, § 1058 Rn. 5 und *Voit*, in: Musielak, ZPO, § 1058 Rn. 7 sehen in der Auslegung einen Schiedsspruch, in der Berichtigung demgegenüber keinen Schiedsspruch (wobei jene Entscheidung nach *Prütting* gleichsam in Form eines Schiedsspruches zu ergehen habe).

874 BT-Drs. 13/5274, S. 58 spricht davon, dass keine „selbständigen Schiedssprüche" vorlägen.

875 Demgegenüber für eine Vollstreckbarerklärungsmöglichkeit eines Berichtigungsbeschlusses OLG Frankfurt SchiedsVZ 2005, 311 f. (312).
Gegen die Ansicht des OLG Frankfurt i.E. ebenso *Schütze*, Schiedsverfahren, Rn. 603; SchiedsVZ 2009, 246; *Geimer*, in: Zöller, ZPO, § 1058 Rn. 4.

Auslegungs- und Ergänzungsentscheidung differenziert.[876] Zum Anderen spricht für jene gesetzgeberische Intention insbesondere § 1058 Abs. 5 ZPO, wonach für die Entscheidung die Vorschriften über Form und Inhalt eines Schiedsspruches anzuwenden sind. Diese Regelung wäre nicht erforderlich gewesen, wenn der Gesetzgeber von der Schiedsspruchеigenschaft ausgegangen wäre. Mangels Schiedsspruchеigenschaft ist folglich ein Aufhebungsverfahren isoliert gegen jene Entscheidung nicht möglich.[877] Mutatis mutandis ist eine Ablehnung eines Antrags auf Berichtigung bzw. Auslegung eines Schiedsspruches wie im ordentlichen Prozess (§ 319 Abs. 3 ZPO) nach richtiger, aber umstrittener, Ansicht unanfechtbar[878]. Wenn schon die positive Entscheidung über die Berichtigung bzw. Auslegung kein Schiedsspruch ist, kann erst recht nicht die negative Entscheidung ein Schiedsspruch sein. Der Beschluss ist nur insoweit angreifbar, als dass gegen den ihm zu Grunde liegenden Schiedsspruch vorgegangen wird.[879] Sollte hingegen der Beschluss dem Schiedsspruch nicht nur ein neues Gewand, sondern einen neuen Inhalt geben (also der Regelungsgehalt abgeändert werden), liegt ein Schiedsspruch vor, der somit nach § 1059 ZPO anfechtbar sein muss[880].

ee) Teilschiedsspruch

Teilschiedssprüche sind allgemein anerkannt.[881] Normativ findet sich als Hinweis auf ihre Zulässigkeit im zehnten Buch nur § 1056 Abs. 1 ZPO, der einen „endgültigen Schiedsspruch“ erwähnt und damit wohl einen Schlussschiedsspruch meint. Auch das UNCITRAL-Modellgesetz geht von ihrer Zulässigkeit wohl aus. In Art. 32 Abs. 1 lautet es, dass das Schiedsverfahren erst bei Erlass des Endschiedsspruches („final award“) beendet ist. Dies impliziert einerseits, dass Teilschiedssprüche

876 *Christ*, Korrekturverfahren, S. 298 f. Dies hat ferner Eingang in Art. 37–39 UNCITRAL Arbitration Rules gefunden.

877 BGH, Beschluss vom 29.9.1983, Az. III ZR 213/82 (zu einem Berichtigungsbeschluss); *Münch*, in: MüKo-ZPO, § 1058 Rn. 21; *Voit*, in: Musielak, ZPO, § 1058 Rn. 7.

878 *Schütze*, SchiedsVZ 2009, 246; wohl ebenso *Münch*, in: MüKo-ZPO, § 1059 Rn. 20. A.A. *Schlosser*, in: Stein/Jonas, ZPO, § 1058 Rn. 9; *Schwab/Walter*, Schiedsgerichtsbarkeit, Kap. 21 Rn. 16 unter Annahme eines Prozessschiedsspruches. Ein solcher liegt jedoch nur dann vor, wenn das Schiedsgericht eine Entscheidung zur Sache verschließt. Bei einer Berichtigungs- oder Auslegungsentscheidung kann das Schiedsgericht a priori keine Sachentscheidung treffen.

879 *Schütze*, a.a.O.

880 OLG Stuttgart NJOZ 2002, 2252 ff. (2254); *Voit*, in: Musielak, ZPO, § 1058 Rn. 7; *Schwab/Walter*, Schiedsgerichtsbarkeit, Kap. 21 Rn. 14 (zur Berichtigung); *Christ*, Korrekturverfahren, S. 309, 311.

881 Vgl. BGH NJW-RR 2007, 1008; OLG München SchiedsVZ 2008, 151 f. (151); *Schwab/Walter*, Schiedsgerichtsbarkeit, Kap. 18 Rn. 6; *Schlosser*, in: Stein/Jonas, ZPO, § 1054 Rn. 3; *Bosch*, Rechtskraft und Rechtshängigkeit, S. 46 und schon *Jacobson*, Rechtskraft, S. 16.

(„partial awards“) möglich sind,[882] andererseits, dass Teilschiedssprüche keine in ihrer Wirkmacht herabgesetzten Schiedssprüche sind, da bezüglich der Korrektur, Anfechtung, Anerkennung und Vollstreckung (Art. 33 ff.) nur vom Schiedsspruch („arbitral award“) die Rede ist.

Ein Teilschiedsspruch kann in Anlehnung an § 301 ZPO ergehen, wenn einer von mehreren Ansprüchen oder ein Teil eines Anspruches oder bei erhobener Widerklage diese oder die Klage entscheidungsreif ist. Eine endgültige Kostenentscheidung für einen Verfahrensabschnitt ist nach dem BGH ein vollstreckbarer Teilschiedsspruch.[883] Der Teilschiedsspruch hat in der Form des § 1054 ZPO zu ergehen.[884] Es kann der Aufhebungsantrag wie gegen einen Schlussschiedsspruch eingelegt werden.[885] Der Teilschiedsspruch erwächst korrespondierend zu einem Teilurteil in Rechtskraft.[886] Da im staatlichen Verfahren die Rechtskraft wie die Anfechtbarkeit allein an Hand des Teilurteils beurteilt wird, ist kein Grund ersichtlich, weshalb nach einer Literaturansicht der Fristbeginn für die Einlegung des Aufhebungsantrags erst mit dem Schlussschiedsspruch beginnen soll.[887] Die Funktion des Teilschiedsspruches, Rechtsklarheit über einen Teil des Rechtsstreits vorzeitig zu erlangen, würde vereitelt.

Über eine Zwischenfeststellungsklage nach § 256 Abs. 2 ZPO kann durch Teilurteil entschieden werden.[888] Diese Klage hat die Funktion, Vorfragen und präjudizielle Rechtsverhältnisse, die im Rahmen eines Urteils nicht in Rechtskraft erwachsen, rechtskräftig feststellen zu können.[889] Auch im Schiedsverfahrensrecht ist eine Zwischenfeststellungsentscheidung denkbar und kann in Form eines Zwischenfeststellungsschiedsspruchs ergehen.[890] Zwar ist auch bei einer Zwischenfeststellungsentscheidung über den Streitgegenstand nicht endgültig entschieden worden, sondern nur eine notwendige Vorstufe zur Endentscheidung getroffen worden. Wie im Zivilprozess erwächst allerdings eine Zwischenfeststellungsentscheidung anders als eine Vorbehaltsentscheidung[891] oder Entscheidung über den Grund[892] in materielle Rechtskraft. Da dem Zwischenfeststellungsschiedsspruch Rechtskraftwirkung (§ 1055 ZPO) zukommt, generiert er ein Rechtsschutzbedürfnis gegen unrichtige Entscheidungen. Zur Erfüllung des allgemeinen Justizgewährungsanspruches muss der Staat gegen Entscheidungen unmittelbar nach deren Rechtskrafteintritt eine

882 Ebenso *ICCA*, Guide, S. 17 (ohne Begründung).

883 NJW-RR 2007, 1008.

884 *Geimer*, in: Zöller, ZPO, § 1054 Rn. 3; *Schlosser*, in: Stein/Jonas, ZPO, § 1054 Rn. 3.

885 Ebenso schweizerische Bundesgerichtsrechtspr. (Entscheidung vom 21.2.2008, 4A_370/2007), vgl. *Habegger*, ASA Bulletin 2010, S. 133 ff.

886 Zur Rechtskraft eines Teilurteils stellvertretend BGH NJW 1998, 686 f. (687).

887 So aber *Schlosser*, in: Stein/Jonas, ZPO, § 1059 Rn. 25.

888 BGH NJW 2006, 915 ff. (915).

889 Vgl. BGH NJW 2010, 2210 ff. (2211).

890 So auch *Bosch*, Rechtskraft und Rechtshängigkeit, S. 50.

891 Zum ordentlichen Prozess *Elzer*, in: BeckOK-ZPO, § 302 Rn. 30.

892 Zum ordentlichen Prozess *Elzer*, a.a.O., § 304 Rn. 40.

staatliche Kontrollinstanz, wie das Aufhebungsverfahren, eröffnen. Deshalb sollte ein Schiedsgericht nur höchst sparsam von dieser Entscheidungsform Gebrauch machen. Ansonsten könnten staatliche Gerichte mit einer Rechtsstreitigkeit befasst werden, obwohl die Endentscheidung aussteht und sich die Anrufung des staatlichen Gerichts für den Antragssteller nach dem Endschiedsspruch als unnötig erweisen könnte. Bis zur Endentscheidung sollte eine Interferenz staatlicher Gerichte zur Wahrung der schiedsgerichtlichen Autonomie vermieden werden. Aus diesem Grund sollte besonders das Kriterium der Vorgreiflichkeit vom Schiedsgericht restriktiv gehandhabt werden. So sollte beispielsweise, anders als im staatlichen Prozess,[893] für alle potentiellen Wege zur Begründung einer Entscheidung die dem Schiedsgericht vorgelegte Frage vorgreiflich sein. Aus alledem ergibt sich auch, dass ohne spezielle Ermächtigung der Parteien das Schiedsgericht nicht befugt ist, einen Zwischenfeststellungsschiedsspruch zu erlassen.

ff) Vorbehalts"schiedsspruch"

Wird die Aufrechnung mit einer der Schiedsvereinbarung unterfallenden Gegenforderung geltend gemacht, so kann in Verwandtschaft zu § 302 ZPO über die entscheidungsreife Forderung unter Vorbehalt der Entscheidung über die zulässige[894] Aufrechnung eine Vorbehaltsentscheidung des Schiedsgerichts ergehen. Dieser ist nach dem BGH kein Schiedsspruch,[895] so dass insbesondere kein gesonderter Aufhebungsantrag möglich ist. Diese Auffassung überzeugt, da offen ist, ob die Gegenforderung die Höhe der Hauptforderung erreicht, und es damit zu einer Klageabweisung kommt.

gg) Zwischen"schiedsspruch"

Eine Zwischenentscheidung, nicht zu verwechseln mit einem Zwischenentscheid nach § 1040 Abs. 3 ZPO, entscheidet über eine Vorfrage, die für die Endentscheidung nicht relevant sein muss. Zwischenurteile nach § 303 ZPO binden das Gericht nach § 318 ZPO für seine Endentscheidung. Zwischenurteile sind nicht gesondert anfechtbar. Ist schon im staatlichen Rechtsschutzsystem grundsätzlich erst nach endgültiger Entscheidung eine Anfechtung möglich, so gilt dies erst Recht im Schiedsverfahrensrecht.

---

893 BGH NJW-RR 2010, 640 ff. (642).

894 Überlässt das Schiedsgericht die Entscheidung über die Gegenforderung dem staatlichen Gericht, liegt kein Vorbehaltsschiedsspruch, sondern ein endgültiger Schiedsspruch vor, vgl. *Schütze*, SchiedsVZ 2009, 245.

895 NJW 1953, 1913 f. Das Problem dieser Entscheidung, wie vieler anderer Stellungnahmen ist, dass der Begriff „Schiedsspruch" auch für Entscheidungsformen gewählt wird, die kein Schiedsspruch sind. So spricht das Gericht davon, dass kein „wirklicher Schiedsspruch" vorläge (1914) oder von einem „auflösend bedingten Spruch" (1913).

Eine Ausnahme der Unanfechtbarkeit von Zwischenurteilen besteht nur für besondere (oder „unechte" genannte)[896] Zwischenurteile, wie etwa nach §§ 71 Abs. 2, 280 Abs. 2 S. 1, 304 Abs. 2 ZPO. Deren Anfechtbarkeit im Schiedsverfahrensrecht wird nachstehend untersucht.

aaa) Zwischen"schiedsspruch" über den Grund

Die Zwischenentscheidung über den Grund ist von einem Grundschiedsspruch zu trennen. Letzterer meint, dass das Schiedsgericht nur den Auftrag erhalten hat, über den Anspruchsgrund zu entschieden, das Betragsverfahren beispielsweise einem anderen Schieds- oder Gerichtsverfahren anheimgestellt wird. Ein Grundschiedsspruch ist mit einem Aufhebungsantrag anfechtbar.[897] Diffiziler ist die Lage bei einer Zwischenentscheidung über den Grund. Ist ein Anspruch nach Grund und Höhe streitig, kann das Schiedsgericht, wenn keine abweichende Parteivereinbarung vorliegt (§ 1042 Abs. 4 S. 1 ZPO), wie ein staatliches Gericht (§ 304 ZPO) vorab über den Grund entscheiden. Zwar kann auch bei einer Zwischenentscheidung über den Grund endgültig über einen Aspekt des Anspruches, den Grund, entschieden werden. Jedoch ist sie nicht gesondert anfechtbar, sondern erst mit dem (End-)Schiedsspruch angreifbar, wenn das Schiedsgericht sich die Entscheidung über den Betrag vorbehält.[898] Denn die Entscheidung ist weder in toto noch in einem quantitativen Teil endgültig.[899] Wie das OLG Frankfurt[900] zu Recht anführt, spricht hierfür, dass im Betragsverfahren der Anspruch verneint und die Klage abgewiesen werden kann. Zu einer Klageabweisung kann es zudem ebenso auf Grund einer nachträglichen Aufrechnung kommen. Es sind darüberhinaus vielfältige Erledigungsgründe denkbar (Schiedsspruch mit vereinbartem Wortlaut, Klagerücknahme etc.). Es besteht im Übrigen, wenn die hier vertretene Auffassung geteilt wird, ein dogmatischer Einklang zum Vorbehalts"schiedsspruch".[901] In beiden Konstellationen

---

896 So etwa *Vollkommer*, in: Zöller, ZPO, § 303 Rn. 1.

897 *Geimer*, in: Zöller, ZPO, § 1052 Rn. 4.

898 Vgl. *Lachmann*, HdB Schiedsgerichtspraxis, Rn. 2060, 2063; *Prütting*, in: ders., ZPO, § 1054 Rn. 2; *Henn*, Schiedsverfahrensrecht, Rn. 364; *Christ*, Korrekturverfahren, S. 155.

899 OLG Frankfurt SchiedsVZ 2007, 278 f. (279).

900 SchiedsVZ 2007, 278 f. (279).

901 *Kremer/Weimann*, SchiedsVZ 2007, 242 stellen richtig heraus, dass der BGH zu einem (Teil-)Vorbehalts-schiedsspruch judizierte. Die Entscheidung ist aber entgegen den Autoren und mit dem OLG Frankfurt auf die hier diskutierte übertragbar. Die Autoren befinden, dass „das Schiedsgericht gerade keine abschließende Entscheidung über die Haftung zum Grund getroffen hatte." Hiergegen ist anzuführen, dass in dem BGH-Fall über die Aufrechnung nicht entschieden worden war, aber abschließend (wenn auch teilweise und nicht rechtskräftig) über die Hauptforderung. Dies entspricht der Situation bei einem Zwischen"schiedsspruch" über den Grund, bei dem ebenso nicht rechtskräftig, aber abschließend über einen Rechtsaspekt entschieden wird.

wurde, entgegen dem RG[902] und Meinungen in der Literatur,[903] nicht rechtskräftig entschieden[904]. Selbst bei Annahme einer Bindungswirkung für das Schiedsgericht generiert diese kein Rechtsschutzbedürfnis, da eben die Endentscheidung offen ist und von der Zwischenentscheidung nach Erlass der Endentscheidung keinerlei Wirkung ausgeht.[905] Außerdem besteht insofern dogmatische Konsistenz zum Teilschiedsspruch, in dem endgültig und rechtskräftig über einen quantitativen Teil eines Anspruchs entschieden wird, während ein Zwischen"schiedsspruch" zu einem qualitativen Teil ergeht.[906]

Die Literaturauffassung die einen Schiedsspruch annimmt, und deshalb einen Aufhebungsantrag für möglich hält, führt an, dass bei gesonderten Schiedsverfahren

---

902 Vereinzelt geblieben RG JW 1935, 1088 f. (1089). Das RG begründete seine Auffassung damit, dass der Zwischenschiedsspruch dem „Schiedsspruch auf Feststellung der Ersatzpflicht völlig gleich" sei.

903 So *Sponheimer*, Legalanerkenntnis, S. 58; *Schütze*, in: Wieczorek, ZPO, § 1040 Rn. 1; SchiedsVZ 2009, 245 (nach ihm liegt ein „echter Endschiedsspruch" vor, wenn nach dem Willen der Schiedsrichter endgültig über den Grund entschieden werden soll); *B/L/A/H*, ZPO, § 1055 Rn. 3 („Denn in ihr [der Entscheidung, Anm. d. Verf.] liegt die Feststellung des Anspruchs nach § 256."); *Thomas*, Schiedsgerichtsverfahren, S. 75 f. (da § 318 ZPO nicht greife, könne sich Schiedsgericht über Rechtskraft hinwegsetzen). *Gottwald*, Zivilprozessrecht, § 180 Rn. 8 geht von der Möglichkeit eines Zwischenschiedsspruches aus.
Schlosser, in: Stein/Jonas, ZPO, § 1054 Rn. 3, 15 meint, dass die Abgrenzung zwischen Schiedssprüchen und Prozessverfügungen nicht über die Rechtskraft erfolgen solle. Entscheidend sei stattdessen die Selbstbindung des Schiedsgerichts.

904 So auch *Bosch*, Rechtskraft und Rechtshängigkeit, S. 51 f.; *Lühmann*, Rechtskraft des Schiedsspruchs, S. 36; *Henn*, Schiedsverfahrensrecht, Rn. 364; *Glossner*, Schiedsgericht, V Rn. 66; *Lachmann*, in: DIS, Schiedsspruch, S. 4 f. Nach *Schwab/Walter*, Schiedsgerichtsbarkeit, Kap. 18 Rn. 7, 12 kann keine Vollstreckbarerklärung erfolgen, da der Schiedsspruch nicht rechtskräftig werden könne.

905 *Sponheimer*, Legalanerkenntnis, S. 465 meint hingegen, dass, wenn den Schiedsparteien Einwendungen gegen den Anspruchsgrund wegen der Bindungswirkung abgeschnitten seien, ihnen ein Aufhebungsantrag gegen den Zwischen"schiedsspruch" über den Grund zustehen müsse.

906 A.A. *Trittmann*, in: DIS, Schiedsspruch, S. 27 (ohne Begründung).
Schmidt, Typologie von Schiedssprüchen, S. 130 weist zu Recht auf diesen Unterschied hin. Er ist aber der Auffassung, dass mittels Zwischenschiedsspruchs rechtskräftig (S. 143 f.) entschieden werde, obwohl nach seiner Ansicht selbst Verfahrensfragen per Zwischenschiedsspruch entschieden werden können (S. 132 f., 139, 155). *Schmidt* ist zu folgen, wenn er Entscheidungen über Vorfragen die Schiedsspruchqualität abspricht, woraus aber anders als er meint (S. 138 f.) nicht folgt, dass Teilschiedssprüche nicht anzuerkennen sind. Denn über den vom Teilschiedsspruch betroffenen Teil des Anspruchs wird endgültig (und etwaig vollstreckbar) befunden, während dies für einen qualitativ betroffenen Teil (wie *Schmidt* an anderer Stelle selbst feststellt, S. 150) nicht gilt.

der Grundschiedsspruch anfechtbar wäre.[907] Prima facie überzeugend wird ausgeführt, dass allein die separate Geltendmachung in zumindest zwei Schiedsverfahren statt in einem kein unterschiedliches Ergebnis rechtfertige.[908] Zwischen der separaten und der einheitlichen Geltendmachung liegen aber erhebliche strukturelle Unterschiede,[909] vor allem weil im ersteren Fall zwei separate Spruchkörper entscheiden. Entgegenzuhalten ist weiter, dass der Grundschiedsspruch im Gegensatz zur Zwischenentscheidung über den Grund in Rechtskraft erwachsen kann und deshalb anfechtbar sein muss.

Außerdem wird angeführt, dass die Prozessökonomie eine separate Anfechtbarkeit erfordere.[910] Es sei untragbar, jahrelang ein Verfahren durchführen zu müssen, obwohl unklar sei, ob ein staatliches Gericht nicht schon über den Anspruchsgrund anders judizieren würde.[911] Außerdem könne die Schiedspartei im Betragsverfahren in Insolvenz verfallen, so dass ein staatliches Verfahren eröffnet werden müsste.[912] Diese Argumente sind durchaus gewichtig, können aber nicht das de lege lata bestehende Rechtsschutzkonzept beiseite schieben. Dies obliegt allein dem Gesetzgeber.

bbb) Sonstige Zwischen"schiedssprüche"

Auch andere besondere Zwischenentscheidungen, etwa über den Beitritt eines Nebenintervenienten, sind nicht der Rechtskraft fähig.[913] Eine Überprüfung erfolgt deshalb grundsätzlich erst mit dem Schiedsspruch. Nur wenn es verfassungsrechtlich ausnahmsweise geboten ist, weil ansonsten irreparabel erhebliche Rechtspositionen entzogen würden, ist gegen Zwischenentscheidungen Rechtsschutz zu gewähren. Dies wurde in dieser Untersuchung in bestimmten Fällen der Mehrbeteiligten-Schiedsgerichtsbarkeit bejaht, wonach der Zuständigkeitsantrag vor einem Staatsgericht möglich ist.[914]

---

907 Vgl. *Voit*, in: Musielak ZPO, § 1055 Rn. 4; *Kremer/Weimann*, SchiedsVZ 2007, 244 f.

908 Vgl. *Kremer/Weimann*, SchiedsVZ 2007, 245.

909 Ebenso *Sponheimer*, Legalanerkenntnis, S. 56.

910 So *Kremer/Weimann*, SchiedsVZ 2007, 244 f.; *Kröll*, NJW 2009, 1187. Ebenso, aber unter anderen Grundannahmen (S. 41 ff.), *Schmidt*, Typologie von Schiedssprüchen, S. 90.

911 So Kremer/Weimann, a.a.O.

912 So *Sponheimer*, Legalanerkenntnis, S. 57 f.

913 Ebenso RGZ 69, 52 ff. (53 ff.) für § 303 ZPO mit nach dem SchiedsVfG z.T. nicht mehr tragbarer Begründung. *Schütze*, in: Wieczorek, ZPO, § 1040 Rn. 1; *Schlosser*, in: Stein/Jonas, ZPO, § 1055 Rn. 17; *Bosch*, Rechtskraft und Rechtshängigkeit, S. 50 f.; *Sponheimer*, Legalanerkenntnis, S. 443 ff.; *Christ*, Korrekturverfahren, S. 155; *Henn*, Schiedsverfahrensrecht, Rn. 363.
A.A. *Jacobson*, Rechtskraft, S. 17. *Massuras*, Mehrparteienschiedsgerichtsbarkeit, S. 482 ff. meint, dass ein anfechtbarer Schiedsspruch bei der Entscheidung über die Nebenintervention vorläge.

914 Siehe oben 3. Teil B. II. 1. b) bbb).

ccc) Notwendige legislative Vorgaben

Der Streit, ob ein Zwischen"schiedsspruch" anfechtbar ist oder nicht, und die sonstige Problematik zu den Vorabentscheidungen resultiert daraus, dass der deutsche Gesetzgeber diesen Bereich im zehnten Buch nicht regelte. Der Rechtsunsicherheit sollte der Gesetzgeber entgegenwirken. Da das UNCITRAL-Modellgesetz Zwischenschiedssprüche anerkennt,[915] sollte der Gesetzgeber eine praxisgerechte Korrektur für das Schiedsverfahrensrecht vornehmen unter Wahrung grundsätzlicher dogmatischer Homogenität zu den anderen Büchern der ZPO.

Für die Zwecke der Schiedsgerichtsbarkeit scheint ein schlichtes Lösungskonzept angezeigt, zumal Schiedsrichter keine Juristen sein müssen. In Anlehnung an das englische Recht[916] sollte ein vor staatlichen Gerichten anfechtbarer Schiedsspruch vor dem endgültigen Schiedsspruch im freien Ermessen des Schiedsgerichts ergehen können, wenn die Parteien nichts anderes vereinbart haben. Der Zwischenschiedsspruch sollte angesichts der aufgestellten Definition auf Entscheidungen zur Sache beschränkt sein, insoweit aber zu jeder anstehenden Sachentscheidung ergehen können (z.B. Grundentscheidung). Zugleich sollte der Antragsgrundsatz nicht aus den Augen verloren werden. Das Schiedsgericht sollte nicht aus eigenem Antrieb das Schiedsverfahren staatlicher Interferenz aussetzen dürfen, sondern hat dies den Parteien zu überlassen. Deshalb sollte das Ermessen unter der Bedingung eines Parteiantrags stehen.

Insofern stimmt diese Regelung mit der Zwischenfeststellungsklage gem. § 256 Abs. 2 ZPO überein. Deren generelle Anwendung ist im Schiedsverfahrensrecht auf Grund des Kriteriums der Präjudizialität jedoch nicht sachdienlich. Die Rechtsprechung zum staatlichen Zivilprozess setzt sich deshalb auch aus Gründen

---

915 Vgl. *ICCA*, Guide, S. 18.

916 Sec. 47 para. 1 Arbitration Act 1996 lautet: "Unless otherwise agreed by the parties, the tribunal may make more than one award at different times on different aspects of the matters to be determined." Ebenso chapter 609 sec. 71 Hong Kong Arbitration Ordinance.
Ähnlich Art. 20 European Convention providing a Uniform Law on Arbitration vom 20.1.1966 (Straßburger Übereinkommen). Das Straßburger Übereinkommen des Europarates wurde nur von Belgien ratifiziert (http://conventions.coe.int/Treaty/Commun/ChercheSig.asp?NT=056&CM=4&DF=&CL=ENG).
Ähnlich außerdem Art. 34 Abs. 1 UNCITRAL Arbitration Rules; § 29 schwedisches Schiedsverfahrensgesetz (Lag (1999:116) om skiljeförfarande); chapter 143A sec. 19A Singapore International Arbitration Act 2012.
Art. 383 schwZPO („Zwischen- und Teilschiedssprüche") lautet: „Haben die Parteien nichts anderes vereinbart, so kann das Schiedsgericht das Verfahren auf einzelne Fragen und Rechtsbegehren beschränken." Ein Zwischenschiedsspruch kann nach der Botschaft zur ZPO (06.062), S. 7402 bezüglich der „Abweisung der Verjährungseinrede oder Bejahung der grundsätzlichen Haftung einer Partei ergehen".

der Prozessökonomie über die Enge des § 256 Abs. 2 ZPO hinweg,[917] weshalb dessen gänzliche Aufgabe im Schiedsrecht nicht abwegig ist.

Durch die hier vorgeschlagene Regelung wäre das Schiedsgericht befugt, über jede beliebige Frage zur Sache einen Schiedsspruch zu erlassen. Die Abgrenzung Teil- zu „Zwischen"schiedssprüchen wäre insoweit entbehrlich.

Insofern könnte § 1042 ZPO um einen Abs. 5 ergänzt werden, der wie folgt lauten könnte:

„Soweit die Parteien nichts anderes vereinbart haben, kann das Schiedsgericht auf Antrag einer Partei Schiedssprüche vor dem abschließenden Schiedsspruch erlassen."

d) *Aufhebungsgründe*

Nach Besprechung der Parteien wie des Gegenstands des Aufhebungsantrags wird nachfolgend thematisiert, worauf der Aufhebungsantrag gestützt werden kann. Die Aufhebungsgründe sind, abschließend in § 1059 Abs. 2 ZPO normiert.[918] Der beschränkte Katalog der Aufhebungsgründe ergibt sich aus Art. 5 NYÜ,[919] bzw. Art. 34 Abs. 2 UNCITRAL-Modellgesetz. Die Normierung eines numerus clausus an Aufhebungsgründen ist eindeutiger gesetzgeberischer Wille.[920] Dies spiegelt sich in der Formulierung des Gesetzes wider, dass ein Schiedsspruch nur [sic] wegen der Gründe in § 1059 Abs. 2 ZPO aufgehoben werden kann.

Ob der Katalog der Aufhebungsgründe durch Vereinbarung der Schiedsparteien erweitert oder beschränkt werden kann, wird nachstehend geprüft.

aa) Erweiterung der Aufhebungsgründe durch Parteivereinbarung?

Eine Erweiterung der Aufhebungsgründe per Parteivereinbarung ist ebenso wie in anderen Rechtsordnungen[921] nicht möglich[922]. Zum Einen muss dem Schiedsgericht ein staatsgerichtsfreier, wirklicher Entscheidungsraum belassen werden. Zum Anderen können die Parteien nicht das staatliche Gericht zu einer erweiterten Prüfung berechtigen oder verpflichten. Die Richter sind nicht dem Parteiwillen, sondern nur dem Gesetz unterworfen nach Art. 97 Abs. 1 GG. Die Entscheidung über den

---

917 Vgl. BGH NJW 1994, 1353 f. (1354); NJW 1992, 1897 f. (1897); NJW 1977, 1637 ff. (1638).

918 Siehe zugleich unten 3. Teil B. III. 1. e) bb).

919 Wiedergegeben oben 1. Teil E. III. 2.

920 BT-Drs. 13/5274, S. 58; *BMJ*, Kommissionsbericht, S. 196.

921 Ebenso mit sechs zu drei Stimmen für Schiedsverfahren unter dem Federal Arbitration Act der U.S. Supreme Court in der Entscheidung vom 25.3.2008, Hall Street Associates v. Mattel. Und ferner auf dieser Linie der neuseeländische Court of Appeal und der indische Supreme Court, *UNCITRAL*, Digest, S. 135 f.

922 So auch *Stüven*, Parteivereinbarungen, S. 99 f.; *Aden*, Handelsschiedsgerichtsbarkeit, A Kap. 8 Rn. 5 f.

Katalog der Aufhebungsgründe obliegt dem Gesetzgeber und garantiert de lege lata eine international übliche Rechtslage.

bb) Beschränkung der Aufhebungsgründe durch Parteivereinbarung?

Wie die Parteien nicht den Katalog der Aufhebungsgründe erweitern können, so können sie nicht das Aufhebungsverfahren bzw. einzelne Aufhebungsgründe vor Beginn des Schiedsverfahrens unter deutschem[923] Recht nach dem zehnten Buch der ZPO[924] privatautonom ausschließen.[925] Insbesondere ist eine entsprechende Regelung in einer Schiedsordnung unbeachtlich.[926] Gegen einen Verzicht vor Verfahrensende spricht schon die gesetzgeberische Wertung, dass bestimmte Normen des Schiedsverfahrensrecht zwingend sein sollen. Mit einer entsprechenden Verzichtserklärung wären sie ihrer Wirkung effektiv entledigt. Dies gilt auch für § 1059 ZPO selbst. Nach dem Normwortlaut ist nur die Frist für den Aufhebungsantrag in § 1059 Abs. 3 S. 1 ZPO der Parteidisposition zugänglich. Im Umkehrschluss kann deshalb gefolgert werden, dass das Verfahren an sich nicht für eine Parteivereinbarung geöffnet werden sollte.

Die Kontrolle der Schiedssprüche liegt vielmehr im öffentlichen Interesse[927] und der Staat erfüllt seinen verfassungsrechtlichen Auftrag zum Mindestschutz der

---

923 Anders ist die Rechtslage für internationale Schiedsfälle nach § 51 schwedisches Schiedsverfahrensgesetz (Lag (1999:116) om skiljeförfarande); Art. 78 Abs. 6 des tunesischen Schiedsverfahrensgesetzes (Law n° 93–42) und Art. 15/A Abs. 5 des türkischen Gesetzes über die internationale Schiedsgerichtsbarkeit (abgedruckt bei *Uzar*, Rechtsmitel, S. 306).
Zur Rechtslage in Belgien und der Schweiz bereits oben 1. Teil C. II. 1. c). Ferner zu einer Darstellung der unterschiedlichen Ansichten *UNCITRAL*, Digest, S. 135.

924 Nach § 38a Abs. 3 S. 2 VermG ist ein Verzicht auf den Aufhebungsantrag für Schiedsverfahren nach dem VermG möglich.

925 Der BGH, NJW 1986, 1436 ff. (1436), hat in einer Entscheidung vor dem SchiedsVfG die damalige Aufhebungsklage beiläufig für unverzichtbar erklärt. *Schwab/Walter*, Schiedsgerichtsbarkeit, Kap. 24 Rn. 53; *Raeschke-Kessler/Berger*, Schiedspraxis, Rn. 1013; *Stüven*, Parteivereinbarungen, S. 100; *Ebbing*, Private Zivilgerichte, S. 399 f.; *Wiegand*, in: Dierck, HdB ZV, 10. Kap. Rn. 56; *Hausmann*, in: Hohloch, FS Stoll, S. 595 (außer Verfahrensverstoß bezogen auf die Schiedsspruchsbegründung). Für die Zulässigkeit eines Verzichts hinsichtlich einzelner Aufhebungsgründe: *Geimer*, in: Zöller, ZPO, § 1059 Rn. 80 ff., 2; *B/L/A/H*, ZPO, § 1059 Rn. 3; *Raeschke-Kessler*, in: Prütting, ZPO, § 1059 Rn. 12 f. Für die Zulässigkeit eines Verzichts hinsichtlich einer konstitutiven Aufhebung *Rehm*, Schiedsgerichtsbarkeit im Rechtssystem, Rn. 282 ff. (287).

926 BGH NJW 1986, 1436 ff. (1436); OLG Hamburg BeckRS 2008, 20097; OLG Frankfurt NJW 1984, 2768 f. (2768); *Horn*, SchiedsVZ 2008, 212.

927 Siehe oben 1. Teil B. II. 1. Grundsätzlich kritisch zu einem öffentlichen Interesse an einem Aufhebungsverfahren *Solomon*, Verbindlichkeit von Schiedssprüchen, S. 494 ff.

Schiedsparteien[928] nicht, wenn über eine Parteivereinbarung der Schutz umgangen werden könnte. Hinzu kommt, dass der Schuldner aus dem Schiedsspruch in die Passivität gedrängt würde.[929] Er müsste in jedem Vollstreckungsforum de novo sich gegen Vollstreckungsversuche wehren.[930] Außerdem stünde gem. § 197 Abs. 1 Nr. 3 BGB 30 Jahre lang in Schwebe, ob der Gläubiger aus dem Schiedsspruch noch Erfüllung verlangt und vollstreckt.[931] Dem Schiedskläger wiederum stünde gegen einen ablehnenden Schiedsspruch kein Rechtsschutz zur Verfügung.[932] Und schließlich spricht gegen einen Verzicht, dass eine intraarbitrale Korrektur des Schiedsspruches (§ 1059 Abs. 4, 5 ZPO) verbaut wird.[933] Aus alledem ergibt sich, dass ein Ausschluss des Aufhebungsverfahrens unzulässig ist.

Sind der Partei die Mängel hingegen bekannt, wird vertreten, dass ein Verzicht bezüglich der Geltendmachung der Aufhebungsgründe nach § 1059 Abs. 2 Nr. 1 ZPO möglich sei, da ihre Geltendmachung im Aufhebungsverfahren schließlich nicht zwingend sei.[934] Nach hier vertretener Auffassung ist zunächst zeitlich zu differenzieren. Während des Schiedsverfahren können zum Schutz der Partei wirksam keine Verzichtserklärungen abgegeben werden. Denn vor dem Schiedsspruch ist für die verzichtende Partei unklar, welche Rechtspositionen sie mit ihrer Erklärung preisgibt. Wie bereits ausgeführt,[935] darf nach dem EGMR überhaupt nur informiert auf Verfahrensgrundrechte verzichtet werden. Außerdem entspricht dieser Ansatz der gesetzgeberischen Wertung. Der Gesetzgeber stellt einen zwingenden Verfahrensrahmen zur Verfügung und lässt es nach Verfahrensbeendigung zu, ob und welche Aufhebungsgründe angeführt werden. Gleichwohl kann ein solcher „Verzicht" als Erweiterung der Schiedsvereinbarung (§ 1059 Abs. 2 Nr. 1 lit. c ZPO) bzw. Vereinbarung über das Verfahren (§ 1059 Abs. 2 Nr. 1 lit. d 2. Alt. ZPO) ausgelegt werden.

Nach dem Schiedsspruch können sich die Parteien darauf verständigen, dass bestimmte Aufhebungsgründe nicht geltend gemacht werden, wenn die verzichtende Partei die Aufhebungsgründe kennt. Ihre Geltendmachung trotz einer solchen Abrede wäre ein Verstoß gegen Treu und Glauben. Die Aufhebungsgründe nach § 1059 Abs. 2 Nr. 2 ZPO sind davon unberührt. Schließlich werden sie von Amts wegen geprüft.

---

928 Hierzu oben 1. Teil D. I. 3. c) bb).

929 *v. Bernuth*, Doppelkontrolle, S. 156.

930 *Park*, in: Briner, FS Böckstiegel, S. 599 ff.; *Nienaber*, Anerkennung und Vollstreckung, S. 287. *v. Bernuth*, Doppelkontrolle, S. 156 spricht von einer Gefahr des exequatur-shoppings.

931 Vgl. *Ebbing*, Private Zivilgerichte, S. 399 f.

932 *v. Bernuth*, Doppelkontrolle, S. 156.

933 *Uzar*, Rechtsmitel, S. 246.

934 BayObLG BB 2000, Beilage 12, S. 16 ff. (17). Ebenso *Stüven*, Parteivereinbarungen, S. 102 und *Wiegand*, in: Dierck, HdB ZV, 10. Kap. Rn. 57, wobei sie gegen einen „Verzicht" auf die ordre public-Kontrolle sind.

935 Siehe oben Fn. 334.

Von dem obenstehenden zu unterscheiden ist die Frage, ob ein ausländischer Schiedsspruch in Deutschland allein deswegen gegen den ordre public verstößt, weil gegen ihn kein Aufhebungsverfahren nach dem maßgeblichen Recht statthaft war. Mit den insoweit übertragbaren Ausführungen des Schweizer Bundesgerichts ist dies zu verneinen, solange die Einwände nach Art. V Abs. 1 NYÜ im Anerkennungs- und Vollstreckbarerklärungsverfahren geltend gemacht werden können.[936]

e) *Aufhebungsfrist*

aa) Vereinbarungen über die Fristlänge

Der Aufhebungsantrag ist innerhalb von drei Monaten nach Empfang des Schiedsspruches zu stellen, § 1059 Abs. 3 S. 1, 2 ZPO. Nach § 1059 Abs. 3 S. 3 ZPO verlängert sich diese Frist um höchstens einen Monat nach Empfang der Entscheidung über einen Antrag nach § 1058 ZPO.

Die Parteien können nach dem Normwortlaut eine abweichende Vereinbarung über die dreimonatige Einlegungsfrist treffen. Unzweifelhaft ist eine Verlängerung der Frist möglich, solange sie bestimmt ist.[937] Für die Möglichkeit der Verlängerung spricht schon die gesetzgeberische Intention, wonach eine sich anbahnende außergerichtliche Einigung zwischen den Parteien nicht durch einen zur Fristwahrung eingelegten Aufhebungsantrag gestört werden sollte.[938] Unklar ist hingegen, ob eine angemessene Fristverkürzung möglich ist.[939] Für die Zulässigkeit einer Verkürzungsvereinbarung spricht, dass im Schiedsverfahrensrecht die Parteiautonomie zu betonen ist und das Verfahren besonders auf Schnelligkeit und Rechtsklarheit angelegt ist. Untergrenze für die Frist ist jedenfalls, dass innerhalb jener die Einleitung eines Aufhebungsverfahren faktisch möglich sein muss.[940] Eine Fristverkürzung die einen Monat unterschreitet erscheint folglich unangemessen. Denn praktisch müssen häufig erst noch Konsultationen der Schiedspartei mit ihren Prozessbevollmächtigten erfolgen und muss der Schiedspartei die Möglichkeit einer Prüfung der Erfolgsaussichten des Aufhebungsverfahrens eröffnet werden. Für Urteile staatlicher Gerichte nach §§ 517 HS. 1, 548 HS. 1 ZPO gilt entsprechend eine einmonatige Rechtsmittelfrist. Schließlich ist für öffentlich-rechtliche Schiedsverfahren eine solche Fristverkürzung geläufig.[941]

---

936 Urteil vom 26.2.1982, BGE 108 Ib 85, 89.

937 *Stüven*, Parteivereinbarungen, S. 106.

938 Bericht des Rechtsausschusses, BT-Drs. 13/9124, S. 47.

939 Vgl. *Mönnikes*, SchiedsVfG, S. 233; *Hausmann*, in: Hohloch, FS Stoll, S. 598. Für die Zulässigkeit einer Fristverkürzung *Raeschke-Kessler*, in: Prütting, ZPO, § 1059 Rn. 72.

940 *Stüven*, Parteivereinbarungen, S. 106.

941 § 45 Abs. 2 S. 3 Lebensmittel- und Futtermittelgesetzbuch; § 22 Abs. 2 S. 3 Fleischhygienegesetz; § 16i Abs. 2 S. 3 Tierschutzgesetz; § 83 Abs. 2 S. 3 Tierseuchengesetz; § 38a Abs. 3 S. 1 VermG.

bb) Problem der Verfristung

Während noch nach der CPO aus dem Jahr 1877 keine Fristbindung für den Aufhebungsantrag bestand,[942] ist der Aufhebungsantrag nach dem Ausgeführten de lege lata jedenfalls binnen einer bestimmten, meist wenige Monate kurzen Frist zu stellen. Dies ist regelmäßig unter dem Gesichtspunkt einer raschen Rechtssicherheit gerechtfertigt. So stellte der EuGH in Bezug auf die dreimonatige niederländische Aufhebungsfrist fest:

„Eine derartige Frist, die gemessen an den in den Rechtsordnungen der anderen Mitgliedstaaten vorgesehenen Fristen nicht unangemessen kurz erscheint, führt nicht dazu, daß die Ausübung der durch die Gemeinschaftsrechtsordnung verliehenen Rechte übermäßig erschwert oder praktisch unmöglich gemacht wird."[943]

Für die meisten Schiedsverfahren mögen die Ausführungen des Gerichts zutreffend sein. Nichtsdestotrotz konfligiert eine Fristbindung in Einzelfällen mit der materiellen Gerechtigkeit, insbesondere weil Restitutionsgründe, wie ein Prozessbetrug, typischerweise zumeist erst lange nach Schiedsspruchererlass offenbar werden[944]. Dass ein solcherart zu Stande gekommener, mit Rechtskraft versehener Schiedsspruch schon nach kurzer Zeit unaufhebbar sein soll, erscheint nicht unproblematisch. Auch § 1060 Abs. 2 S. 3 ZPO, wonach die Vollstreckbarkeit bei einem Aufhebungsgrund nach § 1059 Abs. 2 Nr. 2 ZPO trotz Fristablauf zu versagen ist, schafft keine umfassende Abhilfe. Zwar fallen unter § 1059 Abs. 2 Nr. 2 lit. b ZPO die Restitutionsgründe nach § 580 ZPO.[945] Die Regelung hilft jedoch nicht weiter, wenn bereits der Schiedsspruch für vollstreckbar erklärt wurde oder erfüllt wurde bzw. wenn weiterhin im Ausland eine Vollstreckung droht.[946] Und weiter schützt sie nicht den unterlegenen Schiedsbeklagten einer Feststellungsklage sowie den Schiedskläger bei Klageabweisung.[947] Auf Grund dieser Einwände schafft

942 Vgl. *Zieren*, Schiedsverfahren 1877–1933, S. 79.

943 GRUR Int 1999, 737 ff. (740) „Eco Swiss/Benetton". Selbst die nach dem spanischen Recht geltende Aufhebungsfrist von 60 Tagen beanstandet er als solche nicht, SchiedsVZ 2010, 110 ff. (113).

944 Vgl. BT-Drs. 13/5274, S. 60; *Mönnikes*, SchiedsVfG, S. 236; *Gaul*, in: Stürner, FS Leipold, S. 902; *Eckstein-Puhl*, Prozessbetrug, S. 52, 225; *Rüßmann*, in: Bachmann, FS Schlosser, S. 796 und ferner Rn. 135 der Begründung zum Straßburger Übereinkommen (im Internet aufrufbar unter: http://conventions.coe.int/Treaty/en/Reports/Html/056.htm).

945 BT-Drs. 13/5274, S. 59; BGH NJW 2001, 373 f.; *Hausmann*, in: Hohloch, FS Stoll, S. 601; *Gaul*, in: Bachmann, FS Schlosser, S. 291; *Rüßmann*, in: Bachmann, FS Schlosser, S. 796.

946 *Gaul*, in: Berger, FS Sandrock, S. 297 f.; *Eckstein-Puhl*, Prozessbetrug, S. 253 f.; *Schlosser*, in: Schilken, FS Gaul, S. 682. Für *Schlosser* ist das Problem der nachträglichen Entdeckung von Wiederaufnahmegründen ohne praktische Bedeutung.

947 *Eckstein-Puhl*, Prozessbetrug, S. 252 f.; *Gaul*, in: Stürner, FS Leipold, S. 904.

die Literaturansicht,[948] die das Aufhebungs- oder Vollstreckbarerklärungsverfahren entsprechend § 149 ZPO bis zur Erledigung des Strafverfahrens[949] aussetzen will, keine ausreichende Remedur.

Bemerkenswerterweise wird der Bestand eines Schiedsspruches insofern mehr geschützt, als ein über ein Wiederaufnahmeverfahren (§§ 578 ff. ZPO) angreifbares Urteil.[950] Und dies, obwohl die h.M. der Rechtskraft eines Schiedsspruches ansonsten weniger Gewicht als der eines Urteils zukommen lässt, indem sie diese für disponibel und nur auf Einrede hin für beachtlich hält.[951]

Fraglich ist, ob dieser Wertungswiderspruch mit arbitralen Besonderheiten gerechtfertigt werden kann. Schiedsspruch und Urteil haben konzeptionell eine vergleichbare Rechtmäßigkeitsgewähr.[952] Auch der Verweis, dass „in der internationalen Wirtschaft Rechtsfriede und Rechtsklarheit schwerer als materielle Gerechtigkeit" wiegen würde,[953] hilft nicht weiter. Denn das deutsche Schiedsverfahrensrecht regelt inländische wie ausländische Streitfälle und es sind nicht nur Wirtschaftsteilnehmer Schiedspartei. Die Fristbindung des Aufhebungsantrags kann aber durchaus mit dem Argument verteidigt werden, dass sie in Art. 34 Abs. 3 UNCITRAL-Modellgesetz vorgesehen ist. Für den zu schaffenden Ausgleich zwischen materieller Gerechtigkeit und Rechtssicherheit[954] bleibt sie gleichwohl zu einseitig[955]. Die bisherige Regelung ist folglich nur schwer mit der Verfassung zu vereinbaren.[956]

---

948 *Gaul*, in: Stürner, FS Leipold, S. 928 ff. gesteht dies selbst ein, S. 930. Ferner für eine Anwendung des § 149 ZPO analog *Geimer*, in: Zöller, ZPO, § 1059 Rn. 67; *Eckstein-Puhl*, Prozessbetrug, S. 223 f.
Das Saarländische OLG hat sich nach *Rüßmann*, in: Bachmann, FS Schlosser, S. 804 (Rn. 76) gegen die Anwendung von §§ 148 f. ZPO in einem unveröffentlichten Beschluss ausgesprochen.

949 Kritisch zur Anwendung von § 581 Abs. 1 1. Alt. ZPO *Rüßmann*, in: Bachmann, FS Schlosser, S. 798 ff. (804); *Eckstein-Puhl*, Prozessbetrug, S. 202 ff. (221 f.).

950 *Gaul*, in: Berger, FS Sandrock, S. 291; in: Stürner, FS Leipold, S. 902.

951 Siehe oben 1. Teil B. I. 2. b).

952 Siehe oben 1. Teil C. II. 2. c).

953 *Berger*, Wirtschaftsschiedsgerichtsbarkeit, S. 491.

954 Siehe oben 1. Teil B. II. 2. c).

955 *Eckstein-Puhl*, Prozessbetrug, S. 219: „Dieses einseitige Zurücktreten der Gerechtigkeit ist nicht gerechtfertigt."
A.A. *Ebbing*, Private Zivilgerichte, S. 400.

956 *Osterthun*, Schadensfälle, S. 84 hält sie noch für verfassungsgemäß. *Lühmann*, Rechtskraft des Schiedsspruchs, S. 47 hält es verfassungsrechtlich für geboten, einen gegen den ordre public verstoßenden Schiedsspruch trotz Fristablauf seine prozessuale Durchsetzung zu versagen.

aaa) Lösung des Gesetzgebers

Der Gesetzgeber hielt dafür, dass entsprechende „seltene Ausnahmefälle“ über einen Schadensersatzanspruch, gemeint ist wohl § 826 BGB,[957] und die Vollstreckungsabwehrklage angemessen gelöst werden könnten.[958] Die Vollstreckungsabwehrklage hilft jedoch nicht weiter.[959] Selbst wenn sie schon vor Titulierung des Schiedsspruches statthaft wäre,[960] dürften Einwendungen gegen den erkannten Anspruch bei entsprechender Anwendung von § 767 Abs. 2 ZPO regelmäßig präkludiert sein[961].

Über eine Schadensersatzklage nach § 826 BGB kann im staatsgerichtlichen Prozess der Urteilsschuldner sich gegen die Vollstreckung aus einem erschlichenen oder sittenwidrig ausgenutzten Titel zur Wehr setzen, wobei die Klage auf die Unterlassung der Zwangsvollstreckung und die Titelherausgabe gerichtet ist.[962] Im Falle einer bereits erfolgten Erfüllung durch den Urteilsschuldner kann der Urteilsgläubiger zu einem Ausgleich in Geld verpflichtet sein.[963] Die Rechtsprechung ist sich bewusst, „daß die Anwendung des § 826 BGB auf rechtskräftige Titel auf besonders schwerwiegende, eng begrenzte Ausnahmefälle beschränkt bleiben muß, weil jede Ausdehnung das Institut der Rechtskraft aushöhlen, die Rechtssicherheit beeinträchtigen und den Eintritt des Rechtsfriedens in untragbarer Weise in Frage stellen würde.“[964] Die Klage ist nach der Rechtsprechung erfolgreich, wenn der Titel unrichtig ist und der Beklagte diesen erschlichen hat[965] oder wenn er trotz Kenntnis

957 Ebenso *Schwab/Walter*, Schiedsgerichtsbarkeit, Kap. 28 Rn. 22; *Gaul*, in: Stürner, FS Leipold, S. 903.

958 BT-Drs. 13/5274, S. 60 f. *BMJ*, Kommissionsbericht, S. 205 sprach sich für eine Fristbindung zudem deswegen aus, weil die Nichtaufhebbarkeit des Schiedsspruches keine Nachteile zeitige – mit Verweis auf die Rechtskraftwirkung zu Recht ablehnend *Wagner*, in: Böckstiegel, Vollstreckung, S. 28 – und die Frist relativ lang sei. Kritisch *Osterthun*, Schadensfälle, S. 84; *Gaul*, in: Stürner, FS Leipold, S. 930; in: Berger, FS Sandrock, S. 294. Zurückhaltender *Schlosser*, in: Schilken, FS Gaul, S. 681, 687. Den Ansatz des Gesetzgebers letztlich akzeptierend *Mönnikes*, SchiedsVfG, S. 236; *Wiegand*, in: Dierck, HdB ZV, 10. Kap. Rn. 41 und *Wagner*, in: Böckstiegel, Vollstreckung, S. 35 bzw. begrüßend *v. Houtte*, in: Kronke, FS Hoffmann, S. 995. *V. Houtte* argumentiert, dass auch eine nachträgliche Rechtsänderung keine Aufhebung rechtfertige. Dies kann aber nicht als Argument dienen. Denn der Schiedsspruch hätte unter Ausschöpfung aller Erkenntnis nie Bestand haben dürfen, während dies bei einer nachträglichen Rechtsänderung der Fall wäre.

959 I.E. ebenso *Gaul*, in: Stürner, FS Leipold, S. 904; *Eckstein-Puhl*, Prozessbetrug, S. 255.

960 Dies ist zweifelhaft, siehe unten 3. Teil B. III. 3. b) cc) bbb).

961 Siehe unten 3. Teil B. III. 3. b) bb).

962 Stellvertretend *Völzmann-Stickelbrock*, in: Prütting, ZPO, § 322 Rn. 48; *Oechsler*, in: Staudinger, BGB, § 826 BGB Rn. 472, 512. Zur Kritik in der Lit. *Gottwald*, Zivilprozessrecht, § 162 Rn. 5, 7.

963 *Völzmann-Stickelbrock*, a.a.O.

964 BGH NJW 1991, 30 ff. (31).

965 Der BGH, NJW 2004, 446 ff. (447), nennt neben dem Erschleichen gerichtlicher Handlungen den Prozessbetrug.

der Unrichtigkeit in sittenwidriger Weise den Titel ausnutzt.[966] Die Schadensersatzklage ist an keine Frist gebunden.[967]

Würden diese Grundsätze für die Schadensersatzklage in das Schiedsverfahrensrecht transponiert, stünde ein flexibles und weitgehend effektives Institut zur Beseitigung materieller Ungerechtigkeit dem Schiedsspruchschuldner zur Verfügung. Die Literatur befürwortet denn auch überwiegend eine Anwendung für den Schiedsspruch;[968] das RG bejahte eine solche,[969] und der BGH deutete eine Anwendung vor dem SchiedsVfG an[970]. Die grundsätzlichen Einwendungen gegen eine Anwendung der Schadensersatzklage für Schiedssprüche sind mit denen gegen die Anwendung der Schadensersatzklage gegen staatliche Urteile deckungsgleich. Rechtskraft, -frieden, und -sicherheit werden in der Schiedsgerichtsbarkeit durch die Schadensersatzklage nicht minder berührt. Und schließlich ist die Schadensersatzklage nicht normativ ausgestaltet und damit ein Problem für die Rechtsbehelfsklarheit, insbesondere in der internationalen Schiedsgerichtsbarkeit.

Zu den grundsätzlichen Bedenken tritt hinzu, dass der Schiedsspruch bei einer Schadensersatzklage nicht aufgehoben wird. Für die Präjudizwirkung ist dies kaum erheblich, da § 242 BGB einer entsprechenden Geltendmachung bei Vorliegen der Voraussetzungen des § 826 BGB entgegensteht.[971] Die Aufhebung hätte hier insofern lediglich den Vorteil, dass der Schiedsspruchschuldner in den Angriff übergehen kann und nicht der Unsicherheit ausgesetzt ist, ob sein Einwand Berücksichtigung findet. Relevanter ist die Aufhebung angesichts von Vollstreckungsversuchen des Schiedsspruchgläubigers im Ausland. Trotz erfolgreicher Schadensersatzklage besteht die Gefahr, dass im Ausland im Rahmen des NYÜ der Schiedsspruch für vollstreckbar erklärt wird. Jedenfalls ist es für den Vollstreckungsschuldner einfacher, wenn er die Aufhebungsentscheidung (Art. V Abs. 1 lit. e NYÜ) vorlegen kann, als dass er die Vollstreckungsversagungsgründe in jedem Vollstreckungsforum von neuem geltend machen muss.

---

966 BGH NJW 1954, 880; NJW 1958, 826 f. (827).

967 BGH NJW 1968, 1275 ff. (1276).

968 *Voit*, in: Musielak, ZPO, § 1059 Rn. 26; *Schwab/Walter*, Schiedsgerichtsbarkeit, Kap. 24 Rn. 2a; *Schlosser*, in: Schilken, FS Gaul, S. 687; *Ebbing*, Private Zivilgerichte, S. 112; *Feldmann*, Rechtsbehelfe, S. 235.
Karl, Unabhängigkeit des Schiedsrichters, S. 231 f. will sich dabei an das Wiederaufnahmeverfahren orientieren. *Gaul*, in: Stürner, FS Leipold, S. 913 f. vermutet, dass der BGH solche Prozesse zulassen wird, obgleich er hiergegen ist (in: Berger, FS Sandrock, S. 295). Ferner *Eckstein-Puhl*, Prozessbetrug, S. 271 f. zum Streitstand in der Literatur (sie selbst ist der Gegenauffassung, S. 289 ff.).

969 ZZP 61, 142 ff. (146).

970 NJW 1961, 1067 ff. (1069).

971 BGH NJW 1996, 826 ff. (827).

bbb) Lösung der Rechtsprechung

Die Rechtsprechung schlägt einen anderen Weg als den vom Gesetzgeber präferierten ein. Ob die soeben angeführten Einwendungen hinsichtlich einer Nicht-Aufhebbarkeit des Schiedsspruchs insoweit für den BGH relevant waren, wird in den Ausführungen des BGH nicht deutlich. Der BGH entschied jedenfalls, dass § 826 BGB als Einrede gegen die Vollstreckbarerklärung nach Ablauf der Aufhebungsfrist anwendbar sei.[972] Auffällig ist die Begründung: „Denn der Antrag auf Aufhebung des Schiedsspruchs ist – über den Wortlaut des § 1059 ZPO Abs. 2 ZPO hinaus – nach Ablauf der in § 1059 ZPO Abs. 3 ZPO bestimmten Fristen auch in den Fällen zulässig, in welchen die Urteilserschleichung oder das Gebrauch machen von dem rechtskräftigen Urteil eines staatlichen Gerichts als sittenwidrige Schädigung des Gegners i.S. des § 826 BGB gewertet würde“ (...).[973] Dabei subsumiert er den Verstoß gegen § 826 BGB nicht unter § 1059 Abs. 2 Nr. 2 lit b ZPO (ordre public), sondern wertet ihn als eigenen Aufhebungsgrund analog zu den Aufhebungsgründen in § 1059 Abs. 2 ZPO, wohl um sich nicht in Widerspruch zu seiner eigenen Rechtsprechung[974] zu setzen[975]. Auf der BGH-Linie entschied im Nachgang das OLG Stuttgart. Nach ihm kann ein Aufhebungsantrag analog § 1059 Abs. 2 ZPO selbst nach Ablauf der Frist eingelegt werden, wenn die Umstände des § 826 BGB vorliegen.[976] Nun wurde bereits erwähnt, dass der Katalog der Aufhebungsgründe nach dem Normwortlaut und der gesetzgeberischen Vorstellung abschließend ist.[977] Der Gesetzgeber wollte wohl nur die Schadensersatzklage nach § 826 BGB gegen rechtskräftige Schiedssprüche zulassen.[978] Es besteht jedoch keinerlei Anhaltspunkt, dass der Gesetzgeber in § 826 BGB einen Aufhebungsgrund sah, zumal dieser nicht im NYÜ normiert ist. Insofern ist die vorgenommene Rechtsfortbildung des BGH hinsichtlich ihrer Zulässigkeit Zweifeln ausgesetzt, wenngleich sie noch verfassungsrechtlich zulässig sein dürfte.[979]

Ob die BGH-Ansicht alternativlos ist oder ob angesichts der nicht unerheblichen Einwendungen geeignetere Rechtsschutzformen denkbar sind, wird nachstehend an Hand von vier denkbaren Lösungsansätzen diskutiert.

---

972 NJW 2001, 373 f. (374).

973 Ebd.

974 NJW 1952, 1018.

975 *Gaul*, in: Stürner, FS Leipold, S. 912.

976 SchiedsVZ 2003, 84 ff. (88).

977 Siehe oben 3. Teil B. III. 1. d).

978 Einerseits lautet es zu § 1026 ZPO in BT-Drs. 13/5274, S. 32: „Die Vorschrift bestimmt, daß die staatlichen Gerichte während oder im Anschluß [sic] an das Schiedsverfahren nur insoweit tätig werden dürfen, als das Gesetz selbst dies ausdrücklich vorsieht.“ Andererseits wird auf S. 60 ausdrücklich auf die Möglichkeit des Schadensersatzrechts expressis verbis hingewiesen.

979 Ablehnend zur Rechtsprechung nach systematischer Auslegung *Eckstein-Puhl*, Prozessbetrug, S. 273 ff. (289 ff.).

ccc) 1. Lösungsvariante: Zulassung einer Feststellungsklage?

Kein geeigneter Weg ist die in der Literatur vorgeschlagene Lösung, eine Klage auf Feststellung der Unwirksamkeit des Schiedsspruches selbst nach Ablauf der Frist für den Aufhebungsantrag zuzulassen, wenn Aufhebungsgründe nach § 1059 Abs. 2 Nr. 2 ZPO vorliegen.[980] Erstens wird der Schiedsspruch nicht aufgehoben; zweitens ist nicht das ansonsten für das Schiedsverfahrensrecht zuständige OLG zuständig; und drittens droht auf Grund der Unschärfe der ordre public-Klausel eine erhebliche Rechtsunsicherheit.

Letzteres Argument spricht darüberhinaus entscheidend gegen die Eröffnung einer Inzidentprüfung des Schiedsspruchs in einem Prozess vor einem Staatsgericht[981].

ddd) 2. Lösungsvariante: Wiedereinsetzung in den vorigen Stand?

Ein gangbarer Weg erscheint die Frist für den Aufhebungsantrag nach § 1059 Abs. 3 ZPO mit Teilen der Literatur als Notfrist aufzufassen.[982] Auch § 110 Abs. 3 S. 1 ArbGG sieht eine solche vor. Für eine Ausgestaltung als Notfrist spricht, dass der Aufhebungsantrag tatsächlich einziger kassatorischer Rechtsbehelf wäre und damit eine Rechtsbehelfsklarheit bestünde.

Die mit der Ausgestaltung als Notfrist einhergehende Möglichkeit der Wiedereinsetzung in den vorigen Stand bei unverschuldeter Verhinderung der rechtzeitigen Einlegung des Aufhebungsantrags wäre aber für das auf eine erhöhte Rechtssicherheit ausgelegte Schiedsverfahrensrecht bezogen auf den Schiedsspruch zu leicht möglich, vor allem weil das Verschulden von Büropersonal nicht dem Prozessbevollmächtigtem zugerechnet werden würde[983]. Weiter steht die Wiedereinsetzungsmöglichkeit nur ein Jahr nach Fristablauf des Aufhebungsantrages gem. § 234 Abs. 3 ZPO zur Verfügung und kann damit kaum Abhilfe schaffen. Gegen die Notfristausgestaltung streitet letztlich § 224 Abs. 1 S. 1 ZPO, der in Widerspruch zur freien Fristausgestaltung nach § 1059 Abs. 3 S. 1 ZPO steht.

eee) 3. Lösungsvariante: Zulassung der Restitutionsklage?

Das Wiederaufnahmeverfahren nach § 578 Abs. 1 ZPO in Form der Restitutionsklage ermöglicht die Beseitigung eines rechtskräftigen Urteils. Die Zulassung einer Restitutionsklage gegen Schiedssprüche könnte mithin materielle Ungerechtigkeiten beseitigen. Für die Anwendung der Restitutionsklage in der Schiedsgerichtsbarkeit

---

980 So der Vorschlag von *Hausmann*, in: Hohloch, FS Stoll, S. 602; *Borges*, ZZP 1998, 501 (begrenzt auf ordre-public-Verstöße).

981 Ebenso i.E. *Wagner*, in: Böckstiegel, Vollstreckung, S. 30 (m.w.N.). A.A. *Solomon*, Verbindlichkeit von Schiedssprüchen, S. 211, 213; *Lühmann*, Rechtskraft des Schiedsspruchs, S. 48 f.

982 So *Gaul*, in: Stürner, FS Leipold, S. 930.

983 Stellvertretend zum staatlichen Gerichtsverfahren *Grandel*, in: Musielak, ZPO, § 233 Rn. 15.

könnte sprechen, dass gegen den Beschluss über das Aufhebungsverfahren bzw. die Vollstreckbarerklärung eine Wiederaufnahme möglich ist. Nach § 578 Abs. 1 ZPO ist ein solches zwar nur gegen Urteile, nicht aber Beschlüsse möglich. Für den Vollstreckbarerklärungsbeschluss wird von Teilen der Literatur vertreten, dass ein Wiederaufnahmeverfahren möglich ist,[984] was vor dem SchiedsVfG wohl h.L. war[985] und auch vom RG vertreten wurde[986]. Dies ist de lege lata folgerichtig und auf den Beschluss über den Aufhebungsantrag übertragbar.[987] Denn nach der Rechtsprechung werden die §§ 578 ff. ZPO entsprechend angewandt, wenn formell rechtskräftige, verfahrensbeendende Beschlüsse Gegenstand des Wiederaufnahmegesuchs sind.[988]

In der Folge wäre nicht selten einer Schiedspartei die Stellung eines Aufhebungsantrags anzuraten, wenngleich er ohne Erfolgsaussicht wäre. Vermutet beispielsweise eine Partei, dass die Urkunde über die Schiedsvereinbarung fälschlich angefertigt wurde, kann dies aber auf absehbare Zeit nicht beweisen, sollte sie de lege lata trotzdem ein Aufhebungsverfahren betreiben. Wird in diesem von der Gegenseite die entsprechende Urkunde als Beweis für den Abschluss einer Schiedsvereinbarung vorgelegt, und stellt sich Jahre später heraus, dass die Urkunde fälschlich hergestellt wurde, kann die Partei die Restitutionsklage nach § 580 Nr. 2 1. Alt. ZPO gegen den Gerichtsbeschluss über das Aufhebungsverfahren erheben. Sollte sie begründet sein, könnte der Schiedsspruch noch nach Jahren und unter Aushebelung der Fristenregelung[989] aufgehoben werden. Ob die Effektivität des Rechtsschutzes von derartigen Zufällen abhängen soll, erscheint zweifelhaft.

Ferner könnte für die Zulässigkeit der Restitutionsklage gegen Schiedssprüche deren Anwendungsbereich sprechen. Die Restitutionsgründe nach § 580 ZPO erfassen einerseits Fälle, welche von der Schadensersatzklage nicht gedeckt sind. Die Restitutionsklage setzt nicht ein sittenwidriges Verhalten des Beklagten voraus. So kann mit einer Klage nach § 826 BGB vorgegangen werden, wenn ein Zeuge zur Falschaussage vom Beklagten bestimmt wurde.[990] Handelte der Zeuge aus Eigenantrieb oder wurde er von einem Dritten bestimmt, und hatte der Beklagte hiervon keine Kenntnis, ist demgegenüber eine Schadensersatzklage ausgeschlossen. In

---

984 *Osterthun*, Schadensfälle, S. 81; *Schwab/Walter*, Schiedsgerichtsbarkeit, Kap. 28 Rn. 23.

985 *Gaul*, in: Stürner, FS Leipold, S. 897 m.N. Als Vertreter dieser Auffassung sei *Glossner*, Schiedsgericht VI Rn. 25, herausgestellt.

986 ZZP 61, 142 ff. (144).

987 *Münch*, in: MüKo-ZPO, § 1059 Rn. 83 spricht sich für eine analoge Anwendung der §§ 578 ff. ZPO aus.

988 BVerfG NJW 1993, 3256 f. (3257); BGH NJW-RR 2006, 1184 f. (1184); NJW 1983, 883 f. (883).

989 Deshalb meint *Münch*, in: MüKo-ZPO, § 1059 Rn. 83, dass die Restitution nicht das Schiedsverfahren, sondern bloß das staatliche Verfahren betreffen dürfe. Dadurch würde die Restitution jeden Sinn verlieren, denn mit der Aufhebung der negativen Entscheidung über den Aufhebungsantrag ist der Partei nicht geholfen.

990 OLGR Hamm 2006, 410 ff.

diesem Fall wäre jedoch eine Restitutionsklage nach § 580 Nr. 3 ZPO möglich. Gleiches gilt, wenn der Schiedsrichter sich beispielsweise einer Rechtsbeugung strafbar gemacht hat (§ 580 Nr. 5 ZPO) oder die Partei entsprechend § 580 Nr. 7 ZPO eine „Urkunde auffindet oder zu benutzen in den Stand gesetzt wird, die eine ihr günstigere Entscheidung herbeigeführt haben würde." Andererseits wurde die Schadensersatzklage von der Rechtsprechung aus Lücken des Wiederaufnahmerechts entwickelt.[991] Die Restitutionsklage erfasst anders als die Schadensersatzklage beispielsweise nicht Fälle, in denen ein Urteil durch bewusst wahrheitswidrigen Tatsachenvortrag erreicht wurde oder eine öffentliche Zustellung der Klage erschlichen wurde.[992] Insofern könnte die Zulassung der Restitutionsklage nicht alleine, aber neben § 826 BGB unzumutbare Rechtsschutzlücken schließen. Insgesamt erscheint es folglich aus dem Gesichtspunkt des verfassungsrechtlich abgesicherten Gebots des effektiven Rechtsschutzes geboten, die Restitutionsklage gegen Schiedssprüche als Ergänzung zu § 826 BGB zuzulassen. Jene würde sich harmonisch in die Rechtsschutzarchitektur einfügen. Zum Einen würde eine Kohärenz von Urteil und Schiedsspruch hergestellt. Zum Anderen würde der Widerspruch aufgelöst der dadurch besteht, dass gegen den Aufhebungs- bzw. Vollstreckbarerklärungsbeschluss die Restitutionsklage zulässig ist.

Nachdem die Zulässigkeit der Restitutionsklage gegen Schiedssprüche zu bejahen ist, stellt sich die Frage nach der Ausgestaltung einer solchen Klage. Die Restitutionsklage sollte an eine absolute Frist zur Sicherung von Rechtssicherheit und Rechtfrieden geknüpft werden. Je länger die Bestandszeit einer Entscheidung andauert, desto weniger steht die materielle Gerechtigkeit konträr zur Rechtssicherheit.[993] Insofern erscheint in Anlehnung an § 586 Abs. 2 S. 2 ZPO eine Höchstfrist von fünf Jahren zur Geltendmachung der Restitutionsgründe adäquat.[994]

Ferner stellt sich die Frage nach dem für die Restitutionsklage zuständigen Gericht. Nach § 584 Abs. 1 HS. 1 ZPO ist das Ausgangsgericht für die Restitutionsklage zuständig. International verbreitet ist hingegen ein staatliches Gericht für die Restitutionsklage zuständig.[995] Die Zuständigkeit eines Staatsgerichts ist zu präferieren. Denn gegen den Schiedsspruch, über den die Restitutionsklage entscheidet, würde wiederum ein Aufhebungsverfahren statthaft sein, so dass prozessökonomisch nichts gewonnen ist, wenn das sachnähere Schiedsgericht zunächst entscheidet.

991 Vgl. *Völzmann-Stickelbrock*, in: Prütting, ZPO, § 322 Rn. 49.
992 Vgl. *Völzmann-Stickelbrock*, a.a.O., Rn. 54.
993 Siehe oben 1. Teil A.
994 Das schweizerische Binnenschiedsrecht (Art. 397 Abs. 2 schwZPO) sieht wie das österreichische Schiedsverfahrensrecht (§ 534 Abs. 3 öZPO) grundsätzlich eine Höchstfrist von zehn Jahren vor. In Polen besteht eine fünfjährige, sowie in Wirtschaftssachen eine zweijährige, Höchstfrist, *Zoll/Łyszczarz*, in: Oberhammer, Schiedsgerichtsbarkeit, S. 441. Art. 51 Abs. 2 WBÜ sieht eine Höchstfrist von drei Jahren nach Schiedsspruchererlass vor.
995 So nach § 396 Abs. 1 schwZPO, § 611 Abs. 1 S. 1 öZPO und dem türkischen Zivilprozessrecht, *Uzar*, Rechtsmittel, S. 263.

Außerdem sind Schiedsgerichte keine festen Spruchkörper. Während noch wenige Monate nach dem Schiedsspruchерlass eine Rückverweisung der Sache an das Schiedsgericht nach § 1059 Abs. 4 ZPO in Betracht kommen kann, kann bei einer mitunter Jahre später erfolgenden Restitutionsklage nicht davon ausgegangen werden, dass das Schiedsgericht unverändert wieder zusammentreten kann. Außerdem ist das Schiedsgericht für einige Konstellationen als Spruchkörper ungeeignet, etwa wenn ein Restitutionsgrund nach § 580 Nr. 5 ZPO (z.B. Bestechlichkeit oder Rechtsbeugung durch Schiedsrichter) geltend gemacht wird. Vielmehr bietet sich eine Zuständigkeit des OLG wie nach § 1062 Abs. 1, 2 ZPO an, welches bei Vorliegen eines Restitutionsgrundes den Schiedsspruch aufheben und nur in geeigneten Fällen an das Schiedsgericht wie nach § 1059 Abs. 4 ZPO verweisen kann.

fff) 4. Lösungsvariante: Einführung einer Rechtsbehelfsbelehrung?

Die Gefahr der Verfristung des Aufhebungsantrags droht auch deshalb, weil die Schiedspartei de lege lata nicht über die Möglichkeit der Einlegung dieses Rechtsbehelfs zu belehren ist.[996] Das BVerfG hält eine Rechtsmittelbelehrung derzeit noch für grundsätzlich nicht geboten.[997] Eine solche könne aber in Verfahren ohne Anwaltszwang geboten sein. Für den Zivilprozess nimmt das BVerfG allerdings an, dass der Bürger zur Prüfung von Urteilen der Amtsgerichte einen Anwalt konsultiere. Die Zivilgerichtsbarkeit sei dem Bürger am ehesten vertraut. Für das Zwangsversteigerungsverfahren hat der BGH im Anschluss an das BVerfG entschieden, dass dieses nicht dem Bürger allgemein vertraut sei.[998] In seinem Beschluss leitet der BGH aus der Verfassung für die Rechtsmittel nach §§ 869, 793 ZPO in Verfahren über den Zuschlag die Pflicht zur Rechtsmittelbelehrung ab. Vor dem Hintergrund dieser Entscheidungen wurde der Gesetzgeber tätig und hat mit Wirkung zum 1. Januar 2014 eine allgemeine Rechtsbehelfsbelehrungspflicht für gerichtliche Entscheidungen außerhalb des Anwaltsprozesses im neuen § 232 ZPO vorgesehen.[999]

Im Gesetzgebungsverfahren nicht angesprochen wurde das Erfordernis einer Rechtsbehelfsbelehrung im Schiedsverfahren, obgleich dieses dem Bürger ebenso wenig vertraut sein dürfte wie ein Zwangsversteigerungsverfahren und eine Anwaltspflicht nicht besteht. Eine Rechtsbehelfsbelehrung im Schiedsverfahren wäre nicht nur angesichts der gesetzgeberischen Aktivitäten konsequent – sie wäre auch

---

996 Für die Schlichtungsausschüsse ist eine Rechtsbehelfsbelehrung nach § 111 Abs. 2 S. 4 i.V.m. § 9 Abs. 5 ArbGG verpflichtend, BAG NZA 1999, 265 ff. (266). § 26 Nr. 2 lit. h des Tarifvertrags über die Bühnenschiedsgerichtsbarkeit aus dem Jahr 1948 (wiedergegeben bei *Reupke*, Bühnenschiedsgerichte in der Bewährung, Frankfurt/M. 1997, S. 232) sieht ebenso explizit vor, dass der Schiedsspruch eine Rechtsmittelbelehrung enthalten muss.

997 NJW 1995, 3173 ff. (3173). Im Sondervotum spricht sich *Kühling* (3176) für eine schriftliche Rechtsbehelfsbelehrung außer in Anwaltsprozessen aus.

998 NJW-RR 2009, 890 f. (891).

999 BGBl. 2012, I, 2418.

rechtspolitisch sinnvoll. Nicht selten sind Nicht-Rechtskundige ohne anwaltliche Vertretung Schiedspartei.[1000] Dem juristischen Laien wird kaum ersichtlich sein, dass er einen Anspruch auf Aufhebung vor einem staatlichen Gericht geltend machen kann. Die Schiedsvereinbarung bedarf nicht der notariellen Form (§ 1031 ZPO), sodass er nicht zwingend hinreichend informiert einem Schiedsverfahren ausgesetzt ist.

Nimmt er juristische Beratung nach Schiedsspruchеrlass in Anspruch, droht ihm ein Rechtsschutzausschluss. Denn ein Aufhebungsantrag ist regelmäßig innerhalb von nur drei Monaten nach Empfang des Schiedsspruches beim staatlichen Gericht einzureichen gem. § 1059 Abs. 3 S. 1, 2 ZPO. Außerdem spricht die Gefahr des Übersehens der Anfechtung eines Teilschiedsspruches, der nicht zwingend als solcher tituliert sein muss, gewichtig für die Einführung einer Rechtsbehelfsbelehrung, die jedoch in der internationalen Umschau, und insbesondere dem UNCITRAL-Modellgesetz, nicht geläufig ist.

Wird eine Rechtsbehelfsbelehrung für notwendig erachtet, wirft dies die Frage nach den Folgen einer unterbliebenen bzw. fehlerhaften Rechtsbehelfsbelehrung auf. Im staatlichen Verfahren wird unter § 233 S. 2 ZPO angenommen, dass bei einer unrichtigen oder fehlenden Rechtsbehelfsbelehrung das Fehlen des Verschuldens der Fristversäumnis vermutet wird. Folglich kommt eine Wiedereinsetzung in den vorigen Stand regelmäßig in Betracht. Die Möglichkeit einer Wiedereinsetzung in den vorigen Stand wäre aber für die Schiedsgerichtsbarkeit wie obenstehend aufgezeigt zu weitgehend. Geeigneter erscheint, das Ausbleiben oder die Fehlerhaftigkeit einer Rechtsbehelfsbelehrung prozessual folgenlos zu lassen. Vielmehr sollten die Schiedsrichter in der (auch haftungsrechtlichen) Pflicht sein, ihren Schiedssprüchen eine Belehrung beizufügen.

ggg) Zwischenergebnis

Trotz der aufgezeigten Bedenken erfordert das Gebot des lückenlosen Rechtsschutzes sowohl (mit dem BGH) die Anwendung des § 826 BGB als auch der Restitutionsklage gegen Schiedssprüche. Abgerundet werden sollte der Rechtsschutz gegen den Schiedsspruch durch die Einführung einer Rechtsbehelfsbelehrung. Insbesondere zur Rechtsbehelfsklarheit sollte der Gesetzgeber die §§ 1054, 1059, 1062 ZPO wie folgt fassen:

Zwischen die heutigen § 1054 Abs. 3 und 4 ZPO könnte ein neuer Absatz implementiert werden mit dem Wortlaut:

„Der Schiedsspruch ist mit einer Rechtsbehelfsbelehrung zu versehen."

Eine Musterrechtsbehelfsbelehrung könnte wie nachstehend zur Verfügung gestellt werden:

„Gegen diesen Schiedsspruch kann, wenn nichts anderes zwischen den Parteien vereinbart ist, innerhalb von drei Monaten schriftlich oder zur Niederschrift vor dem Urkundsbeamten der Geschäftsstelle, ein Antrag auf Aufhebung des Schiedsspruches

1000 Zur Ausweitung in diesem Bereich *Kröll*, NJW 2011, 1265; NJW 2009, 1183.

bei dem zuständigen Oberlandesgericht gestellt werden. Die Frist beginnt mit dem Tag, an dem der Antragsteller den Schiedsspruch empfangen hat. Ist ein Antrag nach § 1058 ZPO (Berichtigung, Auslegung und Ergänzung des Schiedsspruchs) gestellt worden, verlängert sich die Frist um höchstens einen Monat nach Empfang der Entscheidung über diesen Antrag. Der Antrag auf Aufhebung des Schiedsspruchs kann nicht mehr gestellt werden, wenn der Schiedsspruch von einem deutschen Gericht für vollstreckbar erklärt worden ist."

§ 1059 Abs. 1 ZPO: „Gegen einen Schiedsspruch ist nur der Antrag auf gerichtliche Aufhebung nach den Absätzen 2 und 3 und die Restitutionsklage entsprechend §§ 580 ff. zulässig."

In § 1059 Abs. 3 nach S. 3 ZPO einfügen: „Nach Fristablauf kann nur bei sittenwidriger Schädigung durch den Gegner der Aufhebungsantrag gestellt werden."

§ 1059 Abs. 6 ZPO: „Für die Restitutionsklage gelten die Absätze 4 und 5 entsprechend."

§ 1062 Abs. 1 Nr. 4 a.E. ZPO hinzufügen: ... 'sowie die Restitutionsklage (§ 580)."

f) Verhältnis Aufhebungsantrag zum Verfahren nach § 1058 ZPO

Die Abgrenzung des Aufhebungsverfahrens zum Verfahren nach § 1058 ZPO wird virulent, wenn der Fehler ein Verfahren nach § 1058 ZPO wie ein Aufhebungsverfahren rechtfertigen würde. Letzteres kann beispielsweise der Fall sein, wenn der Schiedsspruch widersprüchlich ist.[1001]

Unterfällt die beabsichtigte Abänderung des Schiedsspruches beiden Verfahren, ist erst der Antrag nach § 1058 ZPO zu stellen. Einem Aufhebungsantrag fehlt unter deutschem Recht[1002] das Rechtsschutzbedürfnis. Hiergegen wird von einem Teil der Literatur angeführt, dass die Verfahren verschiedene Zwecke verfolgen würden und deshalb das Rechtsschutzbedürfnis für ein Aufhebungsverfahren nicht fehle.[1003]

Für den Vorrang des § 1058 ZPO spricht jedoch, dass sein Anwendungsbereich ansonsten von § 1059 ZPO weitgehend überlagert wäre und § 1059 Abs. 3 S. 3 ZPO die Variante regelt, dass vor dem Aufhebungsverfahren ein Verfahren nach § 1058 ZPO durchlaufen wurde. Entscheidend spricht jedoch für den Vorrang ein anderer Argumentationsstrang. Nach allgemeinen Grundsätzen fehlt das Rechtsschutzinteresse, wenn ein rechtsschutzintensiveres Verfahren eröffnet wird[1004] oder das Rechtsschutzziel auf einfacherem und billigerem Wege erreichbar ist[1005]. Das Verfahren nach § 1058 ZPO findet vor dem mit der Sache schon befassten Spruchkörper statt, während für das Verfahren nach § 1059 ZPO sich das OLG in die Sache einarbeiten

1001 *Christ*, Korrekturverfahren, S. 340.

1002 In England ist der Nachrang des Aufhebungsverfahrens in sec. 70 para. 2 lit. b Arbitration Act 1996 ausdrücklich normiert. Zur Ansicht in weiteren Rechtssystemen *Christ*, a.a.O., S. 338 f.

1003 So *Christ*, a.a.O., S. 340 f.

1004 Siehe oben 3. Teil B. I. 1. b) cc).

1005 BGH NJW 1996, 2035 ff. (2036) m.N. auf die ständige Rechtspr.

muss und nach § 1063 Abs. 2 ZPO zwingend mündlich zu verhandeln ist,[1006] so dass regelmäßig eine schnellere und kostengünstigere und zudem vertrauliche Entscheidung durch das Schiedsgericht erwartet werden kann. Das Verfahren vor dem Schiedsgericht wahrt die schiedsverfahrensrechtliche Autonomie.[1007] Und schließlich taugt das Argument der Gegenansicht, dass die Verfahren verschiedene Zielrichtungen haben, ebenso als Argument für die hier vertretene Ansicht. So führt die Gegenansicht zu Recht aus, dass § 1058 ZPO auf „Heilung“ und § 1059 ZPO auf „Kassation“ des Schiedsspruches gerichtet ist.[1008] Wenn aber in Raum steht, dass ein Schiedsspruch geheilt werden kann, ist dieser Weg im Sinne der Verfahrensökonomie und Rechtssicherheit zu präferieren. Gemünzt auf das Beispiel des widersprüchlichen Schiedsspruches erscheint es unvertretbar, den Schiedsspruch anfechten zu können und ein neues Schiedsverfahren bzw. ordentlichen Prozess anzustrengen, wenn kurzerhand das Schiedsgericht über § 1058 ZPO für Klarheit sorgen könnte.

Anderes gilt jedoch, wenn weitere Aufhebungsgründe geltend gemacht werden, die sich nicht mit dem Verfahren nach § 1058 ZPO überschneiden. Dann muss direkt die Aufhebung des Schiedsspruches beantragt werden können. Soll etwa gegen einen Verfahrensfehler und die Widersprüchlichkeit der Entscheidung vorgegangen werden, fehlt für ein Aufhebungsverfahren nicht das Rechtsschutzbedürfnis. Der Partei ist es unzumutbar, erst ein zeitraubendes Verfahren nach § 1058 ZPO anstrengen zu müssen, obwohl ohnehin der Schiedsspruch der Aufhebung unterfällt. Problematisch ist aber, dass hierdurch das Verfahren nach § 1058 ZPO geschwächt wird. Stellt sich etwa im Beispielsfall heraus, dass der Schiedsspruch nur wegen der Widersprüchlichkeit aufzuheben ist, ist § 1058 ZPO ausgehebelt. Abgemildert wird dieses Ergebnis dadurch, dass sich dann eine Rückverweisung an das Schiedsgericht nach § 1059 Abs. 4 ZPO empfiehlt.

g) Verhältnis Aufhebungsantrag zum Vollstreckbarerklärungsverfahren

Ist der Schiedsspruch für vollstreckbar erklärt worden, ist das Anstrengen eines Aufhebungsverfahrens nach § 1059 Abs. 3 S. 4 ZPO ausgeschlossen. Das Rechtsschutzbedürfnis für ein Aufhebungsverfahren fehlt des Weiteren, wenn die Vollstreckbarerklärung des Schiedsspruches beantragt wurde[1009] und die mündliche

---

1006 Gleichwohl ist auch im Verfahren nach § 1058 ZPO von dem Schiedsgericht das rechtliche Gehör zu gewähren, vgl. *Christ*, Korrekturverfahren, S. 326 f., 240 ff.; *Schroth*, SchiedsVZ 2007, 292 (für das Ergänzungsverfahren).

1007 *Christ*, Korrekturverfahren, S. 341 behauptet demgegenüber, dass der Gesetzgeber es nicht gewollt habe, dem Rechtsschutzsuchenden immer das Durchlaufen eines Verfahrens nach § 1058 ZPO aufzuerlegen. Dafür bestehen in den Gesetzesmaterialien allerdings keine Anhaltspunkte.

1008 *Christ*, a.a.O., S. 340.

1009 OLG München BeckRS 2006, 11342; *Hausmann*, in: Hohloch, FS Stoll, S. 601; *Voit*, in: Musielak, ZPO, § 1059 Rn. 33; *Schwab/Walter*, Schiedsgerichtsbarkeit, Kap. 25 Rn. 4.

Verhandlung wegen § 269 Abs. 1 ZPO stattgefunden hat. Letzteres muss weitere Voraussetzung sein, da ansonsten dem Schuldner aus dem Schiedsspruch die Verfristung des Aufhebungsantrags droht, wenn der Gläubiger den Vollstreckbarerklärungsantrag einseitig zurücknehmen kann.[1010] Hierdurch würde nicht nur der Schiedsspruch unaufhebbar. Insbesondere drohen im Ausland Vollstreckungsversuche des Gläubigers.

Wird erst der Aufhebungsantrag gestellt und danach die Vollstreckbarerklärung beantragt, sollte die Lösung nicht über die Aussetzung[1011] oder den Vorrang eines Verfahrens[1012] gesucht werden. Aus Gründen der Prozessökonomie sollten stattdessen beide Verfahren nach § 147 ZPO verbunden werden.[1013]

2. *Rechtsschutz gegen den Verfahrensbeendigungsbeschluss*

Das Schiedsverfahren endet, wenn ein Verfahrensbeendigungsbeschluss nach § 1056 Abs. 1, 2 ZPO vom Schiedsgericht erlassen wird. Zur Begutachtung der Frage, inwiefern gegen einen Verfahrensbeendigungsbeschluss Rechtsschutz erlangt werden kann, bedarf es zunächst eines Eingehen auf dessen Rechtsnatur und insbesondere eine Auseinandersetzung mit der Frage, ob der Verfahrensbeendigungsbeschluss ein Schiedsspruch ist.

a) Rechtsnatur des Verfahrensbeendigungsbeschlusses

aa) Konstitutiver Charakter des Verfahrensbeendigungsbeschlusses

Ob der Verfahrensbeendigungsbeschluss konstitutive Wirkung hat, ist umstritten.[1014] Der Wortlaut ist insofern unklar.[1015] Zum Einen spricht § 1056 Abs. 1 ZPO dafür (erst mit Beschluss ist das Schiedsverfahren beendet), zum Anderen spricht § 1056 Abs. 2 ZPO dagegen (das Schiedsgericht stellt durch den Beschluss die Beendigung fest). Die Orientierung des Gesetzgebers an Art. 32 UNCITRAL-Modellgesetz spricht für eine konstitutive Wirkung.[1016] Insofern sollte der Wortlaut von § 1056 Abs. 2 ZPO neu gefasst in enger Anlehnung an Art. 32 Abs. 2 UNCITRAL-Modellgesetz lauten: „Das

---

1010 *Lachmann*, HdB Schiedsgerichtspraxis, Rn. 2142; i.E. auch (ohne Begründung) *Wagner*, in: Böckstiegel, Vollstreckung, S. 16.

1011 So *Geimer*, in: Zöller, ZPO, § 1059 Rn. 23; *Schwab/Walter*, Schiedsgerichtsbarkeit, Kap. 25 Rn. 4.

1012 So *Wagner*, in: Böckstiegel, Vollstreckung, S. 16.

1013 So auch das BayObLG, SchiedsVZ 2004, 163 ff. (164), wobei sich aus der Entscheidung nicht ergibt, welches Verfahren zuerst eingeleitet wurde. Nach dem OLG Naumburg, BeckRS 2002, 30249639, entfällt das Rechtsschutzbedürfnis für einen Aufhebungsantrag nicht durch das nachfolgende Begehren auf Vollstreckbarerklärung.

1014 Befürwortend: *Gerstenmaier*, SchiedsVZ 2010, 282; *Haas*, SchiedsVZ 2010, 288; *Quinke*, SchiedsVZ 2013, 130.
A.A. *Schwab/Walter*, Schiedsgerichtsbarkeit, Kap. 23a Rn. 4.

1015 Ebenso *Gerstenmaier*, SchiedsVZ 2010, 282.

1016 Ebd.

Schiedsgericht erlässt einen Beschluss über die Beendigung des schiedsrichterlichen Verfahrens, wenn" (...).

Gegen die Annahme einer konstitutiven Wirkung ließe sich anführen, dass die Parteien das Schiedsverfahren durch Vereinbarung auslösen können, sie dieses als actus contrarius einstellen können. Hiergegen spricht jedoch, dass die Parteien mit der Schiedsvereinbarung lediglich eine Entscheidungsverlagerung auf einen nicht-staatlichen Rechtsprechungskörper auslösen. Mit Verfahrensbeginn ist dessen Bestand, nicht seine Zusammensetzung, vom Parteiwillen absolut.

Ferner könnte die Verfahrensherrschaft der Parteien für eine deklaratorische Wirkung angeführt werden.[1017] Letztere geht jedoch nach § 1042 Abs. 3 ZPO nur soweit, wie der Gesetzgeber den Parteien diese einräumt. Das Gesetz sieht eine Verfahrensbeendigung ausdrücklich nur per Schiedsspruch oder Verfahrensbeendigungsbeschluss vor.[1018]

Für die konstitutive Wirkung spricht demgegenüber grundsätzlich, dass jede Form der Rechtsprechung sich dadurch auszeichnet, dass am Verfahrensende eine Entscheidung des Rechtsprechungskörpers steht. So ist denn auch im staatlichen Gerichtsverfahren trotz geschlossenen Vergleichs zwischen den Parteien die Einigung durch das Gericht im Form eines Beschlusses festzuhalten, § 256 Abs. 6 S. 2 ZPO.

Schließlich spricht für eine konstitutive Wirkung, dass sich der Moment der Verfahrensbeendigung an Hand des Beschlusses zu Gunsten der Rechtsklarheit deutlich ergibt.[1019] Dies ist etwa für § 204 Abs. 2 S. 1 BGB relevant. Hätten ihn die Parteien in der Hand, bestünde eine nicht unerhebliche Rechtsunsicherheit.

bb) Verfahrensbeendigungsbeschluss kein Schiedsspruch

Wird demnach die konstitutive Wirkung des Verfahrensbeendigungsbeschlusses bejaht, so ist dies eine notwendige,[1020] nicht aber hinreichende Bedingung für die Schiedssprucheigenschaft des Beschlusses. Für die Schiedssprucheigenschaft spricht ansonsten noch § 1056 Abs. 3 ZPO, der bei der Anwendung des § 1059 Abs. 4 ZPO nicht zwischen Verfahrensbeendigungsbeschluss und Schiedsspruch differenziert.[1021]

1017 So *Gerstenmaier*, SchiedsVZ 2010, 284.

1018 Ebenso *Schütze*, SchiedsVZ 2009, 246; *Busse*, SchiedsVZ 2010, 58.
A.A. *Voit*, in: Musielak, ZPO, § 1056 Rn. 1. *Voit* stützt seine Auffassung einerseits auf den Gedanken der Parteihoheit und andererseits darauf, dass der Fall der unwirksamen Schiedsvereinbarung von § 1056 Abs. 2 ZPO nicht erfasst sei. In diesem Fall ergeht jedoch nach herrschender, und auch hier vertretener Meinung, ein Prozessschiedsspruch, siehe oben 3. Teil B. II. 1. b) dd).
Die Gesetzesbegründung spricht für eine abschließende Fassung von § 1056 ZPO. BT-Drs. 13/5274, S. 57: „Die Vorschrift behandelt die verschiedenen Möglichkeiten der Beendigung des Verfahrens."

1019 Vgl. *Gerstenmaier*, SchiedsVZ 2010, 284; *Haas*, SchiedsVZ 2010, 288.

1020 Vgl. *Haas*, a.a.O.

1021 *Schütze*, SchiedsVZ 2009, 247 und *Haas*, a.a.O., 287 halten dies für ein Argument für die Anfechtbarkeit des Beschlusses nach § 1059 ZPO.

Dagegen spricht der Wortlaut des § 1056 Abs. 1 ZPO, der zwischen Schiedsspruch und Verfahrensbeendigungsbeschluss differenziert. Außerdem würde bei Annahme der Schiedsspruchеigenschaft dieser einem rechtskräftigen Urteil nach § 1055 ZPO gleichstehen. Dies harmoniert in den Fällen des § 1056 Abs. 2 Nr. 1 lit. b, 2 ZPO nicht mit § 269 Abs. 4 bzw. § 91a ZPO, die in diesen Konstellationen kein Urteil, sondern einen Beschluss vorsehen. Entscheidend ist, dass unter Anwendung der hier vertretenen Schiedsspruchdefinition kein Schiedsspruch, insbesondere kein Prozessschiedsspruch, vorliegt. Es ergeht weder eine Entscheidung zur Sache, noch wird eine solche verwehrt.[1022]

b) Aufhebungsverfahren gegen den Verfahrensbeendigungsbeschluss

Da kein Schiedsspruch vorliegt,[1023] ist das Aufhebungsverfahren gegen den Verfahrensbeendigungsbeschluss unstatthaft. Der Verfahrensbeendigungsbeschluss wäre unanfechtbar. Vielfach wird dies in der Literatur schlicht angenommen.[1024] Aus der Rechtsprechung ist nur ein Fall des OLG Köln übermittelt.[1025] Danach ergingen ein Verfahrensbeendigungsbeschluss und eine Kostenentscheidung durch das Schiedsgericht. Das OLG entschied, dass der Verfahrensbeendigungsbeschluss kein Schiedsspruch sei. Trotzdem sei er zusammen mit der Kostenentscheidung nach § 1059 ZPO aufhebbar, da er keine „selbständige Bedeutung" neben der Kostenentscheidung habe. Diese Annahme des Gerichts ist aus dogmatischen Gesichtspunkten fragwürdig.[1026] Die Anfechtbarkeit darf nicht in der Macht des Schiedsgerichts liegen und insbesondere nicht an eine Kostenentscheidung gekoppelt sein. Insbesondere überzeugt es nicht, dass das Gericht den Verfahrensbeendigungsbeschluss als unselbständigen Teil der Kostenentscheidung einstuft.[1027] Vielmehr korreliert die Kostenentscheidung mit der Hauptsacheentscheidung. Dies zeigt sich etwa daran, dass sie grundsätzlich hinfällig wird, wenn die Hauptsacheentscheidung angefochten wurde.[1028] Ferner ist über die Kosten unter Berücksichtigung des Hauptsacheausgangs nach § 1057 Abs. 2 S. 2 a.E. ZPO zu entscheiden.

Folglich stellt sich die Frage, ob eine entsprechende Anwendung des § 1059 ZPO auf Verfahrensbeendigungsbeschlüsse für den Schiedskläger wie den Schiedsbeklagten nötig (aa) und möglich (bb) ist.

1022 Siehe oben 3. Teil B. III. 1. c) aa) bbb) δ).

1023 So i.E. auch *Lachmann*, HdB Schiedsgerichtspraxis, Rn. 2058; wohl auch *B/L/A/H*, ZPO, § 1056 Rn. 4.

1024 *B/L/A/H*, ZPO, § 1056 Rn. 7; *Lachmann*, HdB Schiedsgerichtspraxis, Rn. 2058; *Haas*, SchiedsVZ 2010, 295.
A.A. *Schütze*, SchiedsVZ 2009, 247; Schiedsverfahren, Rn. 604.

1025 BeckRS 2012, 01194.

1026 Kritisch auch *Haas*, SchiedsVZ 2010, 292; *Schütze*, SchiedsVZ 2009, 247.

1027 Ebenso *Haas*, a.a.O.

1028 *Münch*, in: MüKo-ZPO, § 1057 Rn. 28.

aa) Notwendigkeit einer Analogie

aaa) Notwendigkeit für den Schiedskläger

Gegen das Bedürfnis einer analogen Anwendung des Aufhebungsantrags würde sprechen, wenn der Verfahrensbeendigungsbeschluss zwingend rechtmäßig wäre. In Konstellationen wie § 278 Abs. 6 ZPO, in dem das Staatsgericht gleichsam einer „Protokollstelle" praktisch nur den Vergleich zwischen den Parteien festhält,[1029] mag dies regelmäßig der Fall sein.

Der Verfahrensbeendigungsbeschluss ergeht aber nach § 1056 Abs. 2 ZPO in Konstellationen die höchst streitanfällig sind und einen nicht unerheblichen Prüfungsaufwand für das Schiedsgericht bedeuten können. So erlässt das Schiedsgericht einen Verfahrensbeendigungsbeschluss nach § 1056 Abs. 2 Nr. 1 lit. a ZPO, wenn der Schiedskläger ohne genügende Entschuldigung seiner Säumnis die Klage nicht binnen einer von den Schiedsparteien vereinbarten oder vom Schiedsgericht gesetzten Frist einreicht. Die Prüfung der genügenden Entschuldigung der Säumnis nach § 1048 Abs. 4 S. 1 ZPO ist eine meist nicht einfache Ermessensentscheidung des Schiedsgerichts. Erlässt das Schiedsgericht einen Verfahrensbeendigungsbeschluss obwohl der Schiedskläger etwa seine Säumnis als entschuldigt betrachtet, sollte ihm auch eine Anfechtung des Beschlusses möglich sein. Denn sieht die Schiedsvereinbarung die Entscheidung eines bestimmten Schiedsgerichtes vor und erlässt dieses einen Verfahrensbeendigungsbeschluss, ist die Schiedsvereinbarung ganz regelmäßig verbraucht. Der Schiedskläger kann sein Begehren nicht mehr in der Schiedsgerichtsbarkeit verfolgen.[1030] Dieser Ausschluss – obwohl vielleicht willkürlich oder grob rechtsfehlerhaft – muss auf Grund des Gebots des effektiven Rechtsschutzes[1031] einer staatlichen Kontrolle unterfallen. Ein Bedürfnis für eine analoge Anwendung des § 1059 ZPO besteht mithin.

bbb) Notwendigkeit für den Schiedsbeklagten

Ebenfalls unbestimmt ist das Kriterium des „berechtigten Interesses" des Schiedsbeklagten in § 1056 Abs. 2 Nr. lit. b ZPO, welches Vorliegen muss, wenn der Kläger seine Klage zurücknimmt und der Beklagte der Klagerücknahme widerspricht. Der Schiedsbeklagte kann aber ebenso wie der Schiedskläger ein Interesse haben, insbesondere aus Gründen des anzuwendenden Sachrechts, dass das Schiedsgericht rechtskräftig zur Sache entscheidet.

bb) Möglichkeit einer Analogie

Eine analoge Anwendung des § 1059 ZPO auf Verfahrensbeendigungsbeschlüsse kommt bei Annahme einer planwidrigen Regelungslücke und vergleichbarer

1029 Inhaltlich hat das Gericht lediglich einen Verstoß gegen §§ 134, 138 BGB und gegen die öffentliche Ordnung zu prüfen, vgl. BT-Drs. 15/3482, S. 17.

1030 So auch *Haas*, a.a.O., 293, der daraus aber keine Konsequenzen zieht.

1031 Siehe insoweit die parallelen Ausführungen oben 3. Teil B. I. 1. d).

Interessenlage in Betracht. Ob der Gesetzgeber sich des Problems trotz Regelungsbedarf bewusst war, ist unklar. Jedenfalls schweigen die Gesetzesmaterialien hierzu. Auch das UNCITRAL-Modellgesetz verhält sich hierzu nicht. Problemstellungen, die einer gesetzlichen Regelung wegen ihrer Komplexität entzogen seien, überantwortete der Gesetzgeber ausdrücklich der Rechtsprechung.[1032] Insofern untersagt die gesetzgeberische Regelungsabsicht in dieser Konstellation keine analoge Anwendung.[1033]

Ferner liegt eine zu § 1059 Abs. 2 Nr. 1 lit. a 2. Alt. ZPO vergleichbare Interessenlage vor. Wenn ein Schiedsspruch trotz ungültiger Schiedsvereinbarung ergeht, entspricht dies der umgekehrten Situation, dass kein Schiedsspruch trotz gültiger Schiedsvereinbarung ergehen kann, weil anstelle dessen ein Verfahrensbeendigungsbeschluss vom Schiedsgericht erlassen wurde. Wie wiederholt thematisiert, ist das unberechtigte Aufdrängen ebenso wie das unberechtigte Abweisen der Schiedsgerichtsbarkeit ein schwerwiegender Eingriff in das Recht auf effektiven Rechtsschutz. Insofern ist § 1059 ZPO entsprechend auf Verfahrensbeendigungsbeschlüsse anzuwenden. Als Aufhebungsgrund sollte, wie bei einem Prozessschiedsspruch,[1034] § 1059 Abs. 2 Nr. 1 lit. b 3. Var. ZPO entsprechend ausgelegt werden.

3. *Rechtsschutz gegen Vollstreckbarerklärung und Vollstreckung*

Nicht immer wird der Urteilsschuldner seiner Verpflichtung aus dem Urteil freiwillig nachkommen. Staatliche Urteile sind, wenn sie nicht für vorläufig vollstreckbar erklärt wurden nach §§ 708 ff. ZPO, nach Eintritt der formellen Rechtskraft vollstreckbar, §§ 704, 705 ZPO. In der Phase der Zwangsvollstreckung stehen dem Urteilsschuldner verschiedene Rechtsschutzmöglichkeiten nach dem achten Buch der ZPO zur Verfügung. Inwiefern insbesondere den Rechtsbehelfen des achten Buches eine Bedeutung in der Schiedsgerichtsbarkeit zukommt, das zehnte Buch ist wie ausgeführt nicht abschließend,[1035] wird nach Eingehen auf arbitrale Unterschiede hinsichtlich des Eintritts der Titelwirkung untersucht.

a) Vollstreckbarerklärung als Voraussetzung der Vollstreckung

Der Schiedsspruch selbst ist unter deutschem Recht[1036] kein Vollstreckungstitel. Erst die Entscheidungen, die Schiedssprüche für vollstreckbar erklären (§§ 1060 f. ZPO),

1032 BT-Drs. 13/5274, S. 26.

1033 Vgl. grundsätzlich BGH GRUR 2002, 238 ff. (241).

1034 Siehe oben 3. Teil B. II. 1. b) dd).

1035 Siehe oben 3. Teil A.

1036 In Österreich kommt inländischen Schiedssprüchen nach § 1 Nr. 16 Exekutionsordnung Titelwirkung zu.
Für die Binnenschiedsgerichtsbarkeit in der Schweiz bestimmt zwar Art. 387 schwZPO: „Mit der Eröffnung hat der Schiedsspruch die Wirkung eines rechtskräftigen und vollstreckbaren gerichtlichen Entscheids." Diese Regelung ist aber im Zusammenhang mit den Art. 389 ff. schwZPO zu sehen, wonach eine umfangreiche Kontrolle durch die staatlichen Gerichte eröffnet ist.

sind gem. § 794 Abs. 1 Nr. 4 ZPO Vollstreckungstitel. Das Vollstreckbarerklärungsverfahren sperrt die Möglichkeit einer allgemeinen Feststellungsklage gerichtet auf Feststellung der Wirksamkeit des Schiedsspruches oder einer Leistungsklage gerichtet auf Erfüllung.[1037]

Dass Schiedssprüche anders als Urteile der Vollstreckbarerklärung bedürfen, stößt in der Literatur zum Teil auf Kritik.[1038] In der Tat verzögert das Vollstreckbarerklärungsverfahren die Rechtsdurchsetzung. Auch wenn der größte Anteil der Schiedssprüche freiwillig erfüllt wird,[1039] geschieht dies regelmäßig nur, wenn der Schiedsspruch für vollstreckbar erklärt wurde oder dies zu erwarten ist. Gleichwohl ist eine staatliche Kontrolle vor der Vollstreckungshandlung unabdingbar. Ob diese Kontrolle wie de lege lata vorgesehen vor Titulierung oder erst vom Vollstreckungsorgan vorgenommen wird, welches mit größerer Prüfkompetenz hinsichtlich des Titels versehen werden müsste, ist insofern gleichgültig. Soll jedoch der bewährte Formalisierungsgrundsatz des Vollstreckungsrechts nicht aufgegeben werden, führt an der Vollstreckbarerklärung kein Weg vorbei. Im Übrigen ist die Ausgestaltung des Vollstreckbarerklärungsverfahrens sehr schlank gehalten. So werden die Aufhebungsgründe nach § 1059 Abs. 2 Nr. 1 ZPO nur geprüft, wenn sie „begründet geltend gemacht" wurden, findet nur unter dieser Prämisse eine mündliche Verhandlung statt (wenn nicht amtswegig zu prüfende Aufhebungsgründe nahe liegen), und kann schließlich unter Umständen auf die Abfassung des Tatbestands verzichtet werden.[1040]

b) Rechtsschutz im Vollstreckbarerklärungsverfahren

Die aufgezeigte Notwendigkeit des Durchlaufens des Vollstreckbarerklärungsverfahrens zum Erhalt eines Titels wirft die Frage auf, welchen Prüfungsmaßstab das Staatsgericht im Vollstreckbarerklärungsverfahren anlegt. Die Anerkennung und Vollstreckung ausländischer Schiedssprüche richtet sich gem. § 1061 Abs. 1 ZPO

1037 *Ebbing*, Private Zivilgerichte, S. 111, 114 f.
Unter englischen Recht ist eine Leistungsklage trotz des dort möglichen Vollstreckbarerklärungsverfahrens möglich, *Harbst*, Staatliche Gerichte im Schiedsverfahren, S. 187, 189.

1038 *Ebbing*, Private Zivilgerichte, S. 399; *Rehm*, Schiedsgerichtsbarkeit im Rechtssystem, Rn. 240 ff.

1039 *Kreindler*, Schiedsgerichtsbarkeit, Rn. 1063; *Lachmann*, HdB Schiedsgerichtspraxis, Rn. 2043; *Wiegand*, in: Dierck, HdB ZV, 10. Kap. Rn. 10.
Eine Untersuchung im Jahr 2000 betreffend die Investitionsgüterindustrie ergab, dass nur in 7% aller Fälle eine Vollstreckungsprozedur nötig war; die Untersuchung darstellend *Hesse*, in: Briner, FS Böckstiegel, S. 286. In dieser Größenordnung (11%) auch die Studie der School of International Arbitration der Queen Mary University of London aus dem Jahr 2008 (siehe oben Fn. 10), S. 2, 8, 10, wobei der Hauptgrund die Nichtbelastung der weiteren Geschäftsbeziehung sei.
Art. 53 Abs. 1 S. 2, Präambel (Abs. 6) des WBÜ gehen ausdrücklich von einer freiwilligen Erfüllung des Schiedsspruches aus.

1040 BGH ZZP 113, 483 f.

nach dem NYÜ bzw. insoweit geschlossener Staatsverträge. Die Vollstreckbarerklärung eines inländischen Schiedsspruches erfolgt unter den Voraussetzungen des § 1060 Abs. 2 ZPO, wonach das Gericht die Vollstreckbarerklärung ablehnt, wenn ein Aufhebungsgrund nach § 1059 Abs. 2 ZPO vorliegt.

aa) Berücksichtigung materiell-rechtlicher Einwendungen gegen den Schiedsspruch

Nachgegangen wird im Folgenden der Frage, inwieweit materiell-rechtliche Einwendungen des Schiedsspruchschuldners gegen den Schiedsspruch, etwa der Erfüllungseinwand, geltend gemacht werden können.

aaa) Geltendmachung materiell-rechtlicher Einwendungen gegen den Schiedsspruch durch die Vollstreckungsabwehrklage

Nach dem Wortlaut von § 1060 ZPO können materiell-rechtliche Einwendungen des Schiedsspruchschuldners gegen den Schiedsspruch nicht schon in der Phase des Vollstreckbarerklärungsverfahrens erhoben werden.[1041] Würde es allein bei der Wortlautauslegung bleiben, würde der Schiedsspruch etwa trotz bestehender Erfüllung für vollstreckbar erklärt werden können. Der Schiedsspruchschuldner wäre auf die Vollstreckungsabwehrklage nach § 767 ZPO verwiesen. Die Vollstreckungsabwehrklage ist auf die Erklärung der Unzulässigkeit einer Vollstreckung aus einem bestimmten Titel gerichtet.[1042] Nach der Vollstreckbarerklärung des Schiedsspruchs ist die Klage daher gem. § 767 i.V.m. § 795 S. 1 ZPO statthaft. Hiergegen kann nicht eingewandt werden, dass nach § 767 Abs. 1 ZPO nur „Einwendungen, die den durch das Urteil festgestellten Anspruch selbst betreffen" geltend gemacht werden können, im Vollstreckbarerklärungsverfahren aber kein Anspruch an sich feststellt wird.[1043] Gegen eine solche Lesart spricht, dass eine vollumfängliche Sachprüfung für die sonstigen Titel in § 794 Abs. 1 ZPO ohnehin nicht zwingend ist und etwa bei Vollstreckungsbescheiden (§ 794 Abs. 1 Nr. 4 ZPO) überhaupt nicht stattfindet. Außerdem wird bei der Vollstreckbarerklärung der materiell-rechtliche Anspruch umfassend, wenn auch nicht tiefgehend, geprüft.

1041 Ebenso ausdrücklich BayObLGZ 2000, 124 ff. (126).

1042 Stellvertretend *Lackmann*, in: Musielak, ZPO, § 767 Rn. 16.
De lege ferenda sollte jedenfalls für die Schiedsgerichtsbarkeit ein anderer Ansatz verfolgt werden. Mit *Nelle*, Titel, S. 294 spricht gegen die h.M. schlichter Pragmatismus und eine Angleichung an internationale Standards. Über das Bestehen der titulierten Forderung sollte, nicht erst über eine Zwischenfeststellungsklage, eine rechtskräftige Entscheidung ergehen, ebenso für die Schiedsgerichtsbarkeit *ders.*, a.a.O., S. 566.

1043 So zum vergleichbaren Exequatur ausländischer Urteile *Nelle*, a.a.O., S. 341. Nach ihm muss die Vollstreckungsabwehrklage gegen den Schiedsspruch gerichtet werden (S. 564).

Zuständig für die Vollstreckungsabwehrklage ist dem BGH folgend jenes OLG, welches die Vollstreckbarerklärung aussprach.[1044]

bbb) Geltendmachung materiell-rechtlicher Einwendungen gegen den Schiedsspruch im Rahmen des Vollstreckbarerklärungsverfahrens

Gedacht werden könnte zunächst an eine Geltendmachung materiell-rechtlicher Einwendungen in der Phase des Vollstreckbarerklärungsverfahrens im Wege einer widerklagend erhobenen Vollstreckungsabwehrklage.[1045] Eine solche ist jedoch im Antragsverfahren grundsätzlich unzulässig.[1046]

Der Schiedsspruchschuldner wird für die Geltendmachung seiner materiell-rechtlichen Einwendungen nach dem BGH nicht auf die Vollstreckungsabwehrklage verwiesen, sondern kann seine Einwendungen schlicht schon im Vollstreckbarerklärungsverfahren anbringen. Nachdem divergierende Auffassungen in der Rechtsprechung hierüber bestanden,[1047] setzte der BGH sich über dogmatische Bedenken hinweg, und entschied sich aus Gründen der „Verfahrenskonzentration" für eine Fortführung der Rechtsprechung vor dem SchiedsVfG.[1048] Unerheblich ist, ob es sich um bestrittene, nicht rechtskräftig festgestellte Einwände[1049] oder den Erfüllungseinwand[1050] handelt. Sind die Einwendungen durchgreifend, führen sie nicht zur Aufhebung des Schiedsspruches, sondern lediglich zur Verweigerung der Vollstreckbarerklärung.[1051] Nach dem BGH können nur solche Einwände im staatlichen Nachverfahren erhoben werden, die nicht schiedsbefangen sind.[1052]

Für die Zulassung materiell-rechtlicher Einwendungen spricht nicht nur der Gesichtspunkt der Verfahrensökonomie, sondern nach hier vertretener Auffassung auch die Natur des Exequatur als besonderes Erkenntnisverfahren[1053]. Schließlich dürfte für die BGH-Auffassung der Prüfungskatalog des § 1060 Abs. 2 ZPO sprechen. Über diese Norm ist § 1059 Abs. 2 Nr. 2 lit. b ZPO zu berücksichtigen. Danach ist die Vollstreckbarerklärung abzulehnen, wenn „die Anerkennung oder Vollstreckung

1044 SchiedsVZ 2010, 330 ff. (331).
1045 So *Nelle*, Titel, S. 576 ff. (580).
1046 Ebenfalls dies erkennend *Nelle*, a.a.O. Ebenfalls ablehnend: *Stolzke*, Aufrechnung und Widerklage, S. 181.
1047 Zum damaligen Streitstand *Borris/Schmidt*, SchiedsVZ 2005, 254 ff.; *Wagner*, in: Böckstiegel, Vollstreckung, S. 46 f.
1048 NJW-RR 2008, 659 ff. (662); fortgeführt von: SchiedsVZ 2010, 330 ff. (331 m.w.N.); NJW-RR 2014, 954. Zu den dogmatischen Einwänden *Wagner*, in: Böckstiegel, Vollstreckung, S. 47 ff.
1049 BGH SchiedsVZ 2010, 330 ff. (331); OLG Köln BeckRS 2010, 13627; OLG Frankfurt BeckRS 2011, 25579 m.N. zur entgegengesetzten OLG-Rechtspr. vor der BGH Entscheidung.
1050 OLG Frankfurt BeckRS 2011, 25579.
1051 Ebenso *Wiegand*, in: Dierck, HdB ZV, 10. Kap. Rn. 169.
1052 SchiedsVZ 2010, 330 ff. (331); NJW-RR 2008, 556 ff. (557); NJW 1963, 243 f. (243).
1053 Stellvertretend *Voit*, in: Musielak, ZPO, § 1060 Rn. 1.

des Schiedsspruchs zu einem Ergebnis führt, das der öffentlichen Ordnung (ordre public) widerspricht." Der öffentlichen Ordnung dürfte es widersprechen, durch die Vollstreckbarerklärung eines Schiedsspruches die Möglichkeit zur Vollstreckung eines Schiedsspruches zu gewähren, der materiell-rechtlichen Einwendungen, etwa der Erfüllung, ausgesetzt ist. Dies würde jedoch voraussetzen, dass es im Rahmen der ordre-public-Prüfung auf den Zeitpunkt der staatsgerichtlichen Entscheidung ankommt. Diese Auslegung widerspricht § 1041 Abs. 1 Nr. 2 ZPO a.F. und der BGH-Rechtsprechung vor dem SchiedsVfG.[1054] Hernach ist auf das Momentum des Schiedsspruchererlasses abzustellen, also zu fragen, ob der Schiedsspruch im Moment seines Erlasses gegen den ordre-public verstoßen hat. Ferner spricht für das Anknüpfen an den Moment des Schiedsspruchererlasses die Gesetzesbegründung, die im Konjunktiv formuliert: „Nach Absatz 2 Nr. 2 Buchstabe b ist der Schiedsspruch ferner von Amts wegen aufzuheben, wenn seine Anerkennung oder Vollstreckung der öffentlichen Ordnung widerspräche."[1055] Dies deckt sich auch mit Art. 36 Abs. 1 lit. b ii UNCITRAL-Modellgesetz, der ungeschickt übertragen wurde. Bei genauerer Übersetzung hätte es lauten müssen, dass der Antrag abzulehnen ist, wenn die Anerkennung oder Vollstreckung des Schiedsspruches der öffentlichen Ordnung (ordre public) widersprechen würde.[1056]

Andererseits erfüllt die Prüfung des ordre-public im Rahmen des Vollstreckbarerklärungsverfahrens nicht nur eine rückwärtsgewandte Kontroll-, sondern auch eine zukunftsgerichtete Durchsetzungsfunktion, denn die positive Entscheidung verleiht dem Schiedsspruch erst das Potential seiner zwangsweisen Durchsetzung. Bei Anknüpfen an den Moment des Schiedsspruchererlasses mag es sein, dass der Schiedsspruch nicht gegen den ordre-public verstieß, aber im Moment der Prüfung der Vollstreckbarerklärung, die Jahre später erst erfolgen kann, gegen den ordre-public verstoßen würde. Einen derartigen Schiedsspruch in das Rechtssystem zu internalisieren, begegnet grundsätzlichen Bedenken.

bb) Zur Anwendung der Präklusionsregeln

Die aufgezeigte Möglichkeit der Geltendmachung von materiell-rechtlichen Einwendungen wirft die Frage auf, ob die materiell-rechtlichen Einwendungen im Vollstreckbarerklärungsverfahren zur Vermeidung der Präklusionswirkung vorgebracht werden müssen. Es ist der Reichweite der Präklusionsregeln nach § 767 Abs. 2 und 3 ZPO nachzugehen. § 767 Abs. 2 ZPO schließt im Rahmen einer Vollstreckungsabwehrklage grundsätzlich Einwände aus, die im Schiedsverfahren nicht erhoben wurden,

1054 NJW 1972, 2180 ff. (2181); NJW 1969, 978 ff. (979).
1055 BT-Drs. 13/5274, S. 59.
1056 Art. 36 Abs. 1 lit. b ii UNCITRAL-Modellgesetz lautet im vollständigen Zusammenhang: "Recognition or enforcement of an arbitral award, irrespective of the country in which it was made, may be refused only if the court finds that the recognition or enforcement of the award would be contrary to the public policy of this State."

aber hätten erhoben werden können.[1057] Dies gilt jedoch nicht nach dem BGH, wenn das Schiedsgericht sich der Entscheidung über den Aufrechnungseinwand enthalten hat oder gesichert ist, dass es nicht über diesen entschieden hätte.[1058]

Fraglich ist, ob diese Grundsätze auch auf das Vollstreckbarerklärungsverfahren zu übertragen sind. Dies war – unter anderen Rahmenbedingungen – vor dem SchiedsVfG streitig[1059] und wird nunmehr überwiegend in der Literatur[1060] verneint. Ergiebige Rechtsprechung direkt zu diesem Komplex liegt nicht vor.[1061]

Kein Argument für die h.L. ist die Verkürzung des Instanzenzuges.[1062] Der Instanzenzug ist kein Selbstzweck. Der Rechtsschutz wird aber auch nicht verkürzt, wenn ein OLG, bei dem zudem nicht selten ein „Schiedssenat" besteht, statt einem AG oder LG zunächst entscheidet. Zwar ist gegen die OLG-Entscheidung nur die Rechtsbeschwerde statthaft nach § 1065 Abs. 1 S. 1 i.V.m. § 1062 Abs. 1 Nr. 4 ZPO. Deren Prüfkatalog ist nach § 576 ZPO gegenüber dem einer Berufung begrenzter (§ 513 ZPO). Andererseits ist die OLG-Eingangszuständigkeit für die Schiedsparteien prinzipiell wegen der damit einhergehenden Verfahrensstraffung vorteilhaft.

Indes spricht die Verfahrensökonomie nicht nur für die Möglichkeit zum Erheben von Einwänden, sondern gleichsam für die diesbezügliche Last. Wie der Schiedsspruchschuldner zu schützen ist, indem er Einwände erheben kann, ist der Schiedsspruchgläubiger zu schützen, indem er sicher sein kein, dass mit der Vollstreckbarerklärung keine Einwände bis dato bestehen. Anderenfalls könnte er eine Vollstreckbarerklärung in Händen halten, die schon im Moment des Erlasses keinen

---

1057 BGH SchiedsVZ 2014, 31 ff. (32); NJW 1990, 3210 ff. (3211); NJW 1961, 1067 ff. (1068); OLG Frankfurt BeckRS 2011, 25579; *Lachmann*, HdB Schiedsgerichtspraxis, Rn. 2434; *Geimer*, in: Zöller, ZPO, § 1055 Rn. 9; *Schwab/Walter*, Schiedsgerichtsbarkeit, Kap. 27 Rn. 12; *Schütze*, in: Wieczorek, ZPO, § 1042 Rn. 19; *Schmidt/Brinkmann*, in: MüKo-ZPO, § 767 Rn. 74; *Thomas*, Schiedsgerichtsverfahren, S. 85; *Nelle*, Titel, S. 539; *Stolzke*, Aufrechnung und Widerklage, S. 166.

1058 SchiedsVZ 2010, 330 ff. (331).

1059 Siehe die Darstellung bei *Münch*, in: Lüke, FS Ishikawa, S. 356 (Fn. 84); *Schütze*, in: Wieczorek, ZPO, § 1042 Rn. 22.

1060 *Saenger*, ZPO, § 1060 Rn. 8; *Münch*, in: MüKo-ZPO, § 1060 Rn. 35, 40; Lüke, FS Ishikawa, S. 355 ff.; *Wagner*, in: Böckstiegel, Vollstreckung, S. 56; *Voit*, in: Musielak, ZPO, § 1060 Rn. 13; *Raeschke-Kessler*, in: Prütting, ZPO, § 1060 Rn. 22; *Nelle*, Titel, S. 582 f., 586 f.; *Osterthun*, Schadensfälle, S. 80 f.
A.A. *Geimer*, in: Zöller, ZPO, § 1055 Rn. 9; *Schlosser*, in: Stein/Jonas, ZPO, § 1063 Rn. 12; *Feldmann*, Rechtsbehelfe, S. 136.

1061 Der BGH, WM 1963, 196 ff. (199), hat diese Frage offen gelassen. Das OLG Stuttgart, Beschluss vom 4.10.2000, Az. 1 Sch 13/99, ging überhaupt nicht auf eine Präklusion ein, als es die Unzulässigkeit der Geltendmachung einer bestrittenen Aufrechnung im Vollstreckbarerklärungsverfahren mitunter damit begründete, dass ansonsten „der Antragsgegner eine doppelte Chance erhielte, seine Einwendungen geltend zu machen" (...). Mittlerweile ist allerdings vom BGH die Geltendmachung bestrittener Aufrechnungen anerkannt, siehe oben Fn. 1052.

1062 So aber *Voit*, in: Musielak, ZPO, § 1060 Rn. 13.

Wert für die Vollstreckung hat. Überdies hätte er noch die Kosten der Vollstreckungsabwehrklage zu tragen.

Schließlich spricht für die Anwendung der Präklusionsbestimmungen im Vollstreckbarerklärungsverfahren das Unterbinden von verfahrenstaktischen Manövern des Schiedsspruchschuldners. Dieser Gefahr will ein Teil der Literatur mit der Anwendung des § 767 Abs. 3 ZPO entgegen,[1063] bzw. ihn unter dem Vorbehalt anwenden, dass eine mündliche Verhandlung im Vollstreckbarerklärungsverfahren stattfand[1064]. Erhebe der Schiedsspruchschuldner Einwendungen im Vollstreckbarerklärungsverfahren, habe er unter Geltung des Bündelungsgebotes alle Einwendungen zu erheben, um der Präklusion zu entgehen.

Der Vorbehalt der mündlichen Verhandlung als Voraussetzung der Anwendung von Präklusionsnormen überzeugt nicht.[1065] Es ist vielmehr gleichgültig, ob eine mündliche Verhandlung stattfand oder nicht. Denn ein Beschlussverfahren ist nicht generell ungeeignet um materielle Einwände vorzubringen.[1066] Die Heranziehung von § 767 Abs. 3 ZPO zeitigt keine Präklusionswirkung, wenn der Schiedsspruchschuldner im Vollstreckbarerklärungsverfahren überhaupt keine Einwendungen erhebt, obwohl er diese hätte gelten machen können. Das Bündelungsgebot greift mithin zu kurz.

Die Anwendung von § 767 Abs. 2 ZPO würde diese Lücke schließen. Der Zweck von § 767 Abs. 2 ZPO kann zwar nicht für dessen entsprechende Anwendung im Vollstreckbarerklärungsverfahren herhalten. § 767 Abs. 2 ZPO dient dem Schutz der Rechtskraft.[1067] Materiell-rechtskräftig wird im Vollstreckbarerklärungsverfahren grundsätzlich nur die Entscheidung darüber, ob gegen den Schiedsspruch Aufhebungsgründe nach § 1059 Abs. 2 ZPO bestehen. Darüber hinaus gehende Einwände werden grundsätzlich nicht von der Rechtskraft erfasst. In (negative) Rechtskraft erwächst nicht, dass der titulierte Anspruch einrede- und einwendungsfrei ist. Dies ist keine Abweichung zur Rechtslage beim Urteil, bei dem ebenso Einwände abseits von § 322 Abs. 2 ZPO grundsätzlich nicht in materielle Rechtskraft erwachsen.[1068] Würde die Einrede- und Einwendungsfreiheit (negativ) materiell rechtskräftig, wäre § 322 Abs. 2 ZPO wie § 767 Abs. 2 ZPO überflüssig.

Andererseits greift § 767 Abs. 2 ZPO dergestalt mit § 322 ZPO zusammen, dass der Gerichtsausspruch ab einem bestimmten Zeitpunkt konserviert bleibt – unabhängig von Einreden oder Einwendungen zu diesem Zeitpunkt – und in dieser Verfassung grundsätzlich vollstreckungsfähig ist. Zu diesem Mechanismus tritt im Schiedsverfahrensrecht § 1060 ZPO, der den materiell-rechtskräftig festgestellten

---

1063 *Wagner*, in: Böckstiegel, Vollstreckung, S. 56 f.; *Schlosser*, in: Stein/Jonas, ZPO, § 1063 Rn. 12.

1064 *Schwab/Walter*, Schiedsgerichtsbarkeit, Kap. 27 Rn. 14 und *Stolzke*, Aufrechnung und Widerklage, S. 186.

1065 So i.E. auch *Münch*, in: Lüke, FS Ishikawa, S. 356.

1066 *Münch*, a.a.O., S. 345.

1067 BGH NJW 1953, 345; *Preuß*, in: BeckOK-ZPO, § 767 Rn. 37.

1068 *Vollkommer*, in: Zöller, ZPO, Vor § 322 Rn. 34a.

Anspruch erst vollstreckungsfähig werden lässt. Dessen Zweck, das Feststellen der Vollstreckungsfähigkeit des Schiedsspruchs, würde bei Nichtanwendung des § 767 Abs. 2 ZPO genommen. Würden mit der h.L. nachträglich Einwendungen gegen den rechtskräftigen, titulierten Anspruch des Schiedsspruchsgläubigers zugelassen, wäre der Schiedsspruch im Moment der Vollstreckbarerklärung entgegen dem Gerichtsausspruch, er sei vollstreckungsfähig, nicht vollstreckungsfähig, da der Schiedsspruchschuldner schlicht nur die Vollstreckungsabwehrklage erheben müsste.

Nicht nur diese Erwägung streitet für die Gegenauffassung. Hierzu tritt die „Vollstreckbarkeit im weiteren Sinne“[1069]. In Erinnerung sei die Ansicht der Rechtsprechung gerufen, dass bestimmte Wirkungen des Schiedsspruches erst mit der Vollstreckbarerklärung eintreten.[1070] Die Rechtsprechung stützt ihre Auffassung maßgeblich auf die erst mit der Vollstreckbarerklärung sichere Bestandskraft. Die Bestandskraft wird aber bei Nichtanwendung des Präklusionsregimes ausgehöhlt. Insbesondere ist kein Grund erkennbar, weshalb die „Vollstreckbarkeit im weiteren Sinne“, unter der Prämisse der Nichtanwendung von § 767 Abs. 2 ZPO, von der Vollstreckbarerklärung abhängen soll. Ein abgelehnter Aufhebungsantrag gewährt eine vergleichbare Bestandskraft.

Endlich sei der Streitstand zu einer ähnlichen Konstellation kurz referiert. Streitig ist, ob im Verfahren zur Titulierung eines ausländischen Urteils unter autonomen Recht nach §§ 722 f. ZPO der Schuldner seine Einwände zur Präklusionsvermeidung vorzubringen hat. Die wohl überwiegende Lehre verlangt dies.[1071] Sollte der BGH sich zu einem der Streitstände positionieren, dürfte der jeweils andere Streitstand davon nicht unbeeindruckt bleiben.

cc) Verhältnis zwischen Vollstreckbarerklärungsverfahren und Vollstreckungsabwehrklage

Unabhängig von der Frage nach der Anwendung der Präklusionsnormen im Vollstreckbarerklärungsverfahren stellt sich die grundsätzliche Frage nach dem Verhältnis beider Verfahren, wenn noch nicht die Vollstreckbarerklärung erfolgte.

1069 *Wagner*, in: Böckstiegel, Vollstreckung, S. 22.

1070 Siehe oben 1. Teil B. II. 1. c).

1071 So *Bach*, in: BeckOK-ZPO, § 722 Rn. 33; *B/L/A/H*, ZPO, § 723 Rn. 3; *Geimer*, in: Zöller, ZPO, § 722 Rn. 79, 104 und nunmehr *Gottwald*, in: MüKo-ZPO, § 722 Rn. 52. A.A. *Nelle*, Titel, S. 470 f. *Nelle* geht von völlig anderen Voraussetzungen aus, da nach ihm im Exequatur materiell-rechtliche Einwände nicht zu prüfen sind, sondern nur per Widerklage geltend gemacht werden können (S. 418 ff.).

aaa) Vollstreckungsabwehrklage trotz anhängigem Vollstreckbarerklärungsverfahren?

Das Rechtsschutzbedürfnis fehlt für eine Vollstreckungsabwehrklage, wenn ein Vollstreckbarerklärungsverfahren anhängig ist.[1072] Darüberhinaus muss wegen der Möglichkeit der Antragsrücknahme ein, nicht in jedem Fall vom OLG anzusetzender (§ 1063 Abs. 2 ZPO), mündlicher Verhandlungstermin bereits stattgefunden haben.[1073] Die Haltung des BGH ist insoweit unklar.[1074] Einerseits führt er aus, dass einer Vollstreckungsabwehrklage das Rechtsschutzbedürfnis regelmäßig fehle, „wenn ein Verfahren über die Vollstreckbarerklärung – mit mündlicher Verhandlung – noch schwebt" (...). Andererseits formuliert er (nicht im Präteritum), dass für diese Klage regelmäßig schon kein Raum mehr sei, wenn im Vollstreckbarerklärungsverfahren „eine mündliche Verhandlung über diesen Antrag stattfindet" (...).

bbb) Vollstreckungsabwehrklage vor anhängigem Vollstreckbarerklärungsverfahren?

Ist ein Vollsteckbarerklärungsverfahren noch nicht anhängig, kann der Schiedsspruchschuldner eine Vollstreckungsabwehrklage folgend der h.L.[1075] und dem RG[1076] nach Schiedsspruchergerlass erheben. Er solle für die Geltendmachung seiner Einwände nicht darauf warten müssen, dass der Schiedsspruchgläubiger die Vollstreckbarerklärung beantragt. Richtig ist, dass die Vollstreckbarerklärung an keine Frist gebunden ist und sich der Gläubiger wegen § 197 Abs. 1 Nr. 3 BGB 30 Jahre Zeit für die Vollstreckungseinleitung nehmen kann. Um insofern das Bedürfnis des Spruchschuldners nach Rechtssicherheit und Rechtsklarheit zu befriedigen, sollte ihm durchaus ein Rechtsbehelf zur Geltendmachung seiner Einwände zustehen. Fraglich ist, ob es sachgerechter ist, ihn auf die allgemeinen Rechtsbehelfe, namentlich die Feststellungsklage,[1077] zu verweisen, oder ob die Vollstreckungsabwehrklage heran zu ziehen ist.

Die Anwendung der Vollstreckungsabwehrklage vor der Vollstreckbarerklärung verträgt sich prinzipiell nicht mit der Zielrichtung des § 767 ZPO. Denn § 767 ZPO

1072 So *Voit*, in: Musielak, ZPO § 1060 Rn. 13 und *Schütze*, Ausgewählte Probleme, S. 187.

1073 Siehe die Parallelkonstellation oben 3. Teil B. I. 1. b) bb).

1074 WM 1963, 196 ff. (199).

1075 *Schlosser*, in: Stein/Jonas, ZPO, § 1063 Rn. 7; *Schwab/Walter*, Schiedsgerichtsbarkeit, Kap. 27 Rn. 13; *Voit*, in: Musielak, ZPO, § 1060 Rn. 13; *Schütze*, Ausgewählte Probleme, S. 187; *Nelle*, Titel, S. 570. Trotz Zweifeln letztlich zustimmend *Schmidt/Brinkmann*, in: MüKo-ZPO, § 767 Rn. 10, 33, 43.
A.A. *Münch*, in: MüKo-ZPO, § 1060 Rn. 39.

1076 RGZ 148, 270 ff. (273, 275). Das RG meinte, dass die Vollstreckung aus dem Schiedsspruch drohen müsse. Dies könne der Fall sein, wenn der Gläubiger seine Vollstreckungsabsichten erkläre. Es sei jedenfalls der Fall, wenn die Vollstreckbarerklärung beantragt wurde.

1077 So *Münch*, in: MüKo-ZPO, § 1060 Rn. 40.

ist gegen einen titulierten Anspruch gerichtet, der aber nicht vorliegt, weswegen vor Initiierung des Vollstreckbarerklärungsverfahrens überhaupt keine Vollstreckungsgefahr besteht.[1078] Auf Grund dessen wird in der vergleichbaren Konstellation noch nicht für vollstreckbar erklärter ausländischer Urteile von der Literatur die Vollstreckungsabwehrklage nicht zugelassen.[1079]

Zu berücksichtigen ist aber, dass die BGH-Rechtsprechung mittlerweile den Anwendungsbereich des § 767 ZPO weit ausgedehnt hat. Der Titel muss bei einer sog. Titelgegenklage entsprechend § 767 ZPO nicht wirksam sein.[1080] In einer Entscheidung ließ er es sogar offen, ob überhaupt ein Titel vorliege, und bejahte ein Rechtsschutzbedürfnis „unter den besonderen Gegebenheiten des Falles" (...).[1081] Insofern ist es durchaus denkbar, dass der BGH die Klage vor Vollstreckbarerklärung zulassen würde.

Hinzu kommt, dass während des Vollstreckbarerklärungsverfahrens eine Sicherungsvollstreckung aus dem Schiedsspruch nach § 1063 Abs. 3 S. 1 ZPO möglich ist. Insofern kann unmittelbar nach Beantragung der Vollstreckbarerklärung ein Titel vorliegen[1082].

Während also die Zielrichtung des § 767 ZPO nicht entscheidend gegen seine Heranziehung spricht, ist letztlich zu untersuchen, zu welchen gerichtlichen Zuständigkeiten die Vollstreckungsabwehrklage und die Feststellungsklage führen. Zu vernachlässigen ist zunächst, dass bei Annahme einer Vollstreckungsabwehrklage keine Gerichtsstandsvereinbarung zulässig wäre gem. §§ 802, 40 Abs. 2 S. 1 Nr. 2 ZPO. Gewichtig ist hingegen, dass für die Vollstreckungsabwehrklage vor Vollstreckbarerklärung wohl das OLG zuständig ist. Zwar hat der BGH nur entschieden, dass nach Vollstreckbarerklärung dieses für die Vollstreckungsabwehrklage zuständig sei;[1083] vor Vollstreckbarerklärung müsste jedoch entsprechendes gelten. Danach wäre das OLG zuständig, welches für die Vollstreckbarerklärung hypothetisch zuständig wäre.

Würde diesem Ansatz gefolgt, wäre es sachgerechter, die Vollstreckungsabwehrklage selbst vor Titulierung in entsprechender Anwendung von § 767 ZPO zuzulassen. Hierfür spricht, dass die Schiedsparteien vor einem mehrinstanzlichen Verfahren beginnend bei AG oder LG verschont würden. Außerdem ermöglicht dieser Ansatz eine verfahrensökonomische Lösung, wenn nach der Klage die Vollstreckbarerklärung beantragt wird. Das für beide Verfahren zuständige OLG kann

---

1078 So der Einwand von *Münch*, in: MüKo-ZPO, § 1060 Rn. 39.

1079 *Schmidt/Brinkmann*, in: MüKo-ZPO, § 767 Rn. 10; *Gottwald*, in: MüKo-ZPO, § 722 Rn. 52; *Bach*, in: BeckOK-ZPO, § 722 Rn. 33; *Geimer*, in: Zöller, ZPO, § 722 Rn. 101.

1080 Stellvertretend NJW-RR 2004, 472 ff. (473 f.).

1081 NJW-RR 1999, 1080 f. (1081).

1082 Streitig ist nur, ob die Anordnung nach § 794 Abs. 1 Nr. 4a ZPO ein Titel ist (was vorzuziehen ist) oder ob § 1063 Abs. 3 ZPO selbst Grundlage ist, vgl. *Sessler/Schreiber*, SchiedsVZ 2006, 124.

1083 SchiedsVZ 2010, 330 ff. (331 f.).

dann die Verfahren nach § 147 ZPO verbinden.[1084] Würde demgegenüber einem Teil der Literatur gefolgt, wonach für die Vollstreckungsabwehrklage das Rechtsschutzbedürfnis entfalle, wenn die Vollstreckbarerklärung beantragt wird,[1085] wäre ein prozessualer Umweg die Folge. Da dies wohl keine seltene Konstellation ist, erscheint unter Annahme einer OLG-Kompetenz die entsprechende Anwendung von § 767 ZPO angebracht.

dd) Rechtsbeschwerde

Das Kapitel zur Vollstreckbarerklärung durch das staatliche Gericht wird mit der Besprechung der Rechtsbeschwerde abgeschlossen.

Gegen die Vollstreckbarerklärung ist die Rechtsbeschwerde nach § 1065 Abs. 1 S. 1 i.V.m. § 1062 Abs. 1 Nr. 4 ZPO statthaft. Umstritten ist, ob auch gegen die Anordnung des Vorsitzenden zur Sicherungsvollstreckung nach § 1063 Abs. 3 ZPO die Rechtsbeschwerde möglich ist.[1086] Einfachgesetzlich gibt die Entscheidung, ob die Sicherungsvollstreckung § 1062 Abs. 1 Nr. 3 oder Nr. 4 ZPO zugeordnet wird, den Ausschlag, da nach § 1065 Abs. 1 ZPO lediglich Entscheidungen nach § 1062 Abs. 1 Nr. 2 und Nr. 4 ZPO anfechtbar sind. Verfassungsrechtlich ist ein effektiver Rechtsbehelf zwingend. Hierfür spricht nicht nur die mögliche Tragweite der Entscheidung. In Rechnung zu stellen ist besonders, dass die Entscheidung ohne Anhörung des Gegners ergehen kann. Soweit von Teilen der Literatur[1087] die, grundsätzlichen Bedenken ausgesetzte,[1088] Gegenvorstellung als Option angeführt wird, wird dies nicht den Vorgaben des BVerfG gerecht. Wie schon dargelegt,[1089] fordert das BVerfG für die etwaige Verletzung von Verfahrensgrundrechten einen effektiven und klaren Rechtsschutz. Insoweit gebührt einer verfassungskonformen Auslegung von § 1062 Abs. 1 Nr. 4 ZPO allemal der Vorrang. Die danach zulässige Rechtsbeschwerde wird den verfassungsrechtlichen Direktiven gerecht. Denn die Rechtsbeschwerde ist nach der Rechtsprechung auch statthaft, wenn der angegangenen Entscheidung objektive Willkür oder die Verletzung von Verfahrensgrundrechten vorgeworfen wird.[1090]

1084 *Raeschke-Kessler*, in: Prütting, ZPO, § 1059 Rn. 75 plädiert ebenso für eine Verfahrensverbindung. Kommt es hierzu nicht, solle das Gericht erst über den Aufhebungsantrag entscheiden.

1085 So *Voit*, in: Musielak, ZPO, § 1060 Rn. 13; *Schütze*, Ausgewählte Probleme, S. 187. Kritisch zu dieser Ansicht OLG Köln BeckRS 2009, 04423.

1086 Dafür: *Voit*, in: Musielak, ZPO, § 1065 Rn. 3. Dagegen: *Schwab/Walter*, Schiedsgerichtsbarkeit, Kap. 28 Rn. 13; *B/L/A/H*, ZPO, § 1063 Rn. 4; *Münch*, in: MüKo-ZPO, § 1063 Rn. 27; *Sessler/Schreiber*, SchiedsVZ 2006, 124.

1087 So *Sessler/Schreiber*, SchiedsVZ 2006, 124 und *Münch*, in: MüKo-ZPO, § 1063 Rn. 27.

1088 Hierzu unten 3. Teil C. II. 1.

1089 Siehe oben 1. Teil D. I. 1.

1090 Stellvertretend BGH NJW 2004, 2222 ff. (2223) m.w.N.

c) *Zur arbitralen Vollstreckungsabwehrklage*

Die Vollstreckungsabwehrklage vor einem Schiedsgericht soll an dieser Stelle angesichts des Sachzusammenhangs besprochen werden. Ob für die arbitrale Vollstreckungsabwehrklage ein Bedürfnis besteht, und wie sie ausgestaltet werden könnte, wird im Nachstehenden nach einem Eingehen auf die Wirkung einer schiedsgerichtlichen Entscheidung hinsichtlich einer arbitralen Vollstreckungsabwehrklage erörtert.

aa) Zur Entscheidungswirkung einer arbitralen Vollstreckungsabwehrklage

Eine arbitrale Vollstreckungsabwehrklage kann nicht dazu führen, dass einem im Vollstreckbarerklärungsverfahren für vollstreckbar erklärten Schiedsspruch die Vollstreckungswirkung genommen wird. Dies folgt aus der mehrfach in dieser Studie aufgegriffenen grundlegenden Überlegung, dass ein Schiedsgericht nicht die Entscheidung eines Staatsgerichts übergehen kann. Hinzu kommt wie ausgeführt,[1091] dass das Schiedsgericht nicht staatliche Organe zur Vollstreckung anhalten kann. Mutatis mutandis kann das Schiedsgericht nicht der Vollstreckung Einhalt gebieten. Die Rechtsposition des Gläubigers ist ebenso schützenswert wie die des Schuldners.

Weiter ist zu berücksichtigen, dass in der Vollstreckungsphase nach § 775 Nr. 1 ZPO eine vollstreckbare Entscheidung zur Verhinderung der Vollstreckung erforderlich ist, welche die Vollstreckbarerklärung des Schiedsspruches, aber nicht der Schiedsspruch an sich ist[1092]. Der die arbitrale Vollstreckungsabwehrklage betreffende Schiedsspruch müsste folglich erst noch über § 1060 ZPO für vorläufig vollstreckbar erklärt werden, um eine Vollstreckung aus dem Schiedsspruch verhindern zu können. Das staatliche Gericht kann demgegenüber seine Entscheidung über § 767 ZPO trotz des Gestaltungsausspruches für vorläufig vollstreckbar erklären.[1093]

Schließlich ist fraglich, ob dem Schiedsgericht wie dem Staatsgericht die Kompetenz zukommt, eine die Vollstreckung einstweilen einstellende Entscheidung treffen zu können. Der BGH vor dem SchiedsVfG: „Freilich besitzt die Rechtsverfolgung vor dem Schiedsgericht insgesamt nicht die gleiche Effektivität wie eine Vollstreckungsabwehrklage vor dem Staatsgericht, insbesondere weil das Schiedsgericht nicht gem. § 769 ZPO die Zwangsvollstreckung einstweilen einstellen kann."[1094]

Mit dem SchiedsVfG ist den Schiedsgerichten in § 1041 ZPO eine Kompetenz zum Erlass einstweiliger Maßnahmen eingeräumt worden. Selbst wenn hierunter solche in Bezug auf die Vollstreckungsuntersagung fallen würden, bedürfte die

---

1091 Siehe oben 1. Teil B. II. 1. c).

1092 BGH NJW 1987, 651 ff. (652); OLG München BB 1977, 674 f. (675); *Preuß*, in: BeckOK-ZPO, § 775 Rn. 3; *Stolzke*, Aufrechnung und Widerklage, S. 172; *Nelle*, Titel, S. 561.

1093 Stellvertretend *Lackmann*, in: Musielak, ZPO, § 767 Rn. 45.

1094 NJW 1987, 651 ff. (652). Nach dem SchiedsVfG ebenso OLG München SchiedsVZ 2012, 344.

arbitrale Anordnung nach § 1041 Abs. 2 ZPO der Vollziehbarerklärung durch ein staatliches Gericht.

bb) Zum Bedürfnis einer arbitralen Vollstreckungsabwehrklage

Die soeben aufgezeigten Prämissen dürften das Interesse an der Statthaftigkeit einer arbitralen Vollstreckungsabwehrklage, insbesondere angesichts des anzustrengenden Umweg über § 1060 ZPO, geringhalten. Der BGH hat zudem zutreffend angeführt, „daß den Parteien vor dem Schiedsgericht in der Wirkung zumindest ähnliche Rechtsbehelfe zu Gebote stehen, wie etwa die Klage auf Feststellung des Erlöschens des titulierten Anspruchs oder auf Herausgabe des vollstreckbaren Titels“ (...).[1095] Würde diesem Ansatz gefolgt, kann ein ausreichender Rechtsschutz sichergestellt werden. Denn bis zur Entscheidung des Schiedsgerichts könnte das staatliche Gericht entsprechend § 769 ZPO um einstweilige Maßnahmen ersucht werden.[1096] Dies kann nach dem SchiedsVfG auf § 1041 Abs. 1 S. 1 ZPO zurückgeführt werden.[1097] Liegen demnach keine abweichenden Vereinbarungen vor, sind staatliche Gerichte zur Gewähr einstweiligen Rechtsschutzes berufen.

cc) Zulässigkeit einer arbitralen Vollstreckungsabwehrklage

In der soeben zitierten BGH Entscheidung hat sich das Gericht nicht zur Frage der Zulässigkeit einer arbitralen Vollstreckungsabwehrklage positioniert. Das OLG München hat sich ausdrücklich gegen die Zulassung einer arbitralen Vollstreckungsabwehrklage ausgesprochen.[1098] Im Wesentlichen argumentiert das Gericht damit, dass das Schiedsgericht die Titelwirkung nicht kupieren könne, weil es sie nicht verleihen könne. Der BGH hat jedoch in jüngeren Entscheidungen ausgesprochen, dass der Vollstreckungsabwehrklage vor staatlichen Gerichten die Schiedseinrede in Bezug auf die der Schiedsvereinbarung unterliegenden Einwände entgegengehalten werden kann.[1099] Unter Wahrung des „Umwegs“ über § 1060 ZPO bestehen gegen die Statthaftigkeit einer arbitralen Vollstreckungsabwehrklage angesichts der zu gewährenden Schiedsautonomie keine erheblichen Bedenken.[1100]

dd) Ausgestaltung einer arbitralen Vollstreckungsabwehrklage

Wenn die Schiedsvereinbarung eine arbitrale Vollstreckungsabwehrklage nicht ausschließt, sollte ihre Erhebung möglich sein. Liegen keine abweichenden

---

1095 NJW 1987, 651 ff. (652).

1096 LG Köln MDR 1995, 959 f.; *Voit*, in: Musielak, ZPO, § 1030 Rn. 7.

1097 Das LG Köln, a.a.O. ließ offen, ob sich dies aus dem Schiedsvertrag oder „allgemeinen Grundsätzen des Prozeßrechts“ ergibt.

1098 BB 1977, 674 f.

1099 NJW-RR 1996, 508; NJW 1987, 651 ff. (652).

1100 I.E. ebenso die Zulässigkeit bejahend: *Nelle*, Titel, S. 559 f.; *Stolzke*, Aufrechnung und Widerklage, S. 162.

Vereinbarungen vor, sollte personell das Ausgangsschiedsgericht über die Einwände entscheiden können – es ist gleichsam das „Prozessgericht des ersten Rechtszuges". Außerdem ist das ursprüngliche Schiedsgericht in den Streitstand eingearbeitet. Dieses angebrachte Ergebnis folgt nicht daraus, dass das Schiedsverfahren andauert. Das Schiedsverfahren ist mit dem Schiedsspruch beendet. Eine Ausnahme des abschließend gefassten[1101] § 1056 Abs. 3 ZPO greift nicht.[1102] Es wäre überdies unangemessen, die Schiedsrichter kraft Gesetzes zwingend zu verpflichten, mitunter noch Jahre nach dem Schiedsspruch wieder ihres Amtes zu walten.[1103] Vielmehr ist das Schiedsgericht neu zu konstituieren. Allerdings wird die Schiedsvereinbarung, sollte sie nicht ausdrücklich Anderweitiges vorsehen, so auszulegen sein, dass, wenn schon der Gegenstand der Vollstreckungsabwehrklage schiedsbefangen ist, dieselben Schiedsrichter zu nominieren sind. Dies kann zudem auf die Verfahrensförderungspflicht der Parteien gestützt werden. Dadurch wird die Konstituierungsphase kurzgehalten, zumal etwaigen Schiedsrichterablehnungsverfahren eine rechtskräftige Entscheidung hierüber entgegenstehen kann.

Entsprechend der Schiedsvereinbarung werden die Schiedsrichterverträge aufzufassen sein und eine erneute Betätigung gebieten können.

d) Besonderheiten der notariellen Vollstreckbarerklärung

Neben der soeben aufgezeigten Möglichkeit der gerichtlichen Vollstreckbarerklärung kann gem. § 1053 Abs. 4 ZPO von einem Notar ein Schiedsspruch mit vereinbartem Wortlaut für vollstreckbar erklärt werden, wenn dieser nicht gegen den ordre public verstößt. Dies hat der Notar gem. § 1053 Abs. 4 S. 2 i.V.m. § 1053 Abs. 1 S. 2 ZPO zu prüfen. Angesichts dessen, dass nach Wortlaut („der Parteien") und eindeutiger Gesetzesbegründung[1104] beide Parteien mit der notariellen Vollstreckbarerklärung einverstanden sein müssen, entfällt praktisch der wichtigste Fall, über die Vollstreckbarerklärung die Zwangsvollstreckung einzuleiten[1105]. Das konsensuale Betreiben des notariellen Vollstreckbarerklärungsverfahren ist im Hinblick auf die notarielle Kontrolle besonders problematisch. Mangels Interessenwiderstreit wird der Notar schon im modellgerechten Verfahren wenig Information oder Anhaltspunkte seitens der Parteien erhalten, die ihm bei seiner ordre public-Prüfung behilflich sein könnten.

1101 Siehe oben 3. Teil B. III. 2. a).

1102 Ebenso *Nelle*, Titel, S. 558.

1103 *Stolzke*, Aufrechnung und Widerklage, S. 164 befindet, dass das Amt nicht ende, wenn die Schiedsparteien hierüber eine Vereinbarung getroffen haben.
Dies überzeugt nicht, da das Amt an das Verfahren gekoppelt ist. Eine erneute Amtsbetätigung ist von einer fortdauernden zu trennen. Für eine erneute Amtsbetätigung kann freilich der ursprüngliche Schiedsrichtervertrag eine Grundlage sein.

1104 BT-Drs. 13/5274, S. 55.

1105 *Münch*, in: MüKo-ZPO, § 1053 Rn. 52 ff. verneint mit gewichtigen Argumenten schon die Titelwirkung einer notariellen Vollstreckbarerklärung.

Andererseits ist die Aufdeckung von ordre-public-Verstößen, insbesondere wenn unerlaubte Zwecke von beiden Schiedsparteien verfolgt werden, auch im Verfahren vor einem Gericht nicht zuverlässig möglich,[1106] und besteht grundsätzlich bei jedem Notarverfahren das Problem des fehlenden Interessenswiderstreits.

Im Nachstehenden soll der Rechtsschutz gegen das Notarhandeln angerissen werden.

aa) Rechtsschutz gegen die verweigerte Vollstreckbarerklärung

Verweigert der Notar die Vollstreckbarerklärung, ist es der beschwerten Partei unbenommen, vor einem anderen Notar des jeweiligen OLG-Bezirks die Vollstreckbarerklärung zu beantragen oder das gerichtliche Vollstreckbarerklärungsverfahren einzuleiten.[1107] Daher ist die Frage, ob gegen die Verweigerung des Notars ein, nicht im zehnten Buch vorgesehener, Rechtsbehelf zu gewähren ist, vorwiegend akademischer Natur. Insbesondere die vom Gesetzgeber grundsätzlich intendierte Gleichstellung mit dem Anwaltsvergleich[1108] spricht dafür, § 796c Abs. 2 S. 2 ZPO analog anzuwenden[1109].

bb) Rechtsschutz gegen die Vollstreckbarerklärung

Einen Rechtsbehelf gegen die erfolgte notarielle Vollstreckbarerklärung sieht das Gesetz nicht vor. Sie ist, wie beim Anwaltsvergleich,[1110] auch keineswegs notwendig[1111] – beide Parteien müssen ihre Zustimmung zur Vollstreckbarerklärung erklären. Der einzig denkbare Fall der ein Rechtsschutzbedürfnis begründen kann, ist die erfolgte Vollstreckbarerklärung bei vom Notar angenommener, tatsächlich aber nicht erfolgter Zustimmung. Diese wohl rein theoretisch bleibende Konstellation ließe sich über die Zulassung einer Rechtsbeschwerde lösen.

e) Rechtsschutz im Vollstreckungsverfahren

Im Stadium der Vollstreckung stehen die üblichen Rechtsbehelfe wie die Drittwiderspruchsklage (§ 771 ZPO), der Vollstreckungsschutzantrag (§ 765a ZPO) oder die

---

1106 Siehe oben 1. Teil B. II. 1. a).

1107 *Lachmann*, HdB Schiedsgerichtspraxis, Rn. 1838 f.

1108 BT-Drs. 13/5274, S. 55.

1109 I.E. ebenso *Lachmann*, HdB Schiedsgerichtspraxis, Rn. 1839.
A.A. *B/L/A/H*, ZPO, § 1053 Rn. 12; *Schwab/Walter*, Schiedsgerichtsbarkeit, Kap. 29 Rn. 6; *Schütze*, Schiedsverfahren, Rn. 454.

1110 *Wolfsteiner*, in: MüKo-ZPO, § 796c Rn. 7. *Voit*, in: Musielak, ZPO, § 796c Rn. 4 will in Fällen „greifbarer Gesetzeswidrigkeit" einen Rechtsbehelf § 796 Abs. 2 S. 2 ZPO analog gewähren.

1111 Ebenso *B/L/A/H*, ZPO, § 1053 Rn. 12; *Voit*, in: Musielak, ZPO, § 1053 Rn. 14; *Schütze*, Schiedsverfahren, Rn. 454.
A.A. *Lachmann*, HdB Schiedsgerichtspraxis, Rn. 1841; *Feldmann*, Rechtsbehelfe, S. 171 f.

Erinnerung (§ 766 ZPO) zur Verfügung, ohne dass auf Grund des Schiedsverfahrens Besonderheiten zu berücksichtigen wären.

IV. Einstweiliger Rechtsschutz

1. Einstweiliger Rechtsschutz durch Schiedsgerichte

Nach § 1041 Abs. 1 ZPO kann, wenn keine abweichende Vereinbarung besteht, das Schiedsgericht vorläufige oder sichernde Maßnahmen in Bezug auf den Streitgegenstand gewähren. Diese Möglichkeit ausschließende Vereinbarungen dürften in der Praxis kaum auftauchen. In der administrierten Schiedsgerichtsbarkeit finden sich zumeist entsprechende Bestimmungen.[1112] Da das Schiedsgericht nach dem Normwortlaut nur in Bezug auf den Streitgegenstand erforderliche Maßnahmen anordnen darf, verbietet sich regelmäßig ein dinglicher Arrest gem. § 917 ZPO.[1113] Der persönliche Arrest gem. § 918 ZPO kann nach richtiger, aber umstrittener Ansicht, wegen Art. 104 Abs. 2 S. 1 GG nicht von einem Schiedsrichter, sondern nur von einem staatlichen Richter angeordnet werden.[1114] Einer Leistungsverfügung ist wegen des Verbots der Vorwegnahme der Hauptsache reserviert zu begegnen. Sie kann gleichwohl durch das Schiedsgericht unter besonderen Umständen angeordnet werden.[1115]

Da die schiedsgerichtliche einstweilige Maßnahme zur Vollziehung der Bestätigung durch ein staatliches Gericht bedarf (§ 1041 Abs. 2 S. 1 ZPO), ist die trotz Schiedsvereinbarung gem. § 1033 ZPO zulässige direkte Anrufung eines staatlichen Gerichts zur Gewährung einstweiligen Rechtsschutzes regelmäßig aus Sicht des Antragsstellers vorzuziehen.[1116] Dies gilt umso mehr, wenn der Literaturansicht gefolgt werden würde, wonach das Schiedsgericht den Antragsgegner vor Erlass der Maßnahme anzuhören hat.[1117] Schließlich kommt hinzu, dass vor dem Schiedsgericht keine eidesstattliche Versicherung zur Glaubhaftmachung nach § 294 ZPO abgegeben

---

1112 Siehe oben 2. Teil D.

1113 BT-Drs. 13/5274, S. 45.

1114 So auch *Schwab/Walter*, Schiedsgerichtsbarkeit, Kap. 17a Rn. 4; i.E. auch *Borris*, in: DIS, Schiedsspruch, S. 56.
A.A. *Schlosser*, in: Stein/Jonas, ZPO, § 1041 Rn. 5; *Raeschke-Kessler/Berger*, Schiedspraxis, Rn. 593.

1115 Das OLG Frankfurt, NJW-RR 2001, 1078 f. bestätigte auf dieser Linie etwa die von einem Schiedsgericht erteilte Starterlaubnis für *Dieter Baumann* zu den deutschen Hallenmeisterschaften.

1116 Vgl. *Schütze*, in: Gottwald, Effektivität des Rechtsschutzes, S. 190 f.; *Harbst*, Staatliche Gerichte im Schiedsverfahren, S. 112 f. Zu Vorteilen des einstweiligen Rechtsschutzes vor Schiedsgerichten *Schroth*, SchiedsVZ 2003, 109.

1117 Dafür *Münch*, in: MüKo-ZPO, § 1041 Rn. 25. Dagegen *Borris*, in: DIS, Schiedsspruch, S. 55; *Harbst*, Staatliche Gerichte im Schiedsverfahren, S. 106.

werden kann,[1118] so dass sich in praxi ganz regelmäßig der Gang zum staatlichen Gericht empfiehlt. Eine Ausnahme gilt für Fälle, in denen das Schiedsgericht dem staatlichen einstweiligen Rechtsschutz unbekannte Anordnungen erlassen soll. So kann das Schiedsgericht in Anlehnung an die englische Rule 25.1 para. 1 lit. f Civil Procedure Rules eine freezing order/ injunction (ex Mareva injunction) erlassen, wodurch weltweit das gesamte Vermögen des Antragsgegners „eingefroren" wird[1119]. Gleichwohl ist deren Zweckmäßigkeit in Frage zu stellen, da vom Schiedsgericht Zuwiderhandlungen (contempt of court) nicht unter Haft- oder Geldsanktion gestellt werden können.[1120]

2. *Einstweiliger Rechtsschutz durch staatliche Gerichte*

Wird direkt das staatliche Gericht um einstweiligen Rechtsschutz ersucht, besteht ohne Modifikation eine ausschließliche (§ 802 ZPO) Zuständigkeit der AG bzw. LG nach §§ 919, 937, 942 ZPO. Soll hingegen eine schiedsrichterliche einstweilige Anordnung vollzogen werden, so entscheidet hierüber gem. § 1062 Abs. 1 Nr. 3 ZPO ein OLG. Der Vorsitzende des für die Vollziehungsanordnung angerufenen Zivilsenats kann ohne vorherige Anhörung des Gegners alleinig über den einstweiligen Vollzug entscheiden.

Möglich ist nach § 1033 ZPO auch, beide Verfahren anzustrengen, also einstweiligen Rechtsschutz vor Schieds- und, selbst zugleich,[1121] vor Staatsgerichten zu ersuchen. In dieser Situation kann aber die arbitrale einstweilige Rechtsschutzentscheidung nicht für vollziehbar erklärt werden kann gem. § 1041 Abs. 2 S. 1 ZPO.

3. *Rechtsschutz gegen Anordnungen im einstweiligen Rechtsschutz*

Gegen die schiedsgerichtliche einstweilige Rechtsschutzmaßnahme kann der Antragsgegner nicht vor einem staatlichen Gericht vorgehen. Insbesondere steht nicht der Aufhebungsantrag zur Verfügung, da sie zumindest auf Grund ihrer Vorläufigkeit kein Schiedsspruch ist[1122].

1118 Gleichwohl kann eine solchermaßen bezeichnete Erklärung frei gewürdigt werden; vgl. *Osterthun*, Schadensfälle, S. 221 f.

1119 Vgl. *Borris*, in: DIS, Schiedsspruch, S. 56; *Harbst*, Staatliche Gerichte im Schiedsverfahren, S. 113 f.

1120 *Harbst*, Staatliche Gerichte im Schiedsverfahren, S. 114.

1121 *Schroth*, SchiedsVZ 2003, 105 f. m.N. zur Gegenansicht. Richtigerweise handelt es sich um ein Problem des Rechtsschutzbedürfnisses, dass – wie *Schroth* zutreffend feststellt – grundsätzlich für beide Formen des einstweiligen Rechtsschutzes bestehen kann.

1122 Siehe oben 3. Teil B. III. 1. c) aa) bbb) γ). Ebenso *Lachmann*, in: DIS, Schiedsspruch, S. 5 f.; *Borris*, in: DIS, Schiedsspruch, S. 57; *Raeschke-Kessler/Berger*, Schiedspraxis, Rn. 606.

Ein Rechtsschutz ist auch nicht erforderlich, da die Anordnung nicht vollziehbar ist. Sie bedarf für ihre Vollziehung der gerichtlichen Zulassung nach § 1041 Abs. 2 S. 1 ZPO. Gegen diese Vollzugsanordnung kann der Antragsgegner gem. § 1041 Abs. 3 ZPO deren Änderung oder Aufhebung vor einem ordentlichen Gericht beantragen. Zuständig hierfür ist instanziell ein OLG nach § 1062 Abs. 1 Nr. 3 ZPO. Die Entscheidung des OLG ist unanfechtbar nach § 1065 Abs. 1 S. 2 ZPO.

Gegen die von staatlichen Gerichten erlassene einstweilige Anordnung ist vor den ordentlichen Gerichten ohne Besonderheiten der Widerspruch statthaft gem. §§ 936, 925 ZPO. Zudem kann wegen veränderter Umstände gem. § 927 Abs. 1 i.V.m. § 936 ZPO die Aufhebung der Maßnahme beantragt werden, wofür nach § 927 Abs. 2 HS. 2 ZPO das Gericht zuständig ist, das die Maßnahme erlassen hat, oder bei Anhängigkeit, das Hauptsachegericht. Hauptsachegericht (§ 943 ZPO) ist diesbezüglich nicht das Schiedsgericht, da ansonsten die schiedsgerichtliche Entscheidung jene Entscheidung der staatlichen Gerichte „ausstechen" könnte.[1123] Staatliche Gerichte kontrollieren aber Privatgerichte und nicht umgekehrt.

V. Zusammenfassung zum 3. Teil A. und B.

Die Ergebnisse des Hauptteils des 3. Teils dieser Untersuchung sind in Thesen nachstehend wiedergegeben:

- Die Entscheidung über den Zulässigkeitsantrag (§ 1032 Abs. 2 ZPO) bzw. Zuständigkeitsantrag (§ 1040 Abs. 3 S. 2 ZPO) bindet staatliche Gerichte wie Schiedsgerichte. Entgegenstehende schiedsgerichtliche Entscheidungen sind nichtig.
- Über die vor dem Schiedsgericht anzubringende Zuständigkeitsrüge (§ 1040 Abs. 3 S. 1 ZPO) sollte de lege ferenda immer ein Zwischenentscheid ergehen.
- Die Streitverkündung ist im Schiedsverfahren zulässig, wenn die Gegenpartei zustimmt, der Streitverkündungsempfänger sich die Schiedsgerichtsbarkeit unterwirft und das Schiedsgericht sein regelmäßig erforderliches Einverständnis erteilt.
- Dem Streitverkündungsempfänger steht in analoger Anwendung des § 1040 Abs. 2, 3 ZPO der Zuständigkeitsantrag und über die entsprechende Anwendung von § 1034 Abs. 2 ZPO die Möglichkeit zu, Einfluss auf die Schiedsrichterbank zu nehmen
- Dem Schiedsrichterablehnungsverfahren (§ 1037 Abs. 3 ZPO) steht weder der Erlass eines Schiedsspruches vor noch während des Verfahrens entgegen.
- Die Nichtdurchführung eines statthaften Schiedsverfahrens kann ein ebenso schwerwiegender Eingriff in das Recht auf effektiven Rechtsschutz sein,

1123 Ebenso und mit weiteren Argumenten *Schroth*, SchiedsVZ 2003, 108. *Schlosser*, in: Stein/Jonas, ZPO, § 1033 Rn. 6 hält zwar das Schiedsgericht für das Hauptsachegericht. Nach seiner Meinung kann dieses aber auch nicht die Entscheidung des staatlichen Gerichts aufheben.

wie die Durchführung eines unstatthaften Schiedsverfahrens. Deshalb sollte § 1040 Abs. 2 S. 3 ZPO auf die Fälle der Kompetenzunterschreitung ausgedehnt werden, ist ein fehlerhafter Prozessschiedsspruch unter extensiver Auslegung des § 1059 Abs. 2 Nr. 1 lit. b 3. Var. ZPO aufzuheben und sollte gegen einen fehlerhaften Verfahrensbeendigungsbeschluss § 1059 Abs. 2 Nr. 1 lit. b 3. Var. ZPO ebenfalls zur Anwendung kommen.

- Für einige Rechtsbehelfsfristen aus dem zehnten Buch ist nicht zuletzt wegen des unverzichtbaren Mindestgehalts eines rechtsstaatlichen Verfahrens und auf Grund von EuGH-Vorgaben bei entschuldbarer Nichtgeltendmachung des Rügerechtes eine Wiedereinsetzung denkbar, auch wenn dies gesetzlich nicht vorgesehen ist. Namentlich gilt dies für §§ 1034 Abs. 2 S. 2, 1037 Abs. 3 S. 1, 1040 Abs. 3 S. 2 ZPO, jedoch nicht für § 1035 Abs. 3 S. 3 ZPO.
- Bei gerichtlichen Unterstützungsmaßnahmen für die Schiedsgerichtsbarkeit (§§ 1034 Abs. 2, 1035 Abs. 3 S. 1, 3, Abs. 4, 1050 ZPO) ist vom Staatsgericht die Schiedsvereinbarung auf ihre offensichtliche Unwirksamkeit hin zu prüfen.
- Der Schiedsrichter kann grundlos sein Amt niederlegen, wobei er sich schadensersatzpflichtig machen kann. Die Schiedsparteien können einvernehmlich ohne Weiteres einen Schiedsrichter von seinem Amt entbinden.
- Gegen unangemessen lange Schiedsverfahren verursacht durch ungebührliches Parteiverhalten stehen dem Schiedsrichter regelmäßig ausreichende Mittel zur Bekämpfung zur Verfügung – ansonsten kann ein staatliches Gericht mit der Streitsache befasst werden.
- Sollte der Schiedsrichter das Übel verursachen, ist das Schiedsamtbeendigungsverfahren das wirksamste Mittel, wobei es von der OLG-Rechtsprechung bisher zu eng aufgefasst wurde und so Art. 6, 13 EMRK nicht gerecht wird. De lege ferenda sollte dem Staatsgericht die Möglichkeit der Setzung einer Frist gegenüber dem Schiedsgericht zur Abhilfe möglich sein. Erst mit Fristablauf würde das Schiedsamt enden.
- Neben präventiven Instrumenten gegen unangemessen lange Schiedsverfahren sind Schadensersatzansprüche gegen den Schiedsrichter möglich. Werden staatliche Gerichte im Falle eines überlangen Schiedsverfahrens angerufen und unterlassen sie eine gebotene Intervention, haftet der Staat entsprechend § 198 GVG.
- Schiedsspruch im Sinne des zehnten Buches der ZPO ist nach in dieser Untersuchung elaborierter Definition angesichts des formellen wie materiellen Charakters jede schriftlich abgefasste, unterschriebene, und zumindest an eine Partei übermittelte, endgültige Sachentscheidung eines Schiedsgerichts über ein Rechtsverfolgungsbegehren.
- Gegen Verfahrenshandlungen des Schiedsgerichts steht kein Rechtsbehelf zur Verfügung. Vorbehalts"schiedssprüche" oder Zwischen"schiedssprüche" sind de lege lata keine Schiedssprüche. Nur ein Teilschiedsspruch ist ein solcher und ist über § 1059 ZPO anfechtbar. De lege ferenda sollte eine Regelung eingeführt werden, wonach vor Erlass eines abschließenden Schiedsspruchs im Ermessen des Schiedsgerichts weitere Schiedssprüche zur Sache (etwa zum Anspruchsgrund) auf Parteiinitiative hin ergehen können.

- Das Aufhebungsverfahren gegen Schiedssprüche kann nicht von Dritten eingeleitet werden (eine amtswegige Kontrolle von Schiedssprüchen besteht nicht); eine Beschwer ist für die Schiedsparteien nicht Zulässigkeitsvoraussetzung.
- Nach Ablauf der Frist für den Aufhebungsantrag kann auf der BGH-Linie zu Recht das Aufhebungsverfahren bei erschlichenen oder sittenwidrig ausgenutzten Schiedssprüchen eingeleitet werden. Ferner sollte die Restitutionsklage gegen Schiedssprüche wegen ansonsten bestehender Rechtsschutzlücken zugelassen werden. Schiedssprüche sollten mit einer Rechtsbehelfsbelehrung versehen werden.
- Gegen den Verfahrensbeendigungsbeschluss sollte der Aufhebungsantrag zugelassen werden.
- Die BGH-Auffassung, dass materiell-rechtliche Einwendungen gegen den Schiedsspruch im Vollstreckbarerklärungsverfahren berücksichtigt werden können, ist zutreffend.
- § 767 Abs. 2 ZPO ist nicht nur anzuwenden, soweit die materiell-rechtlichen Einwendungen im Schiedsverfahren hätten geltend gemacht werden können (einhellige Meinung), sondern findet ebenso Anwendung auf das Vollstreckbarerklärungsverfahren.
- Eine Vollstreckungsabwehrklage vor einem Staatsgericht (OLG) gestützt auf nicht schiedsbefangene Einwände ist selbst vor der Vollstreckbarerklärung des Schiedsspruchs nach § 767 ZPO analog möglich.
- Eine arbitrale Vollstreckungsabwehrklage ist grundsätzlich statthaft, aber wegen der nach § 775 Nr. 1 ZPO nötigen Vollstreckbarerklärung des Schiedsspruchs weniger effektiv als der staatliche Rechtsschutz.
- Gegen die Sicherungsvollstreckung ist die Rechtsbeschwerde zuzulassen.
- Gegen die schiedsgerichtliche einstweilige Rechtsschutzmaßnahme besteht kein staatlicher Rechtsschutz, der auch nicht nötig ist. Gegen die Vollziehungsanordnung des staatlichen Gerichts kann gem. § 1041 Abs. 3 ZPO vorgegangen werden.
- Es besteht keine Universalzuständigkeit der deutschen Gerichtsbarkeit. Deshalb ist im Rahmen von § 1032 Abs. 2 i.V.m. § 1025 Abs. 2 ZPO ein Inlandsbezug zu fordern und sind ausländische Schiedssprüche nicht mit dem Aufhebungsantrag anfechtbar.
- Abschließend soll ein tabellarischer Überblick über die Rechtsbehelfe des zehnten Buches, die zu einem staatlichen Gericht führen, gegeben werden (alle angegebenen Normen entstammen der ZPO):

Moment	Rechtsbehelf	Rechtsbeschwerde
vor der Konstituierung	Zulässigkeitsantrag, § 1032 Abs. 2	ja
gegen die Konstituierung	– unausgewogene Schiedsrichterbank, § 1034 Abs. 2 – Komplikationen bei der Schiedsrichterbestellung, § 1035 Abs. 3, 4	nein
während des Verfahrens		
– gegen Zwischenentscheid über Zuständigkeit	Zuständigkeitsantrag, § 1040 Abs. 2	ja
– gegen Schiedsrichter	– unausgewogene Schiedsrichterbank, § 1034 Abs. 2 – Schiedsrichterablehnungsverfahren, § 1037 – Schiedsamtbeendigungsverfahren, § 1038	nein
– gegen Verfahrenshandlungen	keine gesonderte Kontrollmöglichkeit	nein
– gegen Vorabentscheidungen	nur gegen Teilschiedsspruch Aufhebungsantrag, § 1059	ja
nach dem Verfahren	Aufhebungsantrag, § 1059	ja

C. Außerordentlicher Rechtsschutz

Die nachfolgende Darstellung des außerordentlichen Rechtsschutzes ist zweigeteilt. Zunächst werden solche Rechtsbehelfe besprochen, die vor Ende des Schiedsverfahrens, und hernach solche, die nach Ende des Schiedsverfahrens in Betracht kommen. In einer eigenen Kategorie werden aufsichtsrechtliche Mittel mangels deren Charakter als Rechtsbehelf behandelt.

Den untenstehend erwähnten Rechtsbehelfen ist überwiegend gemeinsam, dass sie nicht im zehnten Buch der ZPO wurzeln und zumeist aus dem Verfassungsrecht entwickelt worden sind. Diesem kommt in der Schiedsgerichtsbarkeit eine andere Rolle als in der ordentlichen Gerichtsbarkeit zu. Schiedsgerichte sind nicht unmittelbar an die Grundrechte gebunden.[1124] Die vom BVerfG aufgestellte Forderung, die Gerichte hätten die Pflicht, „etwaige im Instanzenzug eingetretene Grundrechtsverstöße selbst zu beseitigen“,[1125] ist nicht an die Schiedsgerichte zu adressieren. Verfassungsrechtliche Erwägungen zur Zulassung außerordentlicher Rechtsbehelfe gegenüber den Schiedsgerichten fruchten folglich nicht. Vielmehr

1124 Siehe oben 1. Teil D. I. 3. a) aa).
1125 NJW 1979, 538 f. (538).

können prinzipiell nur die staatlichen Instanzen aus verfassungsrechtlichen Gründen heraus berufen sein, außerordentliche Rechtsbehelfe gegen Schiedsentscheidungen zuzulassen.

Da der Gesetzgeber für das Schiedsverfahren bestimmte Rechtsbehelfe abweichend vom ordentlichen Zivilprozess normierte, ist davon auszugehen, dass er weitere Rechtsbehelfe, bis wohl auf die Schadensersatzklage nach § 826 BGB, ausdrücklich ausschließen wollte. Dies kann auf die schiedsgerichtliche Autonomie zurückgeführt werden und mit Erwägungen gestützt auf die Kosten- und Verfahrenseffizienz bzw. Vertraulichkeit der Schiedsgerichtsbarkeit begründet werden. Insoweit verdeutlicht § 1026 ZPO, dass eine Ausdehnung des Rechtsschutzes vor staatlichen Gerichten prinzipiell ausgeschlossen ist. Dies wird ferner durch die gesetzgeberische Absicht der Umsetzung des UNCITRAL-Modellgesetzes unterstrichen, welches weniger Rechtsbehelfsmöglichkeiten als das zehnte Buch vorsieht. Und letztlich sollte das SchiedsVfG der internationalen Attraktivität des Schiedsplatzes Deutschland zutragen, der durch nicht-normierte bzw. undurchsichtige Rechtsinstitute nicht geholfen ist.[1126]

Aus alledem folgt, dass die Frage der Statthaftigkeit der nachstehenden Rechtsbehelfe für die Schiedsgerichtsbarkeit besonders strikt zu prüfen ist. Die normativ angelegte arbitrale Rechtsschutzarchitektur ist grundsätzlich zu wahren.

I. Rechtsschutz vor Schiedsverfahrensende

1. *Anhörungsrüge*

Die Anhörungsrüge kommt unter verfassungskonformer Auslegung des § 321a Abs. 1 S. 2 ZPO nicht nur gegen Endentscheidungen, sondern auch gegen Zwischenentscheidungen in Betracht, die nicht mehr überprüft und korrigiert werden können.[1127]

Die Einräumung einer solchen Option ist gegen schiedsgerichtliche Vorabentscheidungen, die nicht Teilschiedssprüche sind, und eine Bindungswirkung entsprechend § 318 ZPO auslösen, durchaus denkbar. In Betracht kommt sie gem. § 321a Abs. 1 Nr. 1 ZPO hingegen nicht gegenüber Schiedssprüchen auf Grund deren Anfechtbarkeit nach § 1059 ZPO.

Die arbitrale Anhörungsrüge gegen Vorabentscheidungen wäre vor dem iudex a quo (sprich: dem Schiedsgericht) zu erheben, und würde insofern gegenüber dem Rügerecht nach § 1027 ZPO keine Vorteile zeitigen, zumal sie den Weg zum Bundesverfassungsgericht nicht ebnen kann.

Die Einräumung der Anhörungsrüge im Schiedswesen ist jedoch weder verfassungsrechtlich zu fordern noch ist sie zweckdienlich. Der verfassungsrechtlich gebotene Rechtsschutz während des Verfahrens ist zwar zum Teil ergänzungsbedürftig. Statt einen gänzlich außerhalb des zehnten Buches stehenden Rechtsbehelf

1126 Vgl. BT-Drs. 13/5274, S. 22.
1127 BVerfG NJW 2009, 833 f. (833).

heranzuziehen, lassen sich die Lücken geeigneter durch die in dieser Untersuchung aufgezeigte entsprechende Anwendung oder Ausdehnung der speziell schiedsverfahrensrechtlichen Normen lösen. Hierdurch wird den arbitralen Eigenarten Rechnung getragen.

2. Untätigkeitsbeschwerde

Die Untätigkeitsbeschwerde soll die Parteien vor unangemessenen Verfahrensverzögerungen schützen. Nach dem BVerfG verstößt sie gegen das Gebot der Rechtsmittelklarheit,[1128] und wurde vom EGMR als kein ausreichend wirksamer Rechtsbehelf gegen überlange Verfahren befunden[1129]. Mit § 198 GVG ist der Gesetzgeber für staatsgerichtliche Verfahren den Vorgaben des EGMR gerecht geworden.[1130] Insoweit verbleibt kein Anwendungsbereich mehr für die Untätigkeitsbeschwerde, die schon zuvor auch in der Literatur kritisch beäugt wurde[1131]. Nachdem die ersten OLG-Judikate nach der Gesetzesnovelle das Ende der Untätigkeitsbeschwerde eingeläutet haben,[1132] sprach sich ebenso der BGH gegen die weitere Zulassung aus[1133]. Ebenso wenig hat sie eine Relevanz in der Schiedsgerichtsbarkeit. Der dort gewährleistete präventiv-kompensatorische Rechtsschutz ist konzeptionell ausreichend.[1134]

II. Rechtsschutz nach Schiedsverfahrensende

1. Außerordentliche Beschwerde und Gegenvorstellung

Die außerordentliche Beschwerde war vor Normierung des § 321a ZPO ein von der Rechtsprechung anerkanntes ungeschriebenes Rechtsmittel in Fällen „greifbarer Gesetzeswidrigkeit“[1135] im Urteilsverfahren[1136]. Nach der Rechtsprechung war dies der Fall, „wenn die Entscheidung mit der geltenden Rechtsordnung schlechthin unvereinbar ist, weil sie jeder rechtlichen Grundlage entbehrt und dem Gesetz inhaltlich fremd ist (...).“[1137] Sie war „auf wirkliche Ausnahmefälle krassen Unrechts“ limitiert.[1138]

1128 NJW 2008, 503 f. (503).

1129 NJW 2006, 2389 ff.

1130 Matusche-Beckmann/Kumpf, ZZP 124, 185.

1131 Stellvertretend *Peters*, in: Geimer, FS Schütze, S. 665 ff., der vor allem über § 252 ZPO analog Abhilfe schaffen wollte.

1132 OLG Düsseldorf NJW 2012, 1455 f.; OLG Rostock BeckRS 2012, 16275; OLG Jena BeckRS 2012, 09770.

1133 BGH NJW 2013, 385 f. (386).

1134 Siehe oben 3. Teil B. II. 2. d) cc)-dd).

1135 *Schnabl*, Anhörungsrüge, S. 9 f. stellt pointiert fest, dass die Definition der greifbaren Gesetzeswidrigkeit selbst nicht juristisch greifbar ist. Ebenso kritisch zu dieser Unschärfe *Günter*, Außerordentliche Rechtsbehelfe, S. 14 f., 27.

1136 Vgl. BGH NJW-RR 2002, 501.

1137 BGH NJW 1993, 1865 m.w.N.

1138 BGH a.a.O.

Durch das ebenso von der Rechtsprechung anerkannte, aus Art. 17 GG hergeleitete[1139] Institut der Gegenvorstellung sollte ein Grundrechtsverstoß vor dem iudex a quo per Selbstkorrektur beseitigt werden können[1140]. Die Beschränkung des Instituts auf das Urteilsverfahren wurde durch abweichende Judikate in Frage gestellt.[1141] Jedenfalls ist mit der Normierung des § 321a ZPO unklar, ob für die außerordentliche Beschwerde bzw. Gegenvorstellung noch Raum ist.[1142]

Wie auch immer der Streit in der staatlichen Gerichtsbarkeit entschieden wird, für das Schiedsverfahren hat er keine Bedeutung. Gegen den Schiedsspruch steht der indisponible Aufhebungsantrag zur Verfügung, der einen ausreichenden Rechtsschutz bei Verletzung der Verfahrensgrundrechte im Schiedsverfahren gewährt. Für eine Heranziehung der Gegenvorstellung oder außerordentlichen Beschwerde ist im Schiedsverfahrensrecht kein Platz.

2. Restitutions- und Schadensersatzklage

Wie schon ausgeführt ist eine Schadensersatzklage nach § 826 BGB möglich.[1143] Ferner sollte wie schon beschrieben eine Restitutionsklage gegen Schiedssprüche statthaft sein.[1144]

1139 Vgl. *Günter*, Außerordentliche Beschwerde, S. 37; *Seidel*, Außerordentliche Rechtsbehelfe, S. 81.

1140 Vgl. BGH NJW 1998, 82; NJW 1995, 403 f. (403) m.w.N.; *Günter*, Außerordentliche Beschwerde, S. 37: *Seidel*, Außerordentliche Rechtsbehelfe, S. 82; *Warga*, Verfahrensgrundrechte, S. 60 f.

1141 Einerseits verneinend BVerwG NJW 1995, 2053, andererseits bejahend BFH NJW 1996, 1496; AG Wiesbaden NJW-RR 1995, 702. *Jauernig*, in: Gottwald, FS Schumann, S. 254 spricht im Kontext der letzten beiden genannten Entscheidungen von einer „Bankrotterklärung für jedes geordnete Rechtsmittelsystem."

1142 Der Gesetzgeber wollte diese nicht durch das sog. Anhörungsrügengesetz verdrängen, vgl. BT-Drs. 15/3706, S. 14. Das BVerfG, NJW 2009, 829 ff. (830 f.), sieht zwar in der Gegenvorstellung einen Verstoß gegen das Gebot der Rechtsmittelklarheit. Daraus folge jedoch nicht dessen Unstatthaftigkeit, da die Interessen des Rechtsschutzsuchenden nicht beeinträchtigt würden. Wegen dieser Entscheidung nahm der BFH seinen Vorlageantrag über die Statthaftigkeit der Gegenvorstellung an den GmS-OGB zurück, BeckRS 2009, 24003752.
Günter, Außerordentliche Beschwerde, S. 171, 187 f. sieht zwar eine Rechtsschutzlücke bei Wegfall der außerordentlichen Rechtsbehelfe, will diese Lücke aber durch eine analoge Anwendung des § 321a ZPO schließen. Zum Streitstand *Warga*, Verfahrensgrundrechte, S. 64 ff. (der die Anwendung beider Institute ablehnt, S. 70). Er hält nur noch die Gegenvorstellung im Sinne des Art. 17 GG (abzugrenzen nach ihm gegenüber der aus Art. 17 GG hergeleiteten) für möglich (S. 70 f.).

1143 Siehe oben 3. Teil B. III. 1. e) bb) aaa).

1144 Siehe oben 3. Teil B. III. 1. e) bb) eee).

3. *Verfassungsbeschwerde*

Eine Verfassungsbeschwerde gem. Art. 93 Abs. 1 Nr. 4a GG, § 13 Nr. 8a BVerfGG gegen einen Schiedsspruch ist nicht möglich.[1145] Eine Verfassungsbeschwerde kann von jedermann mit der Behauptung, durch die öffentliche Gewalt in einem seiner Grundrechte oder grundrechtsgleichen Rechte verletzt zu sein, erhoben werden gem. Art. 93 Abs. 1 Nr. 4a GG, § 90 Abs. 1 BVerfGG. Schiedssprüche stellen keine Akte öffentlicher Gewalt dar.[1146]

Mittelbar können durchaus Schiedssprüche Gegenstand einer Verfassungsbeschwerde sein. Die Entscheidungen über einen Aufhebungsantrag oder eine Vollstreckbarerklärung eines Schiedsspruches können als Judikativakte Kontrollgegenstand einer Verfassungsbeschwerde sein. Auf diesem Weg kann mittels Verfassungsbeschwerde eine Kontrolle der Verletzung von „spezifischem Verfassungsrecht" erreicht werden. Ist die Verfassungsbeschwerde erfolgreich, wird gem. § 95 Abs. 2 BVerfGG die Entscheidung des Staatsgerichts kassiert und die Sache, wenn der Rechtsweg nach § 90 Abs. 2 S. 1 BVerfGG erschöpft war, an ein zuständiges (staatliches) Gericht verwiesen.

III. Aufsichtsrechtliche Mittel

Die Schiedsinstitutionen sind in Deutschland[1147] keiner gesonderten staatlichen Aufsicht unterworfen.

Außerdem besteht aus guten Gründen[1148] keine staatliche Aufsicht über die Schiedsrichter. Insbesondere ist die schiedsrichterliche Tätigkeit keine Rechtsdienstleistung im Sinne des Rechtsdienstleistungsgesetzes (§ 2 Abs. 3 Nr. 2 RDG) und untersteht der Schiedsrichter als solcher nicht einer staatlichen Dienstaufsicht (§ 26 DRiG). Folglich steht die Dienstaufsichtsbeschwerde gem. § 26 Abs. 1, 2 DRiG, die kein Rechtsbehelf, sondern eine informelle Abhilfeanregung ist, gegenüber einem staatlichen Gericht nicht zur Verfügung. Sie ist darüberhinaus auch gegenüber einem Schiedsgericht nicht statthaft. Nach allen untersuchten Schiedsordnungen[1149] besteht die Möglichkeit der Schiedsrichterablehnung. Würde eine frist- und formlos statthafte Eingabe ähnlich einer Dienstaufsichtsbeschwerde gegenüber dem entsprechenden Organ gewährt, würden die formellen Voraussetzungen für ein

1145 Vgl. BVerfG NVwZ-RR 1995, 232; *Schlosser*, in: Stein/Jonas, ZPO, § 1059 Rn. 30.

1146 BVerfG a.a.O. Siehe ferner 1. Teil B. I. 1.

1147 In der VR China ist die CIETAC mit der China Chamber of International Commerce verwoben, welche der Aufsicht des Ministry of Commerce untersteht, vgl. *Kniprath*, SchiedsVZ 2005, 198. Außerdem sind nicht administrierte Schiedsgerichte in der VR China grundsätzlich unzulässig, vgl. *Tevini*, SchiedsVZ 2010, 27; *Stricker-Kellerer/Moser*, in: Schütze, Institutionelle Schiedsgerichtsbarkeit, VIII. Kap. II. Rn. 18.

1148 *Ebbing*, Private Zivilgerichte, S. 382 ff. äußert sich hingegen positiv über eine zu schaffende Aufsicht.

1149 Siehe oben 2. Teil D.

Schiedsrichterablehnungsverfahren umgangen. Eingriffe der Schiedsinstitution, auf deren Zusammensetzung die Schiedspartei keinen oder keinen bestimmenden Einfluss hat, in die schiedsrichterliche Tätigkeit und Unabhängigkeit müssen ausgeschlossen bleiben.

Schließlich besteht ebenso wie bei Insolvenzverwaltern keine Kammeraufsicht für Schiedsrichter. Die durch eine „Verkammerung" eintretenden Flexibilitätsnachteile werden nicht durch Aufsichtsvorteile aufgewogen. Eine staatliche Aufsicht könnte de lege ferenda wegen der schiedsgerichtlichen Autonomie sich ohnehin lediglich auf krasse Disziplinarverstöße begrenzen. Für solche Verstöße ist eine interne Kontrolle ausreichend, da jede Schiedsinstitution und jeder Schiedsrichter von ihrem bzw. seinem Renommee lebt. Außerdem besteht eine Strafbarkeit des Schiedsrichters wegen Rechtsbeugung (§ 339 StGB), Vorteilsannahme (§ 331 Abs. 2 StGB) und Bestechlichkeit (§ 332 Abs. 2 StGB) sowie vice versa für den Vorteilsgewährenden (§ 333 Abs. 2 StGB) bzw. Bestechenden (§ 334 Abs. 2 StGB).

Speziell für Rechtsanwälte, die allgemein der Aufsicht der Rechtsanwaltskammern unterliegen, stellt sich die Frage, ob sie in ihrer Tätigkeit als Schiedsrichter an das anwaltliche Berufsrecht gebunden sind. Hierfür könnte ins Feld geführt werden, dass der Rechtsanwalt bei jeder Tätigkeit seinen Berufsregeln unterliegt.[1150] Hiergegen spricht nicht nur die Gleichbehandlung mit nicht-anwaltlichen Schiedsrichtern, sondern auch § 18 BORA, wonach der Rechtsanwalt den anwaltlichen Berufsregeln unterliegt, wenn er als Vermittler, Schlichter oder Mediator tätig wird. Die Tätigkeit als Schiedsrichter wird nicht vom Normwortlaut erfasst. Ein Rechtsanwalt ist ein „unabhängiger Berater und Vertreter in allen Rechtsangelegenheiten" (§ 1 Abs. 3 BORA; ähnlich § 3 Abs. 1 BRAO) und eben kein Streitentscheider. Das Berufsrecht greift de lege lata zu Recht nur bei konsensualen[1151] oder konsultativen Tätigkeiten des Rechtsanwaltes, nicht aber bei richtenden.

Im Wesentlichen nichts Anderes gilt für Notare, die schiedsrichterlich tätig werden. Sie sind insbesondere nicht an die Amtspflichten folgend §§ 14 ff. BNotO gebunden. Ihnen gegenüber greift, wie bei jeder außeramtlichen Tätigkeit, nur § 14 Abs. 3 BNotO.

IV. Zusammenfassung zum 3. Teil C

Die wichtigsten Thesen des letzten Teils dieser Untersuchung sollen nachfolgend herausgestellt werden:

- Außerordentliche Rechtsbehelfe, also solche, die außerhalb des zehnten Buches oder nicht geregelt sind, können in der Schiedsgerichtsbarkeit nicht geltend gemacht werden.

1150 *Prütting*, AnwBl. 1/2012, 31 berichtet, dass die BRAK diese Auffassung habe.

1151 Ebenso *Prütting*, AnwBl. 1/2012, 31; SchiedsVZ 2011, 238.

- Ausnahmen sind lediglich mit der h.M. die Schadensersatzklage nach § 826 BGB sowie nach hier vertretener Ansicht die Restitutionsklage.
- Es besteht (zu Recht) keine gesonderte Aufsicht über Schiedsrichter oder Schiedsinstitutionen. Für Schiedsrichter die Rechtsanwälte sind, gilt insoweit nicht das anwaltliche Berufsrecht.

Schlussbemerkung

Das eingangs dieser Studie gestellte Zitat von *Dürrenmatt* kann nicht auf die Schiedsgerichtsbarkeit in ihrer heutigen Form bezogen werden.

Die Schiedsgerichtsbarkeit ist eine verfassungsrechtlich zulässige und gebotene Form privater Rechtsprechung. Es wurde in dieser Untersuchung aufgezeigt, dass der grundgesetzliche Anspruch auf effektiven Rechtsschutz insbesondere wegen der Vertraulichkeit der Schiedsgerichtsbarkeit und der grundsätzlich freien Sachrechtswahl erst mit der Bereitstellung arbitraler Rechtsverfolgungsfora erfüllt wird. Der staatliche Rechtsschutz ist auf eine Ergänzung durch die Zulassung der privaten Schiedsgerichtsbarkeit angewiesen. Insoweit sind die vielfältigen staatlichen Unterstützungstätigkeiten für die Schiedsgerichtsbarkeit folgerichtig. Umgekehrt ist die Schiedsgerichtsbarkeit von der Unterstützung und Kontrolle staatlicher Gerichte abhängig. Die staatsgerichtliche Kontrolltätigkeit legitimiert die Schiedsgerichtsbarkeit in ihrer heutigen Ausgestaltung als „echte" Rechtsprechung. Die Schiedsgerichtsbarkeit tritt mithin nicht an Stelle der Staatsgerichtsbarkeit, sondern steht in vielfältiger Wechselwirkung neben ihr. Trotz dieses „Nebeneinanders" bindet die staatsgerichtliche Entscheidung die Schiedsgerichte und nicht umgekehrt. Insofern bindet etwa die Entscheidung des staatlichen Gerichts zur Zuständigkeit der Schiedsgerichtsbarkeit das Schiedsgericht oder kann eine arbitrale Vollstreckungsabwehrklage nach Vollstreckbarerklärung eines Schiedsspruchs nicht statthaft sein.

Das Schiedsverfahren nimmt konzeptionell einen dem Prozess in der Staatsgerichtsbarkeit jedenfalls in der administrierten Schiedsgerichtsbarkeit ähnlichen Hergang, wenngleich ein Instanzenzug regelmäßig fehlt. Anders als im staatlichen Prozess können die Parteien das Schiedsverfahren aber stärker an ihre Bedürfnisse anpassen, vor allem hinsichtlich der Verfahrenssprache und zum Ausschluss der Öffentlichkeit. Insbesondere während des Schiedsverfahrens ist grundsätzlich die schiedsgerichtliche Autonomie und Integrität zu wahren. Arbitraler Rechtsschutz ist als Kehrseite dessen vor Anrufung staatlicher Instanzen grundsätzlich auszuschöpfen. Beispielsweise ist erst vor dem (bereits konstituierten) Schiedsgericht dessen Zuständigkeit zu rügen, bevor ein Staatsgericht angerufen werden kann. Andererseits ist der Rechtsschutz gegen den Schiedsrichter verfassungsrechtlich verankert und garantiert der allgemeine Justizgewährungsanspruch die Möglichkeit einer Kontrolle durch einen staatlichen Richter. Dieser muss verfassungsrechtlich zumindest prüfen, ob die Verfahrensgrundrechte im Schiedsverfahren eingehalten wurden und keine grob unrichtige Rechtsanwendung durch das Schiedsgericht vorliegt. Um den widerstreitenden Grundsätzen, einerseits schiedsgerichtliche Autonomie und andererseits verfassungsrechtlich geschützte Kontrollrechte, gerecht zu werden, sind die staatlichen Eingriffe regelmäßig „minimal-invasiv" zu halten. So hat das staatliche Gericht welches um Unterstützung im Rahmen der Schiedsgerichtskonstituierung (§ 1035 Abs. 3 S. 3, Abs. 4 ZPO) angerufen wird, lediglich die Wirksamkeit der Schiedsvereinbarung zu prüfen. Exemplarisch kollidieren beide Grundsätze auch in der im Einzelfall auszutarierenden Frage nach einer Schiedsamtbeendigung, wenn der Schiedsrichter das Schiedsverfahren ungebührlich selbst verzögert oder gegen eine Verzögerung durch eine Schiedspartei nicht gebührlich einschreitet.

Resümierend ist im Großen und Ganzen der Rechtsschutz im Schiedsverfahrensrecht aus verfassungsrechtlicher Sicht ausreichend. Die bestehende Rechtsschutzarchitektur nach dem zehnten Buch der ZPO wonach staatsgerichtliche Kontrolle schon während des Schiedsverfahrens erlangt werden kann (und zur Vermeidung einer Präklusionswirkung: muss), rechtfertigt die wenig engmaschige Kontrolle des Schiedsspruchs durch ein staatliches Gericht. Lediglich in Teilbereichen muss die Rechtsprechung verfassungskonforme Zustände herstellen. Zum Beispiel muss eine Wiedereinsetzung in den vorigen Stand hinsichtlich einiger Rechtsbehelfsfristen nach dem zehnten Buch der ZPO möglich sein und sollte die Restitutionsklage gegen Schiedssprüche statthaft sein.

Die vielbeschworene These, dass der Rechtsschutz vor Schiedsgerichten gegenüber dem vor Staatsgerichten im Wesentlichen gleichwertig (nicht: gleichartig) ist, wurde in dieser Untersuchung mithin belegt. Andererseits harren teils zentrale Komplexe, wie die Mehrbeteiligten-Schiedsgerichtsbarkeit oder „Zwischen"schiedsprüche, einer möglichen und teils erforderlichen gesetzlichen Vorgabe. Bis zu einer Normierung im zehnten Buch können prozessuale Institute der Staatsgerichtsbarkeit nicht pauschal auf die Schiedsgerichtsbarkeit übertragen werden. Den arbitralen Besonderheiten ist Rechnung zu tragen. So kommt den Schiedsgerichten keine Rolle bei der Sicherung einer einheitlichen Rechtsanwendung zu, weswegen ein Schiedsgericht ein Vorabentscheidungsverfahren vor dem Europäischen Gerichtshof nicht einleiten kann. Greifen andererseits keine arbitralen Besonderheiten, sondern nur allgemeine Prozessgrundsätze wie die Prozessökonomie ein, so kann beispielsweise im Vollstreckbarerklärungsverfahren § 767 Abs. 2 ZPO entsprechend herangezogen werden.

Rechtspolitisch sollte der Gesetzgeber seine abwartende Haltung allmählich aufgeben. Ein ausgewogeneres und umfassenderes Rechtsschutzsystem wäre möglich. Keinesfalls sollte der Gesetzgeber den Fehler wiederholen und wieder mehr als ein Jahrhundert für eine Novelle des Schiedsverfahrensrechtes ins Land gehen lassen.

Literaturverzeichnis

Aden, Menno, Internationale Handelsschiedsgerichtsbarkeit – Kommentar zu den Schiedsverfahrensordnungen ICC – DIS – Wiener Regeln – UNCITRAL – LCIA, 2. Aufl., München 2003 [zit.: *Aden,* Handelsschiedsgerichtsbarkeit]

Bachmann, Birgit, u.A. (Hrsg.), Grenzüberschreitungen – Beiträge zum Internationalen Verfahrensrecht und zur Schiedsgerichtsbarkeit – Festschrift für Peter Schlosser zum 70. Geburtstag, Tübingen 2005 [zit.: *Autor,* in: Bachmann, FS Schlosser]

Bartos, Harald, Internationale Handelsschiedsgerichtsbarkeit – Verfahrensprinzipien, Frankfurt/M. 1984 [zit.: *Bartos,* Verfahrensprinzipien]

Baumbach, Adolf/ Lauterbach, Wolfgang/ Albers, Jan/ Hartmann, Peter, Zivilprozessordnung mit FamFG, GVG und anderen Nebengesetzen, 73. Aufl., München 2015 [zit.: *B/L/A/H,* ZPO]

Behrends, Okko/ Knütel, Rolf/ Kupisch, Berthold/ Seiler, Hans Hermann (Hrsg.), Corpus Iuris Civilis – Text und Übersetzung, Band II, Heidelberg 1995

Berger, Klaus Peter, u.A. (Hrsg.), Festschrift für Otto Sandrock zum 70. Geburtstag, Heidelberg 2000 [zit.: *Autor,* in: Berger, FS Sandrock]

Berger, Klaus Peter, Aufgaben und Grenzen der Parteiautonomie in der internationalen Wirtschaftsschiedsgerichtsbarkeit, RIW 1994, 12 ff.

Berger, Klaus Peter, Internationale Wirtschaftsschiedsgerichtsbarkeit – Verfahrens- und materiellrechtliche Grundprobleme im Spiegel moderner Schiedsgesetze und Schiedspraxis, Berlin/ New York 1992 [zit.: *Berger,* Wirtschaftsschiedsgerichtsbarkeit]

Bergmann, Jan, Vorabentscheidungsverfahren nach dem EU-Reformvertrag von Lissabon, ZAR 2011, 41 ff.

Bernuth von, Marie-Louise, Die Doppelkontrolle von Schiedssprüchen durch staatliche Gerichte, Diss. iur. Mainz 1994 [zit.: *v. Bernuth,* Doppelkontrolle]

Besson, Sébastien, Arbitration and Human Rights, ASA Bulletin 3/2006, S. 395 ff.

Bethge, Herbert, Grundrechtsverwirklichung und Grundrechtssicherung durch Organisation und Verfahren – Zu einigen Aspekten der aktuellen Grundrechtsdiskussion, NJW 1982, 1 f.

Blackaby, Nigel/ Partasides, Constantine/ Redfern, Alan/ Hunter, Martin, Redfern and Hunter on International Arbitration, Fifth Edition, Oxford/ New York 2009 [zit.: *Blackaby,* International Arbitration]

Blomeyer, Karl, Betrachtungen über die Schiedsgerichtsbarkeit, in: Festgabe zum siebzigsten Geburtstag von Leo Rosenberg, München/ Berlin 1949 [zit.: *Blomeyer,* in: FS Rosenberg]

Böcker, Christian, Das neue Recht der objektiven Schiedsfähigkeit – Deutschland, Österreich, Spanien, Aachen 1998 [zit.: *Böcker*, Schiedsfähigkeit]

Böckstiegel, Karl-Heinz, Die Schiedsgerichtsbarkeit in Deutschland – Standort und Stellenwert, SchiedsVZ 2009, 3 ff.

Böckstiegel, Karl-Heinz/ Kroll, Stefan Michael/ Nacimiento, Patricia (Hrsg.), Arbitration in Germany - the model law in practice, Austin u.A. 2007 [zit.: *Bearbeiter*, in: Böckstiegel, Arbitration in Germany]

Böckstiegel, Karl-Heinz/ Berger, Klaus-Peter/ Bredow, Jens (Hrsg.), Die Vollstreckung von Schiedssprüchen, Köln/ Berlin/ Bonn/ München 2007 [zit.: *Bearbeiter*, in: Böckstiegel, Vollstreckung]

Böckstiegel, Karl-Heinz/ Berger, Klaus-Peter/ Bredow, Jens (Hrsg.), Die Beteiligung Dritter am Schiedsverfahren, Köln/ Berlin/ Bonn/ München 2005 [zit.: *Bearbeiter*, in: Böckstiegel, Beteiligung Dritter]

Böckstiegel, Karl-Heinz (Hrsg.), Acts of State and Arbitration, Köln/ Berlin/ Bonn/ München 1997 [zit.: *Bearbeiter*, in: Böckstiegel, Acts of State and Arbitration]

Böckstiegel, Karl-Heinz/ Schlosser, Peter (Hrsg.), Rechtsfortbildung durch Internationale Schiedsgerichtsbarkeit, Köln/ Berlin/ Bonn/ München 1989 [zit.: *Autor*, in: Böckstiegel, Rechtsfortbildung]

Böckstiegel, Karl-Heinz/ Glossner, Ottoarndt (Hrsg.), Festschrift für Arthur Bülow zum 80. Geburtstag, Köln/ Berlin/ Bonn/ München 1981 [zit.: *Autor*, in: Böckstiegel, FS Bülow]

Böckstiegel, Karl-Heinz, Die neue Schiedsgerichtsordnung der Internationalen Handelskammer, NJW 1977, 463 ff.

Borges, Georg, Die Aufhebung und Vollstreckung von Schiedssprüchen nach dem neuen Schiedsverfahrensrecht, ZZP 111. Band (1998), 487 ff.

Born, Gary, International Commercial Arbitration, Volume I, Austin u.A. 2009 [zit.: *Born*, Arbitration]

Borris, Christian/ Schmidt, Lutz, Nochmals: Vollstreckbarerklärung von Schiedssprüchen und materiellrechtliche Einwendungen des Schiedsbeklagten – Anmerkung zu den Beschlüssen des OLG Köln vom 23. April 2004, des OLG Düsseldorf vom 19. Januar 2005, des OLG Dresden vom 20. April 2005 und des OLG Koblenz vom 28. Juli 2005, SchiedsVZ 2005, 254 ff.

Bosch, Wolfgang, Rechtskraft und Rechtshängigkeit im Schiedsverfahren, Tübingen 1991 [zit.: *Bosch*, Rechtskraft und Rechtshängigkeit]

Brach, Bianka, Die Verfassung als Grundlage und Grenze der Schiedsgerichtsbarkeit – Eine amerikanische Perspektive, Berlin 2013 [zit.: *Brach*, Verfassung und Schiedsgerichtsbarkeit]

Breetzke, Ernst, Das Untätigbleiben einer Partei im Schiedsverfahren, BB 1972, 560 ff.

Breitenmoser, Stephan, u.A. (Hrsg.), Menschenrechte, Demokratie und Rechtsstaat – Liber amicorum Luzius Wildhaber, Zürich/ Baden-Baden 2007 [zit.: *Autor*, in: Breitenmoser, FS Wildhaber]

Briner, Robert/ Fortier, L. Yves/ Berger, Klaus Peter/ Bredow, Jens (Hrsg.), Law of International Business and Dispute Settlement in the 21st Century, Liber Amicorum Karl-Heinz Böckstiegel, Köln/ Berlin/ Bonn/ München 2001 [zit.: *Autor*, in: Briner, FS Böckstiegel]

Buckel, Sonja, u.A. (Hrsg.), Neue Theorien des Rechts, 2. Aufl., Stuttgart 2009 [zit.: *Bearbeiter*, in: Buckel, Neue Theorien des Rechts]

Bühler, Michael W./ Webster, Thomas H., Handbook of ICC Arbitration – Commentary, Precedents, Materials, Second Edition, London 2008 [zit.: *Bühler/Webster*, Handbook ICC]

Bundesministerium der Justiz, Kommission zur Neuordnung des Schiedsverfahrensrechts – Bericht mit einem Diskussionsentwurf zur Neufassung des Zehnten Buchs der ZPO, Bonn 1994 [zit.: *BMJ*, Kommissionsbericht]

Busse, Daniel, Der Schiedsvergleich als verfahrensrechtliche Falle, SchiedsVZ 2010, 57 ff.

Busse, Daniel, Die Bindung Dritter an Schiedsvereinbarungen, SchiedsVZ 2005, 118 ff.

Busse, Daniel, Urteilsanmerkung zu BayOblG Beschluß vom 7. Oktober 2002–4 Z SchH 8/02, SchiedsVZ 2003, 189 ff.

Cahn, Andreas, Prozessuale Dispositionsfreiheit und zwingendes materielles Recht, AcP Band 198 (1998), 35 ff.

Christ, Michael, Berichtigung, Auslegung und Ergänzung des Schiedsspruchs – Das schiedsgerichtliche Korrekturverfahren nach § 1058 ZPO, Frankfurt/M. u.A. 2008 [zit.: *Christ*, Korrekturverfahren]

Deutsche Institution für Schiedsgerichtsbarkeit e.V., Der Schiedsspruch – Tagungsbeiträge zur DIS-Vortragsveranstaltung „Der Schiedsspruch" 24. Oktober 2001 Bonn, Bonn 2002 [zit.: *Autor*, in: DIS, Schiedsspruch]

Deutsche Institution für Schiedsgerichtsbarkeit e.V., The Relevance of Public International Law in International Commercial Arbitration – Conference Materials ILA/DIS Arbitration Day 20 August 2004 Berlin, Köln 2005 [zit.: *Autor*, in: DIS, Public Law]

Dierck, Ralf/ Morvilius, Theodor/ Vollkommer, Gregor (Hrsg.), Handbuch des Zwangsvollstreckungsrechts, München 2009 [zit.: *Bearbeiter*, in: Dierck, HdB ZV]

Diesselhorst, Malte, Mehrparteienschiedsverfahren – Internationale Schiedsverfahren unter der Beteiligung von mehr als zwei Parteien, Frankfurt/M. u.A. 1994 [zit.: *Diesselhorst*, Mehrparteienschiedsverfahren]

Distler, Wolfram, Private Schiedsgerichtsbarkeit und Verfassung – Eine rechtsvergleichende Untersuchung zum deutschen und englischen Recht, Frankfurt/M. u.A. 2000 [zit.: *Distler*, Schiedsgerichtsbarkeit und Verfassung]

Dreier, Horst (Hrsg.), Grundgesetz, Tübingen, Band 3: 2008, 2. Aufl. [zit.: *Bearbeiter*, in: Dreier, GG]

Dütz, Wilhelm, Rechtsstaatlicher Gerichtsschutz im Privatrecht – Zum sachlichen Umfang der Zivilgerichtsbarkeit, Bad Homburg v.d.H./ Berlin/ Zürich 1970 [zit.: *Dütz*, Gerichtsschutz]

Duve, Christian/ Keller, Moritz, Privatisierung der Justiz – bleibt die Rechtsfortbildung auf der Strecke? – Ein Beitrag zur Auflösung des Spannungsverhältnisses von Privatautonomie und Rechtsfortbildung in der Schiedsgerichtsbarkeit, SchiedsVZ 2005, 169 ff.

Ebbing, Frank, Private Zivilgerichte – Möglichkeiten und Grenzen privater (schiedsgerichtlicher) Zivilrechtsprechung, München 2003 [zit.: *Ebbing*, Private Zivilgerichte]

Ebbing, Frank, Anmerkung zu BGH: Schiedsklausel in Vereinssatzung, NZG 2000, 897 ff.

Ebbing, Frank, Satzungsmäßige Schiedsklauseln, NZG 1999, 754 ff.

Eckstein-Puhl, Christine, Prozessbetrug im Schiedsverfahren – Eine Studie zu den vom erschlichenen Schiedsspruch aufgeworfenen Fragen des Aufhebungsverfahrens gemäß § 1059 ZPO, Frankfurt/M. 2005 [zit.: *Eckstein-Puhl*, Prozessbetrug]

Elsing, Siegfried, Streitverkündung und Schiedsverfahren, SchiedsVZ 2004, 88 ff.

Epping, Volker/ Hillgruber, Christian (Hrsg.), Beck'scher Online-Kommentar GG, 17. Edition, München 2015 [zit.: *Bearbeiter*, in: BeckOK-GG]

Feldmann, Till, Rechtsbehelfe in der Zwangsvollstreckung aus Schiedssprüchen, Hamburg 2014 [zit.: *Feldmann,* Rechtsbehelfe]

Ferrari, Franco/ Kröll, Stefan (Hrsg.), Conflict of Laws in International Arbitration, München 2011 [zit.: *Bearbeiter*, in: Ferrari, Conflict of Laws]

Fleischer, Holger/ Goette, Wulf (Hrsg.), Münchener Kommentar zum Gesetz betreffend die Gesellschaften mit beschränkter Haftung – GmbHG, München, Band 2: 2012/ Band 3: 2011 [zit.: *Bearbeiter*, in: MüKo-GmbHG)

Franzen, Franz, „Parteischiedsrichter" – ein vermeidbarer Mangel der Praxis, NJW 1986, 299 ff.

Freitag, Bruno, Die Nachprüfung verbindlich erklärter Schiedssprüche durch die Gerichte, Diss. iur. Düsseldorf 1930 [zit.: *Freitag*, Die Nachprüfung verbindlich erklärter Schiedssprüche durch die Gerichte]

Geiben, Jörg, Die Privatsphäre und Vertraulichkeit im Schiedsverfahren – Eine rechtsvergleichende Untersuchung des deutschen, englischen und US-amerikanischen Schiedsrechts, Köln/ Berlin/ Bonn/ München, 2001 [zit.: *Geiben*, Vertraulichkeit]

Geimer, Reinhold (Hrsg.), Wege zur Globalisierung des Rechts – Festschrift für Rolf A. Schütze zum 65. Geburtstag, München 1999 [zit.: *Autor*, in: Geimer, FS Schütze]

Gerstenmaier, Klaus-A., Beendigung des Schiedsverfahrens durch Beschluss nach § 1056 ZPO, SchiedsVZ 2010, 281 ff.

Glossner, Ottoarndt, Das Schiedsgericht in der Praxis, 2. Aufl., Heidelberg 1978 [zit.: *Glossner*, Schiedsgericht]

Gottwald, Peter, Zivilprozessrecht, 17. Aufl., München 2010 [zit.: *Gottwald*, Zivilprozessrecht]

Gottwald, Peter (Hrsg.), Effektivität des Rechtsschutzes vor staatlichen und privaten Gerichten, Bielefeld 2006 [zit.: *Bearbeiter*, in: Gottwald, Effektivität des Rechtsschutzes]

Gottwald, Peter/ Roth, Herbert (Hrsg.), Festschrift für Ekkehard Schumann zum 70. Geburtstag, Tübingen 2001 [zit.: *Autor*, in: Gottwald, FS Schumann]

Gottwald, Peter (Hrsg.), Internationale Schiedsgerichtsbarkeit – Arbitrage International – International Arbitration, Bielefeld 1997 [zit.: *Gottwald*, Internationale Schiedsgerichtsbarkeit]

Gottwald, Peter/ Prütting, Hanns (Hrsg.), Festschrift für Karl Heinz Schwab zum 70. Geburtstag, München 1990 [zit.: *Autor*, in: Gottwald, FS Schwab]

Greenberg, Simon/ Secomb, Matthew, Terms of Reference and Negative Jurisdictional Decisions: A Lesson from Australia, Arbitration International, Vol. 18. (2002) No. 2, S. 125 ff. [zit.: *Greenberg/Secomb*, AI]

Griesel, Carmen, Die Notfristähnlichkeit der Vollziehungsfrist, § 929 Abs. 2 ZPO – Zugleich ein Beitrag zur Vollziehung von Arrest und einstweiliger Verfügung, Baden-Baden 1999 [zit.: *Griesel*, Notfristähnlichkeit]

Günter, Peter, Rechtssicherheit vs. materielle Gerechtigkeit – außerordentliche Rechtsbehelfe im Zivilprozess – zugleich ein Beitrag zum fachgerichtlichen Rechtsschutz bei der Verletzung von Verfahrensgrundrechten nach dem In-Kraft-Treten des Anhörungsrügengesetzes vom 9. Dezember 2004, Hamburg 2006 [zit.: *Günter*, Außerordentliche Rechtsbehelfe]

Haas, Ulrich, Aufhebungsklage und Beendigungsbeschluss nach § 1056 Abs. 2 ZPO, SchiedsVZ 2010, 286 ff.

Haas, Ulrich, Internationale Sportschiedsgerichtsbarkeit und EMRK, SchiedsVZ 2009, 73 ff.

Haas, Ulrich, Die Anerkennung und Vollstreckung ausländischer und internationaler Schiedssprüche, Berlin 1991 [zit.: *Haas*, Anerkennung und Vollstreckung]

Habegger, Philipp, (Keine) Verwirkung des Beschwerderechts wegen unterlassener Anfechtung eines Teil(end)entscheides? – Bemerkungen zum BGE vom 8. April 2009 4A_69/2009, ASA Bulletin 1/2010, S. 130 ff. [zit.: *Habegger*, ASA Bulletin]

Häberlein, Thorsten, Unwilligkeit im nationalen und internationalen Schiedsverfahren, Diss. iur. Tübingen 2007 [zit.: *Häberlein*, Unwilligkeit]

Habscheid, Walther, Die sogenannte Schiedsgerichtsbarkeit der Internationalen Handelskammer – Zur Neufassung (ab 1.1.1998) ihrer Schiedsgerichtsordnung, RIW 1998, 421 ff.

Habscheid, Walther/ Schwab, Karl Heinz (Hrsg.), Beiträge zum internationalen Verfahrensrecht und zur Schiedsgerichtsbarkeit – Festschrift für Heinrich Nagel zum 75. Geburtstag, Münster 1987 [zit.: *Autor*, in: Habscheid, FS Nagel]

Habscheid, Walther (Hrsg.), Effektiver Rechtsschutz und verfassungsmäßige Ordnung – Die Generalberichte zum VII. Internationalen Kongreß für Prozessrecht, Bielefeld 1983 [zit.: *Bearbeiter*, in: Habscheid, Effektiver Rechtsschutz]

Habscheid, Walther, Schiedsgerichtsbarkeit und Staatsaufsicht, KTS 1959, 113 ff.

Hamann, Hartmut/ Lennarz, Thomas, Parallele Verfahren mit identischem Schiedsgericht als Lösung für Mehrparteienkonflikte?, SchiedsVZ 2006, 289 ff.

Handorn, Boris, Das Sonderkollisionsrecht der deutschen internationalen Schiedsgerichtsbarkeit – zur Bestimmung des anwendbaren materiellen Rechts gemäß § 1051 Abs. 1 und 2 Zivilprozessordnung, Tübingen 2005 [zit.: *Handorn*, Sonderkollisionsrecht]

Harbst, Ragnar, Korruption und andere ordre public-Verstöße als Einwände im Schiedsverfahren – Inwieweit sind staatliche Gerichte an Sachverhaltsfeststellungen des Schiedsgerichts gebunden?, SchiedsVZ 2007, 22 ff.

Harbst, Ragnar, Die Rolle der staatlichen Gerichte im Schiedsverfahren – ein Rechtsvergleich zwischen dem englischen Arbitration Act 1996 und dem deutschen Schiedsverfahrensrecht, Heidelberg 2002 [zit.: *Harbst*, Staatliche Gerichte im Schiedsverfahren]

Heinrich, Christian (Hrsg.), Festschrift für Hans-Joachim Musielak zum 70. Geburtstag, München 2004 [zit.: *Autor*, in: Heinrich, FS Musielak]

Heller, Kurt, Der verfassungsrechtliche Rahmen der privaten internationalen Schiedsgerichtsbarkeit, Wien 1996 [zit.: *Heller*, Verfassungsrechtlicher Rahmen]

Hellwig, Hans-Jürgen, Zur Systematik des zivilprozeßrechtlichen Vertrages, Bonn 1968 [zit.: *Hellwig*, Prozessvertrag]

Henkel, Thomas, Konstituierungsbezogene Rechtsbehelfe im schiedsrichterlichen Verfahren nach der ZPO, Diss. iur. Berlin 2007 [zit.: *Henkel*, Rechtsbehelfe]

Henn, Günter, Schiedsverfahrensrecht – Handbuch für die Praxis, 3. Aufl., Heidelberg 2000 [zit.: *Henn*, Schiedsverfahrensrecht]

Hesselbarth, Franziska, Schiedsgerichtsbarkeit und Grundgesetz – (Teil-) Verfassungswidrigkeit des reformierten Schiedsverfahrensrechts; eine Untersuchung zu den verfassungsrechtlichen Grundlagen der Schiedsgerichtsbarkeit und den Anforderungen an das Schiedsverfahrensrecht gem. §§ 1025 ff. ZPO, Lichtenberg (Odw.) 2005 [zit.: *Hesselbart*, Schiedsgerichtsbarkeit und GG]

Hilger, Norbert, Grenzen der Zuständigkeitsfeststellung nach §§ 1032 Abs. 2, 1062 Abs. 1 Nr. 2 ZPO, NZG 2003, 575 f.

Hohloch, Gerhard/ Frank, Rainer/ Schlechtriem, Peter (Hrsg.), Festschrift für Hans Stoll zum 65. Geburtstag, Tübingen 2001 [zit.: *Autor*, in: Hohloch, FS Stoll]

Holder, Daniel, Vertraulichkeit im Schiedsverfahren nach deutschem Recht – Unter Berücksichtigung der Rechtslage in England, Australien, Schweden und Neuseeland, Frankfurt/M. 2009 [zit.: *Holder*, Vertraulichkeit]

Horn, Norbert, Zwingendes Recht in der internationalen Schiedsgerichtsbarkeit, SchiedsVZ 2008, 209 ff.

Höttler, Philipp, Das fingierte Schiedsverfahren, Köln/ Berlin/ München 2007 [zit.: *Höttler*, Fingiertes Schiedsverfahren]

Huber, Peter, Das Verhältnis von Schiedsgericht und staatlichen Gerichten bei der Entscheidung über die Zuständigkeit, SchiedsVZ 2003, 73 ff.

Hußlein-Stich, Gabriele, Das UNCITRAL-Modellgesetz über die internationale Handelsschiedsgerichtsbarkeit, Köln/ Berlin/ Bonn/ München 1990 [zit.: *Hußlein-Stich,* UNCITRAL-Modellgesetz]

International Council for Commercial Arbitration, ICCA's Guide to the Interpretation of the 1958 New York Convention, 2011 [zit.: *ICCA*, Guide]

Jacobson, Alfred, Die Rechtskraft von Schiedssprüchen, Diss. iur. Würzburg 1914 [zit.: *Jacobson*, Rechtskraft]

Jaksic, Aleksandar, Arbitration and Human Rights, Frankfurt/M. u.A. 2002 [zit.: *Jaksic*, Human Rights]

Jarass, Hans, Bedeutung der EU-Rechtsschutzgewährleistung für nationale und EU-Gerichte, NJW 2011, 1393 ff. [zit.: *Jarass*, NJW]

Jarass, Hans/ Pieroth, Bodo, Grundgesetz für die Bundesrepublik Deutschland – Kommentar, 13. Aufl., München 2014 [zit.: Jarass/Pieroth, GG]

Jürschik, Corina Elisabeth-Antonia, Die Ausdehnung der Schiedsvereinbarung auf konzernzugehörige Unternehmen – „Group of Companies"-Doktrin und nationale Ausdehnungsinstitute, Hamburg 2011 [zit.: *Jürschik*, Group of Companies-Doktrin]

Kahlert, Heiner, Vertraulichkeit im Schiedsverfahren, Tübingen 2015 [zit.: *Kahlert*, Vertraulichkeit

Kamper, Olaf, Die Anfechtbarkeit richterlicher Entscheidungen nach dem Grundgesetz – Eine Untersuchung der dem Gesetzgeber durch das Grundgesetz gezogenen Grenzen der Rechtsmittelbeschränkung, Frankfurt/M. 1996 [zit.: *Kamper*, Anfechtbarkeit richterlicher Entscheidungen]

Karl, Roland, Die Gewährleistung der Unabhängigkeit und Unparteilichkeit des Schiedsrichters, Konstanz 2004 [zit.: *Karl*, Unabhängigkeit des Schiedsrichters]

Kaufmann-Kohler, Gabrielle, Arbitral Precedent: Dream, Necessity or Excuse? – The 2006 Freshfields Lecture, Arbitration International, Vol. 23 (2005) No. 3, S. 361 ff. [zit.: *Kaufmann-Kohler*, AI]

Kirchhof, Ferdinand, Private Rechtsetzung, Berlin 1987 [zit.: *Kirchhof,* Private Rechtsetzung]

Kleinschmidt, Jens, Die Widerklage gegen einen Dritten im Schiedsverfahren, SchiedsVZ 2006, 142 ff.

Kniffka, Rolf/ Quack, Friedrich/ Vogel, Thomas/ Wagner, Klaus (Hrsg.), Festschrift für Prof. Dr. Reinhold Thode zum 65. Geburtstag, München 2005 [zit.: *Autor,* in: Kniffka, FS Thode]

Kniprath, Lutz, Neue Schiedsordnung der Chinese International Economic and Trade Arbitration Commission (CIETAC), SchiedsVZ 2005, 197 ff.

König, Valériane, Präzedenzwirkung internationaler Schiedssprüche – Domatisch-empirische Analysen zur Handels- und Investitionsschiedsgerichtsbarkeit, Berlin/ Boston 2013 [zit.: *König,* Präzedenzwirkung]

Kornblum, Udo, Das „Gebot überparteilicher Rechtspflege" und der deutsche schiedsrechtliche ordre public, NJW 1987, 1105 ff.

Kornblum, Udo, Probleme der schiedsrichterlichen Unabhängigkeit, München 1968 [zit.: *Kornblum,* Schiedsrichterliche Unabhängigkeit]

Korte, Mike Oliver, Die Hamburger freundschaftliche Arbitrage – ein Überblick anlässlich des 100-jährigen Jubiläums des § 20 Platzusancen für den hamburgischen Warenhandel, SchiedsVZ 2004, 240 ff.

Krafzik, Bernd, Die Spruchpraxis der Hanseatischen Schiedsgerichte – Unter besonderer Berücksichtigung des Gedankens der Rechtsfortbildung, Berlin 1974 [zit.: *Krafzik,* Hanseatische Schiedsgerichte]

Kreindler, Richard/ Schäfer, Jan/ Wolf, Reinmar, Schiedsgerichtsbarkeit – Kompendium für die Praxis, Frankfurt/M. 2006 [zit.: *Kreindler,* Schiedsgerichtsbarkeit]

Kreindler, Richard, Approaches to the Application of Transnational Public Policy by Arbitrators, Journal of World Investment, Vol. 4 (2003) No. 2, 239 ff. [zit.: *Kreindler,* JWI, 2003]

Kremer, Michael/ Weismann, Thomas, Die Aufhebbarkeit von Schiedssprüchen, insbesondere Zwischen- oder Teilschiedssprüchen über den Anspruchsgrund – Widerspruch zu Prinzipien der Prozessökonomie?, SchiedsVZ 2007, 238 ff.

Kröll, Stefan, Die Schiedsrechtliche Rechtsprechung des Jahres 2011 – Teil 1, SchiedsVZ 2012, 136 ff.

Kröll, Stefan, Die Entwicklung des Schiedsrecht 2009–2010, NJW 2011, 1265 ff.

Kröll, Stefan, Die Entwicklung des Schiedsrecht 2007–2008, NJW 2009, 1183 ff.

Kröll, Stefan, 50 Jahre UN-Übereinkommen über die Anerkennung und Vollstreckung ausländischer Schiedssprüche – Standortbestimmung und Zukunftsperspektive, SchiedsVZ 2009, 40 ff.

Kröll, Stefan, Die Ablehnung eines Schiedsrichters nach deutschem Recht, ZZP 116. Band (2003), 195 ff.

Kronke, Herbert/ Thorn, Karsten (Hrsg.), Grenzen überwinden – Prinzipien bewahren – Festschrift für Bernd von Hoffmann zum 70. Geburtstag am 28. Dezember 2011, Bielefeld 2011 [zit.: *Autor*, in: Kronke, FS Hoffmann]

Krugmann, Michael, Die Rechtsweggarantie des GG – Zum Gebot eines qualitativen Rechtsschutzes, ZRP 2001, 306 ff.

Lachmann, Jens-Peter, Handbuch für die Schiedsgerichtspraxis, 3. Aufl., Köln 2008 [zit.: *Lachmann*, HdB Schiedsgerichtspraxis]

Lachmann, Jens-Peter, Effektivität des Rechtsschutzes vor den Schiedsgerichten und den staatlichen Gerichten, BRAK-Mitt. 5/2005, 217 ff.

Lackner, Karl/ Kühl, Kristian, Strafgesetzbuch Kommentar, 28. Aufl., München 2014 [zit.: *Bearbeiter*, in: Lackner/Kühl, StGB]

Lepschy, Markus, § 1051 ZPO – Das anwendbare materielle Recht in internationalen Schiedsverfahren – Die Neuregelung des Schiedsverfahrensgesetzes 1998, Frankfurt/M. 2003 [zit.: *Lepschy*, § 1051 ZPO]

Lindacher, Walter, u.A. (Hrsg.), Festschrift für Walther J. Habscheid zum 65. Geburtstag 6. April 1989, Bielefeld 1989 [zit.: *Autor*, in: Lindacher, FS Habscheid]

Lindacher, Walter, Schiedsspruch und Parteidispsition, KTS 1966, 153 ff.

Loritz, Karl-Georg, Probleme der Rechtskraft von Schiedssprüchen im deutschen Zivilprozessrecht, ZZP 105. Band (1992), 1 ff.

Löwisch, Manfred/ Schmidt-Leithoff/ Schmiedel, Burkhard (Hrsg.), Beiträge zum Handels- und Wirtschaftsrecht – Festschrift für Franz Rittner zum 70. Geburtstag, München 1991 [zit.: *Autor*, in: Löwisch, FS Rittner]

Luhmann, Niklas, Legitimation durch Verfahren, 3. Aufl., Frankfurt/M. 1993 [zit.: *Luhmann*, Legitimation durch Verfahren]

Lühmann, Tobias, Die Rechtskraft des Schiedsspruchs im deutschen und US-amerikanischen Recht, Tübingen 2014 [zit.: *Lühmann*, Rechtskraft des Schiedsspruchs]

Lüke, Gerhard/ Mikami, Takehiko/ Prütting, Hanns (Hrsg.), Festschrift für Akira Ishikawa zum 70. Geburtstag am 27. November 2001, Berlin/ New York 2001 [zit.: *Autor*, in: Lüke, FS Ishikawa]

Lukits, Rainer, The Inscription of Campomarino – private arbitration in Roman times, Yearbook on International Arbitration, Volume II, 2012, S. 321 ff. [zit.: *Lukits*, YIA]

Maniotis, Dimitris, Das prozessuale Verschulden und die objektive Präklusion. Zwei Auslegungsprobleme des § 233 ZPO, Diss. iur. Freiburg (Breisgau) 1983 [zit.: *Maniotis*, § 233 ZPO]

Mann, Marius/ Lumpp, Stephanie, Das Feststellungsverfahren nach § 1032 Abs. 2 ZPO – Zum Verhältnis von Feststellungsverfahren und gerichtlichem Hauptsacheverfahren, SchiedsVZ 2011, 323 ff.

Markfort, Rainer, Mehrparteien-Schiedsgerichtsbarkeit im deutschen und ausländischen Recht, Köln/ Berlin/ Bonn/ München, 1994 [zit.: *Markfort,* Mehrparteien-Schiedsgerichtsbarkeit]

Massuras, Konstadinos, Dogmatische Strukturen der Mehrparteienschiedsgerichtsbarkeit, Frankfurt/M. u.A. 1998 [zit.: *Massuras,* Mehrparteienschiedsgerichtsbarkeit]

Matscher, Franz, Zur Versagung der Anerkennung eines ausländischen Schiedsspruchs wegen behaupteter Verletzung des rechtlichen Gehörs, IPRax 1992, 335

Matusche-Beckmann, Annemarie/ Kumpf, Patrizia, Rechtsschutz bei überlangen Gerichtsverfahren – nach langem Weg ins Ziel?, ZZP 124. Band (2011), S. 173 ff.

Maunz, Theodor/ Dürig, Günter (Begr.), Grundgesetz – Kommentar, 64. Lieferung, München 2012 [zit.: *Bearbeiter,* in: Maunz/Dürig, GG]

Mayer, Heinrich, Die materielle Rechtskraft des Schiedsspruchs – Zur Frage ihrer Verzichtbarkeit und Beachtlichkeit, Diss. iur. München 1953 [zit.: *Mayer,* Rechtskraft des Schiedsspruchs]

McGuire, Mary-Rose, Grenzen der Rechtswahlfreiheit im Schiedsverfahrensrecht? Über das Verhältnis zwischen der Rom-I-VO und § 1051 ZPO, SchiedsVZ 2011, 257 ff.

Meyer-Ladewig, Jens, EMRK – Europäische Menschenrechtskonvention, Handkommentar, 3. Aufl., Baden-Baden 2011 [zit.: *Meyer-Ladewig,* EMRK]

Mistelis, Loukas, Confidentiality and Third Party Participation – UPS v. Canada and Methanex Corporation v. United States, Arbitration International, Vol. 21 (2005) No. 2, S. 211 ff. [zit.: *Mistelis,* AI]

Moller, Hans, Schiedsverfahrensnovelle und Europäisches Übereinkommen über die internationale Handelsschiedsgerichtsbarkeit, NZG 2000, 57 ff.

Mönnikes, Ralf, Die Reform des deutschen Schiedsverfahrensrechts – Das neue 10. Buch der ZPO, Hamburg 2000 [zit.: *Mönnikes,* SchiedsVfG]

Monti, Mario (Hrsg.), Economic Law and Justice in Times of Globalisation – Festschrift für Carl Baudenbacher, Baden-Baden 2007 [zit.: *Autor,* in: Monti, FS Baudenbacher]

Mosler, Hermann/ Bernhardt, Rudolf (Hrsg.), Judicial Settlement of International Disputes, Berlin/ Heidelberg/ New York 1974 [zit.: *Autor,* in: Mosler, International Disputes]

Müller, Werner/ Keilmann, Annette, Beteiligung am Schiedsverfahren wider Willen?, SchiedsVZ 2007, 113 ff.

Münch, Joachim, Urteilsanmerkung zu BGH Beschluss vom 6. Juni 2002 – III ZB 44/01, SchiedsVZ 2003, 41 ff.

Münzberg, Reinhard, Die Schranken der Parteivereinbarungen in der privaten internationalen Schiedsgerichtsbarkeit, Berlin 1970 [zit.: *Münzberg,* Schranken der Parteivereinbarung]

Musielak, Hans-Joachim (Hrsg.), Kommentar zur Zivilprozessordnung mit Gerichtsverfassungsgesetz, 12. Aufl., München 2015 [zit.: *Bearbeiter*, in: Musielak, ZPO]

Musielak, Hans-Joachim/ Schurig, Klaus (Hrsg.), Festschrift für Gerhard Kegel zum 75. Geburtstag 26. Juni 1987, Stuttgart/ Berlin/ Köln/ Mainz 1987 [zit.: *Autor*, in: Musielak, FS Kegel]

Nienaber, Volker, Die Anerkennung und Vollstreckung im Sitzstaat aufgehobener Schiedssprüche, Frankfurt/M. 2002 [zit.: *Nienaber*, Anerkennung und Vollstreckung]

Niggemann, Friedrich, West Tankers, die „exception français" und die Reform der EuGVVO, SchiedsVZ 2010, 67 ff.

Nelle, Andreas, Anspruch, Titel und Vollstreckung im internationalen Rechtsverkehr – Einwendungen gegen einen titulierten Anspruch im deutschen und europäischen Zivilprozeßrecht – mit Vergleichen zum englischen, französischen, schweizerischen und US-amerikanischen Recht, Tübingen 2000 [zit.: *Nelle*, Titel]

Nettesheim, Martin (Hrsg.), Das Recht der Europäischen Union, 45. Ergänzungslieferung, München 2011 [zit.: *Bearbeiter*, in: Nettesheim, EU]

Nord, Walther, Das Wesen des schiedsrichterlichen Amtes und des Schiedsspruchs, Berlin 1929 [zit.: *Nord*, Wesen von Schiedsamt und -spruch]

Nußbaum, Arthur, Neuere Entwicklung und Ausbau des Schiedsgerichtswesen, ZZP 42. Band (1912), 254 ff.

Oberhammer, Paul (Hrsg.), Schiedsgerichtsbarkeit in Zentraleuropa – Arbitration in Central Europe, Wien/ Graz 2005 [zit.: *Bearbeiter*, in: Oberhammer, Schiedsgerichtsbarkeit]

Osterthun, Birthe, Schadensfälle im Schiedsverfahren – Vermeidung oder schiedsrichterliche Haftung, Bargstedt (Holstein), 2002 [*Osterthun*, Schadensfälle]

Pfeiffer, Thomas, Die Abwahl des deutschen AGB-Rechts in Inlandsfällen bei Vereinbarung eines Schiedsverfahrens, NJW 2012, 1169 ff.

Pfitzner von, Tanja/ Schroeder, Hans-Patrick, Do we need a "Woolf Reform" for international arbitration?, Yearbook on International Arbitration, Volume I, 2010, S. 175 [zit.: *v. Pfitzner/Schroeder*, YIA]

Piekenbrock, Andreas, Das Anhörungsrügengesetz, AnwBl 2/2005, 125 ff.

Platte, Martin, When Should an Arbitrator Join Cases?, Arbitration International, Vol. 18 (2002) No. 1, S. 67 ff. [zit.: *Platte*, AI]

Prütting, Hanns/ Gehrlein, Markus (Hrsg.), ZPO Kommentar, 7. Aufl., Köln 2015 [zit.: *Bearbeiter*, in: Prütting, ZPO]

Prütting, Hanns, Die Rechtsstellung des Rechtsanwalts als Schiedsrichter – Private Gerichtsverfahren mit anwaltlichen Schiedsrichtern – gilt das Berufsrecht?, AnwBl. 1/2012, 28 ff.

Prütting, Hanns, Die rechtliche Stellung des Schiedsrichters, SchiedsVZ 2011, 233 ff.

Prütting, Hanns (Hrsg.), Festschrift für Gottfried Baumgärtel zum 70. Geburtstag, Köln 1990 [zit.: *Autor*, in: Prütting, FS Baumgärtel]

Quinke, David, Säumnis im Schiedsverfahren, SchiedsVZ 2013, 129 ff.

Radbruch, Gustav, Gesamtausgabe, Band 2: Rechtsphilosophie II, Heidelberg 1993 [zit.: *Radbruch*, Rechtsphilosophie]

Raeschke-Kessler, Hilmar/ Berger, Klaus Peter, Recht und Praxis des Schiedsverfahrens, 4. Aufl., Köln 2012 [zit.: *Raeschke-Kessler/Berger*, Schiedspraxis]

Raeschke-Kessler, Hilmar, Neuere Entwicklungen im Bereich der Internationalen Schiedsgerichtsbarkeit, NJW 1988, 3041 ff.

Ramm, Thilo, Schiedsgerichtsbarkeit, Schlichtung und Rechtsprechungslehre, ZRP 1989, 136 ff.

Rauscher, Thomas/ Wax, Peter/ Wenzel, Joachim (Hrsg.), Münchener Kommentar zur Zivilprozessordnung mit Gerichtsverfassungsgesetz und Nebengesetzen, Band 1: 2013, 4. Aufl./ Band 2: 2012, 4. Aufl./ Band 3: 2013, 4. Aufl., München [zit.: *Bearbeiter*, in: MüKo-ZPO]

Rehm, Florian Nikolaus, Die Schiedsgerichtsbarkeit im Rechtssystem, Diss. iur. Zürich 2008 [zit.: *Rehm*, Schiedsgerichtsbarkeit im Rechtssystem]

Reich, Norbert, Wer hat Angst vor Straßburg? – Bemerkungen zur europäischen Grundrechtsarchitektur – Einheit in der Vielfalt?, EuZW 2011, 379 ff.

Reichert, Jochem/ Harbarth, Stephan, Statuarische Schiedsklauseln – Einführung, Aufhebung und umwandlungsrechtliche Behandlung, NZG 2003, 379 ff.

Reithmann, Christoph/ Martiny, Dieter (Hrsg.), Internationales Vertragsrecht – Das internationale Privatrecht der Schuldverträge, 7. Aufl. Köln 2010 [zit.: *Bearbeiter*, in: Reithmann, IPR]

Renner, Moritz, Zwingendes transnationales Recht – Zur Struktur der Wirtschaftsverfassung jenseits des Staates, Baden-Baden 2011 [zit.: *Renner*, Zwingendes transnationales Recht]

Rennert, Klaus, Die Verfassungswidrigkeit „falscher" Gerichtsentscheidungen, NJW 1991, 12 ff.

Rensmann, Thilo, Anationale Schiedssprüche – Eine Untersuchung zu den Wirkungen anationaler Schiedssprüche im nationalen Recht, Berlin 1997 [zit.: *Rensmann*, Anationale Schiedssprüche]

Rimmelspacher, Bruno, Zur Prüfung von Amts wegen im Zivilprozess, Göttingen 1996 [zit.: *Rimmelspacher*, Prüfung von Amts wegen]

Rubino-Sammartano, Mauro, International Arbitration Law and Practice, 2nd edition, Den Haag/ London/ Boston 2001 [zit.: *Rubino-Sammartano*, International Arbitration]

Rüßmann, Helmut (Hrsg.), Festschrift für Gerhard Käfer, Saarbrücken 2009 [zit.: *Autor*, in: Rüßmann, FS Käfer]

Ruzik, Andy, Die Anwendung von Europarecht durch Schiedsgerichte, Halle (Saale) 2003 [zit.: *Ruzik*, Europarecht]

Sachs, Michael (Hrsg.), Grundgesetz Kommentar, 7. Aufl., München 2014 [zit.: *Bearbeiter*, in: Sachs, GG]

Saenger, Ingo (Hrsg.), Zivilprozessordnung, FamFG, Europäisches Verfahrensrecht – Handkommentar, 6. Aufl., Baden-Baden 2015 [zit.: *Saenger*, ZPO]

Schilken, Eberhard/ Becker-Eberhard, Ekkehard/ Gerhardt, Walter (Hrsg.), Festschrift für Hans Friedhelm Gaul – Zum 70. Geburtstag, Bielefeld 1997 [zit.: *Autor*, in: Schilken, FS Gaul]

Schlosser, Peter (Hrsg.), Integritätsprobleme im Umfeld der Justiz – Die Organisation der Rechtsberatung; Schiedsgerichtsbarkeit und Verfassungsrecht, Bielefeld 1994 [zit. *Bearbeiter*, in: Schlosser, Integritätsprobleme]

Schlosser, Peter, Das Recht der internationalen privaten Schiedsgerichtsbarkeit, 2. Aufl., Tübingen 1989 [zit.: *Schlosser*, Internationale Schiedsgerichtsbarkeit]

Schlosser, Peter, Die Unparteilichkeit des Schiedsrichteramtes, ZZP 93. Band (1980), 121 ff.

Schmidt, Felix, Die Typologie von Schiedssprüchen, Köln 2012 [zit.: *Schmidt*, Typologie von Schiedssprüchen]

Schmidt-Ahrendts, Nils/ Höttler, Philipp, Anwendbares Recht bei Schiedsverfahren mit Sitz in Deutschland, SchiedsVZ 2011, 267 ff.

Schnabl, Daniel, Die Anhörungsrüge nach § 321a ZPO – Gewährleistung von Verfahrensgrundrechten durch die Fachgerichte, Tübingen 2007 [zit.: *Schnabl*, Anhörungsrüge]

Schönke, Adolf, Das Schiedsgerichtsverfahren nach dem heutigen deutschen Recht – Ein Handbuch für Schiedsrichter und Schiedsparteien, Berlin/ Köln 1954 [zit.: *Schönke*, Schiedsgerichtsverfahren]

Schroeder, Hans-Patrick, Zur Aufhebung von Scheinschiedssprüchen und anderen formellen Schiedssprüchen durch staatliche Gerichte – Ein Beitrag zur Auslegung des Begriffes „Schiedsspruch" in § 1059 ZPO, SchiedsVZ 2005, 244 ff.

Schroeter, Ulrich, Der Schiedsspruch mit vereinbartem Wortlaut als Formäquivalent zur notariellen Beurkundung, SchiedsVZ 2006, 298 ff.

Schroter, Ulrich, Der Antrag auf Feststellung der Zulässigkeit eines schiedsrichterlichen Verfahrens gemäß § 1032 Abs. 2 ZPO, SchiedsVZ 2004, 288 ff.

Schroth, Hans-Jürgen, Die „kleine Berufung" gegen Schiedsurteile im deutschen Recht, SchiedsVZ 2007, 291 ff.

Schroth, Hans-Jürgen, Einstweiliger Rechtsschutz im deutschen Schiedsverfahren, SchiedsVZ 2003, 102 ff.

Schütze, Rolf, Schiedsgericht und Schiedsverfahren, 5. Aufl., München 2012 [zit.: *Schütze*, Schiedsverfahren]

Schütze, Rolf (Hrsg.), Institutionelle Schiedsgerichtsbarkeit, 2. Aufl., Köln 2011 [zit.: *Bearbeiter*, in: Schütze, Institutionelle Schiedsgerichtsbarkeit]

Schütze, Rolf, Die gerichtliche Überprüfung von Entscheidungen des Schiedsgerichts, SchiedsVZ 2009, 241 ff.

Schütze, Rolf, Ausgewählte Probleme des deutschen und internationalen Schiedsverfahrensrechts, Köln 2006 [zit.: *Schütze*, Ausgewählte Probleme]

Schütze, Rolf (Hrsg.), Einheit und Vielfalt des Rechts – Festschrift für Reinhold Geimer zum 65. Geburtstag, München 2002 [zit.: *Autor*, in: Schütze, FS Geimer]

Schwab, Karl Heinz/ Walter, Gerhard, Schiedsgerichtsbarkeit – Systematischer Kommentar zu den Vorschriften der Zivilprozessordnung, des Arbeitsgerichtsgesetzes, der Staatsverträge und der Kostengesetze über das privatrechtliche Schiedsgerichtsverfahren, 7. Aufl., München 2005 [zit.: *Schwab/Walter*, Schiedsgerichtsbarkeit]

Seidel, Christiane, Außerordentliche Rechtsbehelfe – Verfassungsbeschwerden vor dem Fachgericht, Berlin 2004 [zit.: *Seidel*, Außerordentliche Rechtsbehelfe]

Sessler, Anke/ Schreiber, Tim, Ausgewählte Rechtsfragen der Sicherungsvollstreckung gemäß § 1063 Abs. 3 ZPO, SchiedsVZ 2006, 119 ff.

Solomon, Dennis, Die Verbindlichkeit von Schiedssprüchen in der internationalen privaten Schiedsgerichtsbarkeit – Zur Bedeutung nationaler Rechtsordnungen und der Entscheidungen nationaler Gerichte für die Wirksamkeit internationaler Schiedssprüche, München 2007 [zit.: *Solomon*, Verbindlichkeit von Schiedssprüchen]

Sonnauer, Heinz, Die Kontrolle der Schiedsgerichte durch die staatlichen Gerichte, Köln/ Berlin/ Bonn/ München 1992 [zit.: *Sonnauer*, Kontrolle der Schiedsgerichte]

Sponheimer, Frank, Gestaltungsfreiheit bei antezipiertem Legalanerkenntnis des Schiedsspruchs – Zugleich ein Beitrag zur Gewährung rechtlichen Gehörs in Schiedsverfahren und zur Aufhebung von Schiedssprüchen, Tübingen 2010 [zit.: *Sponheimer*, Legalanerkenntnis]

Starck, Christian (Hrsg.), Kommentar zum Grundgesetz, Bänder 1 und 3, 6. Aufl., München 2010 [zit.: *Bearbeiter*, in: Starck, GG]

Staudinger, Julius von (Begr.), Kommentar zum Bürgerlichen Gesetzbuch mit Einführungsgesetz und Nebengesetzen, Berlin, Band 1: 2004/ Band 7: 2010/ Band 13: 2009 [zit.: *Bearbeiter*, in: Staudinger, BGB]

Stolzke, Sebastian, Aufrechnung und Widerklage in der Schiedsgerichtsbarkeit, Köln 2006 [zit.: *Stolzke*, Aufrechnung und Widerklage]

Stegemann, Eduard (Hrsg.), Die gesammten Materialien zu den Reichs-Justizgesetzen, Band 2, Materialien zur Zivilprozeßordnung Abteilung 1, Neudruck der Ausgabe Berlin 1881, Aalen 1983 [zit.: *Stegemann*, CPO]

Stein, Friedrich/ Jonas, Martin (Begr.), Kommentar zur Zivilprozessordnung, Tübingen, 22. Aufl., Band 3: 2005; Band 9: 2002 [zit.: *Bearbeiter*, in: Stein/Jonas, ZPO]

Steinbrück, Ben, Orders Compelling Performance of Arbitration Agreements – Lessons to be learnt from US Law?, SchiedsVZ 2010, 177 ff.

Steinbrück, Ben, Die Unterstützung ausländischer Schiedsverfahren durch staatliche Gerichte – Eine rechtsvergleichende Untersuchung des deutschen, österreichischen, englischen, schweizerischen, französischen und US-amerikanischen Schiedsrechts, Tübingen 2009 [zit.: *Steinbrück*, Unterstützung durch staatliche Gerichte]

Stober, Rolf, Staatsgerichtsbarkeit und Schiedsgerichtsbarkeit, NJW 1979, 2001 ff.

Stürner, Rolf/ Matsumoto, Hiroyuki/ Lüke, Wolfgang/ Deguchi, Masahisa (Hrsg.), Festschrift für Dieter Leipold zum 70. Geburtstag, Tübingen 2009 [zit.: *Bearbeiter*, in: Stürner, FS Leipold]

Stüven, Corinna, Schiedsverfahrensbezogene Parteivereinbarungen, Diss. iur. Göttingen 2003 [zit.: *Stüven*, Parteivereinbarungen]

Synatschke, Dagmar, Die Unzuständigkeitserklärung des Schiedsgerichts – Eine Studie zur internationalen Wirtschaftsschiedsgerichtsbarkeit, Jena 2006 [zit.: *Synatschke*, Unzuständigkeitserklärung]

Teubner, Gunther, Globale Bukowina – Zur Ermergenz eines transnationalen Rechtspluralismus, Rechtshistorisches Journal 15 (1996), 255 ff., zit. nach der Internetfassung (http://www.jura.uni-frankfurt.de/l_Personal/em_profs/teubner/dokumente/BUKOWINA_DT.pdf) [zit.: *Teubner*, Globale Bukowina]

Tevini, Anna, Besonderheiten des chinesischen Schiedsverfahrensrechts, SchiedsVZ 2010, 25 ff.

Thomas, Heinz/ Putzo, Hans (Begr.), Zivilprozessordnung, FamFG, Verfahren in Familiensachen, GVG, Einführungsgesetze, EU-Zivilverfahrensrecht, 36. Aufl., München 2015 [zit.: *Bearbeiter*, in: Thomas/Putzo, ZPO]

Thomas, Will, Das privatrechtliche Schiedsgerichtsverfahren – Ein Wegweiser für Laien und Juristen, 2. Aufl., Münster 1957 [zit.: *Thomas*, Schiedsgerichtsverfahren]

Triebel, Volker/ Hafner, Ralf, Präklusion und „Heilung" der Unzuständigkeit bei GmbH-Beschlussmängelstreitigkeiten im Schiedsverfahren, SchiedsVZ 2009, 313 ff.

Triebel, Volker/ Coenen, Tilman, Parallelität von Schiedsverfahren und staatlichem Gerichtsverfahren, BB 2003, IDR-Beilage Nr. 5, 2 ff. [zit.: *Triebel/Coenen*, IDR 5]

Trops, Fritz, Grenzen der Privatgerichtsbarkeit, ZZP 52. Band (1927), 273 ff.

United Nations Commission on International Trade Law, 2012 Digest of Case Law on the Model Law on International Commercial Arbitration, New York 2012 [zit.: *UNCITRAL*, Digest]

Ungeheuer, Christina, Die Beachtung von Eingriffsnormen in der internationalen Handelsschiedsgerichtsbarkeit, Frankfurt/M. 1996 [zit.: *Ungeheuer*, Eingriffsnormen]

Uzar, Gökçe Nazar, Rechtsmittel gegen Schiedssprüche nach dem neuen deutschen und türkischen Schiedsverfahrensrecht, Frankfurt/M. 2007 [zit.: *Uzar*, Rechtsmittel]

Voit, Wolfgang, Privatisierung der Gerichtsbarkeit, JZ 1997, 120 ff.

Vorwerk, Volkert/ Wolf, Christian (Hrsg.), Beck'scher Online-Kommentar ZPO, 17. Edition, München 2015 [zit.: *Bearbeiter,* in: BeckOK-ZPO]

Voßkuhle, Andreas, Bruch mit einem Dogma: Die Verfassung garantiert Rechtsschutz gegen den Richter, NJW 2003, 2193 ff.

Voßkuhle, Andreas, Rechtsschutz gegen den Richter – Zur Integration der Dritten Gewalt in das verfassungsrechtliche Kontrollsystem vor dem Hintergrund des Art. 19 Abs. 4 GG, München 1993 [zit.: *Voßkuhle,* Rechtsschutz gegen den Richter]

Wackenhuth, Michael, Der Erfolg einer auf eine mängelbehaftete Schiedsvereinbarung gestützten Einrede der Unzuständigkeit des Schiedsgerichts im Vollstreckbarkeitsverfahren eines in- und ausländischen Schiedsspruches, soweit sich die Parteien rügelos eingelassen haben, Diss. iur. Konstanz 1984 [zit.: *Wackenhuth,* Einrede der Unzuständigkeit]

Walker, Hans-Peter, Die freie Gestaltung des Verfahrens vor einem internationalen privaten Schiedsgericht durch die Parteien, Zürich 1968 [zit.: *Walker,* Freie Gestaltung des Verfahrens]

Warga, Christoph, Die Verletzung von Verfahrensgrundrechten im Zivilprozess und ihre Korrektur nach Eintritt der Rechtskraft, Hamburg 2008 [zit.: *Warga,* Verfahrensgrundrechte]

Wieczorek, Bernhard (Begr.), Zivilprozessordnung und Nebengesetze – Großkommentar, Band 5, 3. Aufl., Berlin/ New York 1995 [zit.: *Bearbeiter,* in: *Wieczorek,* ZPO]

Wilke, Justus, Interessenskonflikte in der Internationalen Schiedsgerichtsbarkeit: Unparteilichkeit, Unabhängigkeit und Offenlegungspflichten, Diss. iur. Mainz 2006 [zit.: *Wilke,* Interessenskonflikte in der Internationalen Schiedsgerichtsbarkeit]

Wighardt, Nils Christian, Rückverweisung des Schiedsspruchs an das Schiedsgericht – Vorschläge zur Reform nach Art. 34 Abs. 4 UNCITRAL-Modellgesetz, Frankfurt/M. 2013 [zit.: *Wighardt,* Rückverweisung des Schiedsspruchs]

Wolf, Christian, Die institutionelle Handelsschiedsgerichtsbarkeit, München 1992 [zit.: *Wolf,* Handelsschiedsgerichtsbarkeit]

Young, Michael/ Chapman, Simon, Confidentiality in International Arbitration – Does the exception prove the rule? Where now for the implied duty of confidentiality under English law?, ASA Bulletin 1/2009, S. 26 ff. [zit.: *Young/Chapman,* ASA Bulletin]

Zenske, Uwe, Die Schiedsgerichtsbarkeit im internationalen Handel mit Baumwolle, Getreide, Kaffee und Zucker, Diss. iur. Frankfurt/M. 1975 [zit.: *Zenske,* Schiedsgerichtsbarkeit im Handel]

Zerbe, Götz, Die Reform des deutschen Schiedsverfahrensrechts auf der Grundlage des UNCITRAL-Modellgesetzes über die internationale Handelsgerichtsbarkeit, Baden-Baden 1995 [zit.: *Zerbe,* Schiedsverfahrensrechtsreform]

Zieren, York, Das Schiedsverfahren der ZPO (1877–1933) unter Berücksichtigung der Genfer Übereinkommen von 1923 und 1927 sowie der Rechtsprechung des Reichsgerichts, Frankfurt/M. 2013 [zit.: *Zieren*, Schiedsverfahren 1877–1933]

Zobel, Petra, Schiedsgerichtsbarkeit und Gemeinschaftsrecht – Im Spannungsverhältnis zwischen Integration und Exklusion, Tübingen 2005 [zit.: *Zobel,* Schiedsgerichtsbarkeit und Gemeinschaftsrecht]

Zöller, Richard (Begr.), Zivilprozessordnung mit Gerichtsverfassungsgesetz und den Einführungsgesetzen, mit Internationalem Zivilprozessrecht, EG-Verordnungen, Kostenanmerkungen, 30. Aufl., Köln 2014 [zit.: *Bearbeiter*, in: Zöller, ZPO]

www.ingramcontent.com/pod-product-compliance
Ingram Content Group UK Ltd.
Pitfield, Milton Keynes, MK11 3LW, UK
UKHW021911290926
8980IPUK00015B/1188

www.ingramcontent.com/pod-product-compliance
Ingram Content Group UK Ltd.
Pitfield, Milton Keynes, MK11 3LW, UK
UKHW021911290926
8980IPUK00015B/1184

9 783631 629383